CIÊNCIA DA LÓGICA

1. A Doutrina do Ser

Dados Internacionais de Catalogação na Publicação (CIP)
(Câmara Brasileira do Livro, SP, Brasil)

Hegel, Georg Wilhelm Friedrich, 1770-1831.
 Ciência da lógica : 1. A Doutrina do Ser / Georg Wilhelm Friedrich Hegel ; [traduzido por Christian G. Iber, Marloren L. Miranda e Federico Orsini]. – Petrópolis, RJ : Vozes, 2016 –
(Coleção Pensamento Humano)

 Título original : Wissenschaft der Logik : 1. Erster Teil. Die objektive Logik. Erstes Buch: Die Lehre vom Sein
 Bibliografia.

 6ª reimpressão, 2024.

 ISBN 978-85-326-5308-6

 1. Lógica I. Título. II Série.

16-05284   CDD-160

Índices para catálogo sistemático:
1. Lógica : Filosofia   160

Georg Wilhelm Friedrich Hegel

CIÊNCIA DA LÓGICA

1. A Doutrina do Ser

Tradução do original em alemão intitulado
Wissenschaft der Logik I. Erster Teil. Die objektive Logik.
Erstes Buch: Die Lehre vom Sein.

Traduzido do original alemão publicado pela Editora Suhrkamp: Georg Wilhelm
Friedrich Hegel Werke in 20 Bänden mit Registerband: Band 5.

© desta tradução:
2016, Editora Vozes Ltda.
Rua Frei Luís, 100
25689-900 Petrópolis, RJ
www.vozes.com.br
Brasil

Todos os direitos reservados. Nenhuma parte desta obra poderá ser reproduzida
ou transmitida por qualquer forma e/ou quaisquer meios (eletrônico ou mecânico,
incluindo fotocópia e gravação) ou arquivada em qualquer sistema ou banco de
dados sem permissão escrita da editora.

CONSELHO EDITORIAL

Diretor
Volney J. Berkenbrock

Editores
Aline dos Santos Carneiro
Edrian Josué Pasini
Marilac Loraine Oleniki
Welder Lancieri Marchini

Conselheiros
Elói Dionísio Piva
Francisco Morás
Gilberto Gonçalves Garcia
Ludovico Garmus
Teobaldo Heidemann

Secretário executivo
Leonardo A.R.T. dos Santos

PRODUÇÃO EDITORIAL

Aline L.R. de Barros
Marcelo Telles
Mirela de Oliveira
Natália França
Otaviano M. Cunha
Priscilla A.F. Alves
Rafael de Oliveira
Samuel Rezende
Vanessa Luz
Verônica M. Guedes

Equipe de tradução
Tradutores: Christian G. Iber, Marloren L. Miranda e Federico Orsini
Coordenador: Agemir Bavaresco
Colaboradores: Michela Bordignon, Tomás Farcic Menk, Danilo Costa
e Karl-Heinz Efken

Editoração: Fernando Sergio Olivetti da Rocha
Diagramação: Mania de criar
Revisão gráfica: Nilton Braz da Rocha
Capa: WM design
Arte-finalização: Editora Vozes

ISBN 978-85-326-5308-6

Este livro foi composto e impresso pela Editora Vozes Ltda.

SUMÁRIO

Apresentação, 7
Nota dos tradutores, 19
Prefácio à primeira edição (1812), 25
Prefácio à segunda edição, 31
Introdução, 45
    Primeiro livro – A doutrina do ser
    Primeira seção: Determinidade (qualidade), 83
Primeiro capítulo: Ser, 85
Segundo capítulo: O ser aí, 113
Terceiro capítulo: O ser para si, 163
    Segunda seção: Grandeza (quantidade), 193
Primeiro capítulo: A quantidade, 197
Segundo capítulo: Quantum, 215
Terceiro capítulo: A relação quantitativa, 335
    Terceira seção: A medida, 349
Primeiro capítulo: A quantidade específica, 357
Segundo capítulo: A medida real, 375
Terceiro capítulo: O devir da essência, 403
Glossário, 415
Índice onomástico, 443
Índice analítico, 447
Índice geral, 457

APRESENTAÇÃO

A *Ciência da lógica* (*Wissenschaft der Logik*) é uma obra de dois volumes do filósofo Georg Wilhelm Friedrich Hegel (1770-1831), a qual foi primeiramente publicada em Nuremberg, entre 1812 e 1816. A Lógica se estrutura em uma "Lógica Objetiva" – a Doutrina do Ser e da Essência – e uma "Lógica Subjetiva" – a Doutrina do Conceito. O primeiro volume da Lógica contém o primeiro livro, a Doutrina do Ser (1812), a primeira parte da Lógica Objetiva. O segundo volume da Lógica compreende o segundo livro, a Doutrina da Essência (1813), que ainda pertence à primeira parte da Lógica, isto é, à Lógica Objetiva, e a segunda parte da Lógica, a Lógica Subjetiva, ou seja, a Doutrina do Conceito (1816).

Considerando a recente comemoração do bicentenário da publicação da *Ciência da lógica* de Hegel no ano de 2012 e tendo em vista que esta obra de fundamental importância para o pensamento filosófico encontra-se traduzida para todos os principais idiomas (inglês, italiano, francês, espanhol, chinês, japonês e russo), verificou-se a necessidade de oferecer aos falantes do idioma português, a sexta língua mais falada no mundo, a oportunidade de terem acesso, em seu próprio idioma, a esta importante obra filosófica.

O presente projeto de tradução e publicação foi uma iniciativa do Programa de Pós-Graduação em Filosofia da PUCRS, através do Prof.-Dr. Agemir Bavaresco (Coordenador do PPG em Filosofia da PUCRS) e do Prof.-Dr. Christian Iber, objetivando a publicação de uma das principais obras do pensamento de Hegel a partir do esforço conjunto de uma equipe de convidados e colaboradores. A finalidade desta publicação é tornar o texto hegeliano acessível para os falantes da língua portuguesa destes países: Brasil, Portugal, Moçambique, Angola, Timor Leste, Cabo Verde, Guiné Bissau, São Tomé e Guiné Equatorial.

A obra traduzida constitui, seguramente, uma das mais importantes contribuições da filosofia alemã do século XIX à história da filosofia. A não tradução desta obra implica para os lusofalantes, de modo geral, uma grande lacuna no conhecimento da história das ideias ocidentais e, em particular, da cultura e filosofia alemã. Em relação à filosofia de Hegel, isso encerra, sobremaneira, o perigo de afetar a capacidade de acompanhar os debates internacionais acerca do seu pensamento.

O projeto de tradução está, internacionalmente, articulado em parceria com colegas na Alemanha, tais como: Profa.-Dra. Lore Hühn (Universidade de Friburgo), presidente da Sociedade Schelling Internacional, Prof.-Dr. Markus Gabriel (Universidade de Bonn) e Prof.-Dr. Andreas Arndt (Universidade Humboldt de Berlim e presidente de honra da Sociedade Hegel Internacional).

A tradução do primeiro volume da *Ciência da lógica* ora apresentada, a Doutrina do Ser, que vem a lume pela Editora Vozes, apenas foi possível através de um trabalho em equipe, a qual está assim constituída: Tradutores: Christian G. Iber, Marloren L. Miranda e Federico Orsini; Coordenador: Agemir Bavaresco; Colaboradores: Michela Bordignon, Tomas Farcic e Karl-Heinz Efken.

Elaborada na sequência da *Fenomenologia do Espírito*, a *Ciência da lógica* desenvolve uma lógica, que, como ciência primeira, é ao mesmo tempo metafísica. Ela adere à filosofia do *logos* de Heráclito e à dialética de Platão e pretende, recorrendo a Aristóteles, apresentar-se, ao mesmo tempo, como uma metafísica ontoteológica. Esta obra pertence aos escritos filosóficos mais influentes da Modernidade e da Contemporaneidade e desempenha um papel significativo em muitas correntes filosóficas, como no marxismo, na escola de Frankfurt, na hermenêutica filosófica, na filosofia analítica e na teoria da ciência. Muitos filósofos discutiram e discutem intensivamente seus conteúdos.

A *Ciência da lógica* é a "ciência do pensar puro", que tem por princípio e base o *"saber puro"* (p. 29)[1], assim como ele, no fim da *Fenomenologia do Espírito*, se põe em evidência como resul-

---

1. Doravante, a *Ciência da lógica I* de Hegel é citada conforme o número de páginas da presente edição.

tado da sequência das figuras da consciência, no qual a oposição da consciência do sujeito e do objeto se unificou numa unidade do conceito e do ser e, com isso, estabelece o âmbito do pensar puramente conceitualizante, o qual tem, ao mesmo tempo, um significado ontológico. Nesse âmbito do lógico, que antecede e serve de base ao ser da natureza e do espírito humano, efetua-se o desenvolvimento conceitual da Lógica. O tema da Lógica são as "formas necessárias e as próprias determinações do pensar" (p. 53) que foram transmitidas pela metafísica tradicional, pela filosofia transcendental, pela lógica formal e pelas ciências. No pensar e na consciência natural, essas formas estão desde sempre relacionadas com conteúdos objetivos, enquanto a Lógica as considera puramente por si. Consequentemente, o conteúdo da Lógica não é outra coisa do que essas próprias formas do pensar, que são discutidas na sua conexão genética.

Na tradução do primeiro livro da *Ciência da lógica* de Hegel aqui apresentada, isto é, a Doutrina do Ser, trata-se do texto da segunda edição de 1831, a qual foi publicada em 1832. Frente à primeira edição da Doutrina do Ser de 1812, a segunda edição é consideravelmente mais ampla. Há que se destacar, aqui, o prefácio à segunda edição, no qual Hegel se esforça exaustivamente para eliminar os equívocos que se mostraram na recepção da primeira edição, bem como três observações – que na edição original compreendem mais de 100 páginas – sobre o infinito matemático e um excurso, na seção sobre a medida, sobre, à época, novas abordagens na química.

A Lógica do Ser está dividida em três seções: determinidade (qualidade), a grandeza (quantidade) e a medida. A presente apresentação do texto se orienta pela derivação categorial da lógica hegeliana do ser. Invertendo a prioridade da quantidade sobre a qualidade em Aristóteles e Kant[2], a Lógica do Ser começa com a seção "determinidade" (qualidade). Em Hegel a prioridade da qualidade sobre a quantidade está fundamentada no fato de que a quantidade constitui o mais abstrato frente à qualidade; a qualidade, portanto,

---

2. Cf. ARISTÓTELES. *Órganon*. Bauru: Edipro, 2005, 608p., p. 39-80: *Categorias*, 5b11s., 6a20s., 10b13s., 10b26s. [Trad. do grego, textos adicionais e notas de Edson Bini]. Cf. KANT. *Crítica da razão pura*. 5. ed. Lisboa: Fundação Calouste Gulbenkian, 2001, A 70s., A 80s. e B 96s., B 104s. [Trad. de Manuela Pinto dos Santos e Alexandre Fradique Morujão].

está pressuposta à quantidade[3]. A diferença entre a determinidade qualitativa e quantitativa consiste no fato de que a determinidade qualitativa é determinidade "*que é*" (p. 113). Ela é determinidade que é, porque ela está numa unidade imediata com o ser, de modo que sua alteração também altera o próprio ser. A quantidade, pelo contrário, é a "qualidade que se tornou negativa", ou seja, "a qualidade suprassumida que se tornou indiferente" (p. 82). A questão pelo "quanto" pressupõe a questão "de o quê" como já resolvida. A quantidade é a determinação indiferente, que pode ser alterada sem que a própria Coisa perca sua identidade.

I. Determinidade (qualidade): Hegel não discute, porém, somente a determinidade qualitativa antes da quantitativa, mas dentro da seção sobre a qualidade trata primeiramente o ser na sua "imediatidade indeterminada" (p. 85). O primeiro capítulo, sob o título "ser", tematiza primeiramente o *ser* puro, indeterminado, então o *nada* puro e o *devir* como unidade inquieta do ser e do nada, cujos momentos são o *nascer* e o *perecer*. O devir desaba, por fim, no *ser aí* como unidade quieta, unilateral e imediata do ser e do nada. O início da lógica hegeliana e o movimento dialético do ser puro, através do nada e do devir, para o ser aí como ser determinado, assumem um *status* especial dentro da Lógica do Ser, porque aqui Hegel pretende deduzir o ser determinado a partir do ser puro como a base inicial de derivação de todas as demais categorias.

A primeira seção da Lógica do Ser compreende, além da lógica do ser, do nada e do devir, a lógica da qualidade em sentido mais estrito, a lógica do ser aí (segundo capítulo) e a lógica do ser para si (terceiro capítulo). Com isso, mostram-se as diferenças no desenvolvimento categorial entre a primeira e a segunda edição do primeiro livro da *Ciência da lógica* de 1812 e de 1831. Precisamente o capítulo sobre o ser aí foi reestruturado completamente na segunda edição.

Diferentemente do ser puro, o *ser aí* está determinado e sua *determinidade*, tomada como determinidade que é, é *qualidade*, que,

---

3. Num suplemento ao item "Com o que precisa ser feito o início da ciência?" sob o título "Divisão geral do ser", Hegel presta contas da composição e da divisão categorial da sua Doutrina do Ser (cf. p. 69s.).

por sua vez, distingue-se em *realidade* e *negação*. Na medida em que esta diferença no ser aí está negada e suprassumida, o ser ai é *o que é aí*, ou seja, o *algo* como *primeira negação da negação*. Frente ao algo se afirma *um outro*, que é ele mesmo *algo*. Algo e outro são, em primeiro lugar, ambos algo e, em segundo lugar, ambos outros um para o outro. Em terceiro lugar, sua alteridade tem que, portanto, também ser pensada como o *outro em relação a si mesmo* ou o *outro de si mesmo*. A partir do outro autorrelacionante, que a partir de si mesmo se volta contra si, resulta, diferentemente do algo simples original, o *algo idêntico a si mesmo*, que se distingue do seu ser outro. Em relação ao algo assim pensado, seu *ser em si* se pode distinguir do seu *ser para outro*, cuja unidade forma a *determinação*. Diante da *determinação* do algo está a sua *constituição*. Da sua unidade resulta o *limite* do algo. Enquanto limitado, o algo é *finito*. O finito é um caso especialmente persistente da negação autorrelacionante, a contradição do perecer permanente, da relação negativa consigo do negativo. No finito, o limite é rebaixado à *barreira* e o ser em si, ou seja, a determinação, ao *dever ser*. Da dialética da barreira e do dever ser resulta, por fim, a suprassunção do finito no *infinito*, que, primeiramente, está na determinação recíproca com o finito e, por conseguinte, é o *infinito finitizado*. Da dialética da determinação recíproca do finito e do infinito resulta o *infinito verdadeiro* ou *afirmativo* como unidade do infinito e do finito, no qual o finito não é mais real, mas ideal. O infinito afirmativo é a realidade em sentido elevado. Na lógica do ser aí Hegel fundamenta a necessidade do idealismo objetivo, que está dada com a categoria da infinitude afirmativa. Com o ponto de vista da infinitude Hegel ganhou um padrão de medida para a crítica a outros pontos de vista filosóficos. Hegel critica a ontologia tradicional das substâncias individuais, a filosofia transcendental kantiana e fichteana, bem como a filosofia da absolutidade de Schelling.

O infinito não é apenas devir, mas também ser, e precisamente *ser para si*, no qual "o *ser qualitativo* está *plenamente realizado*" (p. 163). "O ser para si é [...] a infinitude que desabou no ser simples" (p. 164). No ser para si, o outro não é nenhum outro real fora dele, mas apenas um momento ideal nele, ele é *ser para uno*. Essa nova situação lógica Hegel esclarece por meio da estrutura autorrelacionante da *autoconsciência*. Ser para si e ser para uno não são dois diversos estados de coisas, mas dois aspectos de uma única idealidade do ser para si, portanto, de um e do mesmo estado de coisas. Sua diferença desaba, por conseguinte, em imediatidade, ou seja, no ser. Ambos os momentos reúnem-se em um *ente para si* real ou *uno*. Em virtude do *vazio*, o uno indivisível e imutável *se repele* de si, repele-se até tornar-se múltiplos unos. Com isso, Hegel desenvolve a base lógica do atomismo, da doutrina dos átomos no vazio. A *repulsão* do uno em múltiplos unos passa para a *atração* dos múltiplos no uno. O pensamento da unidade do uno e do múltiplo esclarece a retomada hegeliana da dialética platônica do *Parmênides*. Da repulsão e da atração resulta *o único uno da atração*, o uno preenchido, que contém o múltiplo dentro de si. Com essa unidade da repulsão e da atração, a lógica do ser se encaminha para a *quantidade*.

Essencial para essa transição é o momento da unidade contido no ser para si. A lógica da qualidade termina com a unidade do uno e do múltiplo na sua atração e repulsão. Isso conduz à determinação do uno, que contém o múltiplo como suprassumido em si e é ele mesmo apenas como um suprassumido. A categoria sintética assim formada a partir do uno e do múltiplo é a *grandeza*. O processo do uno contém, portanto, o uno "por todos os lados como um suprassumido" (p. 184). Com isso, a imediatidade do uno, a qual afeta o ser na lógica da qualidade, está eliminada e a contradição de múltiplos unos indeterminados e do uno numericamente idêntico está resolvida. Na verdade, considerado mais de perto, não a contradição do ser como tal, como no fim da lógica do ser, mas a contradição da sua determinidade qualitativa é o que está resolvido com a transição para a determinidade quantitativa.

II. A grandeza (quantidade): a diferença decisiva entre qualidade e quantidade consiste, como vimos, no fato de que, apesar da alteração da quantidade, a identidade daquilo que é alterado continua subsistindo. Um objeto permanece o que ele é independentemente do fato de ele ser feito maior ou menor. Aquela determinidade, portanto, frente à qual o ser é indiferente, com a qual ele não se altera quando ela se altera, não é mais qualidade, mas quantidade. O ser como o substrato lógico do desenvolvimento assumiu, por conseguinte, a figura de uma determinidade, cujas contradições ulteriores lhe são por enquanto indiferentes.

Hegel distingue entre a *quantidade pura*, indeterminada e a *quantidade determinada*, o *quantum*. Assim, o espaço como tal é um exemplo da quantidade pura. Se se fala, ao contrário, de um espaço determinado, então ele é um exemplo da quantidade determinada. Ambos os conceitos, atração e repulsão, que estão suprassumidos na categoria da quantidade, aqui são desenvolvidos até tornar-se os momentos da *continuidade* e da *discrição* (separação). Também esses dois conceitos se pressupõem reciprocamente. Continuidade significa que está dado um "algo" que prossegue sem interrupções. Inversamente, também o conceito da discrição pressupõe o da continuidade; pode-se apenas separar sob a pressuposição de que já esteja presente algo não separado, a saber, uma "unidade conectante, sólida (p. 211), da qual quaisquer itens discretos podem ser separados.

Para a grandeza (quantidade) é essencial que ela possa ser alterada sem tornar-se qualitativamente algo outro. A quantidade é a determinação do pensamento com a qual a matemática se ocupa. Portanto, na Lógica do Ser, Hegel está voltado também para uma fundamentação lógica da matemática. Um quantum é uma grandeza determinada, que sempre se pode expressar por um *número*. O conceito de número cai, em virtude disso, sob a categoria do quantum. Um número tem dois momentos: ele está determinado como *valor numérico* e como *unidade*. O conceito do valor numérico como uma soma de unos inclui o conceito de discrição (separação), o conceito da unidade inclui, pelo contrário, a continuidade.

Hegel tematiza a quantidade pura (continuidade e discrição), a limitação da quantidade no quantum, a estrutura lógica do número e as operações de cálculo da aritmética. Aqui se mostra que a potenciação, a relação de potências, o elevar ao quadrado já contém o aspecto qualitativo da quantidade. Isso é o germe para a superação da categoria da quantidade como um todo. Segue-se a apresentação da grandeza extensiva e intensiva.

Um quantum pode ser uma *grandeza intensiva* ou *extensiva*. Uma grandeza intensiva (p. ex., uma sensação de cor ou uma sensação de calor) se deixa caracterizar com ajuda do conceito de *grau* – o qual, conforme a grandeza, tem mais ou menos intensidade. Grandezas extensivas (p. ex., distâncias ou volumes) não têm nem grau nem intensidade. Sobre grandezas extensivas, decide-se mediante um padrão de medida aplicado. Grandezas intensivas, pelo contrário, não podem ser determinadas por nenhum padrão de medida exterior a elas. Apesar da diferença entre grandeza extensiva e grandeza intensiva, que mostra sua irreduzibilidade uma a outra, é preciso desenvolver também sua identidade, que diz que com o recolher do múltiplo em uno ocorre um desdobramento do simples no múltiplo.

O apogeu da lógica da quantidade consiste na apresentação da alteração do quantum, do progresso infinito e da verdadeira infinitude quantitativa, sobretudo nas observações 1 e 2 sobre a infinitude do quantum. Já a alteração do quantum é o fundamento para o cálculo infinitesimal. Hegel compreende a determinação de dois conceitos, de duas categorias lógicas do pensar puro que podem explicar as operações da matemática superior: o *progresso infinito quantitativo* e a *relação de potências*, ou seja, a *má infinitude* e a *verdadeira infinitude*, mostrando que a última escapa necessariamente ao procedimento matemático tradicional. O progresso infinito é para Hegel a expressão da contradição não resolvida do quantum como tal, para a qual os matemáticos (Newton, Leibniz, Euler, Langrange e Cauchy) ainda não encontraram nenhuma solução. O problema é que os matemáticos tratavam a superação do quantum ainda de maneira quantitativa. Hegel mostra que a partir das relações de potências vem à tona um *conceito* de função diferencial que aponta para uma *dimensão qualitativa* do cálculo infinitesimal. Assim, na observação 1 "A determinidade do conceito do infinito matemático" (p. 257), Hegel desenvolve uma concepção qualitativa do conceito da função diferencial. A afirmação de Hegel é que no cálculo diferencial não se trata de quaisquer funções, mas de relações de potências. O limite da função diferencial ($y^2/x = p$) não é outra coisa do que a quadratura de f (x). Com isto está descoberto o *conceito* do procedimento da análise superior, o verdadeiro *conceito* do *limite* da função diferencial, que inclui a suprassunção do quantum como quantum. Com isso, Hegel se opõe de modo radical à definição do limite de Cauchy e a sua axiomatização da aritmética. A Hegel interessa aprender o conceito daquilo que a matemática faz. Nesse caso, não se trata de uma crítica da matemática, mas antes de uma crítica da autointerpretação da matemática e também de uma certa interpretação filosófica da matemática (Leibniz, Kant, Schelling, Newton etc.).

Com a *relação quantitativa*, que se diferencia na relação direta, na relação inversa e na relação de potências, alcança-se, na relação de potências, uma grandeza reflexiva, determinada por meio de si mesma. A relação quantitativa continua a ser uma determinação quantitativa, mas ela agora não é mais arbitrariamente aumentável e redutível, como é essencial para a grandeza. Sua "indiferença frente à determinidade" (p. 349), quer dizer, frente à qualidade, está, com isso, suprassumida. A grandeza determinada reflexivamente por meio de si mesma na relação de potências tem, desse modo, novamente um momento qualitativo, o qual é associado por Hegel à *categoria da medida*: "a medida é a relação simples do quantum consigo, sua determinidade própria nela mesma; assim, o quantum é qualitativo" (p. 357).

III. A medida: a doutrina da medida trata da *unidade da qualidade e da quantidade*. Em exemplos plásticos Hegel esclarece o caráter dessa unidade. Assim a alteração quantitativa da temperatura da água conduz aproximadamente a uma modificação do seu estado. Ela congela ou torna-se vapor (cf. p. 399). Pela medida de uma coisa está definido um limiar, em relação ao qual o excesso quantitativo provoca um salto qualitativo pelo qual a qualidade da coisa é alterada e ela mesma se muda para uma coisa qualitativamente outra. Esse processo Hegel denomina como "linha nodal de relações de medida" (p. 395). Hegel distingue três espécies de medida: medidas mecânicas, químicas e orgânicas. Na lógica da medida, Hegel se interessa por uma fundamentação lógica da física, da química e da biologia, parcialmente até mesmo da astronomia. Na tradição marxista da dialética materialista em Engels e Lenin, a lógica da medida desempenhou um papel importante (transmutação da quantidade em qualidade).

O desenvolvimento da medida está caracterizado por uma tríade. A primeira metade da seção sobre a medida começa com a medida como unidade imediata da determinação qualitativa e quantitativa e conduz à concreção plenamente realizada dessa unidade que está circunscrita pela determinidade da medida da "linha nodal de relações de medida". Na série das medidas, a "linha nodal" está exatamente no meio (segundo capítulo, seção B). Nela, a qualidade e a quantidade estão *postas* na sua unidade, quer dizer, a unidade delas se tornou explícita. A diferença qualitativa vale igualmente apenas como determinidade quantitativa indiferente, tal como a diferença quantitativa se especifica em relação à determinidade qualitativa. Apresentando-se como essa unidade completa das determinações (qualidade e quantidade) do ser, a "linha nodal" marca o ponto de virada no desenvolvimento da lógica do ser.

Na segunda metade da seção sobre a medida, o processo lógico procede em direção à dissolução da medida e, com isso, da esfera do ser como um todo. Este processo já se torna saliente pelas expressões "O sem medida" (p. 400) e "O devir da essência" (p. 403). O conceito de "sem medida" é a última determinidade da medida e, simultaneamente, a primeira determinidade da sua dissolução. Na dialética das medidas, que conduz à dissolução delas no sem medida, Hegel tenta mostrar que as diferenças qualitativas das coisas não possuem mais nenhuma autonomia, mas estão "rebaixadas" (p. 402) a momentos evanescentes ou a meros *"estados"* (p. 402) de um substrato comum subjacente. Para este substrato de caráter de ser Hegel introduz o conceito de "indiferença absoluta" (p. 411).

Como é preciso conceber a transição da Lógica do Ser para a Lógica da Essência? No fim da Lógica do Ser, com a indiferença absoluta, engendra-se uma "contradição omnilateral" (p. 408), que não pode mais ser resolvida pelo ser, ou seja, por um desenvolvimento categorial ulterior do ser, porque ela se apodera do ser como o substrato firme do próprio desenvolvimento da Lógica do Ser. A negação de sua determinidade atinge agora o próprio ser. Na indiferença pela sua negatividade, o ser se volta contra si mesmo. Sua autonegação concerne também e justamente ao seu papel basilar como substrato que é em si de todo o desenvolvimento lógico.

Com isso se origina o problema de como é possível o pensamento de uma unidade na qual o ser e a negatividade não são mais duas coisas distintas, logo, não estão mais distintos na forma de substrato e de sua determinidade. O pensamento de uma unidade que se distingue de si mesma conduz à segunda parte da Lógica Objetiva, a Doutrina da Essência.

Do ponto de vista da teoria da negação, a Lógica do Ser se move – no terreno do ser que alcançou o caráter de substrato – entre a negação simples ou primeira, como a qual Hegel interpreta a determinidade, e a negação dupla autorrelacionante, isto é, a suprassunção da determinidade. Na Lógica do Ser, a negação dupla autorrelacionante permanece confundida com o ser. Na Lógica da Essência, a negatividade, na medida em que ela não está mais vinculada ao ser, torna-se absoluta.

Aquilo que o método da Lógica do Ser não alcança é a questão pela *constituição da determinidade como determinidade*. Apenas a perspectiva da Lógica da Essência permite compreender esta questão. Pois somente a Lógica da Essência tem por objeto as categorias da relação que se explicam reciprocamente a partir de uma da outra. Na Lógica do Ser, a negatividade do processo lógico da determinação permanece ainda preso ao ser com caráter de substrato. Ela desaba, portanto, sempre de novo na imediatidade simples e no ser. Visto que o ser que remete todas as determinidades do ser à conexão da mediação do ser como um todo se mostra como indiferença absoluta, na qual todas as determinidades do ser sucumbem, ele não pode ser explicado ulteriormente. Do colapso do processo de determinação da esfera do Ser na indiferença absoluta se engendra a necessidade de passar para a essência.

O conceito que se segue ao conceito de indiferença tem que ser, portanto, o conceito de uma unidade que dá a si mesma suas determinações. Esse conceito é, para Hegel, o conceito da essência, que, em virtude da sua negatividade absoluta, livre do ser, determina apenas a si mesmo. Diferentemente do ser que tem caráter de substrato, a essência é uma estrutura lógica autônoma que é capaz de evoluir a partir de si mesma.

A essência é o conceito que vem na sequência do ser. Na medida em que o ser chega ao limite da explicação das suas determinações e, com isso, se depara, ao mesmo tempo, com o limite da sua autoexplicação, ele exige uma nova forma universal de explicação das determinações, a qual seja capaz de superar a deficiência da forma da explicação do ser. A essência é o princípio da explicação de tais determinações que se desdobram reciprocamente a partir de uma da outra. Tais determinações não são mais determinações que *são*, mas que estão *postas*.

Porto Alegre, Junho de 2016

Christian Iber

NOTA DOS TRADUTORES

O primeiro livro da *Ciência da lógica* foi publicado pelo editor J.L. Schrag em Nuremberg e recebeu uma tiragem de mil exemplares. O esgotamento gradual das cópias induziu o próprio Schrag a empreender uma segunda edição. Hegel aceitou e aproveitou a ocasião para remediar a imperfeição na qual, a seu ver, a primeira edição ainda se encontrava. A nova edição foi levada a cabo em 1831, conforme a datação contida no segundo Prefácio, escrito por Hegel depois de ele ter terminado a obra. Por causa da imprevista morte do filósofo, que ocorreu uma semana depois da data do segundo Prefácio, a segunda versão da Doutrina do Ser foi publicada postumamente em 1832 pelo editor J.F. Cotta de Stuttgart.

A presente tradução, baseada na segunda edição da "Doutrina do Ser", foi extraída do volume quinto da edição das obras completas de Hegel na redação de Karl Markus Michel e Eva Moldenhauer. Esta edição, chamada de *Theorie-Werkausgabe* (TWA), foi publicada em vinte volumes pela editora Suhrkamp entre 1969 e 1971.

Quanto ao estilo da presente tradução, resolvemos, sobretudo, respeitar a articulação lógica da apresentação hegeliana, procurando levar o português aos limites de suas possibilidades expressivas e, às vezes, além delas, com base na convicção de que a tarefa do tradutor não é aquela de enfeitar o estilo hegeliano, notadamente áspero e tortuoso, mas antes de permitir ao leitor acompanhar a ordem teórica do discurso. Raramente a pontuação sofreu alterações, que, em todos os casos, foram feitas com o cuidado de não quebrar a sinuosidade dos períodos hegelianos.

O objetivo principal dos tradutores foi duplo: em primeiro lugar, disponibilizar a primeira tradução integral de um clássico da história da filosofia para o amplo público falante de português; em segundo lugar, evitar as oscilações ou as imprecisões lexicais que impediriam o uso seguro da tradução como instrumento de estudo específico.

Na execução do trabalho, os tradutores levaram em consideração as outras principais edições de língua portuguesa das obras hegelianas, especialmente a tradução da *Lógica* da *Enciclopédia das Ciências Filosóficas* em *Compêndio (1830)*, feita por Paulo Meneses. Além disso, consultaram-se a tradução inglesa e a italiana da "Doutrina do Ser" de 1832, feitas respectivamente por George di Giovanni e Arturo Moni. Onde as correspondências o consentiam, foram consideradas também a tradução espanhola de Félix Duque e a tradução francesa de J.P. Labarrière e G. Jarczyk da primeira edição (1812) da Doutrina do Ser.

Contudo, a ajuda das traduções existentes não pôde nos isentar de enfrentarmos numerosas questões controversas acerca da escolha das correspondências lexicais de alguns dos termos mais relevantes da linguagem filosófica de Hegel. No *Glossário*, colocado ao fim do presente volume, o leitor poderá verificar em detalhes tais escolhas lexicais. Algumas das escolhas já estão indicadas em notas de rodapé assinaladas como *Notas dos tradutores* [N.T.].

Aqui, apontamos as principais escolhas de alguns termos técnicos que precisam ser justificados:

• *Aufheben*. A fim de dispor de um verbo que pudesse expressar as três nuanças de *aufheben* (isto é: negar, conservar, elevar), resolvemos seguir a solução já oferecida por Paulo Meneses: o neologismo *suprassumir*. Este verbo foi cunhado justamente para significar o caráter progressivo de uma ação que, ao mesmo tempo, realiza um suprimir [sumir], um conservar [assumir] e um elevar [supra+assumir]. A nosso ver, as outras opções disponíveis estão afetadas por unilateralidades ou evidentes diferenças semânticas, que podem ser fonte de uma compreensão desviante do texto hegeliano, como por exemplo, "superar", "remover" ou "suspender".

• *Dasein*. A fim de manter a relação com *Sein* (ser) e de diferenciar do termo *Existenz* (existência), provido de significado próprio no segundo livro da *Ciência da lógica*, a Doutrina da Essência, optamos por traduzir como *ser aí*, onde *Dasein* assume uma determinação rigorosa no vocabulário lógico de Hegel. Achamos que uma confusão na tradução de *Dasein* e de *Existenz* conduziria ao apagamento de uma distinção teórica relevante do texto hegeliano. Todavia, resolvemos traduzir *Dasein* por "existência" apenas nas passagens onde Hegel faz explícita referência às provas da existência de Deus, pois nesse caso era preciso fazer valer o significado tradicional do termo, não rigorosamente especulativo.

• *Das Seiende/Daseiende*. Enquanto a tradução do termo *Sein* por "ser" é incontroversa e consolidada, isso não se pode dizer do particípio presente substantivado do verbo "ser", a saber, *das Seiende*. As soluções viáveis para o termo em questão eram as três seguintes: "o que é", "o essente" (solução de Meneses) e "o ente".

Resolvemos optar por "o ente", recorrendo, assim, à forma nominal importada do verbo "ser" em latim, por falta de um correspondente português do particípio presente alemão. Usamos a frase relativa para traduzir o particípio *seiend* onde ele desempenha a função de adjetivo, como, por exemplo, na expressão "*seiende Bestimmtheit*", traduzida por "determinidade que é". Normalmente, em todos os casos nos quais o particípio presente no original alemão tinha a função de adjetivo, resolvemos traduzi-lo mediante a frase relativa.

A escolha do vocábulo "ente" não responde apenas a uma necessidade gramatical. A ela vai atrelada uma questão de conteúdo. De fato, pretendemos deixar claro que Hegel queria referir-se ao termo por excelência dos tratados escolásticos de metafísica geral, a saber, o termo *Ens*, a fim de propor uma reconstrução de todos seus desdobramentos categoriais. Justamente por isso, "ente" constitui evidentemente a tradução mais fiel do termo latino.

Descartamos, então, a opção "essente", pois ela evoca uma proximidade desviante (pelo menos no âmbito da "Doutrina do Ser") com o termo "essência", associado a uma esfera de determinação do pensar a qual Hegel cuidadosamente diferencia da esfera do ser. Também descartamos a tradução de *das Seiende* pelo gerúndio "o sendo/o que está sendo", assim como evitamos traduzir *seiend* como "que está sendo". No caso do particípio substantivado, "o sendo" é um uso gramaticalmente incorreto do gerúndio, ao qual não corresponde nada semelhante no original alemão. No caso de particípio com função de adjetivo, "o que está sendo" parece mais apto a expressar

21

um estado transitório de coisas do que a firmeza de uma categoria, cuja consideração lógica requer a abstração dos caracteres espaciais e temporais da experiência.

As mesmas motivações se aplicam, com uma leve modificação, aos termos *das Daseiende* e *daseiend*, traduzidos respectivamente por "o que é aí" e "que é aí". Nesse caso, o uso da frase relativa para ambas as funções do particípio visa evitar tanto o caráter bizarro de expressões como "o ente aí" ou "o essente aí" quanto a redundância de "o ente que é aí".

- *Eins/Vieles*. Resolvemos traduzir esta dupla por "uno" e "múltiplo", distanciando-nos da tradução de Meneses, que escolheu "Uno" e "Muitos". Cada termo da dupla em questão aparece no singular e no plural. No caso do singular, *das Eins* ou *ein Eins* foram traduzidos respectivamente como "o uno" e "um uno", enquanto *das Viele* ou *ein Vieles* foram traduzidos por "o múltiplo" e "um múltiplo". No caso do plural, *die Eins* foi traduzido por "os unos"; *die Vielen*, por "os múltiplos". O caso misto *das viele Eins* foi traduzido por "o uno múltiplo".

Resolvemos não traduzir *Eins* por "um", a fim de evitarmos tanto a sobreposição com a função do artigo indefinido quanto a confusão categorial do "uno", determinação do ser qualitativo, com o número um (1), deduzido somente dentro da categoria da quantidade. Além disso, para mantermos a diferença entre o plano lógico e o plano matemático de consideração dos números, mantivemos a tradução de *Eins* por "uno" também no interior da seção sobre a quantidade.

- *Inbegriff*. O termo foi traduzido por "sumo conjunto", preferido à solução "suma" proposta por Meneses, na tentativa de reunir em uma única locução tanto a conotação do "conjunto de todas as realidades" quanto aquela de "suma" ou essência delas. Foi levada em consideração a possibilidade, desfrutada por alguns intérpretes, de traduzir o termo em questão por "conceito inclusivo/englobante". Embora esta opção apresente a vantagem de conservar a referência a *Begriff* ("conceito") como parte constituinte do termo, resolvemos deixar de lado a dita solução, a fim de poupar aos leitores a confusão com o termo especulativamente relevante *Begriff* ("conceito"), que, a nosso ver, implica uma crítica radical à noção tradicional de Deus como "sumo conjunto de todas as realidades".

• *Wesen.* O termo foi sempre traduzido por "essência" onde ele designasse uma esfera específica de determinação do elemento lógico dentro da ciência ou a íntima verdade de alguma coisa, mas foi traduzido por "ente" nos casos referentes ou à tradição metafísica de reflexão sobre as entidades últimas que constituem o fundamento da realidade (p. ex., a mônada de Leibniz), ou ao uso de *Wesen* em compostos de uso comum, tais como *Vernunftwesen* (ente racional), *Gemeinwesen* (comunidade) etc.

• *Erscheinung.* Quando o termo se refere à linguagem especulativa hegeliana, traduzimos o termo por "aparecimento". Optamos, no entanto, por manter a tradução por "fenômeno" quando o termo se refere ao idealismo transcendental de Kant e quando usado para designar os fenômenos explicados pelas ciências da natureza.

• *Beziehung/Verhältnis.* Traduzimos ambos os termos por "relação", desconsiderando, neste caso, a diferença de termos alemães, por não encontrarmos termos em português que diferenciassem ambos e mantivessem sempre um sentido adequado ao contexto. Em todos os casos, "relação", a nosso ver, expressa bem o que é dito, adquirindo novo significado de acordo com a progressão das categorias. Entretanto, dentro da esfera do ser, *Verhältnis* obtém um significado peculiar na seção sobre a medida, onde foi traduzido por "proporção" cada vez que o contexto o exigia.

• *Selbständigkeit.* O termo foi traduzido por "autossubsistência", com vistas a distinguir este termo tanto de "independência", já usado para traduzir *"Unabhängigkeit"*, quanto de "autonomia", que de imediato desperta a associação ao vocabulário específico da filosofia prática kantiana, onde corresponde aos termos *"Autonomie"* ou *"Selbstgesetzgebung"*. No uso comum do português, "autonomia" tem referências a âmbitos políticos e econômicos que não podem oferecer o critério para entender os usos técnicos do termo *"Selbständigkeit"* na Lógica de Hegel, onde o termo em questão designa duas situações estruturais distintas e até opostas. Do lado do pensar plenamente racional, trata-se da situação de uma determinação do pensar enquanto nega a independência de seus momentos abstratos, resolvendo-os em uma unidade abrangente e afirmativa, quer dizer, capaz de prestar conta da articulação processual de tais momentos. Do lado do pensar do entendimento ou da representação, a "autossubsistência" indica a maneira na qual as determinações se apresentam, enquanto estão separadas uma da outra, incapazes de dar conta da própria conexão genética com as outras.

• *Ding/Sache*. Um único termo português foi usado para traduzir dois termos distintos do alemão, recorrendo, porém, a soluções gráficas diferentes: o termo *Ding* foi traduzido por "coisa"; *Sache*, por "Coisa". A oportunidade de introduzir um elemento gráfico de diferenciação é motivada pela diferença teórica no significado dos termos em questão. Grosso modo, quando *Ding* não é por si mesma uma determinação lógica, ela expressa as entidades da natureza ou do espírito, como elas são imediatamente acessíveis à experiência comum, ao passo que *Sache* denota a essência objetiva das "coisas" (*Dinge*), enquanto elas são articuladas pelo pensar conceituante.

PREFÁCIO À PRIMEIRA EDIÇÃO (1812)

A transformação completa que o modo de pensar filosófico tem sofrido entre nós desde aproximadamente vinte e cinco anos, o ponto de vista superior que a autoconsciência do espírito alcançou sobre si nesse período de tempo, teve até agora ainda pouca influência na configuração da *lógica*.

O que se chamou Metafísica antes desse espaço de tempo foi, por assim dizer, extirpado pela raiz e desapareceu da série das ciências. Onde ainda se podem ou se permitem escutar vozes da Ontologia anterior, da Psicologia racional, da Cosmologia ou até mesmo da Teologia natural anterior? Onde investigações, por exemplo, sobre a imaterialidade da alma, sobre as causas mecânicas e as causas finais deveriam ainda encontrar interesse? Também as outras provas da existência [*Dasein*] de Deus são aduzidas apenas historicamente ou para a edificação ou elevação do ânimo. Isto é um fato: que o interesse, seja pelo conteúdo, seja pela forma da metafísica anterior, seja por ambos simultaneamente, está perdido. Assim como chama-nos a atenção quando para um povo se tornaram inúteis, por exemplo, a ciência do seu direito público, suas disposições de espírito, seus costumes e virtudes éticos, assim também é pelo menos digno de atenção quando um povo perde a sua Metafísica, quando nele o espírito que se ocupa com sua essência pura não tem mais um ser aí efetivo.

A doutrina exotérica da filosofia kantiana – de que o *entendimento não poderia ultrapassar a experiência*, caso contrário, a faculdade do conhecimento tornar-se-ia *razão teórica*, que, para si, daria à luz a nada mais que *quimeras* – justificou, pelo lado científico, a renúncia ao pensar especulativo. Ao encontro desta doutrina popular veio a gritaria da pedagogia moderna, a miséria dos tempos, que dirige o olhar para a necessidade imediata, que, assim como a experiência seria o elemento primeiro para o conhecimento [*Erkenntnis*], também a intelecção teórica seria até mesmo nociva para a habilidade na vida pública e na vida privada e que o exercício e a formação prática seriam, em geral, o essencial e unicamente proveitoso. – Na medida em que a ciência e o senso comum colaboram assim entre si para levar ao declínio da Metafísica, pareceu ter provocado o espetáculo singular de ver *um povo culto sem Metafísica* – como um templo ricamente ornamentado, mas sem santíssimo. – A Teologia, que, em tempos anteriores, foi a guardiã dos mistérios especulativos e da Metafísica, [esta] embora dependente, tinha abandonado essa ciência em troca de sentimentos, do prático-popular e do histórico erudito. Corresponde a essa mudança o fato de que, em outro lugar, desapareceram aqueles *indivíduos solitários* que foram sacrificados pelo seu povo e segregados do mundo para que estivesse presente a contemplação do eterno e uma vida apenas a serviço disso – não por uma utilidade, mas pela bênção –; um desaparecimento que, em outro contexto, pode ser considerado na essência como o mesmo fenômeno daquele mencionado há pouco. – De modo que, após a expulsão dessas trevas, da ocupação incolor do espírito fechado em si consigo mesmo, o ser aí pareceu ter sido transformado no mundo agradável das flores, entre as quais não há, como se sabe, nenhuma *negra*.

Com a Lógica não aconteceu algo tão grave como com a Metafísica. Que se *aprenda a pensar* com ela, o que, aliás, valeu como sua utilidade e, portanto, como sua finalidade – assim como se somente se devesse aprender a digerir e a mover-se com o estudo da Anatomia e da Fisiologia –, esse preconceito se perdeu há muito tempo e o espírito do prático, decerto, não reservou para ela um destino melhor do que para sua irmã. A despeito disso, provavelmente em virtude de alguma utilidade formal, ainda lhe foi concedida uma colocação entre as ciências, já que ela mesma foi mantida como objeto do ensino público. Contudo, esta melhor sorte toca apenas o destino exterior; visto que sua figura e conteúdo permaneceram o mesmo legado por uma longa tradição, mas nela se diluíram e perderam ainda mais peso; o espírito novo que se abriu à ciência não menos do que à efetividade nela ainda não se deixou sentir. Quando a forma substancial do espírito se transformou, é de vez por todas algo vão querer conservar as formas da formação anterior; elas são como folhas murchas que são repelidas pelos novos brotos que já foram gerados em suas raízes.

A *ignorância* da alteração universal inicia gradualmente a acabar também no [campo] científico. As outras representações se tornaram desapercebidamente familiares e próprias até mesmo para os adversários, e se eles continuam a se melindrar com as fontes e os princípios daquelas e se comportam de modo contraditório contra esses, então eles tiveram que aceitar as consequências e não foram capazes de defender-se da influência das mesmas; a seu comportamento negativo, que se torna cada vez mais insignificante, eles não sabem de maneira alguma conferir uma importância positiva e um conteúdo, senão servindo-se dos novos modos de representação para participar das discussões.

Por outro lado, parece ter passado o tempo da efervescência com a qual uma nova criação começa. Em sua primeira aparição, tal criação costuma comportar-se com fanática hostilidade contra a sistematização propagada do princípio anterior, em parte também por estar temerosa em perder-se na extensão do particular, em parte, porém, por temer o trabalho que é requerido para a formação científica e na necessidade de tal [trabalho] valer-se, primeiramente, de um formalismo vazio. A exigência da elaboração e da formação da matéria se torna, então, ainda mais urgente. Há um período na formação de um tempo, tal como na formação do indivíduo, em que se trata principalmente da aquisição e afirmação do princípio em sua intensidade não desenvolvida. Mas a exigência superior almeja que ele se torne ciência.

O que, pois, já pode ter acontecido também em outra consideração para a Coisa e à forma da ciência, – a ciência lógica que constitui a própria metafísica ou a filosofia especulativa pura, se viu até o momento como ainda muito negligenciada. O que compreendo mais precisamente acerca desta ciência e do seu ponto de vista, indiquei preliminarmente na *introdução*. A necessidade de começar mais uma vez desde o início com esta ciência, a natureza do próprio objeto e a falta de trabalhos anteriores que poderiam ter sido utilizados para a transformação intencionada, devem ser levados em consideração por críticos equânimes, ainda que um trabalho de muitos anos não tenha podido fornecer a essa tentativa uma maior perfeição. – O ponto de vista essencial é que se trata em geral de um conceito novo do tratamento científico. Como eu lembrei em outro lugar[1], a filosofia, na medida em que ela deve ser ciência, não pode tomar de empréstimo para isso o seu método de uma ciência subordinada, como é a matemática, bem como tampouco pode contentar-se com garantias categóricas de uma intuição interior ou servir-se de raciocínios a partir de razões da reflexão exterior. Mas só pode ser a *natureza do conteúdo* que *se move* no conhecer científico, na medida em que ao mesmo tempo é apenas *esta reflexão própria* do conteúdo *que* põe e *gera sua* própria *determinação*.

O *entendimento determina* e mantém as determinações; a razão é negativa e *dialética* porque ela dissolve as determinações do entendimento em nada; ela é *positiva*, porque produz o *universal* e compreende o particular inserido nele. Assim como o entendimento costuma ser tomado enquanto algo separado da razão em geral, assim também a razão dialética costuma ser tomada enquanto algo separado da razão positiva. Mas em sua verdade a razão é *espírito*, que é mais elevado do que ambos, a razão entendedora ou entendimento racional. O espírito é o negativo, aquilo que constitui a qualidade tanto da razão dialética como do entendimento; – ele nega o simples, e assim ele põe a diferença determinada do entendimento; ele também a dissolve, assim ele é dialético. Contudo, ele não se conserva em nada deste resultado, mas é nisso igualmente positivo e, com isso, reestabeleceu aquele primeiro simples, porém, como o universal que é concreto em si; sob este universal não é subsumido um particular dado, mas naquele determinar e na sua respectiva dissolução o particular já se co-determinou. Esse movimento espiritual que em sua simplicidade fornece a si a sua determinidade e, nesta última, sua igualdade consigo mesmo, movimento este que, com isso, é o desenvolvimento imanente do conceito, é o método absoluto do conhecer e, ao mesmo tempo, a alma imanente do próprio conteúdo. – Somente perseguindo este caminho que constrói a si mesmo afirmo que a filosofia seja capaz de ser ciência demonstrada, objetiva. – Desse modo, tentei apresentar a consciência na *Fenomenologia do Espíri-*

---

1. *Fenomenologia do Espírito*, prefácio à primeira edição. – A própria execução é o conhecimento do método e tem seu lugar na própria lógica [N.E.A.] (cf. vol 3. Suhrkamp, p. 40ss.).

to. A consciência é o espírito enquanto algo concreto e, na verdade, o saber preso na exterioridade; contudo, o movimento progressivo deste objeto, tal como o desenvolvimento de toda a vida natural e espiritual, baseia-se somente na natureza das *essencialidades puras* que constituem o conteúdo da Lógica. A consciência, enquanto o espírito que se manifesta e que, seguindo seu caminho, liberta-se da sua imediatidade e da concreção exterior, torna-se saber puro, o qual, por sua vez, toma para si mesmo como objeto aquelas *essencialidades puras* tais como elas são em e para si. Elas são os pensamentos puros, o espírito que pensa sua essência. O seu automovimento é sua vida espiritual e é aquilo pelo qual a ciência se constitui e do qual ela é a apresentação.

Com isso está indicada a relação da ciência, que chamo de *Fenomenologia do Espírito*, com a Lógica. – No que diz respeito à relação exterior [entre a *Fenomenologia* e a *Lógica*], decidiu-se por fazer acompanhar a primeira parte do sistema da ciência que contém a Fenomenologia, uma segunda que deveria conter a lógica, bem como ambas as ciências da filosofia real, a saber, a filosofia da natureza e a filosofia do espírito e, com isso, ter-se-ia concluído o *sistema da ciência*[2]. Entretanto, a amplitude necessária que a Lógica teve de admitir para si mesma levou-me a deixá-la vir a lume separadamente; ela constitui, portanto, em um plano mais amplo, o primeiro efeito da *Fenomenologia do Espírito*. Mais tarde prosseguirei na elaboração de ambas as mencionadas ciências reais da filosofia. – Este primeiro volume da Lógica contém, contudo, como primeiro livro, a *Doutrina do Ser*; o segundo livro, a *Doutrina da Essência*, como segunda seção do primeiro volume; o segundo volume, porém, conterá a *lógica subjetiva* ou a *Doutrina do conceito*.

Nuremberg, 22 de março de 1812.

---

2. (BAMBERG & WÜRZBURG, apud GÖBHARD, 1807). Este título não é mais atribuído à segunda edição que será publicada na próxima Páscoa. – Em lugar desse fim de uma segunda parte a seguir mencionada que deveria conter as outras ciências filosóficas completas, deixei vir à luz deste então a *Enciclopédia das Ciências Filosóficas*, no ano passado na terceira edição [N.H.] [anotação de Hegel, em novembro de 1831 – N.E.A.].

PREFÁCIO À
SEGUNDA EDIÇÃO

Essa nova elaboração da *Ciência da lógica*, da qual está sendo publicado o primeiro volume, empreendi com plena consciência tanto da dificuldade do objeto por si e, assim, da sua apresentação, quanto da imperfeição que caracteriza a elaboração do mesmo na primeira edição; apesar de ter me esforçado, ocupando-me por muitos anos com essa ciência, para remediar essa imperfeição, sinto ter ainda causa suficiente para pedir a indulgência do leitor. Contudo, a razão de tal pedido, decerto pode, primeiramente, ser fundamentada na circunstância de que, para o conteúdo, principalmente, encontrou-se apenas material exterior na Metafísica e na Lógica anterior. Por mais geral e frequentemente que elas tenham sido praticadas, esta última ainda até nossos tempos, tal elaboração não afetou o lado especulativo [delas]; pelo contrário, o mesmo material foi repetido de maneira geral, diluído, às vezes, até uma superficialidade trivial, às vezes o fardo antigo foi retomado mais extensamente e arrastado, de modo que por tais esforços, frequentemente só mecânicos, não pôde acrescentar nenhum ganho ao conteúdo substancial filosófico. Apresentar o reino do pensamento filosoficamente, isto é, na sua própria atividade imanente ou, o que é o mesmo, no seu desenvolvimento necessário, teve que ser, por causa disto, um novo empreendimento e, nesse caso, foi preciso começar do início; contudo, aquele material adquirido, as formas do pensamento bem conhecidas devem ser consideradas como um modelo importantíssimo, até como uma condição necessária [e] uma pressuposição que precisa ser aceita com gratidão, ainda que a mesma represente também aqui e ali apenas um fio seco ou ossos inanimados de um esqueleto, até mesmo embaralhados desordenadamente.

As formas do pensamento estão, primeiramente, expostas e depositadas na *linguagem* do ser humano; em nossos dias pode muitas vezes não ser suficientemente lembrado que aquilo pelo qual o ser humano se distingue do animal é o pensar. A linguagem se inseriu em tudo aquilo que se torna para ele [o ser humano] em geral um interior, uma representação, em tudo aquilo de que ele se apropria, e o que ele torna linguagem e exprime nela contém de modo mais encoberto, mais misturado ou mais elaborado uma categoria; tão natural lhe é o lógico, ou, precisamente: o mesmo é sua própria *natureza* peculiar. Mas se se contrapõe a natureza em geral, como o físico, ao espiritual, seria preciso dizer que o lógico é, pelo contrário, o sobrenatural, que se insere em todo o comportamento natural do ser humano, no seu sentir, intuir, desejar, na sua necessidade, no seu impulso e, por meio disso, em geral, torna-o algo humano, ainda que apenas de modo formal, tornando-o representações e finalidades. É a vantagem de uma língua que ela possua uma riqueza de expressões lógicas, a saber, peculiares e separadas, para as próprias determinações do pensar; muitas das preposições e dos artigos já pertencem a tais relações que se baseiam no pensar; na sua formação, a língua chinesa não deve ter conseguido chegar aí de modo nenhum ou apenas insuficientemente; mas essas partículas aparecem de maneira inteiramente auxiliar, apenas um pouco mais desconexas do que os aumentos, sinais de flexão e coisa semelhante. Muito mais importante é que, numa língua, as determinações do pensar estejam destacadas em substantivos e verbos e, assim, tenham o selo das formas objetivas; nisso, a língua alemã tem muitas vantagens diante das outras línguas modernas, até mesmo algumas das suas palavras têm a propriedade adicional de não ter somente significados diversos, mas opostos, de modo que, nesse mesmo aspecto, não se pode deixar de perceber um espírito especulativo da língua; para o pensar, pode ser um prazer se deparar com tais palavras e encontrar, de forma ingênua, já lexicalmente, em *uma* palavra de significados opostos, a unificação de opostos que é resultado da especulação, embora seja paradoxal para o entendimento. Portanto, a filosofia não precisa, em geral, de nenhuma terminologia particular; certamente, precisa-se admitir algumas palavras de línguas estrangeiras, as quais, no entanto, já receberam o direito de cidadania nela através do uso – um purismo afetado estaria, no mínimo, fora do lugar aí, onde o que é o mais decisivo depende da Coisa. – O avanço da formação em geral e, em particular, das ciências, até mesmo das ciências empíricas e sensíveis, na medida em que elas universalmente se movem nas categorias mais usuais (p. ex., aquelas do todo e das partes, de uma coisa e suas propriedades e semelhantes), ilumina de pouco em pouco também as relações de pensamento mais altas ou pelo menos as eleva a uma maior universalidade e, assim, a uma atenção mais detalhada. Se, por exemplo, na física, a determinação do pensar da *força* se tornou predominante, recentemente, a categoria da *polaridade*, que, aliás, é inserida em tudo demasiadamente *à tort et à travers* [de maneira irrefletida], mesmo na luz, desempenha o papel mais importante, – a determinação de uma diferença, na qual os diferenciados estão unidos *inseparavelmente*; é de importância infinita que, dessa maneira, parta-se da forma da abstração, da identidade, pela qual uma determinidade, por exemplo, como força, adquire uma autossubsistência, e a forma do determinar, da diferença, que ao mesmo tempo permanece como um inseparável na identidade, é ressaltada e se tornou uma representação corrente. Através da realidade, na qual seus objetos se conservam, a consideração da natureza implica essa obrigatoriedade de fixar as categorias, que nela não podem mais ser ignoradas, ainda que com a maior inconsequência contra outras que *também* se fazem valer, e de não permitir que se passe, como ocorre no espiritual mais facilmente, da oposição para abstrações e universalidades.

Mas, na medida em que os objetos lógicos, assim como suas expressões, são algo mais ou menos conhecido por todos na cultura, assim, como eu disse em outro lugar[3], o que é *bem conhecido* não é, por causa disso, *reconhecido*; e pode suscitar mesmo a impaciência de dever se ocupar ainda com o conhecido, – e o que é mais conhecido do que justamente as determinações do pensar, das quais nós fazemos uso em toda parte, que nos saem da boca em cada proposição que falamos? Esse prefácio deve estar destinado a indicar os momentos gerais sobre o andamento do conhecer a partir desse conhecido, sobre a relação do pensar científico com esse pensar natural; isso, tomado em conjunto com o que a *introdução* anterior contém, será suficiente para dar uma representação geral do sentido do conhecer lógico como uma tal [representação] se exige antecipadamente de uma ciência, antes daquela que é a própria Coisa.

---

3. *Fenomenologia do Espírito* [cf. vol. 3. Suhrkamp, p. 35]: "O bem conhecido, pelo fato de ser *bem conhecido*, não é *reconhecido*" [N.E.A.].

Primeiramente, deve-se considerar como um progresso infinito que as formas do pensamento libertadas da matéria, na qual elas estão imersas no intuir e no representar autoconsciente como em nosso desejar e querer ou, antes, também no desejar e querer representante (e não há nenhum desejar e querer humanos sem representar), que essas universalidades foram destacadas por si e, como fez *Platão*, mas depois, sobretudo, *Aristóteles*, foram transformadas em objeto da consideração por si; isto fornece o início do seu conhecer.

"Apenas depois que se dispunha de praticamente tudo o necessário e daquilo que pertence ao conforto e ao bem-estar da vida", diz Aristóteles, "começou-se a buscar o conhecimento filosófico"[4]. "No Egito", mencionara ele anteriormente, "as ciências matemáticas se constituíram cedo, porque lá a casta dos sacerdotes pôde desfrutar cedo de ócio"[5]. – De fato, a necessidade de ocupar-se com os pensamentos puros pressupõe um longo percurso pelo qual o espírito humano tem que ter passado; é, pode-se dizer, a carência do carecimento já satisfeito da necessidade, a ausência do carecimento, à qual ele precisa ter chegado, a abstração da matéria do intuir, do imaginar etc., dos interesses concretos do desejar, dos impulsos, da vontade, em cuja matéria as determinações do pensar encontram-se encobertas. Nos espaços silenciosos do pensar que chegou a si mesmo e que é apenas em si, calam-se os interesses que movem a vida dos povos e dos indivíduos. "Por muitos aspectos", diz Aristóteles nesse contexto, "a natureza dos seres humanos é dependente; mas só esta ciência, que não é procurada para um uso, é livre em e para si e, por isso, não parece ser uma posse humana"[6]. – Nos seus pensamentos, a filosofia em geral tem a ver ainda com objetos concretos: Deus, natureza, espírito, mas a lógica se ocupa por inteiro apenas com estes para si na sua abstração completa. O estudo dessa lógica costuma, por este motivo, caber inicialmente à juventude, como aquela que ainda não adentrou nos interesses da vida concreta, vive no ócio com respeito a eles e só deve se ocupar, para sua finalidade subjetiva, com a aquisição dos meios e da possibilidade de atuar nos objetos daqueles interesses – e mesmo com esses ainda teoricamente. Em contra-

---

4. Aristóteles. *Metafísica I*, 2, 982b [N.E.A.].
5. *Metafísica I*, 1, 981b [N.E.A.].
6. *Metafísica I*, 2, 982b [N.E.A.].

partida à representação de Aristóteles indicada acima, entre esses *meios*, conta-se a ciência lógica; o esforço em torno da mesma é um trabalho preliminar; seu lugar, a escola, e é só a ela que deve seguir a seriedade da vida e a atividade para as finalidades verdadeiras. Na *vida*, passa-se ao *uso* das categorias; elas são rebaixadas da honra de ser consideradas por si a *servirem* no funcionamento espiritual do conteúdo vital, no criar e no trocar das representações referentes a isto – em parte, como *abreviaturas* pela sua universalidade; pois é infinita a multidão das singularidades do ser aí exterior e da atividade que a representação compreende: batalha, guerra, povo ou mar, animal etc. reunidos em si; como é na representação: Deus ou amor etc., uma multidão infinita de representações, atividade, estados etc.!, está resumida na *simplicidade* de tal representar, – em parte, para a mais exata determinação e descoberta das *relações objetivas*, em que, contudo, conteúdo substancial e finalidade, a exatidão e verdade do pensar que interfere se tornam inteiramente dependentes do próprio dado [*das Vorhandene*] e não é atribuída por si qualquer eficácia que determina o conteúdo às determinações do pensar. Tal uso das categorias, que há pouco foi denominado de lógica natural, é inconsciente; e se na reflexão científica lhes é indicado no espírito a relação de servir como meio, o pensar é tornado, em geral, algo subordinado às outras determinações espirituais. De nossas sensações, impulsos, interesses, certamente nós não dizemos que eles nos servem, mas sim que eles valem como forças e potências autossubsistentes, de modo que nós somos isso mesmo: sentir assim, desejar e querer isso, pôr nosso interesse nisso. Mas nossa consciência pode, antes, voltar a ser a de que nós estamos a serviço de nossos sentimentos, impulsos, paixões, interesses, e, além disso, de hábitos, e não de que nós os possuímos, ainda menos de que, em nossa unidade íntima com eles, servem-nos como meio. Tais determinações do ânimo e do espírito se mostram para nós logo como *particulares* em oposição à *universalidade*, como aquela da qual nós nos conscientizamos, na qual nós temos nossa liberdade e [nós] acreditamos, antes, estar enredados nessas particularidades, ser dominados por elas. Por conseguinte, nós podemos, então, acreditar bem menos que as formas do pensamento que permeiam todas as nossas representações – sejam essas apenas teóricas ou contenham uma matéria que pertence à sensação, ao impulso, à vontade – estão a nosso serviço, que nós as possuímos e não, pelo contrário, que elas nos possuem; o que nos resta frente a elas, como *nós* devemos, como *eu* devo me colocar como o mais universal sobre elas, que são, elas próprias, o universal como tal? Se nós nos pomos em uma sensação, uma finalidade, um interesse e nos sentimos nisso limitados, sem liberdade, então o lugar, no qual podemos [nos] evadir disso e retirar-nos para a liberdade, é esse lugar da certeza de si mesma, da abstração pura, do pensar. Ou, do mesmo modo, se nós queremos falar das *coisas*, então nós denominamos a *natureza* ou a *essência* das mesmas seu *conceito*, e este é apenas para o pensar; dos conceitos das coisas, contudo, diremos ainda bem menos que nós dominamos ou que as determinações do pensar, das quais eles são o complexo, estão a nosso serviço; ao contrário, nosso pensar tem que restringir-se em conformidade a eles, e nosso arbítrio ou nossa liberdade não deve querer regulá-los em conformidade consigo. Portanto, na medida em que o pensar subjetivo é nosso atuar mais próprio, mais interior, e o conceito objetivo das coisas constitui a própria Coisa, não podemos estar fora daquele atuar, não podemos estar acima do mesmo, e tampouco podemos ir além da natureza das coisas. Da última determinação, contudo, nós podemos prescindir; ela coincide com a primeira, já que ela [é] uma relação de nossos pensamentos com a Coisa, mas só resultaria em algo vazio, porque a Coisa seria com isso estabelecida como regra para nossos conceitos, mas justamente a Coisa não pode ser, para nós, outra coisa do que nossos conceitos dela. Se a filosofia crítica entende a relação desses três *termos* [*terminorum*] como se nós colocássemos *os pensamentos* entre *nós* e *as Coisas* como termo médio, no sentido de que esse termo médio, pelo contrário, isola-*nos* das *Coisas*, em vez de nos reunir com elas, então deve se contrapor a essa posição a observação simples de que justamente essas Coisas, que devem ficar além de nós e além de nossos pensamentos que se relacionam com elas no outro extremo, são, elas mesmas, coisas do pensamento e, como inteiramente indeterminadas, são apenas *uma* coisa do pensamento – a chamada coisa-em-si da própria abstração vazia.

Contudo, isso pode ser suficiente para o ponto de vista, do qual desaparece a relação, segundo a qual as determinações do pensar apenas são tomadas como destinadas ao uso e como meios; mais importante é aquilo que ainda se correlaciona com isso, [e] segundo o qual elas costumam ser concebidas como formas exteriores. – A atividade do pensar que nos impregna todas as representações, finalidades, interesses e ações, como se disse, opera de modo inconsciente (a lógica natural); o que nossa consciência tem diante de si é o conteúdo, são os objetos das representações, aquilo que preenche o interesse; as determinações do pensamento valem, segundo essa relação, como *formas* que estejam apenas no [*an dem*] *conteúdo substancial*, não que sejam o próprio conteúdo substancial. Mas se naquilo que há pouco foi indicado e o que, de resto, é admitido em geral, que a *natureza*, a *essência* peculiar, *o que* verdadeiramente *permanece* e é *substancial* na multiplicidade e na contingência do aparecer e da externação transitória é o *conceito* da Coisa, o *universal nela mesma*, assim como cada indivíduo humano, embora tenha em si um infinitamente peculiar, tem o *elemento primeiro* [*Prius*] de toda a sua peculiaridade no fato de ser *humano*, assim como cada animal singular tem o *elemento primeiro* [*Prius*] ser *animal*, então não poderia se dizer o que deveria ainda ser um indivíduo – se essa base fosse retirada daquilo que é equipado com tantos outros vários predicados, se é ela [a base] pode ser denominada um predicado do mesmo modo que os outros. A base indispensável, o conceito, o universal que é o próprio pensamento, desde que na palavra "pensamento" se possa abstrair da representação, não pode ser considerada *apenas* como uma forma indiferente que esteja *em* um conteúdo. Mas esses pensamentos de todas as coisas naturais e espirituais, mesmo o *conteúdo* substancial, são ainda um [conteúdo] tal que contém várias determinidades e ainda tem nele a diferença de uma alma e um corpo, do conceito e de uma realidade relativa; a base mais profunda é a alma para si, o conceito puro, que é o mais íntimo dos objetos, simples pulso da vida tanto deles quanto do próprio pensar subjetivo dos mesmos. Trazer à consciência essa natureza *lógica*, que anima o espírito, impulsiona e age nele, isto é a tarefa. Em geral, o atuar de modo instintivo se diferenciado atuar inteligente e livre pelo fato de que esse se dá com consciência; enquanto o conteúdo daquilo que impulsiona é trazido para fora da unidade imediata com o sujeito e é levado à objetividade diante desse, começa a liberdade do espírito, que, no agir instintivo do pensar, enredado nos laços de suas categorias, está fragmentado em uma matéria infinitamente múltipla. Nessa rede enredam-se de vez em quando em nós mais firmes, os quais são os pontos de referência e de orientação de sua vida e de sua consciência, eles devem sua firmeza e seu poder precisamente ao fato de que, trazidos à consciência, eles são conceitos que são em e para si de sua essencialidade. O ponto mais importante para a natureza do espírito é a relação não apenas do que ele é *em si*, com o que ele é *efetivamente*, mas sim de como ele *se sabe*; esse saber de si é, porque ele [é] essencialmente consciência, determinação fundamental de sua *efetividade*. Purificar essas categorias, que são ativas apenas de modo instintivo e, primeiramente, [são] trazidas à consciência do espírito como isoladas e, com isso, de maneira variável e confusa e lhe concedem, dessa maneira, uma efetividade isolada e incerta e elevar o espírito nas categorias à liberdade e à verdade, isto é, portanto, o empreendimento lógico supremo.

O que nós indicamos como início da ciência, cujo alto valor para si e, ao mesmo tempo, como condição do conhecimento verdadeiro foi reconhecido há pouco, [ou seja,] tratar os conceitos e os momentos do conceito em geral, as determinações do pensar primeiramente como formas que seriam diversas da matéria e estariam apenas nela, isto se manifesta imediatamente em si mesmo como um comportamento inadequado à verdade que é indicada como objeto e finalidade da lógica. Pois assim, como meras formas, como diferentes do conteúdo, elas são supostas como estando em uma determinação que as marcam como finitas e impossibilita de conceber a verdade que é infinita em si. Mesmo que o verdadeiro possa, de outra maneira, ser novamente associado com delimitação e finitude, – isto é o lado da sua negação, da sua inverdade e inefetividade, justamente de seu fim, não da afirmação, que ele é como verdadeiro. Contra a nudez das categorias meramente formais, o instinto da razão sã se sentiu finalmente tão fortalecido que ele abandona com desprezo seu conhecimento [*Kenntnis*] ao âmbito de uma lógica e metafísica de escola, junto com o desrespeito do valor que a consciência desses fios já tem por si, e com a inconsciência, no atuar instintivo da lógica natural, mais ainda no rejeitar refletido do conhecimento e do reconhecimento [*der Kenntnis und Erkenntnis*] das determinações do pensar, de estar preso no serviço do pensar não purificado e, com isso, não livre. A simples determinação fundamental, ou a determinação da forma comum da coleção de tais formas, é a *identidade* que, como lei, como *A* = *A*, é afirmada no princípio da contradição na lógica desta coleção. A razão sã perdeu tanto sua reverência pela escola que possui tais leis da verdade e na qual elas continuam ainda sempre a ser seguidas, que ela [a razão sã] ridiculariza a mesma por causa disso, e considera insuportável uma pessoa que, conforme tais leis, sabe verdadeiramente falar: "a planta é uma – planta", "a ciência é – a ciência", e *assim por diante ao infinito*. Também sobre as fórmulas, que [indicam] as regras do inferir, que, de fato, é um uso fundamental do entendimento, fixou-se – por mais injusto que seja desconhecer que elas têm seu campo no conhecimento [*Erkenntnis*], em que elas têm que valer e, ao mesmo tempo, que elas são material essencial para o pensar da razão – a consciência igualmente justa que elas são meios indiferentes, pelo menos, tanto do erro e da sofistaria e, como se gostaria também de determinar, de outra maneira, a verdade, são inúteis para a verdade mais alta, por exemplo, a religiosa – que elas em geral dizem respeito apenas à exatidão dos conhecimentos [*Erkenntnisse*], não à verdade.

A incompletude desse modo de considerar o pensar, que deixa de lado a verdade, deve ser complementada unicamente através do integrar na consideração pensante, não meramente aquilo que costuma ser atribuído à forma exterior, mas o conteúdo. Mostra-se rapidamente por si mesmo que aquilo que na primeira reflexão mais habitual está separado da forma enquanto conteúdo, de fato, não deve ser, em si, sem forma, destituído de determinação – assim ele seria apenas o vazio, por exemplo, a abstração da coisa-em-si –, que ele, pelo contrário, tem forma nele mesmo, pois somente tem por ela animação e conteúdo substancial, e que ele é ela mesma aquilo que se converte apenas na aparência de um conteúdo tal como também se converte, com isso, na aparência de um exterior nesta aparência. Com essa introdução do conteúdo na consideração lógica não são as *coisas*, mas a *Coisa*, o *conceito* das coisas, que se torna objeto. Mas, nesse caso, pode-se também lembrar de que *há* uma multidão de conceitos, uma multidão de Coisas. Mas em parte já foi dito através de que essa multidão é limitada: que o conceito, como pensamento em geral, como universal, é a abreviatura incomensurável contra a singularidade das coisas, como elas são vislumbradas na sua quantidade pelo intuir e representar indeterminado; mas em parte, *um* conceito é desde já, em primeiro lugar, *o* conceito nele mesmo, e este é somente *um* e é a base substancial; mas, por outro lado, ele decerto é um conceito *determinado*, e essa determinidade nele é aquilo que aparece como conteúdo; a determinidade do conceito, porém, é uma determinação da forma dessa unidade substancial, um momento da forma como totalidade, *do próprio conceito* que é a base dos conceitos determinados. Este não é intuído ou representado sensorialmente; ele é somente objeto, produto e conteúdo *do pensar* e a Coisa que é em e para si, o *logos*, a razão do que é, a verdade do que tem o nome das coisas; o *logos* é o que menos deve ser deixado fora da ciência lógica. Por causa disso, integrá-lo na ciência ou deixá-lo de fora não é questão de gosto. Se as determinações do pensar que são apenas formas exteriores são consideradas verdadeiramente nelas mesmas, disso só pode resultar sua finitude e a inverdade do seu dever-ser-para-si e, como sua verdade, o conceito. Por este motivo, a ciência lógica, na medida em que ela trata das determinações do pensar que em geral permeiam nosso espírito instintiva e inconscientemente e, mesmo na medida em que elas adentram na linguagem, permanecem não objetivas, despercebidas, será também a reconstrução daquelas que estão destacadas pela reflexão e são por ela fixadas como subjetivas, como formas exteriores na matéria e no conteúdo substancial.

Nenhuma apresentação de um objeto seria em e para si capaz de ser, de modo estrito, tão imanentemente plástica por inteiro como a do desenvolvimento do pensar na sua necessidade; nenhum [objeto] carregaria consigo tamanha exigência; sua ciência teria que superar nisso também a matemática, já que nenhum objeto tem em si mesmo essa liberdade e independência. Tal exposição requereria, como isto está dado, à sua maneira, no andamento da consequência matemática, que em nenhum grau do desenvolvimento haveria uma determinação do pensar e uma reflexão que não resulta imediatamente nesse grau e que nele não fossem derivadas a partir dos precedentes. Só que, em geral, é preciso certamente renunciar a tal perfeição abstrata da apresentação; já na medida em que a ciência tem que iniciar com o puramente simples, portanto, com o mais universal e o mais vazio, a exposição admitiria apenas justamente essas expressões bem simples do simples sem qualquer outra adição de qualquer palavra; – o que poderia legitimamente ocorrer, de acordo com a Coisa, seriam reflexões que negam, que se esforçariam para deter e afastar aquilo que de outra maneira a representação ou um pensar desregrado poderia misturar. Tais intromissões no simples andamento imanente do desenvolvimento são, contudo, contingentes por si, e o próprio esforço para evitá-los se torna, com isso, marcado com essa contingência; além disso, é vão querer enfrentar todas essas intromissões, precisamente porque elas residem fora da Coisa, e pelo menos a imperfeição seria o que aqui seria exigido para a satisfação sistemática. Mas a inquietude peculiar e a distração de nossa consciência moderna não admitem nada de diferente do que levar mais ou menos igualmente em consideração as reflexões e as intromissões óbvias. Uma exposição plástica requer então também um sentido plástico do apreender e do compreender; mas tais jovens e homens plásticos, tão tranquilos com a abnegação das *próprias* reflexões e intromissões, com as quais o pensar *por si* é impaciente de se mostrar, ouvintes unicamente seguidores da Coisa, como Platão os imagina, não poderiam ser colocados em um diálogo moderno; ainda menos poderia se contar com tais leitores. Ao contrário, mostraram-se para mim com demasiada frequência e veemência tais adversários, que não conseguiram fazer a reflexão simples de que suas intromissões e objeções contêm categorias que são pressuposições e de que elas próprias necessitam primeiramente da crítica antes de serem usadas. A inconsciência sobre isso vai incrivelmente longe; ela comete o mal-entendido fundamental, a conduta ruim, quer dizer, inculta de pensar, na consideração de uma categoria, *algo outro* e não essa própria categoria. Essa inconsciência é tanto menos justificável quanto tal *outro* consiste em outras determinações do pensar e conceitos, mas em um sistema da lógica justamente essas outras categorias precisam igualmente ter encontrado seu lugar e ser submetidas por si mesmas à consideração. Isto é o que mais chama atenção na grande maioria das objeções e ataques aos primeiros conceitos ou proposições da lógica, o *ser* e o *nada* e o *devir*, como aquilo que, sendo uma determinação simples, contém incontestavelmente – a análise simples mostra isso – aquelas duas determinações como momentos. A profundidade parece exigir investigar antes de tudo o início como o fundamento sobre o qual tudo é construído, até não progredir até ele ter se demonstrado firme; antes pelo contrário, se isso não é o caso, tudo o que ainda se segue deve ser rejeitado. Esta profundidade tem, ao mesmo tempo, a vantagem de proporcionar a maior facilitação para a ocupação do pensar; ela tem diante de si todo o desenvolvimento incluído nesse germe e acredita estar com tudo pronto, se ela está pronta com aquilo que é o mais fácil de executar, já que ele é o mais simples, o próprio simples; o pouco trabalho que é preciso é aquilo pelo qual se recomenda essencialmente essa profundidade tão satisfeita consigo. Essa restrição ao simples deixa espaço livre ao arbítrio do pensar, que não quer por si permanecer simples, mas sim colocar reflexões a este respeito. Com a boa razão de se ocupar primeiramente *apenas* com o princípio e, com isso, não se envolver *com o resto*, essa profundidade faz, em sua própria ocupação, o oposto disso, ou seja, o *ulterior*, isto é, trazer outras categorias, que não sejam apenas o princípio, outros pressupostos e preconceitos. Tais pressupostos de que a infinitude seria diversa da finitude, o conteúdo algo diferente da forma, o interior outro do que o exterior, de que igualmente a mediação não seria a imediatidade, como se alguém não soubesse disso, são, ao mesmo tempo, alegados a título de ensino e são mais contados e asseverados do que provados. Em tal ensinar [considerado] como conduta reside – não se pode denominar isso de outra maneira – uma bobagem segundo a Coisa, em parte o [aspecto] injustificado de somente pressupor e supor categoricamente coisa semelhante, em parte ainda mais a ignorância de que a necessidade [*Bedürfnis*] e a ocupação do pensar lógico é justamente de investigar isto: se, pois, tal finito sem infinitude é algo verdadeiro; do mesmo modo, se tal infinitude abstrata é, além disso, um conteúdo sem forma e uma forma sem conteúdo, um tal interior para si que não tem nenhuma exterioridade, uma exterioridade sem interioridade etc., se é *algo verdadeiro*, da mesma forma, se é *algo efetivo*. – Mas essa formação e disciplina do pensar, pelas quais se realiza um comportamento plástico do mesmo e a impaciência da reflexão intrometida seria superada, são proporcionadas apenas pela progressão, pelo estudo e pela produção de todo o desenvolvimento.

Quanto à menção da apresentação platônica pode ser lembrado, para aquele que, nos tempos modernos, trabalha para apresentar novamente o edifício autossubsistente da ciência filosófica, que Platão reelaborou seus livros sobre o Estado sete vezes. A lembrança disso, uma comparação, na medida em que ela parece encerrar em si uma tal comparação, só deveria impelir mais ainda ao desejo de que, para uma obra que, enquanto pertencente ao mundo moderno, tem, diante de si, um princípio mais profundo, um objeto mais difícil e um material de maior alcance para a elaboração, fosse concedido o ócio livre para refazê-la setenta e sete vezes. Mas assim o autor, na medida em que ele considera a obra do ponto de vista da grandeza da tarefa, teve que se contentar com o que ela pôde se tornar sob as circunstâncias de uma necessidade exterior, da distração inevitável pela grandeza e versatilidade dos interesses da época, até mesmo sob a dúvida quanto a se a barulheira do dia e a falação atordoante da imaginação que se envaidece de se restringir a ela, ainda deixe aberto o espaço para a participação na tranquilidade serena do conhecimento exclusivamente pensante.

Berlim, 7 de novembro de 1831.

INTRODUÇÃO

Conceito geral da lógica

Em nenhuma ciência se sente mais fortemente a necessidade [*Bedürfnis*] de iniciar, sem reflexões preliminares, da própria Coisa do que na ciência lógica. Em todas as outras, o objeto de que elas tratam e o método científico são diferentes um do outro; bem como o conteúdo também não constitui um início absoluto, mas depende de outros conceitos e está conectado com outras matérias circundantes. Portanto, concede-se a essas ciências falar de seu solo e de sua conexão, bem como do método, apenas segundo lemas; aplicar tranquilamente formas de definições e [coisas] semelhantes, [formas] pressupostas como conhecidas e admitidas e servir-se do modo comum do raciocínio para o estabelecimento de seus conceitos universais e determinações fundamentais.

A lógica, ao contrário, não pode pressupor nenhuma dessas formas da reflexão ou regras e leis do pensar, pois elas constituem uma parte de seu próprio conteúdo e têm de ser apenas fundamentadas no interior dela. Não somente a indicação do método científico, mas também o próprio *conceito* da *ciência* em geral, pertencem ao seu conteúdo, e, na verdade, ele constitui seu resultado último; o que a lógica é, ela não pode, portanto, dizer antecipadamente, mas somente todo o seu tratamento engendra esse saber dela mesma como seu último resultado e como sua realização plena. Do mesmo modo, seu objeto, o *pensar*, ou seja, de modo mais determinado, o *pensar conceituante* é essencialmente tratado no interior dela [da lógica]; o conceito disso gera-se em seu decurso e não pode ser presumido. Portanto, aquilo que é presumido nessa introdução não tem a finalidade de fundamentar de qualquer maneira o conceito da lógica ou de justificar de antemão, cientificamente, o seu conteúdo e o seu método, mas tornar acessível à representação, por meio de algumas elucidações e reflexões, em um sentido raciocinante e histórico, o ponto de vista a partir do qual essa ciência tem de ser considerada.

Se a lógica é admitida como a ciência do pensar em geral, entende-se com isso que esse pensar constitui a *mera forma* de um conhecimento, que a lógica se abstrai de todo *conteúdo* e que a assim chamada segunda *parte constituinte*, que pertence a um conhecimento, a *matéria*, tem de ser dada de outro lugar, que, assim, a lógica, da qual esta matéria seria total e inteiramente independente, apenas pode indicar as condições formais do conhecimento verdadeiro, mas não pode conter a própria verdade real e tampouco pode ser o *caminho* para a verdade real, porque justamente o essencial da verdade, o conteúdo, está fora dela.

Em primeiro lugar, porém, já é inapropriado dizer que a lógica abstrai de todo *conteúdo*, que ela apenas ensina as regras do pensar, sem poder se dedicar ao pensado e levar em conta a sua constituição. Pois, uma vez que o pensar e as regras do pensar devem ser seu objeto, ela já possui assim imediatamente seu conteúdo peculiar; com isso, ela também tem aquele segundo elemento constitutivo do conhecimento, uma matéria, de cuja constituição ela se ocupa.

Entretanto, *em segundo lugar*, as representações sobre as quais até agora repousava o conceito da lógica, em parte, já sucumbiram e, em parte, é hora de que elas desapareçam completamente, de que o ponto de vista dessa ciência seja apreendido de modo mais elevado e de que ela adquira uma figura totalmente alterada.

O conceito da lógica até agora repousa na separação, pressuposta como definitiva pela consciência comum, do *conteúdo* do conhecimento e da *forma* do mesmo ou da *verdade* e da *certeza*. Primeiramente, pressupõe-se que a matéria do conhecimento como um mundo acabado presente em e para si fora do pensar, que o pensar para si é vazio, aproxima-se exteriormente daquela matéria como uma forma, preenche-se com ela e apenas assim ganha um conteúdo e torna-se, através disso, um conhecer real.

Logo, essas duas partes constituintes (pois elas devem ter a relação de partes constituintes e o conhecer é composto a partir delas de modo mecânico ou no máximo de modo químico) se encontram uma frente à outra na seguinte hierarquia: o objeto é algo para si consumado, acabado, que poderia dispensar perfeitamente o pensar para sua efetividade; ao contrário, o pensar seria algo deficiente, que apenas deveria se completar em uma matéria e, na verdade, como uma forma maleável e indeterminada, deveria se adequar à sua matéria. Verdade é a concordância do pensar com o objeto e, a fim de gerar essa concordância – pois ela não está presente em e para si –, o pensar deve ajustar-se e acomodar-se ao objeto.

Em terceiro lugar, na medida em que a diversidade da matéria e da forma, do objeto e do pensar, não é abandonada àquela indeterminidade nebulosa, mas é tomada de modo mais determinado, cada um é uma esfera separada da outra. Portanto, o pensar não ultrapassa a si mesmo em seu receber e em seu formar da matéria, seu receber e seu acomodar-se a ela permanecem uma modificação de si mesmo; desse modo, ele não vem a ser o seu outro; e o determinar autoconsciente pertence de todo modo apenas a ele; portanto, ele não consegue também em sua relação com o objeto, sair de si em direção ao objeto: este permanece, enquanto uma coisa em si, pura e simplesmente um além do pensar.

Essas concepções acerca da relação do sujeito e do objeto um para com o outro exprimem as determinações que constituem a natureza de nossa consciência comum, de nossa consciência que aparece; mas estes preconceitos, transpostos para a razão, como se nela ocorresse a mesma relação, como se essa relação tivesse verdade em e para si, são os erros dos quais a filosofia é a refutação através de todas as partes do universo espiritual e natural, ou melhor, porque eles impedem o acesso à filosofia, devem ser abandonados antes dela.

A metafísica mais antiga tinha a esse respeito um conceito mais elevado do pensar do que aquele que se tornou corrente em época mais recente. Aquela colocou como fundamento, a saber, que aquilo que é conhecido das e nas coisas através do pensar é o que é unicamente a verdade verdadeira nelas, ou seja, não as coisas em sua imediatidade, mas apenas as coisas elevadas na forma do pensar, como [algo] pensado. Essa metafísica considerava que o pensar e as determinações do pensar não fossem algo estranho aos objetos, mas antes que fossem a essência deles ou que as *coisas* [*Dinge*] e o *pensar* [*Denken*] deles (assim como também a nossa língua expressa um parentesco entre esses dois termos) concordam em e para si, que o pensar em suas determinações imanentes e a natureza verdadeira das coisas fossem o único e o mesmo conteúdo. Mas o entendimento *reflexionante* apoderou-se da filosofia. É preciso saber exatamente o que essa expressão quer dizer, a qual é em outros vários sentidos empregada como um bordão; é preciso entender em geral com isso o entendimento que abstrai e, assim, separa, persistindo em suas separações. Voltado contra a razão, ele se comporta como *entendimento humano comum* e faz valer sua concepção que a verdade repousa na realidade sensível, que os pensamentos são *apenas* pensamentos, no sentido de que somente a percepção sensível lhes dá teor [*Gehalt*] e realidade, que a razão, na medida em que permanece em e para si, apenas gera quimeras. Nessa renúncia da razão a si mesma perde-se o conceito da verdade; a razão fica restrita a conhecer somente a verdade subjetiva, apenas o fenômeno [*Erscheinung*], apenas aquilo a que não corresponde à natureza da própria Coisa; o *saber* recaiu à *opinião*.

Contudo, essa virada que o conhecer toma e que aparece como perda e retrocesso tem como fundamento o mais profundo, sobre o qual repousa em geral a elevação da razão ao espírito mais alto da filosofia mais recente. O fundamento daquela representação tornada universal deve ser procurado, a saber, na intelecção do *conflito necessário* das determinações do entendimento consigo mesmo. – A já mencionada reflexão é a seguinte: *ultra*passar o imediato concreto e *determinar* e *separar* o mesmo. Mas ela tem de *avançar igualmente* além dessas suas determinações *separadoras* e, primeiramente, *relacioná-las*. No ponto desse relacionar surge o conflito das mesmas. Esse relacionar da reflexão pertence em si à razão; a elevação para além daquelas determinações, a qual chega à intelecção do conflito das mesmas, é o grande passo negativo em direção ao verdadeiro conceito da razão. Mas a intelecção não realizada recai no equívoco de que é a razão que entra em contradição consigo; ela não reconhece que a contradição é precisamente o elevar-se da razão sobre as limitações do entendimento e a solução das mesmas. Em vez de dar, a partir daqui, o último passo para o alto, o conhecimento, recuando do que é insatisfatório das determinações do entendimento, refugiou-se na existência sensível, acreditando haver nela o que tem firmeza e concordância. Porém, na medida em que, por outro lado, esse conhecimento se sabe como o conhecimento apenas do que é fenomênico, admite-se o caráter insatisfatório do mesmo, mas, ao mesmo tempo, pressupõe-se que, na verdade, as coisas em si não sejam conhecidas corretamente, mas apenas as coisas no interior da esfera do fenômeno, como se, dessa maneira, apenas a *espécie dos objetos* fosse, por assim dizer, diversa e que uma espécie, a saber, a das coisas em si, não entrasse no conhecimento, mas a outra sim, a saber, a dos fenômenos. É como se a um homem fosse concedido possuir uma intelecção correta, acrescentando que, todavia, não seria capaz de reconhecer [*einsehen*] nada de verdadeiro, mas apenas o não verdadeiro. Se isso é absurdo, da mesma forma é absurdo um conhecimento verdadeiro que não reconheceria [*erkennte*] o objeto tal como ele é em si.

A *crítica das formas do entendimento* teve o resultado indicado: que essas formas não têm nenhuma *aplicação às coisas em si*. – Isso não pode ter outro sentido senão que essas formas são nelas mesmas algo não verdadeiro. Entretanto, na medida em que elas são deixadas como válidas para a razão subjetiva e para a experiência, a crítica não efetuou nelas mesmas nenhuma alteração, mas as deixa na mesma figura para o sujeito como antes valiam para o objeto. Todavia, se elas são insuficientes para a coisa em si, o entendimento, a quem elas deveriam pertencer, tampouco teria de aceitá-las e se contentar com elas. Se elas não podem ser determinações da *coisa em si*, elas menos ainda podem ser determinações do entendimento, ao qual pelo menos deveria ser concedida a dignidade de uma coisa em si. As determinações do finito e do infinito estão no mesmo conflito, sejam elas aplicadas ao tempo e ao espaço, ao mundo, sejam elas determinações no interior do espírito – da mesma forma que o preto e o branco resultam no cinza, sejam misturados um com o outro numa parede ou numa paleta. Se a nossa representação do mundo se dissolve na medida em que são aplicadas sobre ela as determinações do infinito e do finito, então mais ainda o próprio *espírito*, que as contém ambas em si, é algo em si mesmo contraditório e que se dissolve a si mesmo. – Uma diferença não pode ser constituída devido à constituição da matéria ou do objeto sobre o qual seriam aplicadas ou no qual se encontrariam; pois o objeto tem a contradição nele apenas por meio de e segundo aquelas determinações.

Aquela crítica, então, afastou as formas do pensar objetivo apenas da coisa, mas as deixou no sujeito tal como as encontrou. Através disso, ela não considerou essas formas em e para si mesmas segundo seu conteúdo peculiar, mas as assumiu diretamente segundo lemas da lógica subjetiva; de modo que [não] se tratou de uma derivação delas nelas mesmas nem de uma derivação das mesmas como formas subjetivas lógicas e muito menos de uma consideração dialética das mesmas.

O idealismo transcendental executado de modo mais consequente reconheceu a nulidade do espectro da *coisa em si*, ainda deixado como resquício pela filosofia crítica, essa sombra abstrata, apartada de todo conteúdo, e teve como finalidade destruí-la completamente. Essa filosofia também fez o início consistente em deixar que a razão apresentasse suas determinações a partir de si mesma. Mas a postura subjetiva dessa tentativa não deixou que tal início chegasse a uma realização plena. Além disso, essa postura e, com ela, também aquele início e cultivo da ciência pura foram abandonados.

Contudo, aquilo que se costuma compreender como lógica é considerado inteiramente sem levar em conta o significado metafísico. Essa ciência, no estado em que ainda se encontra, não possui certamente nenhum conteúdo do tipo que vale como realidade e como uma Coisa verdadeira na consciência comum. Mas ela não é, por essa razão, uma ciência formal, desprovida de verdade cheia de conteúdo. Não se deve procurar o âmbito da verdade naquela matéria que não se encontra na referida ciência – falta a qual se costuma atribuir o insatisfatório da mesma. Pelo contrário, a falta de conteúdo das formas lógicas está antes apenas no modo como elas são consideradas e tratadas. Na medida em que elas se separam como determinações firmes e não são mantidas juntas em unidade orgânica, elas são formas mortas e o espírito não habita nelas, espírito o qual é sua unidade concreta que vive. Mas, com isso, elas estão desprovidas do conteúdo sólido – de uma matéria que fosse nela mesma um conteúdo. O conteúdo que falta nas formas lógicas não é outro senão uma base e uma concreção firmes dessas determinações abstratas; e costuma-se procurar uma tal essência substancial para elas fora delas. A própria razão lógica, porém, é o substancial ou o real, que mantêm unidas em si todas as determinações abstratas e que é a unidade sólida, absolutamente concreta delas. Então, não foi preciso continuar procurando por aquilo que se costuma chamar de matéria; não é culpa do objeto da lógica se ela deve ser sem conteúdo, mas apenas da maneira como o mesmo é apreendido.

Essa reflexão conduz mais precisamente para a indicação do ponto de vista segundo o qual a lógica precisa ser considerada, em que medida ele se diferencia dos modos de tratamento tradicionais dessa ciência e é o único ponto de vista verdadeiro no qual ela precisa ser colocada para sempre no futuro.

Na *Fenomenologia do Espírito* apresentei a consciência em seu movimento progressivo, desde a primeira oposição imediata dela e do objeto até o saber absoluto. Esse caminho percorre todas as formas da *relação da consciência com o objeto* e tem como seu resultado o *conceito da ciência*. Esse conceito (apesar do fato que ele surge dentro da própria lógica) não necessita aqui, portanto, de nenhuma justificação, porque ele a adquiriu no próprio caminho; e ele não é capaz de nenhuma outra justificação senão essa produção do mesmo por meio da consciência, para a qual todas as suas figuras próprias se dissolvem nele mesmo como na verdade. – Uma fundamentação raciocinante ou um esclarecimento do conceito da ciência pode, no máximo, fornecer o seguinte: que seja levado diante da representação e se provoque um conhecimento [*Kenntnis*] histórico do mesmo; mas uma definição da ciência ou, mais precisamente, da lógica tem sua *prova* unicamente naquela necessidade de seu surgimento. Uma definição, com a qual qualquer ciência constitui o início absoluto, não pode conter outra coisa do que a expressão determinada, correta, daquilo que se *representa* como *aceito* e *conhecido* do objeto e da finalidade da ciência. Que justamente se represente algo dessa maneira é uma asserção histórica, em relação à qual unicamente podemos nos reportar a isso e aquilo reconhecido ou propriamente apenas podemos alegar que se prefere deixar isso ou aquilo valer como algo reconhecido. Ocorre sem cessar que aqui e ali se alegam um caso e uma instância, segundo os quais se precisaria compreender ainda algo mais e diferente nessa ou naquela expressão, em cuja definição ainda precisa assumir, então, uma determinação mais precisa ou mais universal e, de acordo com isso, orientar também a ciência. – Além disso, o que e até que limite e extensão algo deve ser incluído ou excluído depende do raciocínio; mas para o raciocínio mesmo está aberto o supor mais variado e diferenciado, com o que, por fim, a arbitrariedade pode estabelecer como conclusão uma determinação firme. Nesse procedimento de iniciar a ciência com a sua definição, não se trata da carência de que seja indicada a *necessidade* de seu *objeto* e, com isso, a necessidade dela mesma.

O conceito da ciência pura e a sua dedução são, então, pressupostos no presente tratado, enquanto a *Fenomenologia do Espírito* nada mais é do que a dedução do mesmo. O saber absoluto é a *verdade* de todos os modos da consciência, porque, assim como aquele percurso da mesma o produziu, apenas no saber absoluto a separação do *objeto* e da *certeza de si mesmo* se dissolveu perfeitamente e a verdade dessa certeza, bem como essa certeza da verdade, tornaram-se idênticas.

A pura ciência pressupõe, com isso, a libertação da oposição da consciência. Ela contém o *pensamento, na medida em que ele é igualmente a Coisa em si mesma,* ou seja, *a Coisa em si mesma, na medida em que ela é igualmente o pensamento puro.* Como *ciência*, a verdade é a pura autoconsciência que se desenvolve e tem a figura do Si (*Selbst*), a saber, *que o ente em e para si é conceito sabido, mas o conceito enquanto tal é o ente em e para si.* Esse pensar objetivo é, pois, o *conteúdo* da ciência pura. Portanto, ela é tão pouco formal, dispensa tão pouco da matéria para um conhecimento (*Erkenntnis*) efetivo e verdadeiro que o conteúdo dela é, antes, o absolutamente verdadeiro ou, se ainda preferirmos nos servir da palavra matéria, [o conteúdo dela] é a matéria verdadeira – mas uma matéria para a qual a forma não é um exterior, porque essa matéria é, antes, o pensamento puro, com isso, é a própria forma absoluta. A lógica, desse modo, precisa ser apreendida como o sistema da razão pura, como o reino do pensamento puro. *Esse reino é a verdade, como ela é sem invólucro em e para si mesma.* Por causa disso se pode expressar que esse conteúdo é a *apresentação de Deus, tal como Ele é em sua essência eterna antes da criação da natureza e de um espírito finito.*

Anaxágoras é apreciado como aquele que enunciou, pela primeira vez, o pensamento que o *Nus,* o *pensamento,* tem de ser determinado como princípio do mundo e que a essência do mundo tem de ser determinada como o pensamento. Com isso ele pôs o fundamento de uma visão intelectual [*Intellektualansicht*] do universo, cuja figura pura tem de ser *a lógica*. Nela, não se trata de um pensar *sobre* algo, que estaria por si mesmo, no fundamento, fora do pensar, nem de formas que deveriam fornecer meras *características* da verdade; mas as formas necessárias e as próprias determinações do pensar são o conteúdo e a própria verdade suprema.

A fim de assumir isso pelo menos na representação, tem que ser deixada de lado a opinião de que a verdade tem que ser algo palpável. Tal palpabilidade é, por exemplo, introduzida mesmo ainda nas ideias platônicas, que estão no pensar de Deus, como se elas fossem, por assim dizer, coisas existentes que estão, porém, num outro mundo ou região, no exterior do qual o mundo da efetividade se encontraria e que este, somente através dessa diversidade, teria uma substancialidade real diversa daquelas ideias. A ideia platônica não é nada mais do que o universal ou mais determinadamente o conceito do objeto; apenas em seu conceito algo tem efetividade; na medida em que algo é diverso de seu conceito, cessa de ser efetivo e é um nulo; o lado da palpabilidade e do ser sensível fora de si pertence a esse lado nulo. – Por outro lado, porém, podemos evocar as próprias representações da lógica comum; admite-se, com efeito, que definições, por exemplo, não contêm determinações que caem apenas no sujeito cognoscente, mas as determinações do objeto que constituem a sua natureza mais própria e mais essencial. Ou seja, quando se infere outras determinações de determinações dadas, admite-se que o que foi descoberto não é algo exterior e estranho ao objeto, mas que antes pertence a ele mesmo, que a esse pensar corresponde o ser. – Em geral, no fundamento do emprego das formas do conceito, do juízo, do silogismo, da definição, da divisão etc. está o fato de que não são apenas meras formas do pensamento autoconsciente, mas também do entendimento objetivo. – *Pensar* é uma expressão que atribui a determinação nela contida preferencialmente à consciência. Mas, na medida em que é dito *que o entendimento, que a razão, estão no mundo objetivo*, que o espírito e a natureza têm *leis universais* segundo as quais sua vida e suas alterações se fazem, então admite-se que as determinações do pensar igualmente têm valor e existência objetivos.

A filosofia crítica, certamente, já transformou a *metafísica* em *lógica*, mas, como foi lembrado anteriormente, ela, assim como o idealismo posterior, por medo diante do objeto, deu às determinações lógicas um significado essencialmente subjetivo. Através disso, elas permaneceram ao mesmo tempo presas ao objeto do qual fugiram, e restou nelas uma coisa em si, um choque [*Anstoss*] infinito enquanto um Além. Mas a libertação da oposição da consciência, que a ciência tem de poder pressupor, eleva as determinações do pensar acima deste ponto de vista medroso e não plenamente realizado e exige a consideração das mesmas tal como são em e para si, sem um tal aspecto limitado, o lógico, o puramente racional.

Kant, de resto, aprecia a lógica, a saber, o agregado de determinações e proposições que no sentido comum se chama de lógica, como afortunada, por ter obtido uma plena realização tão cedo, antes de outras ciências; desde *Aristóteles* ela não teria dado nenhum passo atrás, mas também nenhum passo à frente; esse último passo ela não deu porque parecia estar acabada e plenamente realizada em todos os sentidos. – Se a lógica, desde Aristóteles, não sofreu nenhuma alteração – pois, de fato, se observarmos os compêndios mais recentes de lógica, as alterações consistem na maioria das vezes somente em supressões – então tem de se concluir, antes, que ela necessita de uma total reelaboração; pois um labor contínuo de dois mil anos do espírito deve ter-lhe proporcionado uma consciência mais elevada sobre seu pensar e sobre sua essencialidade pura em si mesma. A comparação entre as figuras, às quais se elevou o espírito do mundo prático e do mundo religioso e o espírito da ciência em cada espécie de consciência real e ideal, com a figura na qual se encontra a lógica e sua consciência sobre a sua essência pura, mostra uma diferença grande demais para que não devesse ser evidente imediatamente à consideração mais superficial que essa última consciência está inteiramente inadequada às primeiras elevações e não é digna delas.

De fato, a necessidade [*Bedürfnis*] de uma reconfiguração da lógica tem sido sentida há muito tempo. Na forma e no conteúdo, tal como ela se mostra nos manuais, pode-se dizer, ela caiu no desprezo. Ela ainda é trazida de arrasto mais pelo sentimento de que não se pode em geral dispensar uma lógica e pelo hábito de ainda persistir na tradição de sua importância do que por convicção de que aquele conteúdo habitual e a ocupação com aquelas formas vazias teriam valor e utilidade.

As expansões que por certo tempo lhe foram dadas por meio do material psicológico, pedagógico e até mesmo fisiológico foram a seguir reconhecidas quase universalmente como deformações. Em e para si, uma grande parte dessas observações, leis e regras psicológicas, pedagógicas e fisiológicas, quer estejam na lógica, quer estejam em outro lugar, tem de aparecer bastante rasa e trivial. Por exemplo, todas essas regras que afirmam que se deve ponderar e examinar o que se lê em livros ou o que se ouve oralmente; ou que, quando não se vê bem, é preciso auxiliar seus olhos com óculos – regras que foram dadas nos manuais na assim chamada lógica aplicada e, certamente, foram articuladas a sério em parágrafos, para que se chegasse à verdade –, essas regras devem parecer a qualquer um como supérfluas, com exceção, no máximo, do escritor ou do professor, que se encontram em dificuldades de estender, através de qualquer coisa, o conteúdo da lógica, [que seria,] caso contrário, morto e curto demais[7].

No que concerne a tal conteúdo, já foi indicado anteriormente a razão pela qual ele é tão destituído de espírito. As determinações do mesmo valem, em sua firmeza, como inamovíveis e são colocadas em relação exterior uma com a outra. Pelo fato de que nos juízos e nos silogismos as operações são reconduzidas e fundamentadas especialmente sobre o quantitativo das determinações, tudo repousa sobre uma diferença exterior, sobre mera comparação e torna-se um procedimento inteiramente analítico e um calcular destituído de conceito. A derivação das assim chamadas regras e leis, principalmente do silogismo, não é muito melhor do que um apalpar palitos feitos de desigual comprimento, a fim de classificá-los e agrupá-los segundo a sua grandeza – do que a ocupação lúdica das crianças, o quebra--cabeça, que consiste em recombinar as peças que encaixam de um quadro que foi recortado em várias partes. – Portanto, não sem razão se equiparou esse pensar ao calcular e o calcular novamente a esse pensar. Na aritmética, os números são tomados como o que é

---

[7]. Uma reelaboração recentemente publicada dessa ciência, o *Sistema da lógica*, de Fries [FRIES, J.F. *System der Logik*. Heidelberg, 1811 – N.E.A.], retorna às bases antropológicas. A superficialidade em e para si da representação ou da opinião subjacentes e das execuções me dispensam do esforço de levar em consideração essa publicação tão insignificante [N.H.].

sem conceito que, fora de sua igualdade ou desigualdade, isto é, fora da sua relação inteiramente exterior, não possui qualquer significado e não é um pensamento nem nele mesmo nem em sua relação. Se se calcula de modo mecânico que três quartos multiplicados por dois terços constitui uma metade, então essa operação contém mais ou menos tantos pensamentos quanto o cálculo de que, em uma figura, essa ou aquela espécie de silogismo pode ter lugar.

Para que esse esqueleto morto da lógica seja vivificado pelo espírito para um conteúdo substancial [Gehalt und Inhalt], seu *método* tem de ser aquele por meio do qual ela é unicamente capaz de ser ciência pura. No estado no qual se encontra, mal se pode reconhecer um traço de método científico. Ela tem mais ou menos a forma de uma ciência experimental. As ciências experimentais encontraram, até onde é possível, para aquilo que devem ser, seu método próprio de definir e de classificar sua matéria. Também a matemática pura tem seu método, que é apropriado para seus objetos abstratos e para a determinação quantitativa, segundo a qual ele considera unicamente esses objetos. No prefácio à *Fenomenologia do Espírito* falei o essencial sobre esse método e, em geral, sobre o caráter subordinado da cientificidade que se pode ter lugar na matemática; mas também no interior da própria lógica a matemática será considerada mais precisamente. *Spinoza, Wolff* e outros se deixaram seduzir a aplicar a matemática também à filosofia e a fazer do percurso exterior da quantidade sem conceito o percurso do conceito, o que é em e para si contraditório. Até hoje, a filosofia ainda não encontrara o seu método; ela considerava com inveja o edifício sistemático da matemática e o tomou emprestado dela, como já dito, ou se satisfazia com o método das ciências que são apenas misturas de matéria dada, de princípios da experiência e de pensamentos – ou também se auxiliava com o desprezo rude de todo método. Mas a exposição do que unicamente pode ser o método verdadeiro da ciência filosófica cai no tratamento da própria lógica, pois o método é a consciência sobre a forma do automovimento interior do seu conteúdo. Na *Fenomenologia do Espírito*, apresentei um exemplo desse método em um objeto mais concreto, a *consciência*[8]. Apresentam-se aqui

---

8. Posteriormente, com outros objetos concretos e com as respectivas partes da filosofia [N.H.].

figuras da consciência, as quais em sua realização ao mesmo tempo se dissolvem cada uma a si mesma, têm sua própria negação como seu resultado – e, com isso, passaram para uma figura mais elevada. A única coisa *para ganhar a progressão científica* – e em vista de cuja intelecção inteiramente *simples* é preciso se empenhar de modo essencial – é o conhecimento do princípio lógico de que o negativo é igualmente positivo ou que o que se contradiz não se dissolve no que é nulo, no nada abstrato, mas essencialmente apenas na negação de seu conteúdo *particular* ou que uma tal negação não é toda negação, mas a *negação da Coisa determinada* que se dissolve, com o que é negação determinada; que, então, no resultado está contido essencialmente aquilo do qual resulta – o que é propriamente uma tautologia, pois, de outro modo, seria um imediato, não um resultado. Na medida em que o que resulta, a negação, é negação *determinada*, ela possui um *conteúdo*. Ela é um novo conceito, mas conceito mais elevado, mais rico do que o precedente; pois ela se tornou mais rica devido a essa negação ou [a esse] contraposto; então, ela o contém, mas também mais do que ele, e é a unidade dele e do seu contraposto. – Nesse caminho, tem de se formar em geral o sistema dos conceitos e se realizar plenamente em um percurso irresistível, puro, que não traz nada de fora para dentro.

Como eu gostaria de poder dizer que o método que persigo nesse sistema da lógica – ou melhor, que esse sistema persegue nele mesmo – não seja ainda capaz de maior aperfeiçoamento, de maior elaboração cuidadosa quanto aos detalhes; mas ao mesmo tempo sei que ele é o único verdadeiro. Isso já fica claro pelo fato de que ele não é nada diferente de seu objeto e de seu conteúdo; – pois é o conteúdo em si, a *dialética que ele tem nele mesmo* que o move progressivamente. É claro que nenhuma apresentação que não percorre o caminho desse método e que não é adequada ao seu ritmo simples pode valer como científica, pois é o percurso da própria Coisa.

De acordo com esse método, lembro que as divisões e títulos dos livros, das seções e dos capítulos, que são indicados na obra, bem como, de certa maneira, os esclarecimentos que a eles estão relacionados, foram feitos com o propósito de um panorama prévio e que apenas têm valor histórico. Eles não pertencem ao conteúdo e ao corpo da ciência, mas são compilações da reflexão exterior que já percorreu o todo do tratamento, portanto, já sabe de antemão a sequência de seus momentos e os indica antes mesmo de eles se originarem por meio da própria Coisa.

Nas outras ciências, tais determinações prévias e divisões igualmente nada mais são por si do que indicações exteriores; mas também no interior da ciência elas não são elevadas acima desse caráter. Mesmo na lógica, por exemplo, se diz algo como: "a lógica tem duas partes principais, a doutrina dos elementos e a metodologia"; então, na doutrina dos elementos encontra-se, sem mais, algo como *o título*: leis do pensar; a seguir, *primeiro capítulo*: sobre os conceitos; *primeira seção*: sobre a clareza dos conceitos etc. – Essas determinações e divisões feitas sem qualquer dedução e justificação constituem a estrutura sistemática e a conexão inteira de tais ciências. Tal lógica vê como sua vocação falar que os conceitos e verdades devem ser *derivados* dos princípios; mas naquilo que ela chama de método nem de longe se pensa em derivação. A ordem consiste, de qualquer maneira, na compilação de coisas similares, na antecipação do que é mais simples diante do que é composto e em vista de outras considerações exteriores. Mas no que se refere a uma conexão interna, necessária, ela permanece no registro das determinações das divisões, e a passagem apenas se faz pelo fato de que agora se diz: *segundo capítulo* – ou: *passamos agora* aos juízos, e assim por diante.

Também os títulos e as divisões que aparecem nesse sistema não devem ter por si outro significado do que o de um índice. Além disso, porém, a *necessidade* da conexão e o *surgimento imanente* das diferenças têm de se encontrar no tratamento da própria Coisa, pois ela cai na própria determinação progressiva do conceito.

Aquilo pelo qual o conceito mesmo se conduz adiante é o que anteriormente foi indicado como o *negativo*, que ele tem em si mesmo; é isso que constitui o verdadeiramente dialético. A *dialética*, que foi considerada como uma parte separada da lógica e em consideração à sua finalidade e ponto de vista, pode-se dizer, foi completamente ignorada, adquire, com isso, uma posição inteiramente diferente. – Mesmo no *Parmênides* e em outras obras ainda mais diretamente, a dialética *platônica* também tem, em parte, apenas a intenção de dissolver e de refutar, por meio de si mesmas, afirmações limitadas; em parte, porém, tem em geral por resultado o nada. Frequentemente, vê-se a dialética como um atuar exterior e negativo, que não pertence à própria Coisa, que tem seu fundamento na mera vaidade como uma mania subjetiva de abalar e dissolver o que é firme e verdadeiro ou pelo menos como algo que não conduz a nada mais senão à vaidade do objeto dialeticamente tratado.

Kant colocou a dialética num nível mais alto – e esse lado pertence aos seus maiores méritos – na medida em que ele tirou dela a aparência de arbitrariedade, que ela tem segundo a representação comum, e a apresentou como um *atuar necessário da razão*. Na medida em que ela apenas valia como a arte de criar engodos e engendrar ilusões, pressupunha-se pura e simplesmente que ela jogava um jogo falso e que sua força inteira repousava unicamente no fato de que ela escondia a fraude; que seus resultados eram apenas sub-reptícios e uma aparência subjetiva. As apresentações dialéticas de Kant nas antinomias da razão pura, consideradas mais de perto, como ocorrerá mais amplamente no decorrer desta obra, não merecem, certamente, um grande elogio; mas a ideia universal que ele colocou no fundamento e fez valer é a *objetividade da aparência e a necessidade da contradição*, a qual pertence à *natureza* das determinações de pensar: inicialmente, com efeito, [Kant] o fez de modo que essas determinações são aplicadas pela razão *às coisas em si*; mas justamente a natureza delas é o que elas são na razão e em vista do que é em si. Esse resultado, *apreendido em seu lado positivo*, nada mais é do que a *negatividade* interna das mesmas, como a alma delas que se move a si mesma, o princípio de toda vitalidade natural e espiritual em geral. Mas, assim como se fica preso somente ao lado abstrato-negativo do dialético, o resultado é apenas o lugar-comum: que a razão é incapaz de conhecer o infinito; – um resultado estranho, na medida em que o infinito é o racional, dizer que a razão é incapaz de conhecer o racional.

O *especulativo* consiste nesse dialético, tal como é aqui tomado e, por isso, na apreensão do contraposto em sua unidade ou do positivo no negativo. Esse é o lado mais importante, mas, para a força de pensar ainda destreinada e não livre, é o lado mais difícil. Se a força de pensar ainda está envolvida em se libertar da representação sensivelmente concreta e do raciocinar, então, primeiramente, ela deve se exercitar no pensar abstrato, deve segurar os conceitos na *determinidade* deles e a partir deles aprender a conhecer. Uma apresentação da lógica com este propósito deveria se apegar em seu método ao classificar, tal como comentei anteriormente, e, no que se refere ao conteúdo mais preciso, deveria se apegar às determinações que surgem para os conceitos singulares, sem se deixar envolver pelo dialético. Segundo a figura exterior, ela se tornaria semelhante ao modo de apresentação comum dessa ciência; de resto, segundo o conteúdo, também se diferenciaria dela e ainda serviria para exercitar o pensar abstrato, embora não o especulativo, cuja finalidade a lógica tornada popular por meio de ingredientes psicológicos e antropológicos não consegue de modo algum alcançar. Ela forneceria ao espírito a imagem de um todo metodicamente ordenado, embora a alma do edifício, o método que vive no dialético, não apareça ele mesmo nela.

No que diz respeito *à formação e à relação do indivíduo com a lógica*, observo por fim ainda que essa ciência, assim como a gramática, aparece em duas perspectivas ou valores diversos. Ela é algo diferente para quem se defronta pela primeira vez com ela e com as ciências em geral e para quem retorna das ciências para ela. Quem começa a conhecer a gramática encontra em suas formas e leis abstrações secas, regras contingentes, em geral uma multidão isolada de determinações que mostram apenas o valor e o significado do que reside no sentido imediato delas; o conhecer conhece nelas inicialmente nada além delas. Só quem, ao contrário, domina uma língua e, ao mesmo tempo, conhece outras línguas em comparação a essa, pode sentir o espírito e a cultura de um povo na gramática de sua língua; as mesmas regras e formas têm a partir de então um valor pleno, vivo. Por meio da gramática ele pode conhecer a expressão do espírito em geral, a lógica. Assim, aquele que se defronta com a ciência encontra na lógica, inicialmente, um sistema isolado de abstrações que, limitado a si mesmo, não se estende para além dos outros conhecimentos e ciências. Aliás, confrontada com a riqueza da representação do mundo, com o conteúdo que aparece de modo real das outras ciências e comparada com a promessa da ciência absoluta de descobrir a *essência* dessa riqueza, a *natureza interna* do espírito e do mundo, a *verdade*, essa ciência, em sua figura abstrata, na simplicidade incolor e fria de suas determinações puras, dá, antes, a impressão de cumprir tudo, exceto essa promessa, e de se contrapor sem conteúdo àquela riqueza. O primeiro contato com a lógica restringe o seu significado a ela mesma; seu conteúdo vale apenas como uma ocupação isolada com as determinações do pensar, *ao lado* da qual as outras ocupações científicas são uma matéria própria e um conteúdo substancial por si sobre os quais o lógico tem, por assim dizer, uma influência formal e, com efeito, uma influência que se faz mais por si mesma e para a qual, por necessidade, a figura científica e seu estudo sem dúvida podem também ser dispensados. As outras ciências desprezaram inteiramente o método regulamentado de serem uma sequência de definições, axiomas, teoremas e suas provas etc.; a assim chamada lógica natural faz-se valer por si mesma nelas e se auxilia sem um conhecimento particular, voltado para o próprio pensar. Mas a matéria e o conteúdo dessas ciências se mantêm por si mesmo inteiramente independentes do lógico e são também mais atraentes para o sentido, o sentimento, a representação e o interesse prático de toda espécie.

Assim, pois, sem dúvida, a lógica tem de ser primeiramente aprendida como algo que certamente se entende e no qual se adentra, mas cuja extensão, profundidade e significado ulterior, de início, perdem-se. Apenas a partir do conhecimento mais profundo das outras ciências, o lógico eleva-se para o espírito subjetivo como um universal não somente abstrato, mas [também como um universal] que apreende em si a riqueza do particular; – assim como o mesmo provérbio na boca do jovem que o entende corretamente não possui o significado e a extensão que tem no espírito de um homem com experiência de vida, em quem se exprime toda a força do conteúdo substancial que está no provérbio. Desse modo, o lógico só através disso adquire a apreciação de seu valor, quando se tornou o resultado da experiência das ciências; ele se apresenta ao espírito a partir delas como a verdade universal, não como um conhecimento *particular ao lado* de outras matérias e realidades, mas como a essência de todo esse outro conteúdo.

Mesmo que no início do estudo o lógico não esteja, com efeito, presente para o espírito nessa força consciente, ele, por isso mesmo, não recebe menos a força em si que o conduz em toda a verdade. O sistema da lógica é o reino das sombras, o mundo das essencialidades simples, libertado de toda concreção sensível. O estudo dessa ciência, a estadia e o trabalho nesse reino de sombras é a formação absoluta e a disciplina da consciência. Impulsiona aí uma ocupação afastada das intuições e dos fins sensíveis, dos sentimentos e do mundo meramente opinado da representação. Considerado por seu lado negativo, essa ocupação consiste no afastamento da contingência do pensar raciocinante e da arbitrariedade de deixar vir a mente e valer essas ou aquelas razões opostas.

Mas, especialmente através disso, o pensamento conquista autossubsistência e independência. Ele se familiariza com o que é abstrato e, na progressão por meio de conceitos sem substratos sensíveis, ele se torna o poder inconsciente de acolher, na forma racional, a multiplicidade restante dos conhecimentos e das ciências, de apreendê-las e retê-las no que elas têm de essencial, de tirar o exterior e, desse modo, extrair delas o lógico – ou, o que é o mesmo, de preencher a base abstrata do lógico, adquirida anteriormente por meio do estudo, com o conteúdo substancial de toda a verdade e dar-lhe o valor de um universal, o qual não está mais como um particular ao lado de outro particular, mas se estende sobre tudo isso e é sua essência, o absolutamente verdadeiro.

Divisão geral da lógica

Naquilo que foi dito sobre o *conceito* dessa ciência e sobre o lugar de sua justificação, reside o fato de que a *divisão* geral aqui pode ser apenas *provisória*, pode, por assim dizer, ser apenas indicada na medida em que o autor já conhece a ciência, sendo aqui, portanto, capaz de indicar prévia e *historicamente* em que diferenças principais o conceito irá se determinar em seu desenvolvimento.

Todavia, pode-se tentar tornar compreensível, de modo geral e previamente, o que é requerido para uma *divisão*, embora, também nesse caso, tem de ser reivindicado um procedimento de método que só no interior da ciência adquire sua compreensão e justificação plenas. – Então, antes de tudo é preciso lembrar que aqui é pressuposto que a *divisão* teria de estar conectada ao *conceito* ou, antes, residir nele mesmo. O conceito não é indeterminado, mas *determinado* nele mesmo; a divisão, porém, expressa, de maneira desenvolvida, essa sua determinidade; ela é o *juízo* do mesmo, não um juízo *sobre* qualquer objeto tomado de fora, mas o julgar, isto é, o determinar do conceito nele mesmo. O caráter de retângulo, acutângulo etc., assim como do equilátero etc., determinações segundo as quais se dividem os triângulos, não reside na determinidade do triângulo mesmo, isto é, não reside no que se costuma chamar de conceito do triângulo, tampouco naquilo [que vale] como o conceito de animal em geral ou de mamífero, de pássaro etc., residem as determinações segundo as quais o conceito é dividido em mamíferos, pássaros etc. e essas classes em gêneros ulteriores. Tais determinações são assumidas de outro lugar, da intuição empírica; elas se acrescentam de fora àquele assim chamado conceito. No tratamento filosófico do dividir, o conceito mesmo tem que se mostrar como tal que contém a origem delas.

 Mas o próprio conceito da lógica foi indicado na introdução como o resultado de uma ciência que reside além dela e que aqui foi igualmente indicada como uma *pressuposição*. Dessa maneira, a lógica se determinou como a ciência do pensar puro, que tem como seu princípio o *saber puro*, a unidade não abstrata, mas concreta e viva, através do fato de que nela, a oposição da consciência entre um *ente que é* subjetivamente *por si* e um segundo *ente* que é objetivo por si é sabida como superada; o ser é sabido como conceito puro em si mesmo e o conceito puro é sabido como o ser verdadeiro. Esses são assim os dois *momentos* que estão contidos no lógico. Mas agora eles são sabidos como tais que são inseparáveis, não como na consciência, onde cada um era *também* sabido como *tal que é por si*; só pelo fato de que eles são sabidos ao mesmo tempo como diferentes (todavia não como tais que são por si), a unidade deles não é abstrata, morta, imóvel, mas concreta.

 Essa unidade constitui, ao mesmo tempo, o princípio lógico como *elemento*, de modo que o desenvolvimento daquela diferença, que é imediatamente nele, apenas ocorre no *interior* desse elemento. Pois, na medida em que a divisão, como foi dito, é o *juízo* do conceito, o pôr da determinação já imanente nele e, com isso, é o pôr de sua diferença, então esse pôr não pode ser apreendido como uma nova dissolução daquela unidade concreta em suas determinações, como elas devem valer enquanto são por si, o que aqui seria um retroceder vazio ao ponto de vista anterior, à oposição da consciência; tal ponto de vista, mais precisamente, desapareceu; aquela unidade permanece o elemento e dela não sai mais aquele diferenciar da divisão e, em geral, do desenvolvimento. Com isso, as determinações que anteriormente (no *caminho para a verdade*) *são* por si, como um subjetivo e um objetivo ou também pensar e ser ou conceito e realidade, ou como quer que possam ter sido determinadas, estão agora rebaixadas *em sua verdade*, isto é, em sua unidade, a *formas*. Em sua diferença, elas permanecem, portanto, elas mesmas *em si* o conceito inteiro, e esse é posto na divisão apenas sob suas próprias determinações.

Então, é o conceito inteiro que precisa ser considerado, ora enquanto *conceito que é*, ora enquanto *conceito*; lá ele *é* apenas conceito *em si*, da realidade ou do ser, aqui ele é conceito como tal, conceito *que é para si* (tal como ele é, para nomear formas concretas, no ser humano pensante, mas também já no animal que sente e na individualidade orgânica em geral, só que não como conceito *consciente* e muito menos como *sabido*; mas ele é conceito *em si* apenas na natureza inorgânica). A lógica teria de ser, desse modo, inicialmente dividida na lógica do *conceito como ser* e, depois, do conceito *como conceito* ou – na medida em que nos servimos das expressões comuns restantes, embora as mais indeterminadas e, por isso, as mais polissêmicas – na lógica *objetiva* e na lógica *subjetiva*.

No entanto, de acordo com o elemento da unidade do conceito em si mesmo, [elemento] que está no fundamento e, com isso, [elemento] da inseparabilidade de suas determinações, essas determinações, na medida em que são *diferentes*, pois o conceito é posto em suas diferenças, precisam pelo menos estar em *relação* uma para com a outra. Surge disso uma esfera da *mediação*, o conceito como sistema de *determinações de reflexão*, isto é, do ser que passa para o *ser dentro de si* do conceito, o qual, desse modo, ainda não é posto *como tal* para si mesmo, mas, ao mesmo tempo, está preso ao ser imediato como a algo a ele mesmo também exterior. Essa é a *doutrina da essência*, que está no centro, entre a doutrina do ser e do conceito. – Na divisão geral dessa obra lógica, ela ainda foi colocada sob a lógica *objetiva*, na medida em que, embora a essência já seja, com efeito, o interior, o caráter do *sujeito* tem de ser reservado expressamente ao conceito.

Kant[9], em época mais recente, opôs ao que habitualmente se chama de lógica ainda uma outra lógica, a saber, uma *lógica transcendental*. O que aqui foi chamado de lógica *objetiva* corresponderia em parte ao que nele é a *lógica transcendental*. Ele a diferencia daquilo que chama de lógica geral, de modo que ela α) considera os conceitos que se referem *a priori* a *objetos*, isto é, não abstrai de todo *conteúdo* do conhecimento objetivo, ou seja, ela contém as regras do pensar puro de um *objeto* e β) ao mesmo tempo, vai em direção à origem do nosso conhecimento, na medida em que ele não pode ser atribuído aos objetos. – O interesse filosófico de Kant está exclusivamente voltado para esse segundo lado. Seu pensamento principal consiste em reivindicar as *categorias* para a autoconsciência, como o *Eu subjetivo*. Em virtude dessa determinação, a perspectiva permanece no interior da consciência e da sua oposição e tem fora do empírico do sentimento e [do empírico] da intuição ainda algo que resta, que não está posto e determinado pela autoconsciência pensante, uma *coisa em si*, algo estranho e exterior ao pensar; embora seja fácil de compreender que um tal abstrato como a *coisa em si* é ele mesmo apenas um produto do pensar e, com efeito, do pensar abstratizante. – Se outros kantianos se exprimiram assim sobre o determinar do *objeto* por meio do Eu, que o objetivar do Eu tem de ser visto como um atuar originário e necessário da consciência, de modo que em tal atuar originário ainda não está a representa-

---

9. Lembro que, nesta obra, vou me referir várias vezes à filosofia kantiana (o que para muitos pode parecer supérfluo), pelo fato de que – como quer que sua determinidade mais precisa, assim como as partes diferentes de seu tratamento, possam ser consideradas em outro lugar ou também nesta obra particular – ela constitui a base e o ponto de partida da filosofia alemã mais recente e esse seu mérito permanece-lhe intacta, independentemente das objeções a que possa ser exposta. Por isso mesmo ela tem de ser levada em consideração frequentemente na lógica objetiva, porque ela se adentra, de modo mais preciso, em importantes aspectos *mais determinados* do lógico, ao passo que, apresentações posteriores da filosofia, em parte, pouco o observaram, apenas demonstraram-lhe muitas vezes um desprezo rude – mas não impune. O filosofar mais amplamente difundido entre nós *não* provém dos resultados kantianos de que a razão não poderia conhecer nenhum conteúdo substancial verdadeiro e que teria de se remeter à fé no que diz respeito à verdade absoluta. Mas o que é resultado em Kant, é com isso que se começa imediatamente nesse filosofar, e, com isso, é cortado de antemão o tratamento precedente do qual provém aquele resultado e que é conhecimento filosófico. A filosofia kantiana vale, assim, como uma almofada para a preguiça do pensar que se contenta com o fato de que tudo já estaria provado e resolvido. Para o conhecimento e um conteúdo determinado do pensar que não se encontra em tal contentamento infrutífero e seco, é preciso que se volte, portanto, para o tratamento precedente [N.H.].

ção do Eu mesmo – a qual é apenas uma consciência daquela consciência ou mesmo um objetivar daquela consciência – então esse atuar objetivante libertado da oposição da consciência é, mais precisamente, aquilo que pode, em geral, ser tomado por *pensar* como tal[10]. Mas esse atuar não deveria mais ser denominado consciência; consciência encerra em si a oposição do Eu e de seu objeto, a qual não está presente naquele atuar originário. A denominação "consciência" lança ainda mais a aparência de subjetividade sobre o mesmo do que a expressão *pensar*, o qual aqui, todavia, tem de ser tomado no sentido absoluto como pensar *infinito*, como não preso à finitude da consciência, dito brevemente, como *pensar como tal*.

Na medida em que o interesse da filosofia kantiana estava voltado para o assim chamado *transcendental* das determinações do pensar, o tratamento das mesmas acabou ele mesmo vazio; o que elas são nelas mesmas, sem a relação abstrata, igual para todas, com o Eu, a determinidade delas uma contra outra e sua relação recíproca não foi tornado objeto de consideração; portanto, o conhecimento da natureza delas não se encontrou de modo algum exigido por essa filosofia. O único ponto interessante que tem uma relação com respeito a esse tipo de filosofar ocorre na crítica das ideias. Para o efetivo progresso da filosofia, porém, era necessário que o interesse do pensar fosse trazido para a consideração do lado formal, do Eu, da consciência como tal, isto é, da relação abstrata de um saber subjetivo com um objeto; era necessário que o conhecimento da *forma infinita*, isto é, do conceito, fosse desse modo introduzido. Contudo, para alcançar esse conhecimento, aquela determinidade finita, na qual a forma é, enquanto Eu, consciência, ainda tinha de ser removida. A forma, assim pensada em sua pureza, contém nela mesma o fato de se *determinar*, isto é, de dar a si conteúdo e, com efeito, dar o mesmo em sua necessidade – como sistema das determinações do pensar.

Com isso, a lógica objetiva entra no lugar da *metafísica* anterior, a qual era o edifício científico sobre o mundo, edifício que apenas

---

10. Se a expressão atuar *objetivante* do Eu pode lembrar outras produções do espírito, p. ex., a da *fantasia*, então tem de ser observado que se trata de um determinar de um objeto na medida em que os momentos do conteúdo dele *não* pertencem *ao sentimento e à intuição*. Tal objeto é um *pensamento* e determiná-lo significa, em parte, apenas produzi-lo, em parte, na medida em que é algo pressuposto, ter pensamentos ulteriores sobre ele, desenvolvê-lo ulteriormente pelo pensamento [N.H.].

deveria ser erigido por meio de *pensamentos*. – Se levarmos em consideração a última figura da formação dessa ciência, então ela é primeira e imediatamente a *ontologia*, em cujo lugar entra a lógica objetiva, – a parte daquela metafísica que devia investigar a natureza do *Ens* em geral; o *Ens* compreende em si tanto o *ser* quanto a *essência*, diferença para a qual nossa língua salvou, de modo feliz, a expressão diversa. – A seguir, porém, a lógica objetiva compreende em si também a metafísica restante, na medida em que essa procurava apreender, com as formas puras do pensar, os substratos particulares inicialmente tomados da representação, [ou seja,] a alma, o mundo, Deus e, na medida em que as *determinações do pensar* constituíam o *essencial* do modo de consideração. Mas a lógica considera essas formas livres daqueles substratos, dos sujeitos da *representação* e a natureza e valor delas em e para si mesmos. Aquela metafísica descartar isso atraiu para si, portanto, a acusação justa de tê-las usado *sem crítica*, sem a investigação prévia para saber se e como elas são capazes de serem determinações da coisa em si, segundo a expressão kantiana ou, antes, do racional. – A lógica objetiva é, portanto, a crítica verdadeira das mesmas – uma crítica que não as considera segundo a forma abstrata da aprioridade contra a aposterioridade, mas elas mesmas em seu conteúdo particular.

A *lógica subjetiva* é a lógica do *conceito* – da essência que suprassumiu sua relação com um ser ou com sua aparência e não é mais exterior em sua determinação, mas é o subjetivo autossubsistente livre, que se determina em si, ou melhor, o próprio *sujeito*. – Na medida em que o *subjetivo* implica o mal-entendido do que é contingente e arbitrário, bem como em geral das determinações que pertencem à forma da *consciência*, então aqui não tem de ser colocado peso particular algum sobre a diferença entre o subjetivo e o objetivo, a qual mais tarde será mais precisamente desenvolvida no interior da própria lógica. A lógica, então, de modo geral se divide, com efeito, em lógica *objetiva* e *subjetiva*, mas, de modo mais determinado, ela possui as três partes:

I – *A lógica do ser*,

II – *A lógica da essência* e

III – *A lógica do conceito*.

Primeiro livro
A Doutrina do Ser

Com o que precisa ser feito o início da ciência?

Apenas em época mais recente, surgiu a consciência de que há uma dificuldade em encontrar um *início* na filosofia e o fundamento dessa dificuldade, bem como a possibilidade de solucioná-la, foi discutido de modo variado. O início da filosofia precisa ser ou *algo mediado* ou *algo imediato* e é fácil mostrar que ele não pode ser nem um nem outro; então, ambos os modos de iniciar encontram sua refutação.

O *princípio* de uma filosofia certamente expressa também um início, mas menos um início subjetivo do que um *objetivo*, o início *de todas as coisas*. O princípio é um *conteúdo* determinado de qualquer modo: a água, o uno, o *nous*, a ideia – a substância, a mônada etc.; ou quando se relaciona à natureza do conhecer e, portanto, deve ser antes apenas um critério do que uma determinação objetiva – pensar, intuir, sentir, Eu, a própria subjetividade –, então, aqui, o interesse igualmente se dirige para a determinação do conteúdo. O iniciar enquanto tal, ao contrário, permanece inobservado e indiferente com algo subjetivo, no sentido de um modo contingente de introduzir a exposição, assim como também a necessidade da pergunta sobre qual deve ser o início permanece insignificante frente à necessidade do princípio, no qual unicamente parece residir o interesse *da Coisa*, o interesse sobre o que seja o *verdadeiro*, o *fundamento absoluto* de tudo.

Mas a aporia moderna em torno do início surge de uma necessidade ulterior que ainda não é conhecida por aqueles para os quais se trata dogmaticamente da prova do princípio ou, ceticamente, da descoberta de um critério subjetivo contra o filosofar dogmático; esse critério também é inteiramente negado por aqueles que iniciam, por assim dizer, como por um tiro de pistola, a partir de sua revelação interior, da fé, da intuição intelectual etc. e quiseram estar acima do *método* e da lógica. Se o pensar anteriormente abstrato se interessa de início apenas pelo princípio como *conteúdo*, mas na progressão da formação está impulsionado a atentar para o outro lado, para o comportamento do *conhecer*, então o atuar *subjetivo* também é apreendido como momento essencial da verdade objetiva e engendra-se a necessidade do que o método seja unido ao conteúdo, a *forma* ao *princípio*. Assim, o *princípio* também deve ser início e aquilo que é anterior [*Prius*] para o pensar também deve ser o *primeiro* no *curso* do pensar.

Precisa-se considerar aqui apenas como o início lógico aparece; ambos os lados segundo os quais ele pode ser tomado já foram denominados, ou como resultado de modo mediado, ou como início propriamente dito de modo imediato. Aqui não tem de ser discutida a questão que aparece tão importante na cultura da época presente: se o saber da verdade é um saber imediato, que pura e simplesmente começa, uma fé ou se é um saber mediado. Na medida em que tal consideração pode ser feita *previamente*, isso ocorreu em outro lugar (na minha *Enciclopédia das Ciências Filosóficas*, 3. ed., 1830, no "Conceito Preliminar", § 61s.). Aqui pode ser apenas indicado, a partir do que foi dito, que não *existe* nada, nada no céu, ou na natureza, ou no espírito, ou seja lá onde for, que não contenha igualmente a imediatidade, bem como a mediação, de modo que essas duas determinações se mostram como *inseparadas* e *inseparáveis* e aquela oposição como algo nulo. Mas no que concerne à *discussão científica*, em toda proposição lógica ocorrem as determinações da imediatidade e da mediação e, então, a discussão da oposição e da verdade delas. Na medida em que essa oposição, na relação com o pensar, com o saber, com o conhecer adquire a figura mais concreta do *saber* imediato e mediado, a natureza do conhecer em geral é considerada tanto no interior da ciência da lógica bem como recai em sua forma concreta ulterior na ciência do espírito e na fenomenologia do mesmo. Mas querer já saber *antes* da ciência algo claro sobre o conhecer significa exigir que isso seja discutido *fora* da ciência; *fora* da ciência, isso não pode ser efetuado pelo menos de modo científico, do qual propriamente aqui se trata.

O início é *lógico*, na medida em que deve ser feito no elemento do pensar que é livre para si, no *saber puro*. Ele é *mediado*, desse modo, pelo fato de que o saber puro é a verdade última e absoluta da *consciência*. Na introdução foi observado que a *Fenomenologia do Espírito* é a ciência da consciência, a apresentação de que a consciência tem como resultado o *conceito* da ciência, isto é, o saber puro. A lógica tem, por conseguinte, como sua pressuposição a ciência do espírito que aparece, a qual contém e mostra a necessidade e, com isso, a prova da verdade do ponto de vista que é o saber puro, assim como sua mediação em geral. Nessa ciência do espírito que aparece, parte-se da consciência *sensível*, empírica, e esse é o saber *imediato* propriamente dito; lá é discutido o que há nesse saber imediato. Outra consciência, como a fé nas verdades divinas, na experiência interior, no saber por meio da revelação interior etc. mostra-se, como um mínimo de reflexão, como muito imprópria para ser tratada como saber imediato. Naquele tratado, a consciência imediata é também o que é primeiro e imediato na ciência, com isso a pressuposição; na lógica, porém, a pressuposição é aquilo que se provou como resultado daquela consideração – a ideia como saber puro. A *lógica é a ciência pura*, isto é, o saber puro em toda a extensão de seu desenvolvimento. Essa ideia, porém, determinou-se, naquele resultado, até ser a certeza que se tornou verdade, a certeza que, por um lado, não está mais em oposição ao objeto, mas fez dele algo interior, sabe-o como a si mesma – e que, por outro lado, abandonou o saber de si mesmo como de algo que está em oposição com aquilo que é objetivo [*Gegenständlichen*] e que é apenas a sua aniquilação, exteriorizou essa subjetividade e é unidade com a sua exteriorização.

O fato de que, partindo dessa determinação do saber puro, o início de sua ciência permanece imanente, não deixa nada mais a ser feito senão observá-lo, ou melhor, por meio da eliminação de todas as reflexões, de todas as opiniões que se tem de outro modo, apenas acolher *o que está presente*.

O saber puro, ao *se juntar* a essa *unidade*, suprassumiu toda relação com um outro e com a mediação; ele é o que é sem diferença; esse sem diferença deixa ele mesmo de ser saber; apenas está presente a *imediatidade simples*.

A imediatidade simples é ela mesma uma expressão da reflexão e se relaciona com a diferença do que é mediado. Em sua expressão verdadeira, essa imediatidade simples é, portanto, o *ser puro*. Assim como o saber *puro* não deve significar nada senão o saber como tal, inteiramente abstrato, então também o ser puro não deve significar nada senão o *ser* em geral; ser, nada mais, sem nenhuma determinação e preenchimento ulteriores.

Aqui o ser é o que inicia, apresentado como surgido por meio da mediação e, com efeito, por meio da mediação que é ao mesmo tempo a suprassunção de si mesma; com a pressuposição do saber puro como resultado do saber finito, da consciência. Mas se não deve ser feita nenhuma pressuposição, o próprio início deve ser tomado *de modo imediato*, então ele apenas se determina pelo fato de que deve ser o início da lógica, do pensar por si mesmo. Apenas está presente a decisão, que também pode ser vista como uma arbitrariedade, a saber, que se queira considerar o *pensar como tal*.

Assim, o início tem de ser início *absoluto* ou, o que aqui significa o mesmo, início abstrato; assim, ele *não* pode *pressupor nada*, ele não tem de ser mediado por meio de nada, nem ter um fundamento; ele deve ser antes ele mesmo o fundamento da ciência inteira. Ele tem de ser, portanto, pura e simplesmente *um* imediato, ou antes, apenas *o* próprio *imediato*. Assim como ele não pode ter uma determinação frente a um outro, do mesmo modo, ele também não pode conter nenhuma [determinação] em si, nenhum conteúdo, pois o mesmo seria a diferenciação e a relação do que é diverso um para com o outro, então, uma mediação. O início é, então, o *ser puro*.

Segundo essa exposição simples daquilo que, inicialmente, pertence apenas ao que é ele mesmo o mais simples de tudo, ao início da lógica, podem ainda ser acrescentadas as seguintes reflexões ulteriores; todavia, elas não podem dever servir para o esclarecimento e para a confirmação daquela exposição, que é por si mesma acabada, já que são antes provocadas por meio de representações e reflexões que podem ocorrer previamente no caminho; todavia, assim como todos os outros preconceitos prévios, elas devem encontrar na própria ciência a sua execução e, portanto, há de se ter, para isso, paciência.

A intelecção de que o absolutamente verdadeiro precise ser um resultado e, inversamente, que um resultado pressupõe algo que é primeiramente verdadeiro, mas que, porque é algo primeiro, considerado objetivamente, não é necessário e não é conhecido segundo o lado subjetivo – engendrou em época mais recente o pensamento de que a filosofia apenas poderia começar com um verdadeiro *hipotético e problemático* e que o filosofar, portanto, inicialmente poderia ser apenas uma procura. Uma perspectiva que foi enfatizada de várias maneiras por *Reinhold*[11] nos últimos tempos de seu filosofar e é preciso fazer-lhe justiça, pois se baseia num interesse verdadeiro que concerne à natureza especulativa do *início* filosófico. A discussão dessa posição é, ao mesmo tempo, uma ocasião para introduzir uma compreensão prévia sobre o sentido da progressão lógica em geral; pois essa perspectiva encerra imediatamente em si a consideração do que é o progredir. E, com efeito, ela o representa de modo que o avançar na filosofia é antes um retroceder e um fundamentar, por meio dos quais apenas resulta que aquilo como o que foi iniciado não é meramente algo assumido arbitrariamente, mas de fato é, em parte, o *verdadeiro*, em parte, o *primeiro verdadeiro*.

Precisa-se admitir que é uma consideração essencial – que surgirá mais precisamente no interior da própria lógica – que o avançar é um *retorno* ao *fundamento*, ao *originário* e *verdadeiro*, dos quais depende e, de fato, é produzido aquilo com que é feito o início. – Assim, a consciência é reconduzida, em seu caminho a partir da imediatidade, com a qual inicia, para o saber absoluto como sua mais íntima *verdade*. Este último, o fundamento, é, pois, também aquilo do qual surge o primeiro, que entrou em cena primeiramente como o imediato. – Assim, o espírito absoluto, que resulta como a verdade suprema, concreta e última, de todo ser, é ainda mais reconhecido, como o que se exterioriza com liberdade no *fim* do desenvolvimento e se solta para a figura de um ser *imediato* – decidindo-se para a criação de um mundo que contém tudo aquilo que entrou no desenvolvimento, o qual precedeu aquele resultado e é transformado, por meio dessa posição invertida em relação ao seu início, em algo dependente de um resultado como o princípio. O essencial para a ciência não é tanto que algo puramente imediato seja o início, mas

---

11. Karl Leonhard Reinhold, 1758-1823 [N.E.A.].

que o todo da mesma seja um ciclo [*Kreislauf*] dentro de si mesmo, onde o primeiro também é o último e o último também é o primeiro.

Portanto, surge, por outro lado, como igualmente necessário considerar como *resultado* aquilo ao qual o movimento retorna como ao seu *fundamento*. A esse respeito, o primeiro é igualmente o fundamento e o último é um derivado; na medida em que se parte do primeiro e, por meio de inferências corretas, chega-se ao último como ao fundamento, este é resultado. Além disso, a *progressão* daquilo que faz o início tem de ser considerada apenas como uma determinação ulterior do mesmo, de modo que o que inicia permanece estando no fundamento de tudo o que se segue e não desaparece disso. O progredir não consiste no fato de que seria apenas derivado um *outro* ou no fato de que se passe para um verdadeiramente outro; – e na medida em que ocorre esse passar, ele do mesmo modo novamente se suprassume. Assim, o início da filosofia é a base que se mantém e é presente em todo desenvolvimento subsequente, o que permanece completamente imanente às suas determinações ulteriores.

Por meio dessa progressão, pois, o início perde o que ele tem de unilateral nessa determinidade de ser um imediato e um abstrato em geral; ele se torna um mediado e a linha do movimento científico progressivo faz de si, desse modo, *um círculo*. – Ao mesmo tempo, surge que aquilo que faz o início, na medida em que é, nisso, ainda o que não é desenvolvido, sem conteúdo, ainda não é, no início, verdadeiramente conhecido e surge que apenas a ciência e, com efeito, [a ciência] em seu desenvolvimento inteiro, é seu conhecimento plenamente realizado, cheio de conteúdo e apenas fundamentado de modo verdadeiro.

Mas, pelo fato de que o *resultado* apenas surge como o fundamento absoluto, o avançar desse conhecer não é algo provisório nem algo problemático e hipotético, mas tem de ser determinado pela natureza da própria Coisa e do próprio conteúdo. Aquele início não é nem algo arbitrário e apenas temporariamente aceito, nem um pressuposto solicitado e que aparece de modo arbitrário, mas do qual se mostra a seguir que se tinha razão de fazer disso o início; não é como nas construções, às quais, para fazer a prova de uma proposição geométrica, tem de se recorrer; é o caso que, somente retrospectivamente nas provas, surge delas que se fez bem em ter justamente traçado essas linhas e que se fez bem, então, nas próprias provas, de ter começado com a comparação dessas linhas ou ângulos; por si, isso não se compreende nesse traçar ou comparar de linhas.

Assim, a *razão* de por que, na ciência pura, inicia-se do ser puro foi antes indicada imediatamente nela mesma. Esse ser puro é a unidade para a qual retorna o saber puro ou, se ele mesmo ainda deve ser mantido diferente de sua unidade como forma, então ele também é o conteúdo do mesmo. Esse é o lado segundo o qual esse *ser puro*, esse absolutamente imediato, é igualmente o que é absolutamente mediado. Mas ele tem de ser igualmente tomado de modo essencial apenas na unilateralidade de ser o puramente imediato, *justamente porque* ele aqui é como o início. Na medida em que ele não seria essa indeterminidade pura, desde que ele estaria determinado, ele seria tomado como mediado, como algo já conduzido mais adiante; um determinado contém um *outro* em relação a um primeiro. Reside, portanto, na *natureza do próprio início* que ele seja o ser e nada mais. Não é preciso, portanto, nenhuma outra preparação para entrar na filosofia, nem reflexões de outra ordem e pontos de amarração.

Que o início é início da filosofia, disso também não pode ser propriamente extraído nenhuma *determinação mais precisa* ou um conteúdo *positivo* para o mesmo. Pois a filosofia é aqui no início, onde a própria Coisa ainda não está presente, uma palavra vazia ou qualquer representação assumida, injustificada. O saber puro dá apenas essa determinação negativa de que ele deve ser o início *abstrato*. Na medida em que o ser puro é tomado como *conteúdo* do saber puro, então esse deve retroceder do seu conteúdo, deixá-lo agir por si mesmo e não o determinar ulteriormente, – Ou, na medida em que o ser puro tem de ser considerado como a unidade na qual o saber em seu ponto culminante da unificação coincide com o objeto, então o saber desapareceu nessa unidade e não deixou sobrando nenhuma diferença dela e, com isso, nenhuma determinação para ela. – Também, de outro modo, não está presente algo ou qualquer conteúdo que poderia ser empregado a fim de fazer, com isso, o início mais determinado.

Mas a determinação *do ser* até agora assumida como início poderia também ser deixada de lado, de modo que apenas seria exigido que fosse feito um início puro. Então, não há nada mais presente do que o próprio *início* e seria preciso ver o que ele é. – Essa posição poderia, ao mesmo tempo, ser colocada como uma sugestão para o bem daqueles que, de um lado, não se tranquilizam com o fato de se começar pelo ser, tanto faz a partir de quais reflexões e muito menos com a consequência que o ser tem, a saber, de passar para o nada; de outro lado, para aqueles que não sabem outra coisa senão que em uma ciência se iniciaria com a *pressuposição* de uma *representação* – com uma representação que seria, para tanto, *analisada*, de modo que agora o resultado de tal análise forneceria o primeiro conceito determinado na ciência. Se considerássemos também esse procedimento, não teríamos nenhum objeto particular, porque o início, enquanto início do *pensar*, deve ser inteiramente abstrato, inteiramente universal, inteiramente forma sem nenhum conteúdo; assim, nós não teríamos nada senão a representação de um mero início como tal. É preciso, então, ver apenas o que temos nessa representação.

Ainda não é nada e deve tornar-se algo. O início não é o nada puro, mas um nada do qual algo deve sair; o ser, portanto, também já está contido no início. O início contém, portanto, ambos, ser e nada; é a unidade de ser e nada – ou seja, é não ser que, ao mesmo tempo, é ser e ser que, ao mesmo tempo, é não ser.

Além disso: ser e nada estão, no início, presentes como *diferentes*; pois o início aponta para algo outro; – ele é um não ser que está relacionado com o ser como com um outro; o que inicia ainda não *é*; ele apenas avança para o ser. O início contém, portanto, o ser como um tal que se afasta do não ser ou o suprassume como algo contraposto a ele.

Além disso, porém, o que inicia já *é*; mas, da mesma maneira, também ainda *não é*. Os contrapostos, ser e não ser estão, portanto, nele, em unificação imediata; ou seja, o início é *unidade não diferenciada* deles.

A análise do início daria, assim, o conceito da unidade do ser e do não ser – ou seja, em forma mais refletida, da unidade do ser diferente e do ser não diferente – ou da identidade da identidade e da não identidade. Esse conceito poderia ser considerado como a primeira, a mais pura, isto é, a mais abstrata definição do absoluto – como ele de fato o seria se se tratasse em geral da forma de definições e do nome do absoluto. Nesse sentido, assim como aquele conceito abstrato é a primeira definição, todas as determinações e desenvolvimentos ulteriores seriam apenas definições mais determinadas e ricas desse absoluto. Mas aqueles que não estão satisfeitos com o *ser* como início porque passa para o nada e disso surge a unidade do ser e do nada, poderiam considerar se ficam mais satisfeitos com esse início que inicia com a representação do *início* e com sua análise, que certamente deve estar correta, mas que conduz igualmente para a unidade do ser e do nada, ou se ficam mais satisfeitos com o fato de que se inicia com o ser.

Porém, é preciso fazer ainda uma consideração ulterior sobre esse procedimento. Aquela análise pressupõe como conhecida a representação do início; procedeu-se aqui segundo o exemplo das outras ciências. Essas pressupõem seu objeto e assumem na forma de postulado que cada um teria a mesma representação dele e que poderia encontrar nele aproximadamente as mesmas determinações que elas transmitem e indicam daqui e dali por meio da análise, da comparação e de outros raciocínios sobre o mesmo. Mas o que faz o início absoluto precisa igualmente ser, de resto, algo já conhecido; se é agora um concreto e, com isso, um determinado dentro de si de modo multíplice, então essa *relação* que ele é em *si* está pressuposta como algo conhecido; ela é assim indicada como algo *imediato, o que ela, porém, não é*; pois é apenas relação como a [relação] de diferentes, contém assim a *mediação* em si. Além disso, entra no concreto a contingência e a arbitrariedade da análise e do determinar diverso. Quais determinações são extraídas depende do que cada um *encontra diante de si* em sua representação contingente imediata. A relação contida em um concreto, em uma unidade sintética é apenas *necessária* na medida em que não é encontrada, mas engendrada por meio do próprio movimento dos momentos de retornar a essa unidade, – um movimento que é o contrário do procedimento analítico, de um atuar exterior à própria Coisa e que recai no sujeito.

Aqui também está contido o aspecto mais preciso, que aquilo com o que precisa ser feito o início não pode ser um concreto, não pode ser algo que contém uma relação *no interior de si mesmo*. Pois algo assim pressupõe um mediar e o passar de um primeiro a um outro no interior de si mesmo, do qual o concreto tornado simples seria o resultado. Mas o início não deve ser já ele mesmo um primeiro *e* um outro; algo que é um primeiro *e* um outro em si contém já um ser progredido. O que faz o início, o início mesmo, tem de ser tomado, portanto, como algo não analisável, em sua imediatidade simples não preenchida, portanto, *como ser*, como o que é inteiramente vazio.

Se por acaso se quisesse dizer, de modo impaciente contra a consideração do início abstrato, que não deveria ser iniciado com o início, mas diretamente com a *Coisa*, então essa Coisa nada mais é do que aquele ser vazio; pois o que é a Coisa, isso é o que justamente deve surgir apenas no decurso da ciência, o que não pode ser pressuposto antes dela como conhecido.

Seja qual for a forma a ser tomada para ter um outro início do que o ser vazio, ele sofre das faltas indicadas. Aqueles que permanecem insatisfeitos com esse início podem se estimular para a tarefa de iniciar de outro modo, para evitar, assim, essas faltas.

Mas não podemos deixar de mencionar um início original da filosofia que se tornou famoso na época moderna, o início com *Eu*. Esse início veio em parte da reflexão de que, do primeiro verdadeiro, todo o resto tem de ser derivado e em parte da necessidade de que o primeiro verdadeiro seja algo bem conhecido e ainda mais *algo imediatamente certo*. Esse início não é, em geral, uma representação que é contingente e que pode ser constituída num sujeito assim e noutro de outro modo. Pois Eu, essa autoconsciência imediata, aparece inicialmente ela mesma em parte como algo imediato, em parte como algo bem conhecido em um sentido muito mais elevado do que uma outra representação; algo diferentemente bem conhecido pertence, com efeito, ao Eu, mas ainda é um conteúdo diferente dele e, assim, um conteúdo imediatamente contingente; Eu, ao contrário, é a certeza simples de si mesmo. Mas o Eu em geral é também, *ao mesmo tempo*, um concreto, ou melhor, o Eu é, antes, o mais concreto – a consciência de si como mundo infinitamente multíplice. Para que o Eu seja o início e o fundamento da filosofia, é exigida a separação desse concreto – o ato absoluto por meio do qual Eu é purificado de si mesmo e, como Eu abstrato, entra em sua consciência. Só que esse Eu puro *não* é agora um Eu imediato, nem o Eu conhecido, o Eu comum de nossa consciência, ao qual a ciência deveria ser amarrada de modo imediato e para cada um. Aquele ato não seria propriamente outra coisa senão a elevação para o ponto de vista do saber puro, no qual a diferença entre o subjetivo e o objetivo desapareceu. Mas como essa elevação é exigida *de modo imediato*, ela é um postulado subjetivo; para se provar como exigência verdadeira, o movimento progressivo do Eu concreto da consciência imediata até o saber puro teria de ser mostrado e apresentado nele mesmo por meio de sua própria necessidade. Sem esse movimento objetivo, o saber puro, também determinado como a *intuição intelectual*, aparece como um ponto de vista arbitrário ou mesmo como um dos *estados* empíricos da consciência, a respeito do qual depende se um o *encontra* em si ou pode produzi-lo, mas outro não. Mas na medida em que esse Eu puro precisa ser o saber puro essencial e o saber puro é posto na consciência individual apenas através do ato absoluto da autoelevação e não está presente imediatamente dentro dela, perde-se justamente a vantagem que deve decorrer desse início da filosofia, a saber, que ele seria algo pura e simplesmente bem conhecido, o que cada um encontraria imediatamente dentro de si e ao qual poderia ligar a reflexão ulterior; aquele Eu puro em sua essencialidade abstrata é antes algo desconhecido à consciência comum, algo que ela não encontra dentro de si. Com isso, entra muito mais a desvantagem da ilusão de que se deve tratar de algo bem conhecido, do Eu da autoconsciência empírica, enquanto, de fato, trata-se de algo distante dessa consciência. A determinação do saber puro como Eu leva consigo, em retrospecto, a recordação perdurante do Eu subjetivo, cujas barreiras devem ser esquecidas, e mantém a representação presente, como se as proposições e relações que surgem do Eu no desenvolvimento ulterior pudessem ocorrer e ser encontradas na consciência comum, já que é dela que tais proposições e relações tratam. Esse equívoco, ao invés de clareza imediata, engendra, antes, apenas uma confusão ainda mais gritante e uma desorientação total; na exterioridade, ela provocou de modo completo os mais grosseiros mal-entendidos.

 Além disso, no que concerne à determinidade *subjetiva* do Eu em geral, o saber puro toma certamente do Eu seu significado limitado de ter num objeto sua oposição insuperável. Por essa razão, seria pelo menos *supérfluo* conservar ainda essa postura subjetiva e a determinação da essência pura como Eu. Contudo, essa determinação não leva consigo apenas aquela incômoda ambiguidade, mas ela também permanece, considerada mais de perto, um Eu subjetivo. O desenvolvimento efetivo da ciência que parte do Eu mostra que o objeto tem e mantém nele a determinação perene de um *outro* para o Eu, de modo que o Eu do qual se parte não é o saber puro que superou na verdade a oposição da consciência, mas ainda está preso ao fenômeno.

Aqui ainda tem de ser feita a observação essencial de que se o *Eu certamente* pudesse ser determinado *em si*, como o saber puro ou como intuição intelectual e afirmado como início, não se trataria, na ciência, de saber o que estaria presente *em si* ou *internamente*, mas do ser aí do interno *no pensar* e da *determinidade* que o pensar tem nesse ser aí. Mas o que é *aí* da intuição intelectual ou – se seu objeto é nomeado o eterno, o divino, o absoluto – o que do eterno ou do absoluto é *aí* no *início* da ciência, isso não pode ser outra coisa senão a determinação primeira, imediata e simples. Independentemente do nome mais rico do que aquele que expressa o "mero ser" que seja dado a isso, o que pode ser considerado é apenas [saber] como um tal absoluto entra no saber *pensante* e no enunciar desse saber. A intuição intelectual é, certamente, a violenta rejeição do mediar e da reflexão que prova, reflexão exterior. Mas o que ela enuncia mais do que a imediatidade simples é um concreto, algo que contém em si diversas determinações. O enunciar e a apresentação de algo assim, contudo, é, como já foi observado, um movimento mediador que inicia com *uma* das determinações e prossegue para a outra, mesmo quando essa também retorna à primeira; – é um movimento que, ao mesmo tempo, não pode ser arbitrário ou assertório. Em tal apresentação, portanto, *inicia-se* não com o concreto mesmo, mas apenas com o imediato simples, do qual parte o movimento. Além disso, quando um concreto é tornado início, falta a prova da qual precisa a ligação das determinações contidas no concreto.

Se, portanto, na expressão do absoluto ou do eterno ou de Deus (e *Deus* certamente teria o direito mais incontestável de que o início se fizesse com ele), se, em suas intuições ou pensamentos *reside algo mais* do que no ser puro, então o que nisso *reside* deve primeiramente *surgir* no saber como saber pensante, não representante; independentemente de quão rico queira ser o que nisso reside, a determinação que surge *primeiramente* no saber é um simples, pois apenas no simples não há mais do que o início puro; apenas o imediato é simples, pois apenas no imediato ainda não há uma progressão [*Fortgegangensein*] de um para um outro. O que com isso deve ser expresso sobre o ser ou deve estar contido nas formas mais ricas do representar do absoluto ou de Deus é, no início, apenas uma palavra vazia e apenas ser; esse simples, que não possui outro significado ulterior, esse vazio é, então, pura e simplesmente o início da filosofia.

Essa intelecção é ela mesma tão simples que esse início como tal não precisa de nenhuma preparação nem de uma introdução ulterior; e esse caráter preliminar do raciocínio sobre ele não pôde ter o propósito de produzi-lo, senão muito mais o de afastar todo caráter preliminar.

Divisão geral do ser

O ser é *primeiramente* determinado frente a outro em geral; *em segundo lugar*, ele é determinante no interior de si mesmo; *em terceiro lugar*, na medida em que se deixa de lado este caráter preliminar do dividir, ele é a indeterminidade e a imediatidade abstratas nas quais ele tem de ser o início.

De acordo com a *primeira* determinação, o ser se separa da *essência* na medida em que ele, mais adiante em seu desenvolvimento, demonstra sua totalidade apenas como *uma* esfera do conceito e lhe contrapõe uma outra esfera como momento.

De acordo com a *segunda*, ele é a esfera no interior da qual caem as determinações e o movimento inteiro de sua reflexão. Neste caso, o ser se porá nas três determinações:

I – como *determinidade* enquanto tal, qualidade;

II – como determinidade *suprassumida; grandeza, quantidade;*

III – como *quantidade qualitativamente* determinada*; medida.*

Esta divisão, como lembramos na introdução em relação a estas divisões em geral, é, aqui, uma indicação preliminar; suas determinações devem surgir somente a partir do movimento do próprio ser e, através disso, têm de ser definidas e justificadas. Sobre a maneira na qual essa divisão se distancia da exposição habitual das categorias, a saber, como quantidade, qualidade, relação e modalidade, que, aliás, em *Kant*, devem ser apenas os títulos para suas categorias, mas, de fato, são elas mesmas categorias – apenas mais universais – não é necessário recordar aqui, pois o tratamento como um todo mostrará, em geral, o que diverge da ordem e do significado usuais das categorias.

Apenas isso pode ser observado, a saber, que normalmente a determinação da *quantidade* é exposta antes da *qualidade*, e isto – como na maioria das vezes – sem fundamento ulterior. Já foi mostrado que o início se faz com o ser *enquanto tal*, portanto, com o ser qualitativo. A partir da comparação da qualidade com a quantidade se evidencia facilmente que aquela é a primeira de acordo com a sua natureza. Pois a quantidade é a qualidade que já se tornou negativa; a *grandeza* é a determinidade que não é mais um com o ser, porém, já diferente dele, a qualidade suprassumida que se tornou indiferente. Ela inclui a mutabilidade do ser sem que a Coisa mesma, o ser, do qual ela é determinação, seja alterada através dela; em contrapartida, a determinidade qualitativa é um com seu ser, não o ultrapassa nem está no interior do mesmo, mas é sua limitação imediata. A qualidade, enquanto a determinidade *imediata*, é, portanto, a primeira e, com ela, precisa ser feito o início.

A *medida* é uma *relação*, porém, não a relação em geral, mas, determinadamente, a da qualidade e da quantidade uma com a outra; as categorias que Kant compreende sob a relação tomarão sua posição em um lugar completamente diferente. Caso se queira, a medida pode ser vista também como uma modalidade; porém, na medida em que, em *Kant*, esta não deve mais constituir uma determinação do conteúdo, mas deve dizer respeito apenas à relação do mesmo com o pensar, com o subjetivo, trata-se, então, de uma relação totalmente heterogênea, que aqui não tem lugar.

A *terceira* determinação do *ser* cai no interior da seção da qualidade, na medida em que ele se rebaixa enquanto imediatidade abstrata em uma determinidade singular frente às suas outras determinidades no interior de sua esfera.

Primeira seção
Determinidade (qualidade)

O ser é o imediato indeterminado; ele está livre da determinidade frente à essência, bem como ainda de cada determinidade que ele pode adquirir no interior de si mesmo. Este ser sem reflexão é o ser tal como ele é imediatamente apenas nele mesmo.

Porque ele é indeterminado, ele é ser sem qualidade; mas, *em si*, compete-lhe o caráter da indeterminidade apenas em oposição ao *determinado* ou ao qualitativo. Porém, o ser *determinado* como tal se opõe ao ser em geral; com isso, contudo, sua indeterminidade mesma constitui sua qualidade. Mostrar-se-á, portanto, que o *primeiro* ser [é], em si, [ser] determinado e, com isso,

em segundo lugar, que ele passa para o *ser aí*, é *ser aí*; que, porém, este se suprassume como ser finito e, na relação infinita do ser consigo mesmo,

em terceiro lugar, passa para o *ser para si*.

PRIMEIRO CAPÍTULO
SER

A. Ser

Ser, puro ser, – sem nenhuma determinação ulterior. Em sua imediatidade indeterminada, ele é igual apenas a si mesmo e também não desigual frente a outro; não tem diversidade alguma dentro de si nem para fora. Através de uma determinação ou um conteúdo qualquer que seria nele diferenciado ou por meio do qual ele seria posto como diferente de um outro, ele não seria fixado em sua pureza. Ele é a indeterminidade e o vazio puros. – Não há *nada* a intuir nele, caso aqui se possa falar de intuir; ou ele é apenas este mesmo intuir puro, vazio. Tampouco há algo nele que se possa pensar ou ele é, igualmente, apenas este pensar vazio. O ser, o imediato indeterminado, é, de fato, *nada* e nem mais e nem menos do que nada.

B. Nada

Nada, o puro nada; ele é igualdade simples consigo mesma, perfeita vacuidade, ausência de determinação e conteúdo; indiferencialidade nele mesmo. – Na medida em que intuir ou pensar podem ser aqui mencionados, então, vale como uma diferença se algo ou *nada* é intuído ou pensado. Intuir ou pensar nada tem, então, um significado; ambos são diferenciados, então nada *é* (existe) em nosso intuir ou pensar; ou, antes, ele é o próprio intuir ou pensar vazios e é o mesmo intuir e pensar vazios que o ser puro. – Nada é, com isso, a mesma determinação ou, antes, ausência de determinação e, com isso, em geral, o mesmo que o *ser* puro é.

C. Devir

a) Unidade do ser e do nada

O puro ser e o puro nada são, portanto, o mesmo. O que é a verdade não é nem o ser nem o nada, mas que o ser não passa, mas passou para o nada e o nada não passa, mas passou para o ser. Igualmente, porém, a verdade não é sua indiferencialidade, mas que *eles não são o mesmo*, que são *absolutamente diferentes*, mas são igualmente inseparados e inseparáveis e *cada um desaparece em seu oposto* imediatamente. Sua verdade é, então, este *movimento* do desaparecer imediato de um no outro: o *devir*; um movimento no qual ambos são diferentes, porém, através de uma diferença que igualmente se dissolveu imediatamente.

Observação 1 [A oposição do ser e do nada na representação]

Costuma-se contrapor o *nada* ao *algo*; porém, algo é já um ente determinado que se diferencia de outro algo; assim, também, o nada contraposto a algo, o nada de qualquer algo é, então, um nada determinado. Porém, aqui, é preciso tomar o nada em sua simplicidade indeterminada. – Caso se considerasse como mais correto que, em vez do nada, fosse o *não ser* contraposto ao ser, não se teria nada a objetar ao resultado, pois no *não ser* está contida a relação com o ser; o não ser é ambos, ser e sua negação, enunciados em *um*, o nada, tal como ele é no devir. Porém, não se trata, inicialmente, da forma da contraposição, isto é, ao mesmo tempo, da *relação*, mas da negação abstrata e imediata, o nada puramente por si, a negação sem relação, – o que se poderia expressar, caso se queira, também pelo mero *não*.

Os *Eleatas*, em primeiro lugar, e especialmente *Parmênides*, enunciaram o pensamento simples do *ser puro* como o absoluto e como a verdade única, e, nos fragmentos que restaram de Parmênides, ele, com o entusiasmo puro do pensar que pela primeira vez se apreende a si em sua abstração absoluta, enunciou: *apenas o ser é, e o nada não é de modo algum.* – Nos sistemas orientais, essencialmente no budismo, o *nada*, o vazio é, como se sabe, o princípio absoluto. – O *profundo* Heráclito salientou contra aquela abstração simples e unilateral o conceito total mais elevado do devir e disse: *o ser é tampouco como o nada*, ou também, tudo *flui*, o que significa: tudo é *devir*. – Os ditos populares, particularmente os orientais, de que tudo que é, teria o germe de seu perecer em seu próprio nascimento, e de que a morte, inversamente, seria o ingresso em uma nova vida, expressam, no fundo, a mesma unificação do ser e do nada. Porém, essas expressões têm um substrato no qual a passagem acontece; ser e nada são mantidos separados um do outro no tempo, representados como alternando-se nela, porém, não pensados em sua abstração e, portanto, também não de modo que eles sejam em e para si o mesmo.

Ex nihilo nihil fit é uma das proposições às quais se atribuiu grande significado na metafísica. Nisso pode-se ver ou apenas a tautologia sem conteúdo substancial [*gehaltslose*]: nada é nada; ou, caso o *devir* devesse ter, nisso, significado efetivo, então antes, não está presente, de fato, nenhum *devir*, na medida em que *do nada só nada devém*, pois, nisso, nada permanece nada. O devir contém que nada não permaneça nada, mas passe para seu outro, para o ser. – Se a Metafísica posterior, especialmente a cristã, rejeitou a proposição de que de nada devém nada, então ela afirmou uma passagem de nada para ser; por mais que ela tenha tomado também esta proposição de modo sintético ou de modo meramente representacional, mesmo assim está, na unificação mais imperfeita, também contido um ponto no qual ser e nada coincidem e diferencialidade deles desaparece. – A proposição *"De nada devém nada, nada é precisamente nada"* tem sua importância própria pela sua oposição ao *devir* em geral e, com isso, também à criação do mundo a partir do nada. Aqueles que afirmam a proposição "Nada é precisamente nada", a ponto de se exaltar por causa dela, não têm consciência de que, com isso, aderem ao *panteísmo* abstrato dos Eleatas e, de acordo com a Coisa, também ao spinozista. O ponto de vista filosófico segundo o qual vale como princípio "Ser é apenas ser, nada é apenas nada", merece o nome de sistema da identidade; esta identidade abstrata é a essência do panteísmo.

Se o resultado de que o ser e o nada são o mesmo chama a atenção por si ou parece paradoxal, então não é mais preciso se deter nisso; antes, seria o caso de se admirar daquela admiração que se mostra tão nova na filosofia e que esquece que, nessa ciência, ocorrem determinações completamente diferentes do que aquelas que há na consciência comum e no assim chamado entendimento humano comum, o qual não é precisamente o entendimento são, mas também o entendimento instruído para as abstrações e para a fé ou, antes, para a crença supersticiosa em abstrações. Não seria difícil de indicar esta unidade do ser e do nada em cada exemplo, em *cada* efetivo ou pensamento. O mesmo que foi dito acima sobre a imediatidade e a mediação (a última contém uma relação de um com *outro*, com isso, uma *negação*) tem que ser afirmado sobre *ser e nada*, a saber, *de que não há algo em parte alguma, no céu e na terra, que não contenha em si ambos, ser e nada.* Certamente, já que aqui se trata de *um algo qualquer* e um *efetivo*, então, nisso, aquelas determinações não são mais na completa inverdade em que elas são, enquanto ser e nada, mas em uma determinação ulterior e são apreendidas, por exemplo, como *positivo* e *negativo*, aquele como o ser posto, refletido, esse como o nada posto, refletido; porém, positivo e negativo contêm, como sua base abstrata, aquele o ser, esse o nada. – Assim, em Deus mesmo, a qualidade, a *atividade*, a *criação, a potência* etc., contêm essencialmente a determinação do negativo, – eles são o engendrar de um *outro*. Porém, uma elucidação empírica daquela afirmação através de exemplos seria aqui completamente supérflua. Já que esta unidade de ser e nada enquanto verdade primeira, a partir de agora está, de uma vez por todas, no fundamento e constitui o elemento de todo o subsequente, então, todas as determinações lógicas posteriores além do próprio devir: ser aí, qualidade, [e] em geral, todos os conceitos da filosofia, são exemplos dessa unidade. – Mas aquilo que se chama de entendimento humano comum ou são, na medida em que ele rejeita a inseparabilidade do ser e do nada, pode ser levado à tentativa de descobrir um exemplo em que um precisaria ser encontrado separado do outro (algo do limite, da barreira ou o infinito, Deus, como foi acima mencionado, da atividade). Apenas as coisas vazias do pensamento, [ou seja,] o próprio ser e o próprio nada são esses separados e são eles que são privilegiados por aquele entendimento com respeito à verdade, à inseparabilidade de ambos, que, por todos os lados, está diante de nós.

Não se pode querer ter a intenção de combater, em todas as direções, as confusões nas quais se enreda a consciência comum em relação a tal proposição lógica, pois elas são inesgotáveis. Apenas algumas podem ser mencionadas. Uma razão para tais confusões é, entre outras, que a consciência leva representações de algo concreto para uma tal proposição lógica abstrata e esquece que não se trata de algo concreto, mas apenas das abstrações puras do ser e do nada e que apenas essas precisam ser asseguradas.

Ser e não ser é o mesmo; *logo*, é o mesmo se eu sou ou não sou, se esta casa é ou não é, se estes cem táleres estão ou não estão em meu patrimônio. – Esta conclusão ou aplicação daquela proposição altera seu sentido completamente. A proposição contém as abstrações puras do ser e do nada; a aplicação, porém, faz disso um ser determinado e um nada determinado. Só que não se trata aqui, como já foi dito, do ser determinado. Um ser determinado e finito é um [ser] tal que se relaciona com outro; ele é um conteúdo que está na relação da necessidade com outro conteúdo, com o mundo inteiro. No que diz respeito à conexão reciprocamente determinante do todo, a Metafísica pôde fazer a afirmação – no fundo, tautológica – de que, se um átomo de poeira fosse destruído, o universo inteiro desmoronaria. Nas instâncias colocadas contra a proposição que está em discussão, aparece como não indiferente se algo é ou não é, isto não em virtude do ser ou do não ser, mas em virtude de seu *conteúdo*, o qual o conecta com outro. Se um conteúdo determinado, qualquer ser aí determinado, é *pressuposto*, então, este ser aí, porque é *determinado*, está em relação múltipla com outro conteúdo; não é indiferente para o mesmo se um certo outro conteúdo, com o qual ele está em relação, é ou não é; pois, somente através de tal relação, ele é essencialmente aquilo o que ele é. O mesmo se dá com o *representar* (na medida em que tomamos o não ser no sentido mais determinado do representar frente à efetividade), em cuja conexão o ser ou a ausência de um conteúdo, que, enquanto determinado, é representado em relação com outro, não é indiferente.

Esta consideração contém o mesmo que, na crítica kantiana da prova ontológica da existência [*Dasein*] de Deus, constitui um momento capital, crítica a qual aqui é tratada apenas no que toca à diferença que ocorre nela entre ser e nada em geral e ser ou não ser *determinados*. – Como se sabe, naquela assim chamada prova, foi pressuposto o conceito de um ente [*Wesen*][12], ao qual competem todas as realidades e, com isso, também a existência, a qual, igualmente, foi tomada como uma das realidades. A crítica kantiana se deteve especialmente no seguinte aspecto, a saber, que a *existência* [*Existenz*] ou o ser (que aqui valem como equivalentes) não seriam nenhuma *propriedade* ou *predicado real*, isto é, não seriam o conceito de algo que pudesse ser acrescentado ao *conceito* de uma coisa[13]. – Kant quer dizer com isso que ser não é nenhuma determinação de conteúdo. Portanto, prossegue ele, o possível não conteria mais do que o efetivo; cem táleres efetivos não contêm o mínimo a mais que cem táleres possíveis; – a saber, aqueles não têm nenhuma outra determinação de conteúdo que estes. Para este conteúdo, considerado isoladamente, é, de fato, indiferente ser ou não ser; nele não reside diferença alguma entre ser e não ser, esta diferença não o afeta de forma alguma; os cem táleres não diminuem, se eles não forem, e não aumentam, se eles forem. Uma diferença tem de vir somente de outra parte. – "No entanto", recorda Kant, "em meu estado patrimonial, há mais em cem táleres efetivos do que no mero conceito dos mesmos (i. é, da possibilidade deles). Pois, na efetividade, o *objeto* não está contido meramente em meu conceito de modo analítico, mas *se acrescenta ao meu conceito* (o qual é uma *determinação* de meu *estado*) *de modo sintético*, sem que, através deste ser fora de meu conceito, estes mesmos cem táleres pensados sejam minimamente aumentados".

Aqui *são pressupostos* dois tipos de estado, para permanecer nas expressões kantianas, as quais não deixam de ter um caráter de uma confusa inabilidade: um, que Kant denomina o conceito, sob

---

12. Aqui optamos por traduzir *Wesen* por *ente*, pois julgamos que, neste contexto, não é o significado técnico que aparece na *Doutrina da Essência*, mas se refere ao sentido do uso comum da palavra – como, p. ex., *Vernunftwesen* ou *Lebewesen*, que significam, respectivamente, *ente racional* e *ser vivo* – e ainda à tradição metafísica da filosofia aristotélica traduzida para a linguagem da filosofia escolástica alemã, como em Wolff e Baumgarten. Hegel mesmo discute esse uso comum de *Wesen* na observação sobre a relação entre interior e exterior na "relação essencial" (*das wesentliche Verhältnis*) da Doutrina da Essência (HEGEL. Werke B. 6 *Wissenschaft Der Logik II*, 183s.). Além disso, vale conferir a observação de Heidegger sobre a conexão entre uso cotidiano e tradição metafísica do termo referido (HEIDEGGER. *Gesamtausgabe* [org. de Vittorio Klostermann]. Vol. 42: Schelling: Vom Wesen der menschlichen Freiheit. Ed. I. Schüssler, 1988, p. 186s.) [N.T.].
13. KANT. *Crítica da razão pura*. 2. ed., [B], p. 626ss. [N.H.].

o qual se deve entender a representação, e o outro, o estado do patrimônio. Tanto para um como para outro, tanto para o patrimônio como para a representação, cem táleres são uma determinação de conteúdo, ou seja, eles se juntam *sinteticamente*, como Kant se expressa: eu, enquanto *proprietário* de cem táleres ou não proprietário dos mesmos, ou também eu como *representando* para mim cem táleres, ou não os representando, é, sem dúvida, um conteúdo diverso. Dito de um modo mais geral: as abstrações do ser e do nada deixam de ser, ambas, abstrações na medida em que ganham um conteúdo determinado; ser é, então, realidade, o ser determinado de cem táleres, o nada é negação, o não ser determinado dos mesmos. Esta mesma determinação de conteúdo, os cem táleres, também apreendida abstratamente por si, é num caso invariavelmente o mesmo que no outro. Mas além disso, na medida em que o ser é tomado como estado patrimonial, os cem táleres entram em relação com um estado e, para este, tal determinidade, que eles são, não é indiferente; seu ser ou não ser é apenas *alteração*; eles são transferidos para a esfera do *ser aí*. Se, portanto, contra a unidade do ser e do nada se insiste que não seria por certo indiferente, se este e aquele (os cem táleres) fosse ou não fosse, então, isso é, uma ilusão que meramente nos faz empurrar a diferença para o ser e o não ser, se eu *tivesse* ou *não tivesse* os cem táleres, – uma ilusão que, como se mostrou, repousa na abstração unilateral que deixa de lado o *ser aí determinado* que está presente em tais exemplos e retém meramente o ser e o não ser, assim como, inversamente, transforma o ser e o nada abstratos que devem ser apreendidos em ser e nada determinados, em um ser aí. Apenas o *ser aí* contém a diferença real entre ser e nada, a saber, um *algo* e um *outro*. – Esta diferença real paira diante da representação, ao invés do ser abstrato e do puro nada e de sua diferença apenas visada [*gemeinten*].

Como Kant se expressa, assim chega "algo através da existência ao contexto da experiência completa", "através disso, nós recebemos um objeto da *percepção* a mais, porém, nosso *conceito* do objeto não é, através disso, aumentado". – Como resulta do que foi elucidado, isso significa que, por meio da existência [*Existenz*], essencialmente porque algo é existência determinada, ele está em conexão com *outro* e, entre outras coisas, também com um percipiente. – O conceito de cem táleres, diz Kant, não é aumentado pelo perceber. O *conceito* significa aqui os já mencionados cem táleres, *isoladamente* representados. Nesta maneira isolada, eles são, com efeito, um conteúdo empírico, porém, separados, sem conexão e determinidade frente a *outro*; a forma da identidade consigo lhes tira a relação com outro e torna-os indiferentes, sejam ou não percebidos. Porém, este assim chamado *conceito* de cem táleres é um conceito falso; a forma da simples relação consigo não pertence, ela mesma, a tal conteúdo limitado e finito; trata-se de uma forma que lhe foi imposta e emprestada pelo entendimento subjetivo; cem táleres não são algo que se relaciona consigo mesmo, mas algo alterável e perecível.

O pensar ou representar, ao qual apenas um ser determinado, o ser aí, está presente, precisa ser remetido ao mencionado início da ciência empreendido por Parmênides que depurou o seu representar e, com isto, também o representar da posteridade e os elevou ao *pensamento puro*, ao ser enquanto tal e, com isto, criou o elemento da ciência. – O que é o *primeiro* na *ciência*, teve de se mostrar como o *primeiro historicamente*. E o *uno ou ser* eleático devemos considerá-lo como o primeiro do saber do pensamento; a *água* e princípios materiais semelhantes *devem* certamente ser o universal, porém não são, enquanto matérias, pensamentos puros; os *números* não são nem o pensamento primeiro e simples, nem o pensamento que permanece consigo, mas o pensamento que é inteiramente exterior a si mesmo.

O remeter do ser *particular finito* ao ser enquanto tal em sua universalidade totalmente abstrata precisa ser considerado como a exigência teórica e até mesmo prática primeiríssima. Caso, pois, tirem-se os cem táleres, ou seja, que isso constitua uma diferença em meu estado patrimonial, se eu *tenho* ou *não* eles, ou ainda se eu sou ou não, se outro é ou não, então – sem mencionar que haverá estados de patrimônio para os quais tal posse de cem táleres será indiferente – pode ser lembrado que o ser humano deve elevar-se, em sua convicção, a esta universalidade abstrata, na qual ser-lhe-ia de fato indiferente se os cem táleres fossem ou se não fossem, independentemente da relação quantitativa que eles possam ter com seu estado patrimonial, bem como lhe seria indiferente se ele fosse ou não, isto é, se ele fosse ou não fosse na vida finita (pois é visado um estado, um ser determinado) etc. –um romano disse até mesmo que *si fractus illabatur orbis, impavidum ferint ruinae*[14], e ainda mais o cristão deve se encontrar nessa indiferença.

É preciso ainda observar a ligação imediata na qual a elevação acima dos cem táleres e das coisas finitas em geral está com a prova ontológica e com a crítica kantiana indicada da mesma. Esta crítica se tornou universalmente plausível através de seu exemplo popular; quem não sabe que cem táleres efetivos são diversos de cem táleres meramente possíveis? Quem não sabe que eles constituem uma diferença em meu estado patrimonial? Porque, assim, essa diversidade se torna evidente nos cem táleres, então o conceito, isto é, a determinidade do conteúdo enquanto possibilidade vazia e o ser são diversos um do outro; *logo*, também o conceito de Deus é diverso de seu ser e, assim como não posso tirar da possibilidade de cem táleres a sua efetividade, tampouco posso "extrair" [*herausklauben*] do conceito de Deus sua existência [*Existenz*]; porém, a prova ontológica deve consistir neste extrair a existência de Deus do seu conceito. Se agora, sem dúvida, isso for correto, pois [o] conceito é diverso do ser, então, mais ainda Deus é diverso de cem táleres e das coisas finitas de maneira diferente. É a *definição das coisas finitas*, que nelas conceito e ser são diversos, que conceito e realidade, alma e corpo são separáveis, com isso, são perecíveis e mortais; a definição abstrata de Deus é, por outro lado, precisamente que seu conceito e seu ser são *inseparados* e *inseparáveis*. A verdadeira crítica das categorias e da razão é exatamente esta: informar ao conhecer sobre esta diferença e impedir-lhe que aplique as determinações e relações do finito a Deus.

Observação 2 [Insuficiência da expressão: unidade, identidade do ser e do nada]

Faz-se necessário indicar uma outra razão que se presta para a aversão à proposição sobre o ser e o nada; essa razão é que a expressão do resultado que surge da consideração do ser e do nada, através da proposição "*Ser e nada são um e o mesmo*", é imperfeita. O acento é especialmente colocado no *ser-um-e-o-mesmo*, tal como

---

14. Horácio. *Carmina* III, 3: "Se o mundo despedaçado se desmoronasse, suas ruínas feri-lo-iam sem assustá-lo" [N.E.A.].

no juízo em geral, em que o predicado apenas enuncia o que o sujeito *é*. O sentido parece ser, portanto, que a diferença que ocorre imediatamente na proposição, no entanto, é ao mesmo tempo negada; pois ela enuncia *ambas* as determinações, ser e nada, e as contém como diferentes. – Isso não significa, ao mesmo tempo, que se deve abstrair deles e apenas fixar a unidade. Este mesmo sentido se daria a entender como unilateral, visto que aquilo de que deve ser abstraído está, não obstante, presente e nomeado na proposição. – Na medida em que, agora, a proposição: "*Ser e nada são o mesmo*" enuncia a identidade destas determinações, contendo, contudo, também de fato, ambos como diferentes, contradiz a si dentro de si mesma e se dissolve. Se nós fixamos isto de modo mais preciso, então, fica assim posta aqui a proposição que, considerada mais de perto, tem o movimento de desaparecer por meio de si mesma. Com isso, porém, acontece nela mesma aquilo que deve constituir seu próprio conteúdo, a saber, o *devir*.

Com isso, a proposição *contém* o resultado e ela é, *em si* mesma, esse resultado. Porém, a circunstância que se tem de atentar aqui é a falta que o resultado mesmo não está *expresso* na proposição; é uma reflexão exterior que o reconhece na proposição. – A este respeito, é preciso fazer, logo no início, a observação geral de que a proposição, na *forma de um juízo*, não é apta para expressar verdades especulativas; a familiaridade [*Bekanntschaft*] com essa circunstância seria adequada para eliminar muitos mal-entendidos sobre verdades especulativas. O juízo é uma relação *idêntica* entre sujeito e predicado; nisso se abstrai de que o sujeito tem ainda mais determinidades do que aquelas do predicado, assim como também se abstrai de que o predicado é mais amplo do que o sujeito. Porém, se agora o conteúdo é especulativo, então também o caráter *não idêntico* do sujeito e do predicado é momento essencial, porém isto não está expresso no juízo. A luz bizarra e paradoxal na qual muito da filosofia moderna aparece àqueles que não estão familiarizados com o pensar especulativo se encaixa, de várias maneiras, na forma do juízo simples, quando ela é utilizada para a expressão de resultados especulativos.

A fim de expressar a verdade especulativa, a falta é inicialmente complementada de tal modo que se acrescenta a proposição contraposta, "*Ser e nada não são o mesmo*", proposição essa que está igualmente expressa acima. Apenas assim surge a falta ulterior, a de que essas proposições não estão ligadas; com isso, elas apresentam o conteúdo apenas na antinomia, enquanto o conteúdo delas se relaciona com um e o mesmo e as determinações que estão expressas nas duas proposições devem ser pura e simplesmente unificadas, – uma unificação que pode, então, ser enunciada apenas como uma *inquietude* dos [que são], ao mesmo tempo, *incompatíveis*, como *um movimento*. A injustiça mais comum praticada contra o conteúdo especulativo é torná-lo unilateral, isto é, pôr em evidência apenas uma das proposições nas quais ele pode ser dissolvido. Então, não se pode negar que esta proposição é afirmada; *esta indicação é tanto correta quanto falsa*, pois, se *uma* proposição é tomada uma vez do especulativo, então a outra teria de ser, no mínimo, igualmente considerada e indicada. – É preciso ainda, aqui, em particular, mencionar a palavra, por assim dizer, infeliz "unidade"; a *unidade* designa, ainda mais do que a *identidade*, uma reflexão subjetiva; ela é tomada especialmente como a relação que brota da *comparação*, da reflexão externa. Na medida em que essa encontra o mesmo em dois *objetos diversos*, está presente uma unidade de modo tal que, nisso, a *indiferença* perfeita dos próprios objetos que são comparados é pressuposta frente a essa unidade, de modo que esse comparar e a unidade dos próprios objetos não dizem respeito a nada e é, para eles, um atuar e determinar externos. A unidade expressa, consequentemente, a mesmidade completamente *abstrata* e, quanto mais aqueles dos quais ela é enunciada mostram-se pura e simplesmente diferentes, mais forte e mais evidente ela soa. Portanto, por unidade seria melhor dizer apenas como *não separação* e *inseparabilidade*; porém, com isso, o *afirmativo* da relação do todo não é expresso.

 Assim, o resultado todo, verdadeiro que surgiu aqui é o *devir*, o qual não é meramente a unidade unilateral ou abstrata do ser e do nada. Mas ele consiste neste movimento: o ser puro é imediato e simples, por isso, igualmente o nada puro; no qual a diferença dos mesmos *é*, porém, igualmente *se suprassume* e *não é*. O resultado afirma, então, igualmente a diferença entre o ser e o nada, mas como uma diferença apenas *visada* [*gemeinten*].

 Visa-se – ou *opina*-se [*Man meint*] – que o ser seria, antes, o outro pura e simplesmente do nada e não há nada mais claro do que a diferença absoluta deles e não parece haver nada mais fácil do que poder indicá-la. Porém, é igualmente fácil convencer-se de que isto é impossível, de que esta diferença é *indizível*. *Aqueles que querem persistir na diferença entre ser e nada podem se sentir convidados a indicar no que ela consiste.* Tivessem ser e nada qualquer determinidade através da qual eles se diferenciassem, então seriam, como foi lembrado, ser determinado e nada determinado, não o ser puro e o nada puro, como eles ainda são aqui. Sua diferença é, com isso, completamente vazia; cada um dos dois é, da mesma maneira, o indeterminado; ela consiste, portanto, não nelas mesmas, mas apenas em um terceiro, no *visar*. Porém, o visar é uma forma do subjetivo, o qual não pertence a esta etapa da apresentação. Porém, o terceiro, no qual ser e nada tem o seu subsistir, precisa também ocorrer aqui; e ele ocorreu também aqui; ele é o *devir*. Nele, ser e nada são como diferentes; devir é só na medida em que eles são diferentes. Este terceiro é um outro com respeito a eles; – ser e nada subsistem apenas em um outro, o que igualmente significa que eles não subsistem por si. O devir é o subsistir do ser tanto quanto do não ser; ou seja, o subsistir deles é apenas seu ser em *um*; esse subsistir deles é precisamente o que, de igual modo, suprassume sua diferença.

O convite para indicar a diferença entre o ser e o nada encerra também em si o outro convite para dizer, pois, o que é o *ser* e o que é o *nada*. Aqueles que teimam em não reconhecer tanto um como o outro só como um *passar* recíproco e afirmam isto ou aquilo sobre o ser e o nada, podem indicar do *que* eles falam, isto é, expor uma *definição* do ser e do nada e indicar que ela é correta. Sem ter satisfeito esta primeira exigência da ciência antiga, cujas regras lógicas, aliás, fazem valer e aplicam, todas aquelas afirmações sobre o ser e o nada são somente asseverações, ou seja, invalidades científicas. Aliás, quando foi dito que a existência, na medida em que se tem ela como equivalente ao ser, que seja o *complemento* da *possibilidade*, está, com isto, pressuposta outra determinação, a possibilidade, o ser enunciado não em sua imediatidade, mas como não autossubsistente, como condicionado. Para o ser que é *mediado*, conservaremos a expressão *existência* [*Existenz*]. Porém, representa-se o ser, com efeito – por exemplo, sob a imagem da luz pura, como a claridade de ver não turvado; o nada, porém, como a noite pura – e amarra sua diferença a essa diversidade sensível e bem conhecida. De fato, porém, caso também se represente de modo mais preciso este ver, pode-se, então, dar-se conta facilmente de que, na claridade absoluta, não se vê nem mais nem menos do que na escuridão absoluta, de que um modo de ver, bem como o outro, é um ver puro, um ver de nada. Luz pura e escuridão pura são dois vazios, que são o mesmo; apenas na luz determinada – e a luz é determinada pela escuridão – logo, na luz turvada, igualmente apenas na escuridão determinada – e a escuridão é determinada pela luz –, na escuridão iluminada, algo pode ser diferenciado, porque apenas a luz turvada e a escuridão iluminada têm, nelas mesmas, a diferença e, com isso, são ser determinado, *ser aí* [*Dasein*].

Observação 3 [O isolar dessas abstrações]

A unidade, cujos momentos, ser e nada, são como inseparáveis, é, ao mesmo tempo, diversa deles mesmos; assim, um *terceiro* frente a eles, o qual, em sua forma mais peculiar, é o *devir*. *Passar* é o mesmo que devir, só que, naquele, os dois, a partir dos quais um passa para o outro, são representados mais como tais que repousam um fora do outro e o passar é representado como tal que acontece *entre* eles. Agora, onde e como se trata do ser e do nada, este terceiro precisa estar presente; pois aqueles não subsistem por si, mas apenas no devir, nesse terceiro. Porém, este terceiro tem múltiplas figuras empíricas, as quais são postas de lado ou negligenciadas pela abstração a fim de fixar aqueles seus produtos, o ser e o nada, cada um por si e mostrá-los protegidos contra o passar. Contra tal conduta simples da abstração é igualmente simples recordar apenas a existência empírica na qual aquela própria abstração é apenas algo, tem um ser aí. Ou, pelo contrário, há formas da reflexão através das quais deve ser fixada a separação dos inseparáveis. Em tal determinação está presente em e para si o oposto dela mesma e, sem voltar para a natureza da Coisa e sem apelar para ela, aquela determinação de reflexão precisa ser confundida nela mesma, pelo fato de que é tomada como ela se dá e seu outro é mostrado nela mesma. Seria um esforço inútil querer, por assim dizer, captar todas as reviravoltas e as intromissões da reflexão e do seu raciocínio para tirar-lhe e impossibilitar-lhe as saídas e os saltos com os quais ela se oculta frente a si mesma sua contradição.

Por isso, também me abstenho de levar em consideração as inúmeras assim chamadas objeções e refutações que surgiram contra [a proposição] de que nem ser nem nada são algo verdadeiro, mas apenas o devir é sua verdade; a formação do pensamento que é necessária para enxergar a nulidade daquelas refutações ou, antes, para afastar de si mesmo tais intromissões, é efetivada apenas através do conhecimento crítico das formas do entendimento; porém, aqueles que são os mais férteis em semelhantes objeções se lançam imediatamente sobre as primeiras proposições com suas reflexões, sem, através do estudo ulterior da lógica, proporcionar ou ter proporcionado a si uma consciência sobre a natureza destas reflexões grosseiras.

Devem-se levar em consideração alguns fenômenos que surgem quando o ser e o nada são isolados um do outro e um é posto fora do âmbito do outro, de modo que, com isso, o passar está negado.

Parmênides fixou o ser e foi o mais consequente ao dizer, ao mesmo tempo, do nada, que ele *não é de maneira alguma*, que apenas o ser é. O ser assim totalmente para si é o indeterminado, logo, não tem nenhuma relação com outro; parece, portanto, que, *a partir deste início*, a saber, de dentro dele mesmo, não se poderia mais *progredir* adiante e uma progressão apenas poderia acontecer pelo fato de que algo estranho fosse ligado *de fora* a ele. A progressão, na qual o ser é o mesmo que o nada, aparece, com isto, como um segundo início absoluto, – um passar que é por si e que se acrescenta externamente ao ser. Ser não seria, de modo algum, o início absoluto, caso ele tivesse uma determinidade; logo, ele dependeria de um outro e não seria imediato, não seria o início. Porém, sendo ele indeterminado e, com isso, início verdadeiro, então, não tem também nada pelo qual se conduz a um outro; ele é, ao mesmo tempo, o *fim*. Tampouco pode brotar algo do mesmo quanto penetrar algo no mesmo; em Parmênides, como em Spinoza, não se deve progredir do ser ou da substância absoluta para o negativo, o finito. Caso, contudo, progrida-se – o que, como foi observado, a partir do ser sem relação, assim, sem progressão, pode acontecer apenas de maneira externa –, então, esta progressão é um segundo novo início. Assim, o princípio incondicionado mais absoluto de *Fichte* é: pôr $A = A$; o segundo é *contrapor*; esse deve ser, *em parte*, condicionado, *em parte*, incondicionado (daí a contradição em si). Essa é um progredir da reflexão exterior o qual igualmente nega de novo aquilo com o que inicia como [se fosse] um absoluto – o contrapor é a negação da primeira identidade –, como tão logo, ao mesmo tempo, torna explicitamente condicionado seu segundo incondicionado. Porém, caso fosse legítimo progredir, isto é, suprassumir o primeiro início, então, precisaria estar, nesse primeiro mesmo, o fato de que outro pudesse se relacionar com ele; logo, ele precisaria ser um *determinado*. Só que o *ser* ou também a substância absoluta não se fazem passar por um tal ser determinado; ao contrário. É o *imediato*, o ainda pura e simplesmente *indeterminado*.

As mais eloquentes, talvez esquecidas descrições sobre a impossibilidade de chegar de um abstrato para algo mais distante e para uma unificação de ambos, dá *Jacobi* no interesse de sua polêmica contra a *síntese* kantiana da autoconsciência *a priori*, em seu tratado *Sobre o empreendimento do criticismo em trazer a razão ao entendimento* (JACOBI. *Werke*, tomo III, [Leipzig, 1816]). Jacobi põe (p. 113) a tarefa de tal modo que o nascer ou engendrar de uma síntese seja mostrada em um *puro*, seja [um puro] da consciência, do espaço ou do tempo. "O espaço seja *uno*, o tempo seja *uno*, a consciência seja *uno* [...] digam-me apenas como, para vocês, um desses três unos se multiplica em si mesmo *de modo puro*, [...] cada um é apenas *uno* e *nenhum* outro; uma unicidade, uma *mesmidade-dele-dela-disso*!, sem o caráter dele, dela ou disso; pois esses ainda dormitam com os ele, ela, isso no infinito = 0 do indeterminado, de onde todo e cada *determinado* deve também apenas surgir! O que traz [...] naquelas três infinitudes [...] *finitude*; o que fecunda *a priori* espaço e tempo com número e medida e os transforma em um *multíplice puro*; o que leva a *espontaneidade pura* (Eu) à oscilação [...]? Como sua vogal pura chega à consoante ou, antes, como seu ininterrupto *sopro sem som*, que interrompe a si mesmo, *cessa*, a fim de, no mínimo, obter uma espécie de som próprio, um *acento*?" – Vê-se que *Jacobi* reconheceu muito determinadamente que a abstração é um *não ente* [*Unwesen*], seja ela o chamado espaço absoluto, isto é, o espaço apenas abstrato ou precisamente um tempo do mesmo tipo ou uma consciência pura do mesmo tipo [apenas abstrata], Eu; ele insiste nisso com o propósito de afirmar a impossibilidade de uma progressão para outro, a condição de uma síntese, e para a própria síntese. A síntese, que constitui o interesse, não precisa ser tomada como uma ligação de determinações já presentes *externamente*, – em parte, trata-se mesmo da geração de um segundo em relação a um primeiro, de um determinado em relação a um inicial indeterminado, em parte, porém, da síntese *imanente*, síntese *a priori* – da unidade que é em e para si dos diferentes. *Devir* é essa síntese imanente do ser e do nada; porém, porque o sentido de um juntar externo de [termos] presentes externamente um frente ao outro está mais próximo da síntese, foi posto, com razão, fora de uso o nome síntese, unidade sintética. – Jacobi pergunta *como* a vogal pura do Eu se transforma em consoante, *o que* leva determinidade à indeterminidade? O *o quê?* seria facilmente respondido, e essa pergunta foi respondida por Kant à sua maneira; porém, a pergunta pelo *como?* significa: de que maneira, segundo qual relação e semelhante, e exige, assim, a indicação de uma categoria particular; porém aqui não se pode tratar da maneira, das categorias do entendimento. A pergunta pelo como? pertence ela mesma às maneiras ruins da reflexão, a qual pergunta pela conceitualidade, porém nisso pressupõe suas categorias fixas e, com isso, sabe, de antemão, estar armada contra a resposta daquilo que ela pergunta. A pergunta pela *necessidade* da síntese também não tem, em Jacobi, o sentido mais elevado de uma pergunta; pois ele permanece, como foi dito, insistindo firmemente nas abstrações a favor da afirmação da impossibilidade da síntese. Ele descreve, de modo particularmente intuitivo, o procedimento para alcançar a abstração do espaço (p. 147): "Eu preciso [...] procurar esquecer completamente, o máximo possível, que eu vi, ouvi, toquei e apalpei qualquer coisa, não excluindo expressamente a mim mesmo. Completa, completa, completamente, eu preciso esquecer todo movimento e deixar que precisamente esse esquecer seja o mais urgente para mim, e porque isso é o mais difícil. Tudo em geral, do mesmo modo que o abstraí, tenho também de deixar ser *eliminado* completa e perfeitamente e não conservar absolutamente nada senão a intuição que, *com violência*, permaneceu, intuição apenas do *espaço inalterável* infinito. Consequentemente, eu também não posso legitimamente *transpor-me para dentro dele ao pensar repetidamente* a mim mesmo como algo diferente dele e, não obstante, ligado a ele; eu não posso legitimamente deixar-me meramente *acercar* e *penetrar* por ele; mas eu preciso *passar* completamente nele, tornar-me um com ele, transformar-me nele; não preciso deixar sobrar de mim mesmo nada senão *essa minha intuição* mesma, a fim de considerá-la como uma representação verdadeiramente autossubsistente, independente, unitária e exclusiva".

Nesta pureza totalmente abstrata da continuidade, isto é, da indeterminidade e vacuidade do representar, é indiferente chamar esta abstração de espaço ou intuir puro, pensar puro; – isto tudo é o mesmo que o indiano chama de *Brahma* – se o indiano, externamente imóvel e igualmente inerte na sensação, na representação, na fantasia, no desejo etc., por anos apenas olha para a ponta de seu nariz e apenas diz *Om, Om, Om* dentro de si mesmo ou não fala nada. Essa consciência surda e vazia, apreendida como consciência, é o *ser*.

Nesse vazio, continua, agora, Jacobi, sucede com ele o contrário daquilo que, de acordo com a asseveração kantiana, deveria lhe suceder; ele não se encontra como um *múltiplo* e um *multíplice*, mas antes como uno sem toda pluralidade e multiplicidade; sim, "eu sou a *impossibilidade* mesma, sou a *aniquilação* de todo multíplice e de todo múltiplo, [...] também *não posso*, a partir de minha essência pura, absolutamente simples e inalterável, *restabelecer* ou transformar em um fantasma dentro de mim o mínimo daquilo [...] Assim se revela (nessa pureza) [...] como sendo um *puramente impossível* todo o ser fora um do outro e o ser ao lado um do outro, toda a multiplicidade e pluralidade que repousam nesse ser fora um do outro e ser ao lado um do outro".

Essa impossibilidade não significa outra coisa senão a tautologia: eu me fixo na unidade abstrata e excluo toda pluralidade e multiplicidade e me detenho no indiferenciado e indeterminado e desvio meu olhar de todo diferenciado e determinado. A síntese *a priori* kantiana da autoconsciência, isto é, a atividade dessa unidade, de se dirimir e se manter nessa dirimição, Jacobi dilui na mesma abstração. Aquela "síntese *em si*", o *"julgar originário"* [p. 125], Jacobi faz dele unilateralmente a *"cópula em si, –* um *É, É, É,* sem começo e sem fim e sem o que, quem e qual. Esse progressivo repetir da repetição ao infinito é a única atividade, função e produção da síntese mais pura; ela própria é o mero repetir puro absoluto mesmo". Ou, de fato, já que nisto não há nenhuma interrupção, isto é, nenhuma negação, nenhum diferenciar, então ela não é um repetir, mas apenas o ser indiferenciado e simples. – Porém, seria isso ainda uma síntese, se Jacobi abandona justamente aquilo através do qual a unidade é unidade sintética?

Inicialmente, se Jacobi se fixa, deste modo, no espaço, no tempo e também na consciência como absolutos, isto é, abstratos, precisa ser dito que, desta maneira, ele se transpõe para algo *empiricamente* falso e para aí; *não há*, isto é, não está presente empiricamente nenhum espaço e tempo que seriam um espacial e temporal ilimitados, que não seriam preenchidos, em sua continuidade, pelo ser aí multiplamente limitado e pela alteração, de modo que esses limites e alterações pertencessem inseparados e inseparáveis à espacialidade e à temporalidade; igualmente, a consciência está preenchida com determinados sentir, representar, desejar etc.; ela não existe separada de qualquer conteúdo particular. – O *passar* empírico se entende, em todo caso, por si mesmo; a consciência pode certamente fazer do espaço vazio, do tempo vazio e da própria consciência vazia ou do ser puro, seu objeto e conteúdo; porém, ela não permanece aí, antes, não apenas simplesmente sai, mas se impele para fora de tal vacuidade na direção de um conteúdo melhor, isto é, um conteúdo de algum modo mais concreto e, por mais que um conteúdo seja, de resto, ruim, tanto ele é, neste sentido, melhor e mais verdadeiro; justamente um tal conteúdo é um conteúdo sintético em geral. Assim, *Parmênides* tem que lidar com a aparência e a opinião, com o oposto do ser e da verdade; assim como *Spinoza* com os atributos, os modos, a extensão, o movimento, o entendimento, a vontade etc. A síntese contém e mostra a inverdade daquelas abstrações; elas são nela em unidade com seu outro, logo, não como subsistentes por si, não como absolutas, mas pura e simplesmente como relativas.

O mostrar da nulidade empírica do espaço vazio etc., não é, porém, aquilo do que se trata. A consciência pode, sem dúvida, através da abstração, se preencher com aquele indeterminado e as abstrações fixadas são os *pensamentos* do espaço puro, do tempo puro, da consciência pura e do ser puro. O pensamento do espaço puro etc., isto é, o espaço puro etc., deve ser mostrado como nulo *nele mesmo*, isto é, que ele, enquanto tal, já é seu oposto, que nele mesmo já penetrou seu oposto nele, que ele já é para si o ser que saiu de si mesmo, [ou seja,] determinidade.

Mas isso surge imediatamente neles. Eles são, o que Jacobi descreve de modo muito rico, resultados da abstração; são, explicitamente, determinados como *indeterminados*, o que – para voltar à sua forma mais simples – é o ser. Porém, justamente essa *indeterminidade* é aquilo que constitui a determinidade do mesmo; pois a indeterminidade é contraposta à determinidade; ela é, com isso, enquanto o próprio contraposto, o determinado ou negativo e, com efeito, o negativo puro, inteiramente abstrato. Essa indeterminidade ou negação abstrata que o ser, assim, tem nele mesmo é o que enuncia a reflexão tanto exterior quanto interior, na medida em que ela o equipara ao nada e o declara como uma coisa do pensamento vazia, como nada. – Ou, pode-se expressar, porque o ser é o sem determinação, ele não é a determinidade (afirmativa) que ele é, [ou seja,] ele não é ser, mas é nada.

Na reflexão pura do início, tal como ele é feito nessa lógica com o *ser* enquanto tal, a passagem está ainda oculta; porque o *ser* está posto apenas como imediato, o *nada* irrompe nele apenas imediatamente. Porém, todas as determinações seguintes, como logo depois o *ser aí*, são mais concretas; nesse, já está *posto* aquilo que contém e engendra a contradição daquelas abstrações e, portanto, o passar delas. No ser, enquanto aquele simples e imediato, a rememoração de que ele é resultado da perfeita abstração e que, então, já em virtude disso, é negatividade abstrata, o nada, foi deixada para trás da ciência, a qual apresentará, explicitamente, aquela *imediatidade* unilateral como mediada no interior de si mesma a partir da *essência*, onde o ser está *posto* como *existência* e o mediador desse ser, o fundamento, está *posto*.

Com aquela rememoração deixa-se representar a passagem do ser no nada como algo mesmo fácil e trivial ou também, como se denomina, *explicar* e tornar *compreensível* que, certamente, o ser, o qual foi tornado início da ciência, é o nada, pois, poder-se-ia fazer abstração de tudo e, se de tudo foi abstraído, então não resta mais nada. Porém, pode-se prosseguir, com isso, o início não seria um afirmativo, não seria ser, mas precisamente nada e nada seria, então, também o *fim*, pelo menos tanto quanto o ser imediato e mesmo ainda muito mais. O mais breve é deixar agir tal raciocinar e observar como, pois, os resultados são constituídos, nos quais ele insiste. Que o nada, de acordo com isto, fosse o resultado daquele raciocinar e, agora, o início devesse ser feito com o nada (como na filosofia chinesa), por causa disso não se deveria levantar um dedo, pois, antes, se o levantasse, esse nada já teria igualmente se convertido em ser (cf. acima B. Nada). Porém, além disso, caso aquela abstração de *tudo*, o qual, pois, com efeito, é um [tudo] *que é*, fosse pressuposta, então ela precisa ser tomada, deste modo, com mais exatidão; o resultado da abstração de todos os entes é, inicialmente, ser abstrato, *ser* em geral; tal como na prova cosmológica da existência [*Dasein*] de Deus a partir do ser contingente do mundo, acima do qual se eleva na prova, mais ainda o *ser* é conduzido para cima, o ser é determinado como *ser infinito*. Mas se *pode*, sem dúvida, também abstrair desse ser puro e juntá-lo a tudo aquilo de que já se abstraiu, então, resta nada. Caso se queira esquecer o *pensar* do nada, isto é, a seu converter em ser ou caso nada se soubesse sobre isso, *pode-se*, agora, prosseguir no estilo daquele *poder* [*Können*]; é que se pode (louvado seja Deus!) também abstrair do nada (assim como, pois, a criação do mundo é também uma abstração do nada) e, então, não é o nada que permanece, pois se abstrai justamente desse, mas se chegou novamente ao ser. – Esse *poder* fornece um jogo externo do abstrair em que o próprio abstrair é apenas o atuar unilateral do negativo. Primeiramente, está nesse poder mesmo que o ser lhe é tão indiferente quanto o nada e que, por mais que cada um dos dois desapareça, cada um também nasce; porém, da mesma forma, é indiferente se se parte do atuar do nada ou do nada; o atuar do nada, isto é, o simples abstrair, não é nem mais nem menos algo verdadeiro do que o mero nada.

A dialética segundo a qual *Platão* trata o Uno em *Parmênides* precisa ser igualmente considerada mais como uma dialética da reflexão exterior. O ser e o Uno são ambos formas eleáticas que são o mesmo. Porém, eles também precisam ser diferenciados; assim Platão os toma naquele diálogo. Após ele afastar do Uno as várias determinações do todo e das partes, de ser em si mesmo e de ser em um outro etc., da figura, do tempo etc., o resultado é que o ser não competiria ao Uno, pois, de outro modo, o ser não competiria a um algo a não ser de acordo com uma daquelas maneiras (Steph. 141e). Em seguida, Platão trata da proposição: "*o Uno é*"; e é preciso examinar nela como, a partir dessa proposição, realiza-se a passagem para o *não ser* do Uno; isso ocorre pela comparação de ambas as determinações da proposição pressuposta: "o *Uno é*"; ela contém o Uno e o ser; e "o Uno *é*" contém mais do que quando apenas se diz: "o Uno". Nisso, de que ambos são *diversos*, mostra-se o momento da negação que a proposição contém. Fica claro que esse caminho tem uma pressuposição e é uma reflexão exterior.

Assim como aqui o Uno está posto em ligação com o ser, o ser, que deve ser assegurado abstratamente *por si*, é mostrado, sem se adentrar no pensar, do modo mais simples, em uma ligação que contém o contrário daquilo que deve ser afirmado. Pelo fato de ser tomado de um modo imediato, o ser pertence a um *sujeito*, é um enunciado, tem um *ser aí* empírico em geral e está, com isso, no terreno da barreira e do negativo. Seja lá com que expressões e reviravoltas o entendimento se apreenda, quando ele teima contra a unidade do ser e do nada e se reporta àquilo que está presente de modo imediato, ele encontrará, precisamente nessa experiência mesma, nada mais do que ser *determinado*, ser com uma barreira ou negação – aquela unidade que ele recusa. A afirmação do ser imediato se reduz, assim, a uma existência empírica, cujo *mostrar* ela não pode recusar, porque é a imediatidade fora do pensar à qual ela quer se ater.

É o mesmo caso do *nada*, apenas que de maneira contrária, e essa reflexão sobre ele é bem conhecida e feita bastante frequentemente. O nada se mostra, tomado em sua imediatidade, como [nada] *que é*; pois, de acordo com sua natureza, é o mesmo do que o ser. O nada é pensado, representado, fala-se sobre ele; logo, ele *é*; o nada tem seu ser no pensar, no representar, no falar etc. Mas, além disso, esse ser é também diferente dele; eis por que se diz que o nada está, sem dúvida, no pensar, no representar, mas que, em virtude disso, ele não é, que o ser não lhe compete enquanto tal, que esse ser é apenas pensar ou representar. Nessa diferenciação é preciso, igualmente, que não se negue que o nada está em *relação* com um ser; porém, na relação, mesmo que essa contenha também a diferença, está presente uma unidade com o ser. Seja qual for o modo como o nada seja enunciado ou mostrado, ele se mostra em ligação ou, caso se queira, em contato com um ser, não separado de um ser, precisamente em um *ser aí*.

Porém, na medida em que o nada é mostrado assim em um ser aí, essa diferença do nada com respeito ao ser ainda costuma estar presente, que o ser aí do nada não é absolutamente nada concernente a ele mesmo, que ele não teria nele o ser por si mesmo, não é o ser *enquanto* tal; o nada seria apenas ausência do ser, a escuridão, assim, apenas *ausência* da luz, o frio apenas ausência do calor etc. A escuridão apenas teria significado em sua relação com o olho, em comparação exterior com o positivo, com a luz, igualmente, o frio seria apenas algo em nossa sensação; luz, calor, assim como ser, seriam, pelo contrário, por si o objetivo, o real, o eficaz de qualidade e dignidade pura e simplesmente outras do que aquele negativo, do que o nada. Pode-se frequentemente encontrar exposto como uma reflexão muito importante e um conhecimento significativo que a escuridão seria *apenas ausência* de luz, o frio *apenas ausência* de calor. Sobre essa reflexão perspicaz pode ser, neste campo dos objetos empíricos, empiricamente observado que a escuridão se mostra eficaz, sem dúvida, na luz, na medida em que ela a determina para a cor e, através disso, concede visibilidade primeira a ela mesma, na medida em que, como se disse anteriormente, vê-se tão pouco na luz pura quanto na escuridão pura. A visibilidade é, porém, eficácia no olho, da qual participa tanto aquele negativo quanto a luz que vale como o real, o positivo; da mesma maneira, o frio se dá a conhecer satisfatoriamente na água, na nossa sensação etc., e se nós lhe negamos a chamada realidade objetiva, então não se ganhou, com isso, absolutamente nada contra ele. Mas, além disso, seria de se censurar que aqui, da mesma forma, como acima, fala-se de um negativo de conteúdo determinado, não se permanece no próprio nada, ao qual o ser, no que diz respeito à abstração vazia, nem levou uma vantagem, nem sofreu uma desvantagem. – Apenas frio, escuridão e semelhantes negações determinadas precisam ser tomadas imediatamente por si e é preciso ver o que, com isso, está posto em relação à determinação geral, segundo a qual elas emergem aqui. Elas não devem ser o nada em geral, mas o nada da luz, do calor etc., de algo determinado, de um conteúdo; assim, elas são nadas determinados, nadas com conteúdo, caso se possa falar assim. Porém, como ainda ocorre mais adiante, uma determinidade é, ela mesma, uma negação; assim, elas são nadas negativos; porém, um nada negativo é algo afirmativo. O interverter do nada através de sua determinidade (a qual apareceu há pouco como um *ser aí* no sujeito, ou em qualquer outra coisa) em um afirmativo aparece à consciência que se mantém fixa na abstração do entendimento como o mais paradoxal; tão simples é a intelecção ou também, por causa de sua simplicidade mesma, a intelecção de que a negação da negação é um positivo, aparece como algo trivial, que o entendimento orgulhoso, por isso, não precisaria levar em consideração, embora a Coisa tenha sua exatidão, – e ela não tem apenas essa exatidão, mas, em virtude da universalidade de tais determinações, sua extensão infinita e aplicação universal, de modo que certamente se deveria dar-lhe atenção.

Pode-se ainda observar, em relação à determinação da passagem de ser e de nada um no outro, que a mesma precisa ser compreendida igualmente sem mais qualquer determinação de reflexão. Ela é imediata e inteiramente abstrata em virtude da abstração dos momentos que passam, isto é, na medida em que ainda não está posta nesses momentos a determinidade do outro, por meio do qual eles passaram; o nada não está *posto* ainda no ser, embora ser seja *essencialmente* nada e vice-versa. É por isso inadmissível aplicar aqui mediações ulteriormente determinadas e apreender ser e nada em qualquer relação, – aquele passar não é ainda nenhuma relação. Logo, é inapropriado dizer: "O nada é o *fundamento* do ser", ou "O ser é o *fundamento* do nada", "o nada [é] *causa* do ser" etc.; ou "pode se passar para o nada apenas *sob a condição* de que algo *é*, ou, para o ser, apenas *sob a condição* do não ser". A maneira da relação não pode ser ulteriormente determinada sem que, ao mesmo tempo, os *lados* relacionados sejam ulteriormente determinados. A conexão entre fundamento e consequência etc. não tem mais o mero ser e o nada como os lados que ela liga, mas expressamente, o ser que é fundamento e algo que, com efeito, é apenas um posto, não é autossubsistente, mas que não é o nada abstrato.

Observação 4 [Incompreensibilidade do início]

Surge do que foi dito até agora, qual conexão isso tem com a dialética contra o *início do mundo*, bem como contra o fim dele, através da qual a *eternidade* da matéria deveria ser demonstrada, isto é, com a dialética contra o *devir*, nascer ou perecer em geral. – A antinomia kantiana sobre a finitude ou infinitude do mundo no espaço e no tempo será tratada mais precisamente adiante no conceito da infinitude quantitativa. – Aquela dialética comum e simples repousa no fixar da oposição entre ser e nada. Prova-se da seguinte maneira que não seria possível nenhum início do mundo ou de algo:

Nada pode iniciar nem enquanto algo é, nem enquanto não é; pois, enquanto é, não apenas inicia, mas, enquanto não é, também não inicia. – Se o mundo ou algo devesse ter iniciado, então teria iniciado no nada, porém, no nada ou o nada não é início; pois início encerra em si um ser, mas o nada não contém ser algum. Nada é somente nada. Em um fundamento, [uma] causa etc., caso o nada seja assim determinado, está contida uma afirmação, [ou seja,] ser. – Pelo mesmo motivo, algo também não pode cessar. Pois, assim, o ser precisaria conter o nada; porém, ser é apenas ser, não o oposto de si mesmo.

Fica claro que, nisso, nada é exposto contra o devir, ou seja, iniciar e cessar, essa *unidade* do ser e do nada, senão negá-la assertoricamente e atribuir verdade ao ser e ao nada, cada um separado do outro. – Esta dialética é, todavia, pelo menos mais consequente do que a representação reflexionante. Para ela, vale como verdade perfeita que ser e nada estejam apenas separados; mas, por outro lado, ela deixa valer um iniciar e cessar como determinações igualmente verdadeiras; nestas, porém, assume, de fato, a inseparabilidade do ser e do nada.

Na pressuposição da separação [*Geschiedenheit*] absoluta entre ser e nada, o início ou o devir são indubitavelmente – o que frequentemente se ouve dizer – algo *incompreensível*; pois se faz uma pressuposição que suprassume o início ou o devir, o qual se admite, no entanto, *novamente*; e esta contradição que se põe e cuja dissolução [se] faz impossível, significa o *incompreensível*.

O indicado acima é também a mesma dialética, que o entendimento usa contra o conceito, que a análise superior das *grandezas infinitamente pequenas* oferece. Este conceito será tratado mais adiante de modo mais detalhado. – Estas grandezas foram determinadas como tais que *são em seu desaparecer*, não *antes* de seu desaparecer, pois, então, elas seriam grandezas finitas; – não *após* seu desaparecer, pois então elas seriam nada. Contra este conceito puro foi objetado e sempre repetido que tais grandezas seriam *ou* algo *ou* nada, que não haveria nenhum *estado intermediário* (estado é aqui uma expressão imprópria e bárbara) entre ser e não ser. – Aqui é assumida, igualmente, a separação absoluta entre o ser e o nada. Em oposição a isto foi mostrado, porém, que ser e nada são, de fato, o mesmo, ou, para falar naquela linguagem, que não *há* absolutamente nada que não seja um *estado intermediário entre ser e nada*. A matemática deve agradecer seus êxitos brilhantes à assunção daquela determinação que o entendimento contradiz.

O raciocínio exposto, o qual faz a falsa pressuposição da separação [*Getrenntheit*] absoluta do ser e do não ser e que nela permanece, não é *dialética*, mas o que se pode chamar de *sofistaria*. Pois, sofistaria é um raciocínio que parte de uma pressuposição sem fundamento, que se deixa valer sem crítica e irrefletidamente; dialética, porém, denominamos o movimento racional superior, no qual tais, que parecem pura e simplesmente separados, passam um para outro através de si mesmos, através daquilo que eles são, o movimento no qual a pressuposição [da separação deles] se suprassume. Pertence à natureza dialética imanente do próprio ser e do próprio nada o fato de que eles mostram sua unidade, o devir, como sua verdade.

b) Momentos do devir

O devir, nascer e perecer, é a inseparabilidade do ser e do nada, não a unidade que abstrai do ser e do nada, mas, como unidade *do ser* e *do nada*, ele é esta unidade *determinada* ou a unidade na qual tanto o ser quanto o nada *é*. Mas, na medida em que ser e nada são inseparados de seu outro, cada um deles *não é*. Eles *são*, então, nessa unidade, mas como desaparecentes, apenas como *suprassumidos*. Eles decaem de sua *autossubsistência* inicialmente representada para *momentos, ainda diferentes*, porém, ao mesmo tempo, suprassumidos.

Apreendidos segundo essa sua diferencialidade, cada um é *na mesma* como unidade com o *outro*. O devir, então, contém ser e nada como *duas unidades tais*, das quais cada uma é, ela mesma, unidade do ser e do nada; uma é o ser como imediato e como relação com o nada; a outra é o nada como imediato e como relação com o ser; as determinações estão num valor desigual nessas unidades.

O devir está, desse modo, numa determinação dupla; em uma, o nada é como imediato, isto é, ela inicia do nada, que se relaciona com o ser, isto é, passa para o mesmo; na outra, o ser é como imediato, isto é, ela inicia do ser, que passa para o nada – *nascer* e *perecer*.

Ambos são o mesmo, devir, e também, enquanto direções assim diferentes, eles se penetram e se paralisam reciprocamente. Uma direção é o *perecer*; ser passa para nada, mas nada é, igualmente, o oposto de si mesmo, passar para o ser, nascer. Esse nascer é a outra direção: nada passa para ser, mas ser, igualmente, suprassume-se a si mesmo e é, antes, o passar para nada, é perecer. – Eles não se suprassumem reciprocamente, um não suprassume exteriormente o outro, mas cada um se suprassume em si mesmo e é nele mesmo o oposto de si.

c) *Suprassumir do devir*

O equilíbrio, no qual se põem nascer e perecer, é inicialmente o próprio devir. Mas esse se recolhe igualmente em *unidade quieta*. Ser e nada são nele [no devir] apenas como desaparecentes; porém, o devir como tal é apenas por meio da diferencialidade dos mesmos. O desaparecer deles, portanto, é o desaparecer do devir ou desaparecer do desaparecer mesmo. O devir é uma inquietude sem sustentação, que desaba em um resultado quieto.

Isso também poderia ser expresso assim: o devir é o desaparecer de ser em nada e de nada em ser e o desaparecer de ser e de nada em geral; mas ele repousa, ao mesmo tempo, sobre a diferença dos mesmos. Então ele se contradiz em si mesmo, porque unifica em si aquilo que é contraposto a si; porém, uma tal unificação se destrói.

Esse resultado é o ser desaparecido, mas não como *nada*; assim, seria apenas uma recaída em uma das determinações já suprassumidas, não seria resultado do nada *e do ser*. Ele é a unidade tornada simplicidade quieta do ser e do nada. A simplicidade quieta, porém, é *ser*, contudo igualmente não mais por si, mas como determinação do todo.

O devir, então, [como] passar na unidade do ser e do nada, a qual é como unidade que é, ou seja, tem a figura da unidade unilateral *imediata* desses momentos é o *ser aí*.

Observação [A expressão: "suprassumir"]

Suprassumir e o *suprassumido* (o *ideal*) é um dos conceitos mais importantes da filosofia, uma determinação fundamental que, pura e simplesmente, retorna por todos os lados e cujo sentido precisa ser apreendido determinadamente e particularmente diferenciado do nada. – O que se suprassume, não se torna, por isso, nada. Nada é o *imediato*; um suprassumido, ao contrário, é um *mediado*, é aquilo que não é, mas como *resultado* que partiu de um ser; ele tem, portanto, *ainda em si, a determinidade da qual provém*.

Suprassumir tem na língua [alemã] o sentido duplo pelo qual significa tanto guardar, *conservar*, quanto, ao mesmo tempo, cessar, *pôr fim*. O guardar mesmo já encerra em si o negativo, que algo é subtraído a sua imediatidade e, com isso, a um ser aí aberto às influências externas, a fim de conservá-lo. – Assim, o suprassumido é, ao mesmo tempo, um guardado, que apenas perdeu sua imediatidade, mas, por isso, não é aniquilado. – As duas determinações do *suprassumir* indicadas podem ser expostas, em termos lexicais, como dois *significados* dessa palavra. Mas, nesse caso, precisaria ser surpreendente o fato de que uma língua tenha chegado a empregar uma e a mesma palavra para duas determinações contrapostas. Para o pensamento especulativo é regozijante encontrar na língua palavras que têm, nelas mesmas, um significado especulativo; a língua alemã tem várias dessas palavras. O sentido duplo do latim *tollere* (que se tornou famoso por meio do chiste ciceroniano: "*tollendum esse Octavium*"[15]) não vai tão longe, a determinação afirmativa vai somente ao elevar. Algo é suprassumido apenas na medida em que entra em unidade com o seu contraposto; nesta determinação mais precisa como um refletido, ele pode ser mais adequadamente denominado *momento*. *Peso* e *distância* de um ponto significam, no caso da alavanca, seus *momentos* mecânicos, em virtude da *mesmidade*

---

15. "*Otávio deve ser removido/elevado*" [N.T.].

do efeito deles, apesar de toda diversidade restante de um real, como é o peso, e de um ideal, da mera determinação espacial, da linha; cf. *Enciclopédia das Ciências Filosóficas* 3. ed. [1830], observação ao § 261. – Mais vezes ainda irá se impor a observação de que a linguagem técnica filosófica emprega expressões latinas para determinações refletidas, ou porque a língua materna não tem expressões para elas ou, quando as tem, como é o caso aqui, porque sua expressão lembra mais o imediato, ao passo que a língua estrangeira lembra mais o refletido.

O sentido e a expressão mais precisos que ser e nada adquirem, na medida em que são, a partir de agora, *momentos*, devem surgir na consideração do ser aí como a unidade na qual são conservados. Ser é ser e nada é nada apenas em sua diferencialidade um do outro; na verdade deles, porém, na unidade deles, desapareceram como essas determinações e são agora algo outro. Ser e nada são o mesmo; *porque são o mesmo, não são mais ser e nada* e têm uma determinação diversa; no devir, eram nascer e perecer; no ser aí, como uma unidade determinada de outro modo, eles são novamente momentos determinados de outro modo. Essa unidade permanece agora base deles, da qual eles não saem mais para o significado abstrato de ser e nada.

SEGUNDO CAPÍTULO
O SER AÍ

Ser aí é ser *determinado*; sua determinidade é determinidade *que é*, qualidade. Por meio de sua qualidade, *algo* é, frente a um outro, é *alterável* e *finito*, não somente frente a um outro, mas determinado pura e simplesmente de modo negativo nele. Essa sua negação inicialmente em contraste com o algo finito é o *infinito*; a oposição abstrata, na qual essas determinações aparecem, dissolve-se na infinitude sem oposição, no *ser para si*.

O tratamento do ser aí tem, assim, três seções:

A. o *ser aí como tal*;

B. *algo e outro*, a *finitude*;

C. a *infinitude qualitativa*.

A. Ser aí como tal

No ser aí

a) *como tal* é preciso diferenciar inicialmente sua determinidade

b) como *qualidade*. Mas esta precisa ser tomada tanto em uma como em outra determinação do ser aí, como *realidade* e como *negação*. Mas, nessas determinidades, o ser aí é igualmente refletido em si; e, posto como tal, é

c) *algo*, o que é aí.

a) Ser aí em geral

Do devir surge o ser aí. O ser aí é o simples ser uno do ser e do nada. Em virtude dessa simplicidade, ele tem a forma de um *imediato*. Sua mediação, o devir, está atrás dele; ela se suprassumiu, e o ser aí aparece, portanto, como um primeiro, do qual se partiu. Ele é, inicialmente, na determinação unilateral do *ser*; a outra que ele contém, o *nada*, destacar-se-á igualmente nele, contra aquela.

Ele não é mero ser, mas *ser aí*; tomado etimologicamente: ser em um certo *lugar*; mas a representação do espaço não pertence ao que está tratado. Ser aí, de acordo com seu devir, é, em geral, *ser* com um *não ser*, de modo que esse *não ser* é assumido na unidade simples com o ser. O não ser assumido no ser, de tal modo que o todo concreto é na forma do ser, da imediatidade, constitui a *determinidade* como tal.

O *todo* é igualmente na forma, isto é, na *determinidade* do ser – pois ser se mostrou, no devir, ser igualmente apenas um momento – um suprassumido, negativamente determinado; mas ele é assim *para nós em nossa reflexão*, ainda não *posto* nele mesmo. Mas a determinidade do ser aí como tal é [a determinidade] posta, que está também na expressão "ser *aí*". – Ambos precisam ser sempre muito bem diferenciados um do outro; só aquilo que está *posto* em um conceito pertence à consideração em desenvolvimento do mesmo, ao seu conteúdo. A determinidade ainda não posta nele mesmo, porém, pertence à nossa reflexão, diga ela respeito à natureza do próprio conceito ou seja ela uma comparação exterior; tornar notável uma determinidade da última espécie pode somente servir para o esclarecimento ou antecipação do percurso que apresentar-se-á no próprio desenvolvimento. Que o todo, a unidade do ser e do nada, seja na *determinidade unilateral* do ser é uma reflexão externa; mas na negação, no algo e no *outro* etc., ela chegará a ser como *posta*. – Aqui se deve estar atento para a diferença indicada; mas justificar tudo o que a reflexão pode se permitir observar conduziria a uma antecipação prolixa daquilo que precisa surgir na própria Coisa. Se tais reflexões podem servir para facilitar a visão de conjunto e, com isso, a compreensão, então elas provocam igualmente a desvantagem de aparecerem como afirmações, razões e bases injustificadas para o ulterior. Não se deve tomá-las, portanto, por nada mais do que elas devem ser e deve-se diferenciá-las do que é um momento na progressão da própria Coisa.

O ser aí corresponde ao *ser* da esfera anterior; contudo, o ser é o indeterminado, por causa disso não surgem determinações no mesmo. Mas o ser aí é um ser determinado, um *concreto*; nele emergem, portanto, desde logo, várias determinações, relações diferentes de seus momentos.

b) Qualidade

Em virtude da imediatidade, na qual o ser e o nada são um no ser aí, eles não vão além um do outro; na mesma medida em que o ser aí é [*seiend ist*], ele é não ser, ele é determinado. O ser não é o *universal*, a determinidade não é o *particular*. A determinidade ainda *não se desvinculou* do *ser*; com efeito, ela também não mais se desvinculará dele, pois aquele verdadeiro que agora está no fundamento, é a unidade do não ser com o ser; sobre ela como o fundamento surgem todas as determinações ulteriores. Mas a relação, na qual aqui a determinidade está com o ser, é a unidade imediata de ambos, de modo que ainda nenhuma diferenciação dos mesmos está posta.

A determinidade assim isolada por si, como determinidade *que é*, é a *qualidade*, – um inteiramente simples, imediato. A *determinidade* em geral é o mais universal, que pode igualmente ser tanto o quantitativo quanto o determinado ulteriormente. Em virtude dessa simplicidade, não é preciso ser dito nada mais da qualidade como tal.

Mas o ser aí, no qual tanto o nada quanto o ser estão contidos, é ele mesmo a medida para a unilateralidade da qualidade como determinidade apenas *imediata* ou determinidade *que é*. Ela precisa ser posta igualmente na determinação do nada, com o qual, então, a determinidade *que é* ou determinidade imediata é posta como uma [determinidade] diferenciada, refletida; assim, o nada, como o determinado de uma determinidade, é igualmente um refletido, uma negação [*Verneinung*]. A qualidade, de modo que ela diferenciada valha como qualidade *que é*, é a *realidade*; ela afetada por uma negação [*Verneinung*], negação [*Negation*] em geral, [é] igualmente uma qualidade, mas que vale como uma falta, determina-se ulteriormente como limite, barreira.

Ambos são um ser aí; mas na *realidade* como qualidade com o acento de ser uma qualidade *que é*, está escondido que ela contém a determinidade, logo, também a negação; a realidade vale, portanto, apenas como algo positivo, do qual negação [*Verneinung*], limitação e falta seriam excluídos. A negação tomada como mera falta seria o que nada é; mas ela é um ser aí, uma qualidade, apenas determinada com um não ser.

Observação [Realidade e negação]

Realidade pode parecer ser uma palavra polissêmica, porque ela é usada com determinações diversas, até mesmo contrapostas. No sentido filosófico, fala-se, por exemplo, de *realidade meramente empírica* como um ser aí sem valor. Se, porém, é dito [que] os pensamentos, conceitos, teorias, não *têm nenhuma realidade*, isso significa que não lhes compete nenhuma *efetividade*; em *si* ou no conceito, a ideia de uma república platônica, por exemplo, poderia bem ser verdadeira. À ideia não é negada aqui seu valor e ela é também deixada *ao lado* da realidade. Mas contra as assim chamadas *meras* ideias, contra *meros* conceitos, o real vale como o único verdadeiro. – O sentido, no qual, uma vez, é atribuído ao ser aí externo a decisão sobre a verdade de um conteúdo, é tanto unilateral quanto se a ideia, a essência ou também a sensação interior são representadas como indiferentes frente ao ser aí externo e até mesmo são consideradas tanto mais dignas quanto mais elas estejam afastadas da realidade.

Na expressão "realidade", deve ser mencionado o outro *conceito metafísico de Deus* que foi principalmente colocado como fundamento para a assim chamada prova ontológica da existência [*Dasein*] de Deus. Deus foi determinado como *o sumo conjunto de todas as realidades* e desse sumo conjunto foi dito que não conteria contradição alguma em si, que nenhuma das realidades suprassumiria a outra; pois uma realidade deveria ser tomada somente como uma perfeição, como um *afirmativo* que não conteria nenhuma negação. Com isso, as realidades não estariam contrapostas e não se contradiriam.

Nesse conceito da realidade, assume-se, então, que ela ainda permaneceria, quando toda a negação fosse abstraída; com isso, porém, é suprassumida toda a determinidade da mesma. A realidade é qualidade, ser aí; com isso, ela contém o momento do negativo e é somente por causa disso que o determinado ela é. No assim chamado *sentido eminente* ou como *infinito* – no significado habitual da palavra –, como ela deve ser tomada, ela é ampliada até o sem determinação e perde seu significado. A bondade de Deus não deve ser bondade em sentido habitual, mas no sentido eminente, não deve ser diversa da justiça, mas por ela *temperada* (uma expressão da mediação *de Leibniz*), assim como, inversamente, a justiça [deve ser temperada] pela bondade; então a bondade não é mais bondade, nem justiça mais justiça.

A potência deveria ser temperada pela sabedoria, mas assim ela não é potência como tal, pois a sabedoria seria submetida àquela, – a sabedoria deveria ser ampliada à potência, mas assim ela desaparece como sabedoria que determina o fim e a medida. O conceito verdadeiro do infinito e sua unidade *absoluta*, o qual surgirá mais tarde, não precisa ser apreendido como um *temperar, limitar mutuamente ou misturar* que é uma relação superficial, mantida em neblina indeterminada, com a qual somente um representar sem conceito pode contentar-se. – A realidade, como ela é tomada naquela definição de Deus como qualidade determinada, conduzida para fora além da sua determinidade, cessa de ser realidade; ela se torna o ser abstrato; Deus como o *puramente* real em todo o real, ou seja, como o sumo conjunto de todas as realidades é o mesmo sem determinação e sem conteúdo [*Gehaltlose*], o que é o absoluto vazio em que tudo é um.

Se, ao contrário, a realidade é tomada na sua determinidade, então, já que ela contém essencialmente o momento do negativo, o sumo conjunto de todas as realidades se torna igualmente o sumo conjunto de todas as negações, o sumo conjunto de todas as contradições, inicialmente, por exemplo, torna-se *potência* absoluta, na qual todo determinado está absorvido; mas, já que ela mesma é, apenas na medida em que ela tem ainda um não suprassumido por ela contraposto a si, assim ela se torna, na medida em que ela é pensada [como] ampliada à potência implementada sem barreiras, o nada abstrato. Aquele real em todo o real, o *ser* em todo o *ser aí*, o qual deve expressar o conceito de Deus, não é nada senão o ser abstrato, o mesmo que o nada é.

A determinidade é a negação posta como afirmativamente, é a proposição de Spinoza: *omnis determinatio est negatio*[16]. Essa pro-

---

16. "Toda determinação é negação" [N.T.].

posição é de importância infinita; apenas a negação como tal é a abstração sem forma; à filosofia especulativa, porém, não precisa ser atribuída a culpa de que, nela, a negação ou o nada seria um último; isto lhe é tão pouco o verdadeiro quanto a realidade.

A *unidade da substância spinozista* – ou seja, que somente uma única substância é – é a consequência necessária dessa proposição, que a determinidade é negação. *Pensar* e *ser*, ou seja, extensão, a saber, as duas determinações que Spinoza tem diante de si, ele precisou pô-las como um nessa unidade; pois, como realidades determinadas, elas são negações, cuja infinitude é unidade delas; segundo a definição de Spinoza, que [será tratada] mais adiante, a infinitude de algo é sua afirmação. Ele as compreendeu, portanto, como atributos, isto é, como tais que não têm um subsistir particular, um ser em e para si, mas são apenas como suprassumidos, como momentos; ou, antes, eles nem lhe são momentos, pois a substância é o totalmente sem determinação nela mesma, e os atributos, como também os modos, são diferenciações que um entendimento exterior faz. – Igualmente, a substancialidade dos indivíduos não pode subsistir frente àquela proposição. O indivíduo é relação consigo pelo fato de que ele põe limites para todos os outros; mas esses limites são com isso também limites de si mesmo, relações com outro, ele não tem seu ser aí nele mesmo. O indivíduo é bem *mais* do que apenas o delimitado para todos os lados, mas esse *mais* pertence a uma outra esfera do conceito; na metafísica do ser ele é um pura e simplesmente determinado; e, contra isso, que o finito como tal seja em e para si, faz-se valer essencialmente a determinidade como negação a qual o arrasta no mesmo movimento negativo do entendimento que deixa desaparecer tudo na unidade abstrata, na substância.

A negação está imediatamente contraposta à realidade: além disso, na esfera própria das determinações refletidas, ela é contraposta ao *positivo*, que é a realidade que reflete na negação, – a realidade, na qual *aparece* [*scheint*] o negativo, o qual ainda está escondido na realidade como tal.

A qualidade é apenas nesse sentido principalmente *propriedade*, enquanto ela se mostra como *determinação imanente* em uma *relação externa*. Por exemplo, sob propriedades de ervas, entendem-se determinações que não apenas são *próprias* a um algo em geral, mas [a um algo] na medida em que ele se *conserva* na relação com outros de maneira peculiar pelo fato de que não deixa agir em si as influências estranhas postas nele, mas faz *valer* suas determinações próprias no outro – embora ele não o afaste de si. As determinidades mais quietas, por exemplo, contorno, figura [*Figur, Gestalt*], não se denominam, ao contrário, propriedades, nem qualidades, na medida em que são representadas como mutáveis, não idênticas ao ser.

A *Qualierung* ou a *Inqualierung*[17], uma expressão de Jakob Böhme, de uma filosofia que vai em profundidade, mas numa profundidade turva, significa o movimento de uma qualidade (azeda, amarga, ardente etc.) nela mesma, na medida em que ela, em sua natureza negativa (no seu *tormento*), põe-se e assegura-se a partir de outro, sendo, em geral, a inquietude dela nela mesma, segundo a qual ela se engendra e se conserva somente na luta.

c) Algo

No ser aí, sua determinidade foi diferenciada como qualidade; nessa, como [determinidade] que é aí, é a diferença – da realidade e da negação. Assim como agora essas diferenças estão presentes no ser aí, do mesmo modo elas também são nulas e estão suprassumidas. A realidade contém, ela mesma, a negação, é ser aí, não ser indeterminado, abstrato. Igualmente a negação é ser aí, não o nada que deve ser abstrato, mas aqui posto, como ele é em si, como tal que é, pertencente ao ser aí. Assim, a qualidade não está de modo algum separada do ser aí, que é apenas ser determinado, qualitativo.

Esse suprassumir da diferenciação é mais do que um mero retirar e um exterior deixar novamente de lado da mesma ou como um simples retornar ao início simples, ao ser aí como tal. A diferença não pode ser deixada de lado; pois ela *é*. O fático, portanto, o que está presente, é o ser aí em geral, diferença nele e o suprassumir dessa diferença; o ser aí não como sem diferença, como no início, mas como

---

17. Seguimos as sugestões das traduções francesa, inglesa e italiana de não traduzir esses termos com relação à qualidade que Hegel deriva da filosofia mística de Jakob Böhme. De acordo com a nota de Labarrière, Böhme criou *Qualierung* e *Inqualierung* para ligar ao termo *Qualität* [qualidade] as palavras *Quelle* [fonte] e *Qual* [tormento]. Cf. HEGEL. *Science de la Logique*: L'être (1812). [Tradução P.J. Labarrière e G. Jarczyk]. Paris: Aubier, 1972, p. 104, nota 115 [N.T.].

novamente igual a si mesmo, *por meio do suprassumir da diferença*, a simplicidade do ser aí *mediada* por esse suprassumir. Esse ser suprassumido da diferença é a própria determinidade do ser aí; assim ele é *ser dentro de si*; o ser aí é aquilo que é *aí, algo*.

O algo é a *primeira negação da negação*, como simples relação consigo que é. Ser aí, vida, pensar etc. se determinam essencialmente para *aquilo que é aí, o que vive, o pensante* (o Eu) etc. Essa determinação é de importância suprema, para não permanecer no ser aí, na vida, no pensar etc., não permanecer também na divindade (em vez de Deus) como universalidades. *Algo* vale à representação, por certo, como um *real*. Contudo, *algo* é ainda uma determinação muito superficial; como *realidade* e *negação*, o ser aí e sua determinidade não são mais, com efeito, as determinações vazias – ser e nada –, mas são determinações totalmente abstratas. Por causa disso, elas são também as expressões mais correntes e a reflexão filosófica não formada as emprega ao máximo, despeja suas diferenciações nisso e visa ter nisso algo autenticamente bom e firmemente determinado. – O negativo do negativo é, como *algo*, apenas o início do sujeito; – o ser dentro de si, ainda no começo inteiramente indeterminado. Ele se determina ulteriormente, em primeiro lugar, como aquilo que é para si, e assim por diante, até ele receber apenas no conceito a intensidade concreta do sujeito. Todas essas determinações têm como fundamento a unidade negativa consigo. Mas, nisso, a negação como *primeira*, como negação *em geral*, precisa ser diferenciada da segunda, da negação da negação que é a negatividade concreta, *absoluta*, como aquela primeira é, ao contrário, apenas a negatividade *abstrata*.

Algo é algo *que é* como a negação da negação; pois esta é o restabelecer da relação simples consigo; – mas, com isso, algo é igualmente a *mediação de si consigo mesmo*. Já no simples do algo, então, ainda mais determinadamente no ser para si, no sujeito etc., está presente a mediação de si consigo mesmo, também já no devir está presente apenas a mediação inteiramente abstrata; a mediação consigo está *posta* no algo, na medida em que ele está determinado como *idêntico* simples. – Contra o princípio da mera imediatidade afirmada do saber, da qual a mediação deve ser excluída, pode-se chamar atenção para a presença da mediação em geral; mas, de agora em diante, não se precisa chamar atenção particularmente para o momento da mediação; pois ele se encontra por toda a parte e em todo lado em cada conceito.

Essa mediação consigo, que algo é *em si*, não tem, apenas tomada como negação da negação, quaisquer determinações concretas por seus lados; assim, ela coincide na unidade simples que o *ser* é. Algo *é* e *é*, então, também aquilo que é aí; além disso, ele é *em si* também *devir* que, contudo, não tem mais apenas ser e nada como seus momentos. O um dos mesmos, o ser, é agora ser aí e, ulteriormente, aquilo que é aí. O segundo é igualmente *aquilo que é aí*, mas determinado como negativo do algo, – um *outro*. O algo como devir é um passar, cujos momentos são, eles mesmos, algo e é, por causa disso, *alteração*; – um devir já tornado *concreto*. – Mas o algo se altera, inicialmente, apenas em seu conceito; assim, ele ainda não está *posto* como mediador e mediado; inicialmente [é] apenas como o que se conserva simples na sua relação consigo e o negativo de si como um igualmente qualitativo, apenas como um *outro* em geral.

B. A finitude

a) Algo *e* outro; eles são inicialmente indiferentes um frente ao outro; um outro é também um tal que é imediatamente aí, um algo; a negação cai, assim, fora de ambos. Algo é *em si* em contraste com seu *ser para outro*. Mas a determinidade pertence também a seu *em si* e é

b) sua *determinação*, que passa igualmente na *constituição*, a qual, idêntica àquela, constitui o ser para outro imanente e, ao mesmo tempo, negado, o *limite* do algo, limite que

c) *é* a determinação imanente do próprio algo e esse, com isso, é o *finito*.

Na primeira seção, em que foi considerado o *ser aí* em geral, esse tinha, como assumido inicialmente, a determinação do *ente*. Os momentos do seu desenvolvimento, qualidade e algo, são, por isso, igualmente de determinação afirmativa. Nessa seção, pelo contrário, desenvolve-se a determinação negativa que está no ser aí, determinação que lá era apenas negação em geral, negação *primeira*, mas agora está determinada até o ponto do *ser dentro de si* do algo, até a negação da negação.

a) Algo e um outro

1) Algo e outro são ambos, em primeiro lugar, aquilo que é *aí* ou *algo*.

Em segundo lugar, cada um é igualmente um *outro*. É indiferente, qual é primeira e meramente por isso denominado *algo* (em latim, se eles ocorrem em uma proposição, ambos se chamam *aliud*, ou "um ao outro" *alius alium*; numa reciprocidade, a expressão *alter alterum* é análoga). Quando denominamos um ser aí *A*, mas o outro *B*, então inicialmente *B* está determinado como o outro. Mas *A* é igualmente o outro do *B*. Ambos são, da mesma maneira, *outros*. O *este* serve para fixar a diferença e o algo que precisa ser tomado como afirmativo. Mas *este* enuncia precisamente isto, que este diferenciar e salientar de um algo é um designar subjetivo que cai fora do próprio algo. A determinidade inteira cai nesse mostrar externo; até mesmo a expressão *este* não contém diferença alguma; todos e cada algo são tão perfeitamente *estes* quanto são também outros. *Visa-se* expressar algo perfeitamente determinado por *"este"*; não se percebe que a linguagem, como obra do entendimento, enuncia somente o universal, exceto no *nome* de um objeto singular; o nome individual, porém, é um disparate no sentido de que ele não expressa um universal e aparece como um meramente posto, arbitrário pela mesma razão pela qual nomes singulares também podem ser arbitrariamente assumidos, dados ou igualmente alterados.

Com isso, o ser outro aparece como uma determinação estranha ao ser aí assim determinado ou como o outro *fora* de um ser aí; em parte, pelo fato de que um ser aí é determinado apenas como outro pelo *comparar* de um terceiro, em parte, pelo fato de que é determinado como outro apenas em virtude do outro que está fora dele, mas não seria assim por meio de si. Ao mesmo tempo, como foi observado, cada ser aí se determina, também para a representação, igualmente como um outro ser aí, de modo que não permanece um ser aí que seria determinado apenas como ser aí, que não seria fora de um ser aí, logo, não seria, ele mesmo, um outro.

Ambos estão determinados tanto como *algo* quanto como *outro*, com isso são *o mesmo*, e não está presente ainda diferença alguma dos mesmos. Essa *mesmidade* das determinações cai, porém, igualmente apenas na reflexão exterior, na *comparação* de ambas; mas como o *outro* inicialmente está posto, assim o mesmo é por si, com efeito, na relação com o algo, mas também *por si fora do mesmo*.

Portanto, *em terceiro lugar*, o *outro* precisa ser tomado como isolado, em relação a si mesmo; *abstratamente* como o outro; τὸ ἕτερον de Platão que o contrapõe como um dos momentos da totalidade *ao uno* e atribui, dessa maneira, *ao outro* uma *natureza* própria. Assim o *outro*, apreendido unicamente como tal, não é o outro de algo, mas o outro nele mesmo, isto é, o outro de si mesmo. – Tal outro conforme sua determinação é a *natureza física*; ela é o *outro do espírito*; essa sua determinação é, então, inicialmente, uma mera relatividade, através da qual não se expressa uma qualidade da própria natureza, mas somente uma relação que lhe é externa. Mas na medida em que o espírito é o algo verdadeiro e a natureza, portanto, nela mesma, é apenas o que ela é contra o espírito, assim, na medida em que ela é tomada por si, sua qualidade é justamente a de ser o outro nela mesma, o *que é fora de si* (nas determinações do espaço, do tempo, da matéria).

O outro por si é o outro nele mesmo, com isso, o outro de si mesmo, então, o outro do outro, – logo, o pura e simplesmente desigual em si, aquilo que se nega, aquilo que se *altera*. Mas ele igualmente permanece idêntico a si, pois aquilo no qual ele se alterou é o *outro* que não tem, de resto, determinação ulterior alguma, mas aquilo que se altera não está determinado de nenhuma maneira diversa, mas da mesma, para ser um outro; portanto, no mesmo, ele *se junta apenas consigo mesmo*. Assim, ele está posto como refletido em si com o suprassumir do ser outro, como algo *idêntico* a si, do qual, com isso, o ser outro que é, ao mesmo tempo, momento do mesmo é um diferente, que não lhe compete como algo próprio.

2) Algo se *conserva* no seu não ser aí; é essencialmente *um* com ele e essencialmente *não um* com ele. Logo, ele está *em relação* com o seu ser outro; esse não é puramente seu ser outro. O ser outro está, ao mesmo tempo, contido nele e, ao mesmo tempo, ainda *separado* dele; ele é *ser para outro*.

Ser aí como tal é imediato, sem relação; ou seja, ele é na determinação do ser. Mas ser aí, como tal que encerra em si o não ser, é ser *determinado*, negado em si e, então, inicialmente, outro, – mas, porque ele também, ao mesmo tempo, conserva-se na sua negação, [é] apenas *ser para outro*.

Ele se conserva no seu não ser aí e é ser, mas não ser em geral, e sim como relação consigo *contra* sua relação com outro, como igualdade consigo contra sua desigualdade. Um tal ser é *ser em si*. Ser para outro e ser em si constituem os *dois momentos* do algo. São *dois pares* de determinações que ocorrem aqui: 1) *algo* e *outro*; 2) *ser para outro* e *ser em si*. Os primeiros contêm a ausência de relação da determinidade deles; algo e outro caem um fora do outro. Mas a verdade deles é sua relação; o ser para outro e o ser em si são, portanto, aquelas determinações postas como *momentos* de um e o mesmo, como determinações que são relações e permanecem na sua unidade, na unidade do ser aí. Com isso, cada um, ele mesmo, contém nele, ao mesmo tempo, também seu momento diverso dele.

Ser e nada, na sua unidade que é o ser aí, não são mais como ser e nada, – eles são isso apenas fora da sua unidade; assim, na sua unidade inquieta, no devir, eles são nascer e perecer. – Ser em algo é *ser em si*. Ser, a relação consigo, a igualdade consigo, agora não é mais imediato, mas [é] relação consigo apenas como não ser do ser outro (como ser aí refletido dentro de si). – Igualmente o não ser, como momento do algo nessa unidade do ser e não ser, não é não ser aí em geral, mas outro e, mais determinadamente conforme a *diferenciação* entre o ser e o não ser, [ele é], ao mesmo tempo, *relação* com seu não ser aí, ser para outro.

Com isso, o *ser em si* é, primeiramente, relação negativa com o não ser aí, ele tem o ser outro fora dele e é contraposto ao mesmo; na medida em que algo é *em si*, ele está retirado do ser outro e do ser para outro. Mas, em segundo lugar, tem também o não ser precisamente nele; já que ele mesmo *é o não ser* do ser para outro.

O *ser para outro*, porém, é, primeiramente, negação da relação simples do ser consigo, relação que deve ser, inicialmente, ser aí e algo; na medida em que algo é em um outro ou para um outro, ele prescinde do próprio ser. Mas, em segundo lugar, ele não é o não ser aí como nada puro; ele é não ser aí que aponta para o ser em si como para seu ser refletido dentro de si, assim como inversamente o ser em si aponta para o ser para outro.

3) Ambos os momentos são determinações de um e o mesmo, a saber, do algo. Algo é *em si* na medida em que se afastou do ser para outro e retornou para si. Mas algo tem também uma determinação ou circunstância *em si* (aqui o acento cai sobre *em*) ou *nele*, na medida em que essa circunstância é externa *nele*, um ser para outro.

Isso conduz a uma determinação ulterior. *Ser em si* e ser para outro são, inicialmente, diversos; mas que algo tenha *aquilo mesmo que ele é em* si também *nele* e, inversamente, o fato de que aquilo que ele é como ser para outro seja também em si, – isto é a identidade do ser em si e do ser para outro, conforme a determinação de que o próprio algo é um e o mesmo de ambos os momentos e de que eles são, então, inseparados nele. – Essa identidade já se engendra formalmente na esfera do ser aí, mas mais explicitamente na consideração da essência e, então, da relação da *interioridade* e da *exterioridade* e, do modo mais determinado, na consideração da ideia como unidade do conceito e da efetividade. – Visa-se dizer algo elevado com o *em si*, como com o *interior*; mas o que algo é *apenas em si*, também é *apenas nele*; "em si" é uma determinação apenas abstrata, portanto, ela mesma externa. As expressões "não há nada *nele*" ou "há algo *nisto*" contêm, embora com um pouco de obscuridade, que aquilo que há *em um* também pertence ao seu *ser em si*, ao seu verdadeiro valor interior.

Pode-se observar que aqui surge o sentido da *coisa em si*, que é uma abstração muito simples, mas que foi, durante algum tempo, uma determinação muito importante, como se fosse algo relevante, assim como a proposição de que nós não sabemos o que são as coisas em si foi uma sabedoria de grande valor. – As coisas se chamam em si, na medida em que se abstrai de todo ser para outro, ou seja, em geral, na medida em que elas são pensadas sem qualquer determinação, como nadas [*Nichtse*]. Nesse sentido, sem dúvida não se pode saber *o que* é a coisa em si. Pois a pergunta *o quê?* exige que sejam indicadas *determinações*; mas na medida em que as coisas das quais elas deveriam ser indicadas devem ser, ao mesmo tempo, *coisas em si*, quer dizer, justamente sem determinação, então, na pergunta está colocada, de modo irrefletido, a impossibilidade da resposta, ou se elabora somente uma resposta contrassensual. – A coisa em si é o mesmo que aquele absoluto, do qual não se sabe nada senão que nele tudo é um. Portanto, sabe-se muito bem o que há *nessas* coisas em si; como tais, elas nada mais são do que abstrações sem verdade, vazias. Mas o que a coisa em si é na verdade, o que é verdadeiramente em si, disso a Lógica é a apresentação, só que sob [o] *em si* se entende algo melhor do que a abstração, a saber, o que algo é no seu conceito; mas esse é concreto em si, é compreensível como conceito em geral e cognoscível em si como determinado e como conexão de suas determinações.

O ser em si tem, inicialmente, o ser para outro como seu momento contraposto; mas também se contrapõe ao mesmo o *ser posto*; nessa expressão está, com efeito, também o ser para outro, mas ela contém de modo determinado a flexão para trás, já ocorrida, do que não é em si para o que é seu ser em si, em que é *positivo*. O *ser em si* precisa ser tomado usualmente como uma maneira abstrata para expressar o conceito; a rigor, *pôr* cai apenas na esfera da essência, da reflexão objetiva; o fundamento põe o que é fundamentado por ele; ainda mais a causa *provoca* um efeito, um ser aí, cuja autossubsistência está negada *imediatamente* e o qual tem nele o sentido de ter sua *Coisa*, seu ser em um outro. Na esfera do ser, o ser aí apenas *surge* do devir, ou com o algo está posto um outro, com o finito o infinito, mas o finito não produz o infinito, não *põe* o mesmo. Na esfera do ser, o *determinar-se* do próprio conceito é apenas *em si*, – assim significa um passar; também as determinações reflexionantes do ser, como algo e outro ou o finito e o infinito, embora essencialmente apontem uma para a outra ou sejam como ser para outro, valem como *qualitativas* que subsistem por si; o outro é, o finito igualmente vale como tal *que é imediatamente* e tal que está fixo por si como o infinito; o sentido delas aparece como plenamente realizado também sem seu outro. O positivo e o negativo, pelo contrário, a causa e o efeito, por mais que sejam tomados também como tais que são isolados, ao mesmo tempo não têm sentido algum um sem o outro; seu aparecer [*Scheinen*] um no outro, o aparecer de seu outro em cada um, está presente *neles mesmos*. – Nos diversos círculos da determinação, e, particularmente, na progressão da exposição ou, mais precisamente, na progressão do conceito para sua exposição, é crucial sempre diferenciar bem aquilo que ainda é *em si* e o que está *posto*, como as determinações são enquanto no conceito e como são enquanto postas ou enquanto tais que são para outro. Esta é uma diferença que apenas pertence ao desenvolvimento dialético, que o filosofar metafísico, do qual faz parte também o crítico, não conhece; as definições da metafísica, assim como suas pressuposições, diferenciações e inferências querem afirmar e engendrar apenas o *que é* e, com efeito, o *que é em si*.

O *ser para outro* é, na unidade do algo consigo, idêntico ao seu *em si*; o ser para outro está, assim, *em* algo. A determinidade assim refletida dentro de si é, com isso, de novo uma determinidade *simples que é*, portanto, de novo uma qualidade, – a *determinação*.

b) Determinação, constituição e limite

O *em si*, no qual o algo está refletido dentro de si a partir do seu ser para outro, não é mais em si abstrato, mas, como negação do seu ser para outro, mediado por esse, que é, assim, seu momento. Não é apenas a identidade imediata do algo consigo, mas a identidade pela qual aquilo que o algo é *em si* é *também nele*; o ser para outro é *nele*, porque o *em si* é o suprassumir do mesmo, *a partir do mesmo* dentro de si; mas também já e da mesma maneira porque ele é abstrato, logo, está essencialmente afetado pela negação, pelo ser para outro. Aqui não está presente apenas qualidade e realidade, determinidade que é, mas determinidade que é em si, e o desenvolvimento é *pô*-la como essa determinidade refletida dentro de si.

1) A qualidade que o em si é no algo simples essencialmente na unidade com seu outro momento, o *ser nele*, pode ser denominada sua *determinação* na medida em que essa palavra no seu significado exato é diferenciada da *determinidade* em geral. A determinação é a determinidade afirmativa como o ser em si, ao qual o algo permanece em conformidade no seu ser aí frente a seu envolvimento com outro, pelo qual ele seria determinado, [algo] que se conserva na sua igualdade consigo, que a faz valer no seu ser para outro. Ele *preenche* sua determinação na medida em que a determinidade ulterior

que, inicialmente, emerge de várias maneiras pelo seu comportamento para com outro, torna-se, em conformidade com o seu ser em si, sua plenitude. A determinação contém o fato de que o que algo é *em si* também é *nele*.

A *determinação do ser humano* é a razão pensante: pensar em geral é sua *determinidade* simples, ele é diferenciado dos animais pela mesma; ele é pensar *em si*, na medida em que o mesmo também é diferenciado do seu ser para outro, da sua própria naturalidade e sensibilidade, pelas quais ele se conecta imediatamente com outro. Mas o pensar é também *nele*; o próprio ser humano é pensar, ele *é aí* como pensante, o pensar é sua existência e efetividade; e, além disso, na medida em que ele é no seu ser aí e seu ser aí é no pensar, ele é *concreto*, precisa ser tomado com conteúdo e preenchimento, é razão pensante e, assim, ele é a *determinação* do ser humano. Mas até mesmo essa determinação é de novo apenas *em si* como um *dever ser*[18], isto é, ela com o preenchimento que está incorporado em seu em si, na forma do em si em geral *contra* o ser aí não incorporado nela que está, ao mesmo tempo, ainda como sensibilidade e natureza imediata que se contrapõe externamente.

2) O preenchimento do ser em si com determinidade é também diferenciado da determinidade que é apenas ser para outro e permanece fora da determinação. Pois, no campo do qualitativo, permanece para as diferenças no seu ser suprassumido também o ser qualitativo, imediato de uma frente a outra. O que o algo tem *nele* se divide assim e é, segundo esse lado, um ser aí externo do algo que é também *seu* ser aí, mas não pertence ao seu ser em si. – A determinidade é, assim, *constituição*.

Algo é constituído assim ou de outro modo como compreendido sob influência e em relações externas. Essa relação externa, da qual

---

18. Seguimos, aqui, as traduções francesa (Labarrière), italiana (Moni), espanhola (Duque) e também a tradução brasileira da *Ciência da lógica* da *Enciclopédia* (Meneses) que optaram por traduzir *Sollen* por "dever ser", e não apenas "dever", porque aqui se trata de uma determinação lógico-ontológica e não, primeiramente, de uma determinação moral, como aparece no tratamento dos deveres ou obrigações na *Filosofia do Direito*. Cf. mais adiante a observação de Hegel sobre o dever ser [N.T.]

depende a constituição, e o ser determinado por um outro, aparece como algo contingente. Mas é qualidade do algo estar exposto a essa exterioridade e ter uma *constituição*.

Na medida em que algo se altera, a alteração cai na constituição; ela é *em* algo aquilo que se torna um outro. Ele próprio se conserva na alteração, que toca somente essa superfície inconstante do seu ser outro, não sua determinação.

Determinação e constituição são, assim, diferentes uma da outra; algo é, conforme sua determinação, indiferente frente à sua constituição. Mas aquilo que algo tem *nele* é o meio-termo deste silogismo que liga ambas. Porém, o *ser em algo* se mostrou, antes, desfazer-se naqueles dois extremos. O meio-termo simples é a *determinidade* como tal; à sua identidade pertencem tanto a determinação quanto a constituição. Mas a determinação passa por si mesma para a constituição e essa para aquela. Isso está no que foi dito até agora; a conexão é, mais precisamente, esta: na medida em que aquilo que algo é *em si*, é também *nele*, ele está afetado com o ser para outro; a determinação como tal é, com isso, aberta à relação com outro. A determinidade é, ao mesmo tempo, momento, mas contém, ao mesmo tempo, a diferença qualitativa, de ser diversa do ser em si, de ser o negativo do algo, de ser um outro ser aí. A determinidade que assim apreende o outro dentro de si, unificada com ser em si, introduz o ser outro no ser em si ou na determinação, que, através disso, está rebaixada à constituição. – Inversamente, o ser para outro como constituição isolada e posta para si, é nele o mesmo que é o outro como tal, o outro nele mesmo, isto é, o outro de si mesmo; assim, ele é, porém, o ser aí *que se relaciona consigo*, assim, ser em si com uma determinidade, logo, *determinação*. – Aqui, na medida em que ambas precisam ser também mantidas uma fora da outra, a constituição que aparece fundamentada em um externo, num outro em geral, *depende* também da determinação e o determinar estranho está, ao mesmo tempo, determinado pela própria [determinação] imanente do algo. Mas, além disso, a constituição pertence àquilo que o algo é em si: com sua constituição algo se altera.

Essa alteração do algo não é mais a primeira alteração do algo meramente conforme o seu ser para outro; aquela primeira era apenas a alteração que é em si, pertencente ao conceito interior; agora, a alteração é também aquela que está posta em algo. – O próprio algo está ulteriormente determinado e a negação lhe está posta como imanente, como o seu ser dentro de si desenvolvido.

Inicialmente, o passar da determinação e da constituição uma para a outra é o suprassumir da diferença delas; com isso o ser aí ou algo em geral está posto, e, na medida em que ele resulta daquela diferença que igualmente comporta em si o ser outro qualitativo, há dois algos, não, porém, somente outros um frente ao outro em geral, de modo que essa negação seria ainda abstrata e cairia apenas na comparação, mas ela é agora como *imanente* aos algos. Eles são como tais *que são aí* indiferentes um frente ao outro, mas essa afirmação deles não é mais imediata, cada um se relaciona consigo mesmo *mediante o* suprassumir do ser outro que, na determinação, está refletido no ser em si.

Algo se comporta assim *a partir de si mesmo* para com o outro porque o ser outro está posto nele como seu próprio momento; seu ser dentro de si comporta a negação dentro de si, mediante a qual ele tem agora em geral seu ser aí afirmativo. Mas, deste, o outro também é qualitativamente diferente, aqui, o outro está posto fora do algo. A negação do seu outro é apenas a qualidade do algo, pois ele é algo como este suprassumir do seu outro. Apenas com isso, a rigor, o outro se confronta mesmo com um ser aí; ao primeiro algo, o outro apenas está contraposto externamente, ou então, na medida em que eles, de fato, conectam-se pura e simplesmente, isto é, conforme o seu conceito, sua conexão consiste no fato de que o ser aí *passou* para o ser outro, algo para outro, algo é um outro tanto quanto o outro. Na medida em que agora o ser dentro de si é o não ser do ser outro, o qual está contido nele, mas ao mesmo tempo é diferenciado como tal que é, o próprio algo é a negação, *o cessar de um outro nele*; ele está posto como o que se comporta negativamente frente a ele e, com isso, como o que se conserva; – este outro, o ser dentro de si do algo como negação da negação, é seu *ser em si* e, ao mesmo tempo, este suprassumir como negação simples é *nele*, a saber, como sua negação do outro algo que lhe é externo. É *uma* determinidade dos mesmos que tanto é idêntica ao ser dentro de si dos algos, como negação da negação, quanto, na medida em que essas negações são, uma frente a outra como outros algos, conecta-os a partir deles mesmos e igualmente os separa, sendo que cada um nega o outro, – o *limite*.

3) O *ser para outro* é comunidade indeterminada, afirmativa de algo com seu outro; no limite, destaca-se o *não ser* para outro, a negação qualitativa do outro, que, através disso, é afastado do algo refletido dentro de si. É preciso ver o desenvolvimento desse conceito, desenvolvimento que se mostra, porém, como envolvimento e contradição. Essa está presente imediatamente no fato de que o limite, como negação refletida dentro de si do algo, contém *idealmente* nela os momentos do algo e do outro e estes, como momentos diferentes, estão postos, ao mesmo tempo, na esfera do ser aí como *reais, qualitativamente diferentes*.

α) Algo, portanto, é ser aí imediato que se relaciona consigo e tem um limite inicialmente como frente a outro: o limite é o não ser do outro, não do próprio algo; ele limita nele seu outro. – Mas o outro é, ele mesmo, um algo em geral; o limite, portanto, que o algo tem frente ao outro é também limite do outro como algo, limite do mesmo, através do qual o outro afasta de si o primeiro algo como *seu* outro, ou seja, é um *não ser daquele algo*; assim o limite não é apenas não ser do outro, mas tanto do um algo quanto do outro algo, com isso, do *algo* em geral.

Mas o limite é também essencialmente o não ser do outro; assim, algo *é* ao mesmo tempo através de seu limite. Na medida em que algo é limitante, ele é, com efeito, rebaixado a ser, ele mesmo, limitado; mas seu próprio limite, como cessar do outro nele, é, ao mesmo tempo, apenas o ser do algo; *este é, através do limite, o que é*, tem *nele sua qualidade*. – Essa relação é o aparecimento exterior do fato de que o limite é negação simples ou a primeira negação, o outro, porém, é, ao mesmo tempo, a negação da negação, o ser dentro de si do algo.

Algo é, portanto, como ser aí imediato, o limite frente a outro algo, mas ele tem o limite *nele mesmo* e é algo através da mediação do limite, que é igualmente seu não ser. O limite é a mediação através da qual algo e outro *tanto são* quanto *não são*.

β) Agora, na medida em que algo *é* e *não é* no seu limite e estes momentos são uma diferença imediata, qualitativa, o não ser aí e o ser aí do algo caem um fora do outro. Algo tem seu ser aí fora (ou, como também se representa isso, *dentro*) do seu limite; igualmente o outro é também, porque é algo, fora dele mesmo [do limite]. Ele é o *meio-termo entre* ambos, no qual eles cessam. Eles têm o *ser aí além* um do outro e *do seu limite*; o limite como o não ser de cada um é o outro de ambos.

Conforme essa diversidade do algo para com seu limite, a *linha* aparece como linha apenas fora do seu limite, do ponto; a *superfície* como superfície fora da linha; o *corpo* como corpo somente fora da sua superfície limitante. – Esse é o lado no qual o limite cai inicialmente na representação – o ser fora de si do conceito –, como, sobretudo, também é tomado nos objetos espaciais.

γ) Mas, além disso, o algo, como ele é fora do limite, é o algo ilimitado, apenas o ser aí em geral. Assim, ele não é diferente do seu outro; é apenas ser aí, tem, então, com seu outro a mesma determinação, cada um é apenas algo em geral, ou seja, cada um é outro; ambos são, assim, *o mesmo*. Mas esse ser aí inicialmente imediato deles agora está posto com a determinidade como limite, no qual ambos são o que eles são, diferentes um do outro. Mas o limite é, do mesmo modo, sua diferencialidade *em comum*, a unidade e diferencialidade dos mesmos, como o ser aí. Essa dupla identidade de ambos, o ser aí e o limite, contém o fato de que o algo tem seu ser aí apenas no limite e o fato de que, na medida em que o limite e o ser aí imediato são ambos, ao mesmo tempo, o negativo um do outro, o algo, que é apenas no seu limite, igualmente se separa de si mesmo e aponta, para além de si, para seu não ser e enuncia isto como seu ser e, assim, passa para o mesmo. Para aplicar isto ao exemplo anterior, há uma única determinação de que algo é aquilo o que é apenas no seu limite. – Assim, então, o *ponto* não é apenas limite da *linha* de tal modo que esta apenas cessa nele e ela, como ser aí, é fora dele, – a *linha* não é apenas limite da *superfície* de tal modo que esta cessa apenas na linha, do mesmo modo, a *superfície* [não é] como limite do *corpo*. Mas no ponto a linha também *inicia*; ele é seu início absoluto; também na medida em que ela é representada como ilimitada para ambos os seus lados ou, como se expressa, como prolongada para o infinito, o ponto constitui seu *elemento*, como a linha, o elemento da superfície, a superfície, o do corpo. Estes *limites* são *princípio* daquilo que limitam; como o um, por exemplo, como centésimo, é limite, mas também elemento da centena inteira.

A outra determinação é a inquietude do algo no seu limite, no qual ele é imanente, [a inquietude] de ser a *contradição*, a qual o propele para além de si mesmo. Assim, o ponto é essa dialética de si mesmo de tornar-se linha, a linha, a dialética de tornar-se superfície, a superfície, de tornar-se o espaço total. Da linha, da superfície e do espaço inteiro é dada uma segunda definição de tal modo que, pelo *movimento* do ponto, surge a linha, pelo movimento da linha, a superfície etc. Esse *movimento* do ponto, da linha etc., porém, é considerado como algo contingente ou apenas assim representado. Contudo, a rigor, isto é desmentido pelo fato de que as determinações, das quais a linha etc. devem surgir, são seus *elementos* e *princípios* e estes não são nada mais do que, ao mesmo tempo, seus limites; o surgir não é, assim, considerado contingente ou apenas assim representado. O fato de que ponto, linha, superfície, por si, contradigam-se, que eles sejam inícios que, eles mesmos, se repelem de si, e o ponto, com isso, passe a partir de si para a linha através de seu conceito, *mova-se em si* e os faça surgir etc., – está no conceito do limite imanente ao algo. Contudo, a própria aplicação pertence à consideração do espaço; para aludir a ela aqui, o ponto é o limite inteiramente abstrato, mas *em um ser aí*; este está tomado ainda de modo inteiramente indeterminado, ele é o assim chamado *espaço* absoluto, isto é, abstrato, o pura e simplesmente contínuo ser de um fora de outro. Pelo fato de que o limite não é negação abstrata, mas *neste ser aí*, que ele é determinidade *espacial*, o ponto é espacial, a contradição da negação abstrata e da continuidade e, com isso, o passar e ter passado [*Übergegangensein*] para linha etc., assim como, pois, não *há* ponto algum, também não [há] uma linha e superfície.

Algo posto com seu limite imanente como a contradição de si mesmo, através da qual ele é apontado e impulsionado para além de si, é o *finito*.

c) A finitude

O ser aí é determinado; algo tem uma qualidade e nela não é apenas determinado, mas limitado; sua qualidade é seu limite, e, sendo afetado por ele, o algo permanece, inicialmente, ser aí afirmativo, quieto. Mas essa negação, desenvolvida de modo que a própria oposição de seu ser aí e da negação como limite imanente dele seja o ser dentro de si do algo e este, então, apenas devir nele mesmo, constitui sua finitude.

Se nós dizemos a respeito das coisas que *elas são finitas*, entende-se com isso que elas não têm apenas uma determinidade, a qualidade não apenas como realidade e determinação que é em si, que elas não são meramente limitadas –, elas ainda têm, assim, ser aí fora do seu limite –, mas que, antes, o não ser constitui a natureza delas, o ser delas. As coisas finitas *são*, mas sua relação consigo mesmas é que elas se relacionam *negativamente* consigo mesmas, precisamente nessa relação consigo mesmas, elas se propelem além de si, além do seu ser. Elas *são*, mas a verdade desse ser é o *fim* delas. O finito não se altera apenas como algo em geral, mas ele *perece* e não é meramente possível que ele pereça, de modo que ele também poderia ser sem perecer. Mas o ser das coisas finitas como tal é ter o germe do perecer como seu ser dentro de si; a hora do nascimento delas é a hora da sua morte.

α) A imediatidade da finitude

O pensamento na finitude das coisas leva essa tristeza consigo, porque ela é a negação qualitativa levada ao extremo, [porque] na simplicidade de tal determinação não lhes está mais deixado um ser afirmativo *diferente* da sua destinação ao sucumbimento[19]. Em virtude dessa simplicidade qualitativa da negação que regressou à oposição abstrata do nada e do perecer ao ser, a finitude é a mais obstinada categoria do entendimento; a negação em geral, constituição [e] limite são compatíveis com seu outro, o ser aí; também o nada abstrato por si é abandonado como abstração; mas a finitude é a ne-

---

19. *Bestimmung zum Untergange. Bestimmung*, além de "determinação", também tem o sentido de "destinação", "vocação" [N.T.].

gação *fixada em si* e se confronta, portanto, bruscamente com o seu afirmativo. Assim, o finito se deixa levar no fluxo, ele é mesmo isto, a saber, estar destinado a seu fim, mas apenas a seu fim; – é, antes, o recusar-se a se deixar levar afirmativamente ao seu afirmativo, ao infinito, a se deixar ligar a ele; ele está posto, então, inseparavelmente do seu nada e, através disso, toda a reconciliação com seu outro, o afirmativo, está rescindida. A determinação das coisas finitas não é uma outra do que seu *fim*. O entendimento persiste nessa tristeza da finitude, na medida em que torna o não ser a determinação das coisas, tornando-o, ao mesmo tempo, *imperecível* e *absoluto*. A perecibilidade delas apenas poderia perecer em seu outro, no afirmativo; assim sua finitude se separaria delas; mas ela é qualidade inalterável delas, isto é, [qualidade] que não passa para seu outro, isto é, que não passa para seu afirmativo; *assim, ela é eterna.*

Essa é uma consideração muito importante; mas que o finito seja absoluto, é um ponto de vista que qualquer filosofia ou visão, ou o entendimento, não quererá se deixar impor; antes, o oposto está presente explicitamente na afirmação do finito; o finito é o limitado, perecível; o finito é *apenas* o finito, não o imperecível; isso está imediatamente na sua determinação e expressão. Mas isso depende de se na visão se persiste *no ser da finitude*, se a *perecibilidade* permanece ou se a *perecibilidade* e o *perecer perecem*. Que isso não acontece, contudo, é o fato justamente naquela visão do finito que torna o *perecer* o *último* do finito. É a afirmação explícita de que o finito é incompatível e não unificável com o infinito, que o finito se contrapõe pura e simplesmente ao infinito. Ao infinito está atribuído ser, ser absoluto; contra ele, o finito permanece assim fixado como o negativo do mesmo; não unificável com o infinito, ele permanece absolutamente no seu próprio lado; obteria afirmação do afirmativo, do infinito, e pereceria assim; mas uma unificação com o infinito é o que se declara impossível. Se ele não deve persistir contraposto ao infinito, mas perecer, então é, como se disse há pouco, precisamente seu perecer é o último, não o afirmativo, que seria apenas o perecer do perecer. Se o finito não devesse perecer no afirmativo, mas seu fim ser apreendido como o *nada*, então estaríamos novamente naquele primeiro nada abstrato que, ele mesmo, há muito tempo pereceu.

Nesse nada, contudo, que deve ser *apenas* nada e ao qual, ao mesmo tempo, concede-se uma existência no pensar, representar ou falar, ocorre a mesma contradição que justamente foi indicada no finito, só que lá ela apenas *ocorre*, mas, na finitude, é *explícita*. Lá aparece como subjetiva, aqui se afirma que o finito *se contrapõe perenemente* ao infinito, que *é* o nulo em si e que é *como* nulo em si. Isso precisa ser trazido à consciência; e o desenvolvimento do finito mostra que ele, enquanto essa contradição, colapsa dentro de si nele, mas efetivamente a dissolve, no sentido de que ele não é apenas perecível e perece, mas que o perecer, o nada, não é o último, mas perece.

β) *A barreira e o dever ser*

Essa contradição está presente desde já, com efeito, abstratamente pelo fato de que o *algo* é finito ou de que o finito *é*. Mas *algo* ou o ser não está mais posto abstratamente e sim refletido dentro de si e desenvolvido como ser dentro de si que tem uma determinação e uma constituição nele e, ainda mais determinadamente, o fato de ele ter um limite nele, o qual, como aquilo que constitui o imanente ao algo e a qualidade do seu ser dentro de si, é a finitude. Nesse conceito do algo finito, é preciso ver quais momentos estão contidos [nele].

Determinação e constituição se engendraram como *lados* para a reflexão externa; porém, aquela já continha o ser outro como pertencente ao *em si* do algo; a exterioridade do ser outro é, por um lado, na própria interioridade do algo, por outro, ela permanece, como exterioridade, diferente disso, é ainda exterioridade como tal, mas *no* algo. Mas além disso, na medida em que o ser outro está determinado como *limite*, ele mesmo como negação da negação, o ser outro imanente ao algo está posto como a relação de ambos os lados e a unidade do algo consigo, à qual pertencem tanto a determinação quanto a constituição, é sua relação voltada contra si mesma, a relação da sua determinação que é em si com o limite imanente que a relação nega no algo. O ser dentro de si idêntico a si se relaciona deste modo consigo mesmo como seu próprio não ser, mas como negação da negação, como tal que nega o mesmo [o não ser], o qual ao mesmo tempo contém [um] ser aí nele, pois ele é a qualidade do seu ser dentro de si. O próprio limite do algo, assim posto por ele como um negativo que, ao mesmo tempo, é essencial, não é somente limite como tal, mas *barreira*. Mas a barreira não é apenas aquilo que é posto como negado; a negação é de dois gumes, na medida em que aquilo que é posto por ela como negado é o *limite*; pois este é em geral o comum do algo e do outro, também determinidade do *ser em si* da determinação como tal. Este ser em si, aqui, é, como a relação negativa com seu limite também diferente dele, [relação negativa] consigo como barreira, *dever ser*.

Para que o limite que é em algo em geral seja barreira, é preciso, ao mesmo tempo, *ir além dele [do limite]* em si mesmo, relacionar-se nele mesmo *com ele como com um tal que não é*. O ser aí do algo está quieto, indiferente, por assim dizer, *ao lado* do seu limite. Mas algo apenas vai além do seu limite na medida em que ele é o ser suprassumido do limite, o ser em si negativo contra ele. E na medida em que ele é como barreira na própria *determinação*, algo vai, com isso, *além de si mesmo*.

O dever ser contém, portanto, a determinação duplicada, *por um lado*, como determinação que é em si contra a negação, *por outro lado*, contudo, a mesma como um não ser que, como barreira, é diferente dela, mas que é, ao mesmo tempo, ele mesmo, determinação que é em si.

O finito se determinou, assim, como a relação da sua determinação com seu limite; nessa relação, aquela é o *dever ser*, esse é a *barreira*. Ambos são, então, momentos do finito, sendo, com isso, ambos mesmos finitos, tanto o dever ser quanto a barreira. Mas apenas a barreira está *posta* como o finito; o dever ser é delimitado apenas em si, com isso, para nós. Através de sua relação com o limite já nele mesmo imanente, ele é limitado, mas essa sua delimitação está envolvida no ser em si, pois, conforme seu ser aí, isto é, conforme sua determinidade contra a barreira, ele está posto como o ser em si.

O que deve ser *é* e, ao mesmo tempo, *não é*. Se ele *fosse*, então não *deveria* meramente *ser*. Logo, o dever ser tem essencialmente uma barreira. Essa barreira não é um estranho; *aquilo que apenas deve ser* é a *determinação* que agora está posta, como ela é de fato, a saber, ao mesmo tempo, apenas uma determinidade.

Na sua determinação, o ser em si do algo se rebaixa, portanto, ao *dever ser* pelo fato de que o mesmo que constitui seu ser em si é, em uma única e mesma consideração, como *não ser*; e, com efeito, de tal modo que, no ser dentro de si, na negação da negação, aquele ser em si, como a primeira negação (a que nega), é unidade com a outra [negação] que, ao mesmo tempo, é, como qualitativamente outra, limite pelo qual aquela unidade é como *relação* com ela. A barreira do finito não é um exterior, mas sua própria determinação é também sua barreira; e essa é tanto ela mesma como também o dever ser; ela é o comum de ambos ou, antes, aquilo em que ambos são idênticos.

Mas, além disso, como dever ser, o finito também vai agora *além* da sua barreira; a mesma determinidade que é a negação dele está também suprassumida e é, assim, o ser em si dele; seu limite também não é seu limite.

Como *dever ser*, algo está, portanto, *elevado sobre sua barreira*, mas, inversamente, apenas *como dever ser* ele tem sua *barreira*. Ambos são inseparáveis. Algo tem uma barreira, na medida em que, na sua determinação, tem a negação e a determinação é também o ser suprassumido da barreira.

Observação [O dever ser]

O dever ser desempenhou recentemente um grande papel na filosofia, sobretudo em relação com a moralidade e metafisicamente em geral também como o último e absoluto conceito da identidade do ser em si ou da relação *consigo mesmo* e *da determinidade*, ou seja, do limite.

Tu podes, porque tu deves – essa expressão, que deveria dizer muito, está no conceito do dever ser. Pois o dever ser é o ser além da barreira; o limite está suprassumido no mesmo, o ser em si do dever ser é, assim, relação idêntica consigo, portanto, a abstração do *poder*. – Mas, inversamente, é também correto: *tu não podes, justamente porque tu deves*. Pois, no dever ser, está igualmente a barreira enquanto barreira; aquele formalismo da possibilidade tem, defronte de si, na barreira, uma realidade, um ser outro qualitativo e a relação de ambos um para com o outro é a contradição e, com isso, o não poder ou, antes, a impossibilidade.

No dever ser, começa o ir além da finitude, a infinitude. O dever ser é aquilo que, no desenvolvimento ulterior, apresenta-se conforme aquela impossibilidade como o progresso para o infinito.

No que diz respeito à forma da *barreira* e do *dever ser*, dois preconceitos podem ser mais precisamente censurados. Primeiramente, costuma-se atribuir *grande* peso às barreiras do pensar, da razão etc. e afirma-se que *não* se *poderia* ir além da barreira. Nessa afirmação está a inconsciência de que, pelo próprio fato de algo estar determinado como barreira, já se foi além desse algo. Pois uma determinidade, um limite apenas está determinado como barreira na oposição a seu outro em geral, como a seu *ilimitado* [*Unbeschränktes*]; o outro de uma barreira é precisamente o *além* da mesma. A pedra, o metal não está além da sua barreira, porque ela não é barreira *para eles*. Se, contudo, em tais proposições universais do pensar do entendimento [*verständiges Denken*] segundo as quais não se poderia ir além da barreira, o pensar não quer se aplicar para ver o que está no conceito, assim se pode remeter à efetividade, onde, pois, tais proposições se mostram como o mais inefetivo. Justamente pelo fato de que o pensar *deve* ser algo mais alto do que a efetividade, *deve* se manter afastado dela em regiões mais altas, o mesmo está determinado, portanto, como um *dever ser*, por um lado, ele não avança para o conceito e, por outro, ocorre-lhe que ele se comporta de modo não verdadeiro tanto frente à efetividade quanto frente ao conceito. – Porque a pedra não pensa, nem sequer sente, sua delimitação não é *para ela* barreira alguma, isto é, nela, não é uma negação para a sensação, representação, pensar etc. que ela não tem. Mas até a própria pedra está, como algo, diferenciada na sua determinação ou no seu ser em si e no seu ser aí e, nessa medida, ela também vai além da sua barreira; o conceito, o qual ela é em si, contém a identidade com seu outro. Se ela é uma base capaz de acidificar-se, ela é oxidável, neutralizável etc. Na oxidação, neutralização etc. sua barreira de estar aí apenas como base se suprassume; ela vai além disso, assim como o ácido suprassume sua barreira de ser como ácido, e nele, assim como na base cáustica, está igualmente presente o *dever ser* de ir além de sua barreira, [está presente] que eles podem ser mantidos somente à força como ácido e base cáustica – sem água, isto é, puramente não neutras.

Porém, se uma existência contém o conceito não meramente como ser em si abstrato, mas como totalidade que é para si, como impulso, como vida, sensação, representar etc., então ela mesma realiza, a partir dela, esse ser e ir além da sua barreira. A planta vai além da barreira de ser como germe, igualmente além de ser como flor, como fruto, como folha etc.; o germe se torna planta desdobrada, a flor murcha etc. Na barreira da fome, da sede etc., o ser sensível é o impulso de ir além dessa barreira e realiza esse ir além. Ele sente *dor* e o privilégio da natureza que sente é sentir dor; é uma negação em seu Si e ela está determinada *como uma barreira* no seu sentimento, justamente porque o ser sensível tem o sentimento de *Si*, o qual é a totalidade que é além daquela determinidade. Se ele não fosse além disso, não sentiria a mesma como sua negação e não teria dor alguma. – Mas a razão, o pensar, não deveria poder ir além da barreira, – ela, que [é] o *universal*, que é por si além *da* particularidade, isto é, de *toda* particularidade, é apenas o ir além da barreira. – Sem dúvida, nem todo ir e ser além da barreira é uma libertação verdadeira da mesma, [uma] afirmação verdadeira; já o próprio dever ser é um tal ir além imperfeito e [é] a abstração em geral. Mas o apontar para o universal inteiramente abstrato é suficiente contra a asseveração, igualmente abstrata, de que não se poderia ir além da barreira ou já o apontar para o infinito em geral [é suficiente] contra a asseveração de que não se poderia ir além do finito.

Pode-se mencionar, neste contexto, uma ideia aparentemente engenhosa de *Leibniz*: se um ímã tivesse consciência, o mesmo consideraria sua direção para o norte como uma determinação da sua vontade, uma lei da sua liberdade. Antes, se ele tivesse consciência, com isso, vontade e liberdade, seria pensante; consequentemente, o espaço seria, para ele, como *universal*, que contém *todas* as direções e, com isso, aquela *única* direção para o norte seria, antes, como uma barreira para sua liberdade, assim como, para o ser humano, seria uma barreira estar fixado num lugar, mas, para a planta, não seria.

O *dever ser*, por outro lado, é o ir além da barreira, mas apenas um *ir além finito*. Ele tem, portanto, seu lugar e seu valer no campo da finitude, onde ele fixa o ser em si contra o delimitado e o afirma como a regra e o essencial contra o nulo. O dever moral [*Pflicht*] é um *dever ser* voltado contra a vontade particular, contra o desejo egoísta e o interesse arbitrário; a vontade, na medida em que, na sua mobilidade, pode se isolar do verdadeiro, é confrontada com isso como um dever ser. Aqueles que estimam em tão alto grau o dever ser da moral e opinam que, no não ser reconhecido do dever ser como último e verdadeiro, a moralidade deveria ser destruída, assim como os raciocinadores, cujo entendimento se dá a satisfação ininterrupta de poder mostrar um dever ser contra tudo o que é aí e, com isso, de poder mostrar que sabem mais, os quais, por isso, tampouco querem ser privados do dever ser, não veem que, para a finitude de seus círculos, o dever ser é perfeitamente reconhecido. – Mas na própria efetividade a situação da racionalidade e da lei não está tão triste a ponto de que elas apenas *deveriam* ser – apenas o abstrato do ser em si fica assim –, tampouco que o dever ser nele mesmo seria perene e, o que é o mesmo, a finitude seria absoluta. A filosofia kantiana e a fichteana indicam como ponto supremo da dissolução das contradições da razão o *dever ser*, o que, contudo, é apenas o ponto de vista do persistir na finitude e, com isso, na contradição.

γ) *Passagem do finito para o infinito*

O dever ser contém, por si, a barreira e a barreira, o dever ser. Sua relação um para com o outro é o próprio finito que contém ambos no seu ser dentro de si. Estes momentos de sua determinação estão contrapostos qualitativamente; a barreira está determinada como o negativo do dever ser e o dever ser, igualmente, como o negativo da barreira. O finito é, assim, a contradição de si dentro de si; ele se suprassume, perece. Mas esse seu resultado, o negativo em geral, é 1) sua própria *determinação*; pois ele é o negativo do negativo. Assim, no perecer o finito não pereceu; ele se tornou, inicialmente, apenas um *outro* finito, que, contudo, é igualmente o perecer como passar para um *outro* finito e assim por diante, por assim dizer, para o *infinito*.

Mas 2) Considerado mais detalhadamente esse resultado, o finito, no seu perecer, nessa negação de si mesmo, alcançou seu ser em si, *juntou-se consigo mesmo* nisso. Cada um dos seus momentos contém justamente esse resultado; o dever ser vai além da barreira, isto é, além de si mesmo; além de si, contudo, ou além de seu outro, é apenas a própria barreira. Mas a barreira aponta além de si mesma imediatamente para seu outro que é o dever ser; este, contudo, é a mesma cisão do *ser em si* e do *ser aí* como a barreira, é o mesmo; além de si, ela se junta, portanto, igualmente apenas consigo. Essa *identidade consigo*, a negação da negação, é ser afirmativo, assim, o outro do finito, o qual a primeira negação deve ter por sua determinidade; – aquele outro é *o infinito*.

C. A infinitude

No seu conceito simples, o infinito pode ser considerado, inicialmente, como uma nova definição do absoluto; como relação consigo sem determinação, ele está posto como *ser* e *devir*. As formas do *ser aí* não pertencem à série das determinações que podem ser consideradas como definições do absoluto, já que as formas daquela esfera estão postas por si imediatamente apenas como determinidades, como finitas em geral. O infinito, contudo, vale pura e simplesmente como absoluto, uma vez que ele está determinado explicitamente como negação do finito; com isso, no infinito, faz-se referência explícita e se nega a delimitação da qual o ser e o devir poderiam, de algum modo, ser capazes, mesmo que eles não tenham ou mostrem delimitação alguma neles.

Mas, com isso, até mesmo o infinito não está já removido, de fato, da delimitação e da finitude; o principal é diferenciar o conceito verdadeiro da infinitude da má infinitude, a infinitude da razão da infinitude do entendimento; todavia, a última é o infinito *finitizado*, e surgirá que, justamente na medida em que o infinito deve ser mantido puro e afastado do finito, ele é apenas finitizado.

O infinito é,

a) na *determinação simples*, o afirmativo como negação do finito;

b) mas ele é, com isso, na *determinação recíproca* com o *finito* e é o *infinito* abstrato, *unilateral*;

c) o suprassumir-se desse infinito assim como do finito enquanto *um* processo – é o *infinito verdadeiro*.

a) O infinito em geral

O infinito é a negação da negação; o afirmativo, o *ser* que se restabeleceu da delimitação. O infinito *é*, e no sentido mais intensivo do que o primeiro ser imediato; ele é o ser verdadeiro, a elevação a partir da barreira. No nome do infinito, *abre-se* para o ânimo e para o espírito sua luz, pois, nisso, ele não *é* apenas abstratamente junto de si, mas se eleva a si mesmo, à luz do seu pensar, da sua universalidade, da sua liberdade.

Inicialmente, para o conceito do infinito surgiu que o ser aí no seu ser em si se determina como finito e vai além da barreira. É a natureza do próprio finito ir além de si, negar sua negação e tornar-se infinito. O infinito, consequentemente, não está *acima* do finito como algo pronto por si, de modo que teria e manteria o finito *fora* ou *abaixo* daquele seu permanecer. Nem *nós* vamos além do finito para o infinito apenas como uma razão subjetiva. Como, se se diz que o infinito é o conceito da razão e nós nos elevamos pela razão sobre o temporal, então se deixa que isso aconteça inteiramente sem prejuízo do finito que aquela elevação que lhe permanece externa não atinge. Mas na medida em que o próprio finito é elevado para a infinitude, não é tampouco nenhuma violência estranha que lhe inflige isso, mas isto é sua natureza: relacionar-se consigo enquanto barreira, tanto como barreira como tal quanto como dever ser e ir além dessa ou, antes, como relação consigo, tê-la negado e estar além dela. Não é no suprassumir da finitude em geral que a infinitude devém em geral, mas o finito mesmo é apenas isso, tornar-se isso pela sua natureza. A infinitude é sua *determinação afirmativa*, aquilo o que ele é verdadeiramente em si.

Assim o finito desapareceu no infinito e o que é, é apenas o *infinito*.

b) Determinação recíproca do finito e do infinito

O infinito *é*; nessa imediatidade, ele é, ao mesmo tempo, a *negação* de um *outro*, do finito. Assim como [o infinito] *que é* e, ao mesmo tempo, como *não ser* de um *outro*, ele recaiu na categoria do algo como de um determinado em geral, considerado mais detalhadamente - porque ele é o ser aí refletido dentro de si que resulta mediante o suprassumir da determinidade em geral, com isso, está *posto* como o ser aí diferente da sua determinidade, - na categoria do algo com um limite. De acordo com essa determinidade, o finito está contraposto ao infinito como *ser aí real*; assim eles estão na *relação* qualitativa como tais *que permanecem um* fora do outro, o *ser imediato* do infinito faz renascer o *ser* da sua negação, do finito que, inicialmente, pareceu desaparecido no infinito.

Mas o infinito e o finito não estão apenas nessas categorias da relação; ambos os lados têm uma determinação mais ampla do que aquela de ser meramente *outros* um frente ao outro. A finitude é, a saber, a barreira posta como barreira, é o ser aí posto com a *determinação* de passar para seu *ser em si, tornar-se* infinito. A infinitude é o nada do finito, seu *ser em si* e *dever ser*, mas este, ao mesmo tempo, como refletido dentro de si, o dever ser implementado, ser que se relaciona apenas consigo, ser inteiramente afirmativo. Na infinitude está presente a satisfação de que toda a determinidade, alteração, barreira e, com ela, o próprio dever ser desapareceu, está posto como suprassumido, como o nada do finito. Enquanto essa negação do finito, está determinado o ser em si, que é, assim, afirmativo dentro de si como negação da negação. Essa afirmação, contudo, é como relação consigo qualitativamente *imediata, ser*; através disso, o infinito está reconduzido à categoria que ele tem contraposto a si o finito como um *outro*; sua natureza negativa está posta como a negação *que é*, com isso, como primeira e imediata negação. Desta maneira, o infinito está afetado pela oposição ao finito que, como outro, permanece, ao mesmo tempo, o ser aí determinado, real, embora, no seu ser em si, no infinito, ele esteja posto, ao mesmo tempo, como suprassumido; isto é o não finito, - um ser na determinidade da negação. Frente ao finito, o círculo das determinidades que são, das realidades, o infinito é o vazio indeterminado, o além do finito, o qual não tem seu ser em si no seu ser aí que é um determinado.

Assim, é preciso denominar o infinito posto contra o finito na relação qualitativa de *outros* um para o outro de *mau infinito*, de infinito do *entendimento*, para o qual isso vale como a verdade suprema, absoluta; [é preciso] conscientizá-lo de que, na medida em que ele visa ter alcançado sua satisfação na reconciliação da verdade, ele se encontra na contradição não reconciliada, não dissolvida, absoluta, de que as contradições precisariam se efetuar, contradições nas quais ele desmorona para todos os lados, logo que ele se entrega à aplicação e explicação dessas suas categorias.

Essa contradição está presente desde já no fato de que o finito permanece contraposto ao infinito como ser aí; há, com isso, *duas determinidades; há* dois mundos, um infinito e um finito e, na relação deles, o infinito é apenas *limite* do finito e é, com isso, somente um *infinito* determinado, *até mesmo finito*.

Essa contradição desenvolve seu conteúdo para formas mais explícitas. – O finito é o ser aí real que permanece assim, mesmo que se passe para seu não ser, para o infinito; – este tem, como foi mostrado, apenas a primeira negação, imediata, como sua determinidade frente ao finito, assim como este, frente àquela negação, como negado, tem apenas o significado de um *outro* e, portanto, é ainda algo. Se, com isso, o entendimento que se eleva desse mundo finito para seu supremo, para o infinito, então esse mundo finito permanece como seu aquém, de modo que o infinito é posto apenas *acima* do finito, isolado desse e, precisamente com isso, o finito é *isolado* do infinito, – ambos *postos em um lugar diverso*: o finito como o ser aí que está aquém, mas o infinito [é], com efeito, o *em si* do finito, embora como um além na distância turva, inatingível, *fora* da qual aquele se encontra e permanece.

Assim isolados, eles estão do mesmo modo essencialmente *relacionados* um com outro, justamente através da negação que os separa. Esta negação que relaciona os algos refletidos dentro de si é o limite recíproco de um frente ao outro e, com efeito, de modo que cada um dos mesmos o tem, não meramente *nele* frente ao outro, mas a negação é *ser em si* deles [;] assim, cada um tem o limite nele mesmo por si, no seu isolamento do outro. Porém, o limite é como a primeira negação, então, ambos estão limitados, são finitos em si mesmos. Entretanto, cada um é como tal que se relaciona consigo afirmativamente, também a negação do seu limite; assim ele repele imediatamente de si o limite como seu não ser e, qualitativamente separado disso, ele o põe como um *outro ser* fora dele, o finito põe seu não ser como esse infinito, este põe, do mesmo modo, o finito. Que do finito passa-se para o infinito necessariamente, isto é, através da determinação do finito e que ele seja elevado para o ser em si é facilmente admitido, na medida em que o finito, com efeito, está determinado como ser aí subsistente, mas, ao mesmo tempo, *também* como nulo *em si*, portanto, como tal que se dissolve conforme sua determinação, mas o infinito, com efeito, está determinado como afetado pela negação e pelo limite, contudo, ao mesmo tempo, também como o que é *em si*, de modo que essa abstração da afirmação que se relaciona consigo constitua sua determinação, de acordo com esta, portanto, o ser aí finito não esteja nela. Mas foi mostrado que o próprio infinito resulta no ser afirmativo apenas *mediante a* negação, como negação da negação, e que essa sua afirmação, tomada como apenas um ser simples, qualitativo, rebaixa a negação contida nele à simples negação imediata e, com isso, à determinidade e limite, o que, então, do mesmo modo é posto como tal que contradiz seu ser em si, excluído dele, como não o seu, antes, como o contraposto a seu ser em si, o finito. Na medida em que, assim, cada um, nele mesmo e a partir da sua determinação, é o pôr do seu outro, eles são *inseparáveis*. Mas essa sua unidade está *escondida* no ser outro qualitativo dos mesmos, ela é a [unidade] *interior* que *apenas* está *no fundamento*.

Através disso, está determinada a maneira do aparecimento dessa unidade; posta no *ser aí*, ela é como um converter ou passar do finito para o infinito e vice-versa; de modo que o infinito apenas *emirja* no finito e o finito, no infinito, isto é, de modo que cada um seja um próprio surgir *imediato* no seu outro e sua relação seja apenas uma [relação] externa.

O processo do passar deles tem a seguinte figura pormenorizada. Vai-se além do finito para o infinito. Esse ir além aparece como um atuar externo. Nesse vazio que está além do finito, o que surge? O que é o positivo nisso? Em virtude da inseparabilidade do infinito e do finito (ou porque esse infinito que está do seu lado é mesmo delimitado), o limite surge; o infinito desapareceu, seu outro, o finito, entrou. Mas esse entrar do finito aparece como um acontecer externo ao infinito e o novo limite [aparece] como um tal que não surgiria do próprio infinito, mas seria também encontrado. Está presente, com isso, a recaída na determinação anterior, suprassumida em vão. Porém, esse novo limite é, ele mesmo, apenas um tal que é preciso suprassumir ou ir além dele. Com isso, surgiu de novo o vazio, o nada, no qual igualmente aquela determinidade, um novo limite, é encontrada – *e, assim por diante, para o infinito*.

Está presente a *determinação recíproca do finito e do infinito*; o finito é finito apenas na relação com o dever ser ou com o infinito e o infinito é infinito apenas em relação com o finito. Eles são inseparáveis e, ao mesmo tempo, pura e simplesmente outros um frente ao outro; cada um tem o outro de si nele mesmo; assim cada um é a unidade de si e de seu outro e é ser aí na sua determinidade de *não* ser o que é ele mesmo e o que é seu outro.

É essa determinação recíproca que nega a si mesma e sua negação que entra em cena como *progresso para o infinito* que, em tantas figuras e aplicações, vale como um *último*, do qual não se vai mais além, mas tendo chegado naquele, "*e assim por diante* para o infinito", o pensamento costuma ter alcançado seu fim. – Esse progresso entra por todo lado, onde determinações *relativas* estão impulsionadas até sua contraposição, de modo que elas são na unidade inseparável e, todavia, a cada uma frente a outra é atribuído um ser aí autossubsistente. Esse progresso é, portanto, a *contradição* que não está dissolvida, mas sempre é enunciada apenas como *presente*.

Está presente um ir além abstrato que permanece incompleto, na medida em que *deste ir além* não *se vai* mesmo *além*. Está presente o infinito; do mesmo, sem dúvida, vai-se além, pois é posto um novo limite, mas, com isso, precisamente se retorna apenas, antes, para o finito. Essa má infinitude é, em si, o mesmo que o *dever ser perene*; ela é, com efeito, a negação do finito, mas ela, na verdade, não é capaz de se libertar disso; isso emerge *nela mesma* de novo como seu outro, porque esse infinito apenas é enquanto *em relação* com o finito que lhe é outro. O progresso no infinito é, portanto, apenas a monotonia que se repete, a única e mesma *alternância* enfadonha desse finito e infinito.

A infinitude do progresso infinito permanece afetada pelo finito como tal; é, através disso, limitada e, ela mesma, *finita*. Mas com isso ela estaria posta, de fato, como unidade do finito e do infinito. Mas não se reflete sobre essa unidade. Contudo, é apenas nela que evoca o infinito no finito e o finito no infinito, ela é, por assim dizer, o móbil do progresso infinito. Ele é o *exterior* daquela unidade, na qual a representação permanece naquela repetição perene de um único e mesmo alternar, da inquietude vazia do passar adiante além do limite para a infinitude, [passar adiante] que, nesse infinito, *encontra* um novo limite, mas tampouco pode se deter no mesmo quanto no infinito. Esse infinito tem uma determinação firme de um *além* que não pode ser alcançado, porque ele não *deve* ser alcançado, porque não é abandonado pela determinidade do além, da negação *que é*. Conforme essa determinação, ele tem, contraposto a si, o finito como um *aquém*, [finito] que tampouco pode elevar-se para o infinito, porque ele tem essa determinação de um *outro*, portanto, de um *ser aí* perene, que se reproduz no seu além e, com efeito, como diverso disso.

c) A infinitude afirmativa

Como foi mostrado no determinar recíproco, que vai e que vem, do finito e do infinito, a verdade dos mesmos já *está presente* em si e é preciso apenas acolher o que está presente. O ir e vir constitui a realização exterior do conceito; nela, está posto o que o conceito contém, mas *externamente*, de modo tal que um cai fora do outro; precisa-se apenas da comparação desses momentos diversos, nos quais surge a *unidade* que o próprio conceito dá; – a *unidade* do infinito e do finito é, como já frequentemente observado, mas sobretudo aqui é preciso lembrar, a expressão enviesada para a unidade, como ela mesma é verdadeiramente; mas também o afastar dessa determinação enviesada precisa estar presente naquela externação do conceito que está diante de nós.

De acordo com sua mais próxima determinação, tomada apenas imediatamente, o infinito é somente como o *ir além* do *finito*; ele é, conforme sua determinação, a negação do finito; assim, o finito é apenas como aquilo além do qual é preciso ir, a negação de si nele mesmo, que é a infinitude. Em *cada um está* a *determinidade* do *outro*, ao passo que, de acordo com a opinião do progresso infinito, um deve ser excluído do outro e ambos devem apenas se seguir alternadamente; nenhum pode ser posto e apreendido sem o outro, o infinito, sem o finito, esse, sem o infinito. Se é *dito* o que é o infinito, a saber, a negação do *finito*, então o próprio finito é também *enunciado*;

ele *não* pode ser *dispensado* da determinação do infinito. Precisa-se apenas *saber o que se diz*, para encontrar a determinação do finito no infinito. Do finito, por sua vez, é desde logo admitido que ele é o nulo, mas, precisamente sua nulidade é a infinitude, da qual ele é igualmente inseparável. – Nesse apreender, eles podem parecer ser tomados conforme sua *relação* com seu *outro*. Se, com isso, eles são tomados *sem relação*, de modo que eles estejam ligados apenas pelo *"e"*, então eles estão como autossubsistentes cada um apenas como tal que é nele mesmo, um contraposto ao outro. É preciso ver como eles estão constituídos de tal maneira. O infinito, assim posto, é *um dos dois*; mas como *apenas* um dos dois ele é mesmo finito, ele não é o todo, mas apenas um lado; no seu contraposto, ele tem seu limite; ele é, assim, o *infinito finito*. Estão presentes apenas dois finitos. Precisamente no fato de que ele é assim *isolado* do finito, portanto, posto como *unilateral*, está sua finitude, logo, sua unidade com o finito. – O finito, por sua vez, como posto por si afastado do infinito, é essa *relação consigo*, na qual sua relatividade, dependência, sua perecibilidade está afastada; é a mesma autossubsistência e afirmação de si que o infinito deve ser.

Ambos os modos de consideração, que inicialmente parecem ter uma determinidade diversa por seu ponto de partida, na medida em que o primeiro deve manter o infinito e o finito apenas como *relação* de um para com o outro, de cada um com seu outro, e o segundo deve mantê-los em seu isolamento completo, dão um e o mesmo resultado; conforme a *relação* de ambos um para com o outro, que lhes seria externa, mas a qual lhes é essencial, sem a qual nenhum é o que é, ambos contêm, assim, seu outro na sua própria determinação, assim como *cada um* tomado *por si*, considerado *nele* mesmo, tem seu outro nele como seu próprio momento.

Isso dá, pois, a unidade – desacreditada – do finito e do infinito, a unidade mesma que é o infinito, o qual, dentro de si, compreende a si mesmo e a finitude, – logo, o infinito em um outro sentido do que aquele segundo o qual o finito está separado dele e está posto do outro lado. Na medida em que eles também precisam ser diferenciados, cada um, como há pouco mostrado, é nele mesmo a unidade de ambos; assim surgem duas unidades desse tipo. O comum, a unidade de ambas determinidades, põe-nas como unidade, inicialmente, como negadas, uma vez que cada um deve ser o que ele é na sua diferencialidade; na sua unidade elas perdem, portanto, sua natureza qualitativa; – uma reflexão importante contra a representação que não quer se desvencilhar disso, na unidade do infinito e do finito, fixá-los, conforme a qualidade que eles devem ser como tomados um fora do outro, e, portanto, vê naquela unidade nada senão a contradição, mas não vê a dissolução da mesma pela negação da determinidade qualitativa de ambas; assim a unidade inicialmente simples, universal do infinito e do finito é falseada.

Mas, além disso, na medida em que eles agora também precisam ser tomados como diferentes, assim a unidade do infinito, que cada um desses momentos mesmo é, em cada um dos mesmos está determinada de maneira diversa. O infinito conforme sua determinação tem, nele, a finitude diferenciada dele, aquele é o em si nessa unidade e essa é apenas determinidade, limite nele; somente é um limite que é, pura e simplesmente, o outro do mesmo, seu oposto; sua determinação, que é o ser em si como tal, é corrompida pela contribuição de uma qualidade de tal espécie; ele é, assim, um *infinito finitizado*. De igual maneira, na medida em que o finito como tal é apenas o não ser em si, mas, conforme aquela unidade, tem igualmente seu oposto nele, ele é elevado acima do seu valor e, com efeito, por assim dizer, [elevado] infinitamente; ele é posto como o finito *infinitizado*.

De igual maneira, como anteriormente a unidade simples, também a unidade dupla do infinito e do finito é falseada pelo entendimento. Isso acontece aqui igualmente pelo fato de que, em uma de ambas as unidades, assume-se o infinito como não negado, antes, como o ser em si, no qual, portanto, não deve ser posta a determinidade e a barreira; através disso, o ser em si seria rebaixado e corrompido. Inversamente, o finito é igualmente fixado como o não negado, embora nulo em si, de modo que ele, na sua ligação com o infinito, seja elevado para aquilo que ele não é e, através disso, seja infinitizado frente à sua determinação não desaparecida, mas antes, perene.

A falsificação que o entendimento empreende com o finito e o infinito, fixando sua relação de um para com o outro como diversidade qualitativa, afirmando-os na determinação dele como separados, e, com efeito, absolutamente separados, funda-se no esquecer do que, para ele mesmo, é o conceito desses momentos. Conforme isso, a unidade do finito e do infinito não é um juntar externo dos mesmos nem uma ligação inapropriada que contraria a determinação deles, [ligação] na qual [termos] autossubsistentes, em si separados e contrapostos um contra o outro, [termos tais] que são e, por conseguinte, incompatíveis seriam conectados, mas cada um é, nele mesmo, essa unidade e isso apenas como *suprassumir* de si mesmo, em que nenhum teria um privilégio do ser em si e do ser aí afirmativo sobre o outro. Como mostrado anteriormente, a finitude é somente como ir além de si; está contida nela, portanto, a infinitude, o outro de si mesma. Igualmente, a infinitude é apenas como ir além do finito; logo, ela contém essencialmente seu outro e é, nela, com isso, o outro de si mesma. O finito não é suprassumido pelo infinito como por uma potência presente fora dele, mas é sua infinitude suprassumir a si mesmo.

Esse suprassumir não é, com isso, a alteração ou o ser outro em geral, não o suprassumir de *algo*. Isso, em que o finito se suprassume, é o infinito como o negar a finitude; mas essa é há muito tempo, ela mesma, apenas o ser aí determinado como um *não ser*. É, portanto, apenas a *negação* que na *negação se suprassume*. Assim, por sua vez, a infinitude está determinada como o negativo da finitude e, com isso, da determinidade em geral, como o além vazio; seu suprassumir-se no finito é um retornar a partir da fuga vazia, *negação* do além que é um *negativo* nele mesmo.

O que, portanto, está presente em ambos é a mesma negação da negação. Mas essa é *em si* relação consigo mesma, a afirmação, mas como retorno para si mesmo, isto é, através da *mediação* que é a negação da negação. Essas determinações são aquelas que precisam ser apreendidas; mas em segundo lugar [vale observar] que, no progresso infinito, elas estão também *postas* e [observar] a maneira na qual elas estão postas nele, – a saber, não ainda [postas] na sua última verdade.

São negados nisso, *em primeiro lugar*, tanto o infinito como o finito, – vai-se além de ambos de igual maneira; *em segundo lugar*, eles são postos também como diferentes, cada um depois do outro, postos como positivos por si. Assim, nós apreendemos comparativamente essas duas determinações, como na comparação, em um comparar exterior, nós separamos os dois modos de consideração – do finito e do infinito na sua relação e tomados cada um por si. Mas o progresso infinito enuncia mais: nele também está posta a *conexão* dos [termos] também diferentes, contudo, inicialmente, apenas ainda como passagem e alternância; é apenas em uma reflexão simples que é preciso ver por nós o que, de fato, está presente nisso.

Inicialmente, a negação do finito e do infinito, que está posta no progresso infinito, pode ser tomada como simples, com isso, como separação um do outro, somente como um seguido do outro. A partir do finito vai-se além do limite, nega-se o finito. Agora está presente, portanto, o além do mesmo, o infinito, mas, nesse, *surge* de novo o limite; assim, está presente o ir além do infinito. Esse duplo suprassumir é, contudo, em parte, apenas em geral como um acontecer externo e alternar dos momentos, em parte, ainda não *posto* como uma *unidade*; cada um desses aléns é uma própria abordagem, um novo ato, de modo que, assim, eles caem um fora do outro. Mas, além disso, no progresso infinito, está presente também a *relação* deles. É, primeiramente, o *finito*; *então*, vai-se além disso, esse negativo ou além do finito é o infinito; *em terceiro lugar*, sobre vai-se novamente além dessa negação, surge um novo limite, novamente um *finito*. – Isso é o movimento completo, movimento que encerra a si mesmo, que chegou àquele que constituía o início; surge *o mesmo, do qual se partira*, isto é, o finito está restabelecido; o mesmo *se juntou*, portanto, *consigo mesmo*, apenas *se reencontrou no seu além.*

O mesmo caso está presente em relação ao infinito. No infinito, no além do limite, surge apenas um novo [limite] que tem o mesmo destino de precisar ser negado como finito. Assim, o que está presente de novo é o *mesmo* infinito que anteriormente desapareceu no novo limite; pelo seu suprassumir, através do novo limite, o infinito, portanto, não avançou nem um pouco [*ist... nicht weiter hinausgeschoben*], nem foi afastado do finito – pois esse é apenas isso, passar para o infinito – nem [foi afastado] de si mesmo, pois ele chegou *a si*.

Assim, ambos, o finito e o infinito, são esse *movimento* de retornar para si por meio da sua negação; eles são apenas como *mediação* dentro de si e o afirmativo de ambos contém a negação de ambos e é a negação da negação. – Eles são assim *resultado*, com isso, não aquilo que eles são na determinação de seu *início*; – o finito, por sua vez, não é um *ser aí* nem o infinito é *um ser aí* ou *ser em si* além do ser aí, isto é, além do [ser aí] determinado como finito. O entendimento insiste em rejeitar unidade do finito e do infinito, apenas porque ele tanto pressupõe a barreira e o finito quanto o ser em si como *perenes*; com isso, ele *ignora* a negação de ambos que está presente, de fato, no progresso infinito, como [ignora], do mesmo modo, que eles nisso ocorrem apenas como momentos de um todo e que eles emergem apenas mediante seu oposto, mas essencialmente, do mesmo modo, mediante o suprassumir de seu oposto.

Se, inicialmente, foi considerado o retorno a si, tanto como retorno do finito a si quanto como o do infinito a si, então, nesse próprio resultado, mostra-se uma inexatidão que tem a ver com a distorção criticada agora mesmo; ora o finito, ora o infinito, estão tomados como *ponto de partida* e apenas através disso surgem *dois* resultados. Mas é completamente indiferente qual [momento] seja tomado como início; com isso, é eliminada a diferença por si que engendrou a *dualidade* dos resultados. Isso está igualmente posto na linha ilimitada para ambos os lados do progresso infinito, em que cada um dos momentos está presente com igual ocorrer alternante e é inteiramente externo, seja qual for o lugar em que ela seja pega e seja [qual for o momento] tomado como início. – No mesmo [processo], eles são diferentes, mas, de igual maneira, um é apenas o momento do outro. Na medida em que ambos, o finito e o infinito, são, eles mesmos, momentos do progresso, eles têm *em comum* o fato de ser *o finito* e, na medida em que eles têm igualmente em comum o fato de estarem negados nele e no resultado, esse resultado, como negação daquela finitude de ambos, chama-se, em verdade, infinito. A diferença deles é, assim, o *duplo sentido* que ambos têm. O finito tem o duplo sentido, primeiramente, de ser somente o finito *contra* o infinito que o contrapõe e, em segundo lugar, de ser, *ao mesmo tempo*, o finito e o infinito que lhe contrapõem. Também o infinito tem o duplo sentido de ser um daqueles dois momentos – assim ele é o mau infinito – e de ser o infinito, no qual aqueles dois, ele mesmo e seu outro, são apenas momentos. Como, portanto, o infinito, de fato, está presente, [ele] é, [por um lado], ser o processo em que ele se rebaixa, ser apenas *uma* de suas determinações, ser contraposto ao finito e, com isso, ser, ele mesmo, apenas um dos finitos e, [por outro lado], ele é suprassumir essa sua diferença de si mesmo em direção à afirmação de si e ele é ser, através dessa mediação, como *infinito verdadeiro*.

Essa determinação do infinito verdadeiro não pode ser apreendida na *fórmula* já criticada de uma *unidade* do finito e do infinito; a *unidade* é igualdade abstrata e sem movimento consigo mesmo e os momentos são também como entes imóveis. Mas o infinito é, antes, como ambos os seus momentos, essencialmente apenas como *devir*, mas o devir agora *mais determinado* nos seus momentos. Este tem, inicialmente, o ser e o nada abstratos por suas determinações; como alteração, entes que são aí, algo e outro; agora, como infinito, [ele tem por suas determinações] o finito e o infinito, eles mesmos, como tais que devém.

Esse infinito como ser retornado para dentro de si, relação de si consigo mesmo, é *ser*, mas não ser sem determinação, abstrato, pois ele está posto como tal que nega a negação; é com isso também *ser aí*, pois ele contém a negação em geral, com isso, a determinidade. Ele *é* e *é aí*, presente, atual [*präsent, gegenwärtig*]. Apenas o mau infinito é o *além*, porque ele é *apenas* a negação do finito como posto como *real*, – assim ele é a negação abstrata, primeira; *apenas* determinado como negativo, ele não tem a afirmação do *ser aí* nele; fixado como apenas [um] negativo, ele *não deve* nem mesmo ser aí, deve ser inatingível. Essa inatingibilidade, contudo, não é sua excelência, mas sua falta que tem seu último fundamento no fato de que o finito como tal é fixado *como tal que é*. O não verdadeiro é o inatingível; e é preciso ver que tal infinito é o não verdadeiro. – A imagem do progresso para o infinito é a *linha* direta; o infinito [é] apenas em ambos os limites dela e é sempre apenas onde ela – e ela é ser aí – não é e *vai além* para esse seu não ser aí, isto é, para o indeterminado; como infinitude verdadeira, recurvada dentro de si, sua imagem se torna o *círculo*, a linha que atingiu a si, que está concluída e inteiramente presente, sem *ponto de início* e sem *fim*.

A infinitude verdadeira, assim, em geral, como *ser aí* que está posto como *afirmativo* frente à negação abstrata é a *realidade* em sentido superior à anteriormente determinada como *simples*; aqui, ela obteve um conteúdo concreto. Não é o finito o real, mas o infinito. Assim, a realidade é determinada ulteriormente como a essência, o conceito, a Ideia etc. Contudo, é supérfluo repetir tais categorias anteriores, mais abstratas, como a realidade no que é mais concreto e empregá-las para determinações mais concretas do que aquelas são nelas mesmas. Tal repetir, como dizer que a essência ou que a Ideia é o real, tem seu motivo no fato de que, para o pensar inculto, as categorias mais abstratas como ser, ser aí, realidade, finitude, são as mais correntes.

Aqui, chamar novamente a atenção sobre a categoria da realidade tem seu motivo mais determinado, na medida em que a negação, contra a qual a realidade é o afirmativo, [é] aqui a negação da negação; com isso, ela mesma está contraposta àquela realidade que é o ser aí finito. – Assim, a negação está determinada como idealidade; o ideal[20] é o finito, como ele é no infinito verdadeiro, – como uma determinação, um conteúdo que é diferente, porém não *tal que é autossubsistente*, mas como *momento*. A idealidade tem esse significado mais concreto que não está completamente expresso pela negação do ser aí finito. – Contudo, em relação à realidade e à idealidade, a oposição do finito e do infinito, é apreendida de modo que o finito vale como o real, mas o infinito vale como o ideal, como também, além disso, o conceito é considerado como um ideal, e, com efeito, *apenas* como um ideal e o ser aí em geral, pelo contrário, como o real. Tal maneira não é de ajuda alguma, com certeza, ter a própria expressão do ideal para que a determinação concreta da negação indicada; naquela oposição, regressa-se, de novo, à unilateralidade do negativo abstrato que compete ao mau infinito, e persiste-se no ser aí afirmativo do finito.

A passagem

A idealidade pode ser denominada a *qualidade* da infinitude; mas ela é essencialmente o processo do *devir* e, com isso, uma passagem, como de devir para ser aí, passagem que agora deve estar indicada.

---

20. O *Ideal* tem um significado determinado mais amplo (do belo e do que vai para essa direção) do que o *ideell* [em português, não temos como distinguir ambos os termos, por isso optamos por não traduzi-los aqui – N.T.]; aqui, aquele ainda está fora de propósito; por causa disso, aqui, emprega-se a expressão "ideell". Na realidade, essa diferença não ocorre, decerto, no uso da linguagem; o *Reell* e o *Real* são usados mais ou menos no mesmo sentido; a nuança de ambas as expressões, por assim dizer, uma contraposta à outra, não tem nenhum interesse [N.H.].

Como suprassumir da finitude, isto é, da finitude como tal e, igualmente, da infinitude que apenas se contrapõe a ela, da infinitude negativa, esta [infinitude] é o retorno para si, *relação consigo mesma*, o *ser*. Visto que, nesse ser há negação, ele é *ser aí*, mas, já que, além disso, ela é essencialmente negação da negação que é a negação que se relaciona consigo, ela é o ser aí que é denominado *ser para si*.

Observação 1 [O progresso infinito]

O infinito – conforme o sentido comum da má infinitude – e o *progresso para o infinito*, como o dever ser, são a expressão de uma *contradição* que se dá a si mesma como a *dissolução* e como o último. Esse infinito é uma primeira elevação do representar sensível acima do finito no pensamento que, contudo, tem apenas o conteúdo de nada, do *explicitamente* posto como tal que não é, – uma fuga para além do delimitado, fuga que não se recolhe dentro de si e não sabe reconduzir o negativo ao positivo. Essa *reflexão não realizada plenamente* tem ambas as determinações do infinito verdadeiro – a *oposição* do finito e do infinito e a *unidade* do finito e do infinito – diante de si, mas não *junta* esses *dois pensamentos*; um engendra de modo inseparável o outro, mas ela [a reflexão] os deixa apenas *alternar*. A apresentação dessa alternância, o progresso infinito, entra por todos os lados, em que se persiste na contradição da *unidade* das duas determinações e da *oposição* das mesmas. O finito é o suprassumir de si mesmo, ele encerra em si sua negação, a infinitude, – a *unidade* de ambos; *vai-se além* do finito para o infinito como um além do mesmo, – *separação* de ambos; mas além do infinito há um outro finito: o além, o infinito, contém a finitude, – *unidade* de ambos; mas esse finito é também um negativo do infinito, – *separação* de ambos etc. – Assim, na relação de causalidade, causa e efeito são inseparáveis; uma causa que não deveria ter nenhum efeito, não é causa, como o efeito que não teria nenhuma causa, não [é] mais efeito. Essa relação dá, portanto, o progresso infinito de *causas* e *efeitos*; algo está determinado como causa, mas ela tem como um finito (e ela é finita justamente por causa da sua separação do efeito) ela mesma uma causa, quer dizer, ela é também efeito; com isso, o *mesmo* que foi determinado como causa, está determinado como efeito, – *unidade* da causa e do efeito; o que é determinado agora como efeito tem de novo uma causa, isto é, a causa precisa ser *separada* do seu efeito e precisa ser posta como um algo diverso; essa nova causa é, contudo, ela mesma, um efeito, – *unidade* da causa e do efeito; ela tem um outro como sua causa, – separação de ambas as determinações etc. para o *infinito*.

Ao progresso pode ser dada, assim, a forma mais peculiar: faz-se a afirmação que o finito e o infinito são *uma* unidade; essa afirmação falsa tem que ser retificada pela contraposta: eles são pura e simplesmente diversos e contrapostos a si; essa precisa ser de novo retificada no sentido de que eles são inseparáveis, em uma determinação está a outra, precisa ser retificada pela afirmação da unidade deles e assim por diante, no infinito. – É uma exigência fácil que é feita para ver a natureza do infinito: ter consciência de que o progresso infinito, o infinito desenvolvido do entendimento, tem a constituição de ser a *alternância* de ambas as determinações, da *unidade* e da *separação* de ambos os momentos e ter então a consciência ulterior de que essa unidade e essa separação são, elas mesmas, inseparáveis.

A dissolução dessa contradição não é o reconhecimento da *igual exatidão* e da igual inexatidão de ambas as afirmações – isso é apenas uma outra figura da contradição permanente –, mas a *idealidade* de ambas, como aquela na qual elas são na sua diferença, como negações recíprocas, apenas *momentos*; aquela alternância monótona é, de fato, tanto a negação da *unidade* quanto da *separação* das mesmas. Nela está presente também, de fato, o que foi mostrado acima, que o finito cai além de si no infinito, mas igualmente além do mesmo se reencontra, ele mesmo, gerado, com isso, apenas se junta consigo nisso como, igualmente, o infinito; de modo que a mesma negação da negação se resulta em *afirmação*, tal resultado demonstra-se, com isso, como sua verdade e originariedade. Portanto, nesse ser como na *idealidade* dos diferentes, a contradição não desapareceu abstratamente, mas está dissolvida e reconciliada e os pensamentos não são somente completos, mas estão também *juntados*. A natureza do pensar especulativo se mostra, aqui, como um exemplo realizado de sua maneira determinada; ela consiste unicamente no apreender dos momentos contrapostos na unidade deles. Na medida em que cada um mostra, de fato, ter seu oposto nele mesmo e, nesse juntar-se consigo, a verdade afirmativa é essa unidade que se move dentro de si, o reunir de ambos os pensamentos, – a relação consigo mesma, não a imediata, mas a infinita.

A essência da filosofia tem sido frequentemente posta por aqueles que já estão familiarizados com o pensar, na tarefa de responder *como o infinito sai de si e chega a finitude*. – Isto, opina-se, não seria possível tornar *compreensível*. O infinito, cujo conceito nós chegamos, *determinar-se-á ulteriormente* na progressão desta apresentação e mostrar-se-á nele, em toda a diversidade das formas, o exigido, *como* ele, se se quer expressar assim, *chegaria à finitude*. Aqui consideramos essa pergunta apenas na sua imediatidade e com respeito ao sentido, há pouco considerado, que o infinito costuma ter.

Da resposta dessa pergunta deve depender, em geral, *se há uma filosofia* e, na medida em que se pretende ainda querer deixar que isso dependa a resposta àquela pergunta, acredita-se, ao mesmo tempo, possuir na própria pergunta uma espécie de questão enigmática, um talismã insuperável, através do qual se estaria firmemente assegurado contra a resposta e, com isso, contra a filosofia e o chegar na mesma. Também a respeito de outros objetos pressupõe-se uma formação para entender como *perguntar*, mas ainda mais a respeito dos objetos filosóficos, [pressupõe-se uma formação] para receber uma outra resposta do que aquela que a pergunta não vale nada. – Em tais perguntas, costuma-se recorrer à razoabilidade de que não depende das palavras, mas, de uma ou de outra maneira, da expressão que seja compreensível o que importa. As expressões de representação sensível, como *sair* e semelhantes, que são utilizadas na pergunta, provocam a suspeita de que ela decorra do terreno do representar comum e, para a resposta, também são esperadas representações, que são viáveis na vida comum, e a figura de uma comparação (*Gleichnis*) sensível.

Se é tomado, em vez do infinito, o ser em geral, então o *determinar* do *ser*, uma negação ou finitude nele parece mais facilmente compreensível. O ser é, com efeito, ele mesmo o indeterminado, mas não é imediatamente nele expresso que ele é o oposto do determinado. O infinito, pelo contrário, contém isso expressamente; ele é o *não* finito. A unidade do finito e do infinito parece, com isso, imediatamente excluída; a reflexão não plenamente realizada é, por isso, do modo mais obstinado contra essa unidade.

Mas foi mostrado, e fica imediatamente claro, sem entrar mais a fundo na determinação do finito e do infinito, que o finito no sentido, no qual ele é tomado por aquele refletir – a saber, como tal que se contrapõe ao finito –, porque se contrapõe a ele, tem nele seu outro, portanto, está limitado e, ele mesmo, é finito, o mau infinito. A resposta à pergunta *como o infinito se torna finito* é, com isso, esta: que não *há* um infinito que é *por enquanto* infinito e que apenas depois se torna finito, que necessita sair para a finitude, mas que ele já é, por si mesmo, tanto finito quanto infinito. Na medida em que a pergunta assume que o infinito esteja, por si, de um lado e que o finito que saiu dele (ou de onde quer que ele provenha) para a separação, isoladamente dele, seja verdadeiramente real, seria, antes, preciso dizer que essa separação é *incompreensível*. Nem tal finito, nem tal infinito têm verdade, o não verdadeiro, contudo, é incompreensível. Mas é preciso dizer também que eles são compreensíveis; a consideração dos mesmos, também como eles são na representação, de que em um está a determinação do outro, ter a intelecção simples nessa sua inseparabilidade, significa compreendê-los; *essa inseparabilidade é o conceito deles*. – Na *autossubsistência* daquele infinito e daquele finito, pelo contrário, aquela pergunta coloca um conteúdo não verdadeiro e contém já dentro de si uma relação não verdadeira do mesmo. Por isso, não é preciso respondê-la, mas, antes, é preciso negar as pressuposições falsas que ele contém, isto é, a própria pergunta. Através da pergunta pela verdade daquele infinito e finito, o ponto de vista é alterado e essa alteração reconduzirá a ela o embaraço que a primeira pergunta devia suscitar; aquela nossa *pergunta* é *nova* para a reflexão da qual a primeira pergunta decorre, já que tal refletir não contém o interesse especulativo que empreende a conhecer se as determinações, como elas são pressupostas, sejam algo verdadeiro por si e antes de relacioná-las. Na medida em que, contudo, a inverdade daquele infinito abstrato e do finito que igualmente deve permanecer no seu lado está conhecida, é preciso dizer sobre o sair do finito para fora do infinito que o infinito *sai* para a finitude, porque ele não tem verdade alguma, nenhum subsistir nele, enquanto ele está apreendido como unidade abstrata; assim, inversamente, o finito, pela mesma razão de sua nulidade, *entra* no infinito. Ou, antes, é preciso dizer que o infinito eternamente saiu para a finitude, que ele pura e simplesmente não *é*, nem é como o ser puro, unicamente por si, sem ter seu outro *nele mesmo*.

Aquela pergunta, como o infinito sai para o finito, pode conter a pressuposição ulterior de que o infinito encerra *em si* o finito, com isso, de que é em si a unidade de si mesmo e de seu outro, de modo que a dificuldade se refere essencialmente ao *separar* como o qual que se contrapõe à unidade pressuposta de ambos. Nessa pressuposição, a oposição na qual se fixa tem apenas uma outra figura; a *unidade* e o *diferenciar* são separados e isolados um do outro. Mas se aquela é tomada não como a unidade indeterminada abstrata, mas já, como naquela pressuposição, como a unidade determinada do *finito* e do *infinito*, então a diferenciação de ambos já está também presente nisso – uma diferenciação que, assim, ao mesmo tempo, não é um deixar os mesmos soltos em uma autossubsistência separada, mas os deixa como *ideais* na unidade. Essa *unidade* do infinito e do finito e a *diferenciação* dele são o mesmo inseparável que a finitude e a infinitude.

Observação 2 [O idealismo]

A proposição que o *finito é ideal* constitui o *idealismo*. O idealismo da filosofia consiste em nada mais do que reconhecer que o finito não é um ente verdadeiro. Toda filosofia é essencialmente idealismo ou tem o mesmo, pelo menos, por seu princípio e a pergunta é, então, apenas em que medida o mesmo está efetivamente realizado. A filosofia é [um idealismo] assim como a religião; pois a religião reconhece a finitude tampouco como um ser verdadeiro, quanto como um último, absoluto, ou seja, como um não posto, não criado, eterno. A oposição da filosofia idealista e da realista é, portanto, sem significado. Uma filosofia que atribuísse ao ser aí finito como tal ser absoluto, último, verdadeiro, não mereceria o nome filosofia; os princípios das filosofias antigas ou modernas, a água ou a matéria ou os átomos, são *pensamentos*, universais, ideais, não coisas, como elas se encontram imediatamente, isto é, na singularidade sensível, nem mesmo aquela água de Tales; pois, embora sendo também a água empírica, ela é, além disso, ao mesmo tempo, o *em si* ou a *essência* de todas as outras coisas, e essas não são autossubsistentes, fundadas dentro de si, mas *postas* a partir de um outro, da água, isto é, ideais. Na medida em que o princípio há pouco foi denominado o universal, o *ideal*, como ainda mais o conceito, a ideia, o espírito precisam ser denominados *ideais* e então, por sua vez, as coisas singulares, sensíveis enquanto *ideais* são como suprassumidas no princípio, no conceito, ainda mais no espírito, nesse caso, é preciso dar atenção, por ora, ao mesmo lado duplo que se mostrou no infinito, a saber, que, por um lado, o ideal é o concreto, o que é verdadeiramente, mas, por outro lado, igualmente seus momentos são o ideal, suprassumidos nele, mas, de fato, é apenas o único todo concreto de que os momentos são inseparáveis.

Por ideal se entende, sobretudo, a forma da *representação* e, o que é na minha representação em geral ou *no* conceito, *na* ideia, *na* imaginação etc., é denominado *ideal*, de modo que o ideal em geral vale também para os produtos da imaginação [*Einbildungen*], – representações que devem não apenas ser diferenciadas do real, mas essencialmente *não* devem ser reais. De fato, o espírito é o próprio *idealista* em geral; nele, já como ele sente, representa, ainda mais, na medida em que ele pensa e compreende, o conteúdo não é como o assim chamado *ser aí real*; na simplicidade do Eu, tal ser externo está apenas suprassumido, ele é *para mim*, ele é *idealmente* dentro de mim. Este idealismo subjetivo, seja ele enunciado e exposto como idealismo inconsciente da consciência em geral ou, de modo consciente, como princípio, concerne apenas à *forma* da representação, segundo a qual um conteúdo é o meu; no idealismo sistemático da subjetividade, essa forma é afirmada como a única verdadeira, a forma excludente contra a forma da objetividade ou realidade, do *ser aí externo* daquele conteúdo. Tal idealismo é formal, na medida em que ele não observa o *conteúdo* do representar ou do pensar, o qual, nesse idealismo, no representar ou no pensar, pode permanecer inteiramente na sua finitude. Com tal idealismo, nada está perdido, tanto porque a realidade de tal conteúdo finito, o ser aí preenchido com finitude, está conservada, quanto, na medida em que se abstrai disso, nada deve *em si* ser colocado em tal conteúdo; e, com ele, nada se ganha, precisamente porque nada está perdido, porque Eu, a representação, o espírito, permanecem preenchidos com o mesmo conteúdo da finitude. A oposição da forma da subjetividade e da objetividade é, sem dúvida, uma das finitudes; mas o *conteúdo*, como ele é assumido na sensação, na intuição ou também no elemento mais abstrato da representação, do pensar, contém as finitudes em abundância, as quais, com o excluir daquela única maneira da finitude, da forma do subjetivo e do objetivo, ainda não estão, de modo algum, eliminadas, ainda menos desapareceram por meio de si mesmas.

TERCEIRO CAPÍTULO
O SER PARA SI

No *ser para si* o *ser qualitativo* está *plenamente realizado*; ele é o ser infinito. O ser do início é sem determinação. O ser aí é o ser suprassumido, mas apenas imediatamente suprassumido; ele contém assim, inicialmente, apenas a primeira negação, ela mesma, imediata; o ser está, com efeito, igualmente conservado e ambos, unidos no ser aí em unidade simples, mas, precisamente por isso, em si, ainda *desiguais* um para com o outro e a unidade deles ainda *não* está *posta*. O ser aí é, por isso, a esfera da diferença, do dualismo, o campo da finitude. A determinidade é determinidade como tal, um ser determinado relativo, não absoluto. No ser para si está posta e igualada a diferença entre o ser e a determinidade ou negação; qualidade, ser outro, limite, como realidade, ser em si, dever ser etc. são as configurações [*Einbildungen*] imperfeitas da negação no ser, como aquelas nas quais a diferença de ambos está ainda no fundamento. Mas, na medida em que na finitude a negação passou para a infinitude, para a negação *posta* da negação, ela é a relação simples consigo, portanto, o igualamento nela mesma com o ser, - *ser determinado absoluto*.

O ser para si é, *em primeiro lugar*, um ente que é imediatamente para si, *uno. Em segundo lugar*, o uno passa para a *pluralidade dos unos*, - *repulsão*; a qual ser outro do uno se suprassume na idealidade do mesmo, - *atração*.

Em terceiro lugar, a determinação recíproca da repulsão e da atração, na qual elas desabam no equilíbrio e a qualidade que no ser para si se levou ao extremo, passa para a *quantidade*.

A. O ser para si como tal

Surgiu o conceito geral do ser para si. Dependeria apenas de comprovar que àquele conceito corresponde a representação que nós ligamos com a expressão *ser para si*, a fim de ser autorizado a empregar a mesma para aquele conceito. E de fato é assim que parece; nós dizemos que algo é para si, na medida em que ele suprassume o ser outro, sua relação e comunhão com outro, na medida em que ele as repeliu e abstraiu delas. O outro é nele apenas como um suprassumido, como *seu momento*; o ser para si consiste em ter ido além da barreira, além do seu ser outro, de modo que ele, enquanto essa negação, é o *retorno* infinito para dentro de si. – A consciência já contém como tal, em si, a determinação do ser para si, na medida em que ela *representa* a si um objeto que ela sente, intui etc., isto é, tem *nela* o conteúdo dele que é, dessa maneira, como *ideal*; no seu próprio intuir, no seu envolvimento em geral com o seu negativo, com o outro, ela é *junto de si mesma*. O ser para si é o comportamento negativo, polêmico frente ao outro limitante e, por essa negação do mesmo, é ser refletido dentro de si, embora, *ao lado* desse retorno da consciência para dentro de si e da idealidade do objeto, *também* esteja ainda conservada a *realidade* do mesmo, na medida em que ele é, *ao mesmo tempo*, sabido como um ser aí exterior. A consciência é *assim aparecente*, ou seja, o dualismo de saber, por um lado, de um outro objeto exterior e, por outro, de ser para si, de ter idealmente o mesmo nela, de não ser apenas junto de tal outro, mas de ser nisso também junto de si mesmo. A *autoconsciência*, ao contrário, é o *ser para si* como *realizado* [*vollbracht*] e posto; aquele lado da relação com um *outro*, com um objeto exterior, está afastado. A autoconsciência é, assim, o exemplo mais próximo da presença da infinitude, – de uma infinitude, sem dúvida, sempre abstrata que, contudo, ao mesmo tempo, é de determinação mais concreta totalmente diferente do que o ser para si em geral, cuja infinitude tem ainda, inteiramente, determinidade apenas qualitativa.

a) Ser aí e ser para si

O ser para si é, como já foi lembrado, a infinitude que desabou no ser simples; ele é *ser aí*, na medida em que a natureza negativa da infinitude, que é negação da negação, é, na forma doravante posta da *imediatidade* do ser, apenas como negação em geral, como determinidade qualitativa simples. Contudo, o ser em tal determinidade, na qual ele é ser aí, é desde já também diferente do próprio ser para si que é apenas ser para si, na medida em que sua determinidade é aquela infinita; entretanto, o ser aí é, ao mesmo tempo, momento do próprio ser para si; pois esse contém, sem dúvida, também o ser afetado pela negação. Assim, a determinidade que no ser aí como tal é um *outro* e *ser para outro* está recurvada na unidade infinita do ser para si e o momento do ser aí está presente no ser para si como *ser para uno*.

b) **Ser para uno**

Este momento expressa como o finito é na sua unidade com o infinito, ou seja, como ideal. O ser para si não tem *nele* a negação como uma determinidade ou como um limite e, com isso, nem como relação com um ser aí diferente dele. Na medida em que este momento foi agora designado como *ser para uno*, não está ainda presente nada para o qual ele seria, – não está presente o uno, cujo momento ele seria. De fato, no ser para si, algo semelhante ainda não está fixado; aquilo para o qual algo (e aqui não há nenhum algo) seria, o que o outro lado em geral deveria ser, é, de igual modo, momento, ele mesmo apenas ser para uno, não ainda uno. – Com isso, está ainda presente uma indiferencialidade de dois lados que, no ser para uno podem pairar; apenas *um* ser para outro e, porque ele é apenas um ser para outro, esse é também apenas ser para uno; é apenas uma única idealidade daquele para o qual ou no qual uma determinação deveria ser como momento e daquele que deveria ser momento nele. Assim, *ser para uno* [*Für-Eines-Sein*] e *ser para si* não constituem de modo algum determinidades verdadeiras uma contraposta à outra. Na medida em que a diferença é assumida momentaneamente e que aqui se fala de um *ente para si*, é o próprio ente para si, como ser suprassumido do ser outro, que se relaciona consigo como com o outro suprassumido, portanto, é *para uno*; no seu outro, ele se relaciona apenas consigo. O ideal é necessariamente *para uno*, mas não é para um *outro*; o uno, para o qual ele é, é apenas ele mesmo. – Eu, portanto, o espírito em geral ou Deus são ideais, porque eles são infinitos; mas eles não são idealmente – como tais que são para si – diversos daquele que é para uno. Pois, assim, eles seriam somente imediatos ou, mais especificamente, ser aí e um ser para outro, porque aquele, o qual seria para eles, não seria eles mesmos, mas um outro, se o momento de ser para uno não lhes devesse competir. Deus é, portanto, *para si*, na medida em que Ele mesmo é aquilo que é *para Ele*.

Ser para si e ser para uno não são, portanto, significados diversos da idealidade, mas são momentos essenciais e inseparáveis da mesma.

Observação [A expressão: Que tipo?[21]]

A expressão, que inicialmente aparece como estranha, da nossa língua [alemã] para a pergunta pela qualidade: *que tipo de* coisa *é* algo, destaca o momento aqui considerado na sua reflexão dentro de si. Na sua origem, essa expressão é idealista na medida em que ela não pergunta o que é essa coisa A *para uma outra* coisa B, não pergunta o que esse ser humano é para um outro ser humano, – mas que *tipo de coisa, que tipo de ser humano*, de modo que esse ser para uno está, ao mesmo tempo, retomado nessa coisa, nesse próprio ser humano, de modo que aquilo o *que é* e aquilo *para o qual* ele é, são um e o mesmo, – uma identidade, com a qual também a idealidade precisa ser considerada.

A idealidade compete, inicialmente, às determinações suprassumidas, como diferentes daquilo *no que* estão suprassumidas, o qual, ao contrário, pode ser tomado como o real [*Reell*]. Assim, contudo, o ideal é de novo um dos momentos e o real [*Real*], o outro; mas a idealidade é isso que ambas as determinações são igualmente apenas *para uno* e valem apenas para *uno*, a qual *única* idealidade não é, com isso, diferente da realidade. Nesse sentido, a autoconsciência, o espírito, Deus é o ideal, como relação infinita puramente consigo, – Eu é para Eu, ambos são o mesmo, Eu está mencionado duas vezes, mas assim, dos dois, cada um é apenas para uno, ideal; o espírito é apenas para o espírito, Deus apenas para Deus, e apenas essa unidade é Deus, Deus como espírito. – Mas a autoconsciência como consciência entra na diferença *de si* e de um *outro* – ou seja, [na diferença] de sua idealidade, na qual ela é na forma do representar,

---

21. *Was für eines?* Literalmente "O que para uno?", ou seja, "Que tipo é adequado a algo, para que este seja tal coisa?" P. ex., *Was für ein Auto ist dies?* seria "Que tipo de carro é este?" É a pergunta pela qualidade, pela característica do carro [N.T.].

e de sua realidade, na medida em que sua representação tem um conteúdo determinado que tem ainda o lado de ser sabido como o negativo não suprassumido, como ser aí. Contudo, denominar o pensamento, espírito, Deus *apenas* um ideal, pressupõe o ponto de vista, no qual o ser aí finito vale como o real e o ideal ou o ser para uno tem apenas um sentido unilateral.

Em uma observação anterior[22], foi indicado o princípio do idealismo e foi dito que, o que mais precisamente conta numa filosofia, é a medida que o princípio está implementado. Sobre a espécie dessa implementação em relação à categoria na qual nós estamos, pode ser feita ainda uma observação ulterior. Essa implementação depende, inicialmente, disto: se ao lado do ser para si permanece ainda de modo autossubsistente o ser aí finito, mas, além disso, se no infinito já está posto até mesmo o momento do *para uno*, um comportamento do ideal para consigo como ideal. Assim, o ser eleata ou a substância de Spinoza são apenas a negação abstrata de toda determinidade, sem que, nela mesma, estivesse posta a idealidade; – em Spinoza, como será mencionado mais adiante, a infinitude é apenas a *afirmação* absoluta de uma coisa, com isso, apenas a unidade imóvel; a substância nem mesmo chega, portanto, à determinação do ser para si, muito menos do sujeito e do espírito. O idealismo do nobre *Malebranche* é em si mais explícito; ele contém os seguintes pensamentos fundamentais: visto que Deus encerra em si todas as verdades eternas, as ideias e perfeições de todas as coisas, de modo que elas são apenas as *suas*, então nós as vemos apenas nele; Deus desperta em nós nossas sensações dos objetos através de uma ação que não tem nada de sensível, pela qual nós imaginamos que não apenas adquirimos a ideia dele, ideia que representa sua essência, mas também a sensação do ser aí do mesmo (*De la recherche de la Verité, Eclaircissements sur la nature des idées etc.* [Paris, 1674]). Portanto, assim como as verdades eternas e as ideias (essencialidades) das coisas são ideais, também o ser aí delas – em Deus – é ideal, não um ser aí efetivo; embora, enquanto nossos objetos, eles são apenas *para uno*. Este momento do idealismo explícito e concreto que falta no spinozismo está aqui presente, na medida em que a idealidade absoluta está determinada como saber. Por mais puro e profundo que

---

22. Hegel se refere à observação que conclui o infinito afirmativo [N.T.].

seja esse idealismo, aquelas relações contêm, em parte, ainda muito de indeterminado para o pensamento, mas, em parte, seu conteúdo é desde logo inteiramente concreto (o pecado e a redenção adentram diretamente nelas); a determinação lógica da infinitude que precisaria ser a base do conteúdo não está tratada por si e, assim, aquele idealismo elevado e preenchido é, decerto, o produto de um espírito puro especulativo, mas ainda não de um pensar puro especulativo que somente fundamenta de modo verdadeiro.

O idealismo *leibniziano* está mais dentro do limite do conceito abstrato. – O ente [*Das Wesen*] que *representa de Leibniz*, a *mônada*, é essencialmente um ideal. O representar é um ser para si, no qual as determinidades não são limites e, com isso, não são um ser aí, mas apenas momentos. Representar é, com efeito, igualmente uma determinação mais concreta, mas aqui não tem nenhum significado ulterior do que o da idealidade; pois também o que é privado de consciência em geral, em Leibniz, é aquilo que representa e percebe. Nesse sistema, portanto, o ser outro está suprassumido; espírito e corpo, ou as mônadas em geral, não são outros um para o outro, não se limitam uns aos outros, um não tem nenhuma influência sobre o outro; desaparecem, em geral, todas as relações, as quais têm por fundamento um ser aí. A multiplicidade é apenas uma [multiplicidade] ideal e interior, a mônada permanece nisso apenas relacionada consigo mesma, as alterações se desenvolvem dentro de si e não são relações das mesmas com as outras. O que, segundo a determinação real, é tomado como relação que é aí das mônadas uma para com a outra, é um devir independente, apenas *simultâneo*, encerrado no ser para si de cada uma. – Que há *várias mônadas*, que elas com isso também são determinadas como outros, não concerne nada às mônadas; isso é a reflexão de um terceiro que cai fora delas; elas não são, *nelas mesmas, outras uma frente à outra*; o ser para si está mantido puramente sem o *ao lado* de um ser aí. – Unicamente nisso está, ao mesmo tempo, a imperfeição desse sistema. As mônadas são apenas *em si* ou *em* Deus, enquanto a mônada das mônadas, ou [são] *também no sistema*, assim, são tais que representam. O ser outro está igualmente presente; caia ele para onde queira, na própria representação ou seja determinado como o terceiro, que as considera como outros, como múltiplos. A pluralidade do ser aí delas está apenas excluída e, com efeito, apenas momentaneamente; é apenas pela abstração que as mônadas estão postas como tais que seriam não outros. Se é um terceiro que põe o ser outro delas, então é também um terceiro que suprassume seu ser outro; mas todo esse *movimento que as torna ideais*, cai fora delas. Na medida em que, porém, pode ser lembrado nisso que esse movimento do próprio pensamento, todavia, cai apenas dentro de uma mônada que representa, precisa, ao mesmo tempo, ser lembrado que justamente o *conteúdo em si mesmo* de tal pensar é externo a si. Passa-se imediatamente, sem compreender como (através da representação do criar) para da unidade da idealidade absoluta (da mônada da mônada) para a categoria da *pluralidade* abstrata (sem relação) do ser aí e [se passa] dessa, de modo igualmente abstrato, de volta para aquela unidade. A idealidade, o representar em geral, permanece algo formal, como igualmente permanece formal o representar elevado à consciência. Como na ideia acima mencionada da agulha magnética de Leibniz, agulha que, se tivesse uma consciência, consideraria sua direção para o norte uma determinação da sua liberdade, a consciência é pensada apenas como forma unilateral que é indiferente frente sua determinação e conteúdo, a idealidade é, nas mônadas, uma forma que permanece externa à pluralidade. A idealidade lhes deve ser imanente, sua natureza deve ser representar; mas seu comportamento é, por um lado, sua harmonia que não cai em seu ser aí, ela é, portanto, preestabelecida; por outro lado, esse seu *ser aí* não está apreendido como ser para outro, nem mais como idealidade, mas apenas determinado como pluralidade abstrata; a idealidade da pluralidade e a determinação ulterior da mesma para a harmonia não se torna imanente e pertencente a essa própria pluralidade.

Outro idealismo, como, por exemplo, o kantiano e o fichteano, não ultrapassa o *dever ser* ou o *progresso infinito* e permanece no dualismo do ser aí e do ser para si. Nesses sistemas, a coisa em si ou o choque infinito entra, com efeito, imediatamente no Eu e se torna apenas um *para o mesmo*; mas ele parte de um ser outro livre que perdura como ser em si negativo. O Eu é decerto determinado, portanto, como o ideal, como tal que é para si, como relação infinita consigo; mas o *ser para uno* não está plenamente realizado até o desaparecer daquele além ou da direção para o além.

c) Uno

O ser para si é a unidade simples de si mesmo e do seu momento, do ser para uno. Está presente apenas *uma* determinação, a relação consigo mesmo do suprassumir. Os *momentos* do ser para si desabaram na *ausência de diferença* que é imediatidade ou ser, mas uma *imediatidade* que se funda no negar que está posto como sua determinação. O ser para si é, assim, *ente para si* e, na medida em que nessa imediatidade desaparece seu significado interior, ele é o limite inteiramente abstrato de si mesmo, – *o uno*.

De antemão, pode-se prestar atenção à dificuldade que está na seguinte apresentação do *desenvolvimento* do uno e ao fundamento dessa dificuldade. Os momentos que constituem o *conceito* do uno como ser para si *se* separam nisso; eles são 1) negação em geral, 2) *duas* negações, 3) com isso, dois que são *o mesmo*, 4) que estão pura e simplesmente contrapostos; 5) relação consigo, identidade como tal, 6) relação *negativa* e, todavia, *consigo mesma*. Esses momentos *se* separam aqui pelo fato de que a forma da *imediatidade*, do *ser* entra no ser para si como ente para si; através dessa imediatidade, cada momento *é posto* como *uma determinação própria, que é*; e, todavia, eles são igualmente *inseparáveis*. Com isso, de cada determinação precisa ser dita igualmente seu oposto; é essa contradição que, na *constituição* abstrata dos *momentos*, constitui a dificuldade.

B. Uno e múltiplo

O uno é a relação simples do ser para si consigo mesmo, na qual seus momentos colapsaram para dentro de si, na qual ele tem, portanto, a forma da *imediatidade* e agora seus momentos, portanto, tornam-se *tais que são aí*.

Como relação do *negativo* consigo, o uno é determinar, – e como relação *consigo* ele é *auto*determinar infinito. Mas, em virtude da imediatidade que está agora presente, essas *diferenças* não são mais apenas como momentos de uma única e mesma autodeterminação, mas, ao mesmo tempo, estão postos como *entes*. A *idealidade* do ser para si como totalidade, assim, converte-se, primeiramente, na *realidade* e, com efeito, na [realidade] mais firme, mais abstrata, como *uno*. No *uno*, o ser para si é *a unidade posta* do ser e do ser aí, como a unificação absoluta da relação com outro e da relação consigo; mas, então, entra também a determinidade do ser *contra* a determinação da *negação infinita*, contra a autodeterminação, de modo que, o que o uno é *em si*, ele agora apenas é *nele* e, com isso, o negativo é como um outro diferente dele. O que se mostra *presente* como diferente dele, é seu próprio autodeterminar; cuja unidade consigo, assim como diferente de si, está rebaixada à *relação* e é, como unidade *negativa*, negação de si mesmo como de um *outro*, *excluir* de si, do uno, o uno como um *outro*.

a) O uno nele mesmo

Nele mesmo, o uno em geral *é*; esse seu ser não é nenhum ser aí, nenhuma determinidade como relação com outro, nenhuma constituição; ele é isto: ter negado esse círculo de categorias. Com isso, o uno não é capaz de qualquer tornar-se outro; ele é *inalterável*.

Ele é indeterminado, contudo, não mais como o ser; sua indeterminidade é a determinidade que é relação consigo mesma, ser determinado absoluto; ser dentro de si *posto*. Como negação que, segundo seu conceito, relaciona-se consigo, ele tem a diferença nele, – uma direção que aponta, a partir de si, para fora, [ou seja] para outro, direção que, contudo, está imediatamente voltada para dentro, porque, conforme esse momento do autodeterminar, não é nenhum outro ao qual ela possa ir na medida em que retornou para si.

Nessa imediatidade simples desapareceu a mediação do ser aí e da própria idealidade e, com isso, toda a diversidade e multiplicidade. Não há *nada* nele; este *nada*, a abstração da relação consigo mesma, é aqui diferente do próprio ser dentro de si, é um *posto*, porque esse ser dentro de si não é mais o simples do algo, mas tem a determinação de ser concreto como mediação; como abstrato, porém, é, com efeito, idêntico ao uno, mas diverso da determinação dele. Assim, esse nada posto como *em uno* é o nada como *vazio*. – O vazio é, assim, a *qualidade* do uno na sua imediatidade.

b) O uno e o vazio

O uno é o vazio como relação abstrata da negação consigo mesma. Mas o vazio, como o nada, é pura e simplesmente diverso da imediatidade simples, do ser do uno que é também afirmativo e, na medida em que eles estão em *uma* relação, a saber, do próprio uno, a diversidade deles está *posta*; contudo, o nada, como vazio, *fora* do uno que é, é diverso do ente.

O ser para si, na medida em que ele se determina desta maneira como o uno *e* o vazio, adquiriu de novo um *ser aí*. – O uno e o vazio têm a relação negativa consigo como seu terreno comum, simples. Os momentos do ser para si saem dessa unidade, tornando-se externos a si; na medida em que a determinação do *ser* entra em cena através da unidade *simples* dos momentos, ela se reduz a *um* lado [só], com isso, ao ser aí e, nisso, sua outra determinação, a negação em geral, contrapõe-se igualmente como ser aí do nada, como o vazio.

Observação [O atomismo]

Nessa forma do ser aí, o uno é o grau da categoria que nos antigos se apresentou como o princípio atomista, segundo o qual a essência das coisas é – o *átomo* e o *vazio* (τὸ ἄτομον ou τὰ ἄτομα καί τὸ κενὸν). A abstração, que chegou a essa forma, ganhou uma maior determinidade do que o *ser* de Parmênides e o *devir* de Heráclito. Tanto *alta* ela se põe, na medida em que ela faz dessa determinidade simples do uno e do vazio o princípio de todas as coisas, reconduz a multiplicidade infinita do mundo a essa oposição simples e se aventura a conhecê-lo a partir dele, quanto é *fácil* para o refletir que representa se representar, *aqui*, átomos e, *ao lado*, o vazio. Portanto, não admira que o princípio atomista se conservou em todas as épocas; a relação igualmente trivial e externa da *composição* que precisa ainda acrescentar a fim de chegar à aparência de um concreto e de uma multiplicidade, é tão popular quanto os próprios átomos e o vazio. O uno e o vazio é o ser para si, o supremo ser dentro de si qualitativo desabado em *exterioridade* completa; a imediatidade ou o ser do uno, porque ele é a negação de todo ser outro, está posto para não mais ser determinável e alterável; para a rigidez absoluta dele, toda determinação, multiplicidade, ligação, permanece, portanto, relação pura e simplesmente externa.

Contudo, o princípio atomista não permaneceu nessa exterioridade nos primeiros pensadores do mesmo princípio, mas tinha, além da sua abstração, também uma determinação especulativa no fato de que o *vazio* tem sido reconhecido como a *fonte* do *movimento*; o que é uma relação do átomo e do vazio inteiramente diferente do que o mero ser de um ao lado do outro e a indiferença dessas duas determinações uma frente à outra. O fato de que o vazio é a fonte do movimento não tem o sentido trivial que algo possa se mover apenas num vazio e não num espaço já preenchido, pois, em um tal, ele não encontraria mais nenhum lugar aberto; nesse entendimento, o vazio seria somente a pressuposição ou condição, não o *fundamento* do movimento, assim como também o próprio movimento está pressuposto como presente e o essencial, um fundamento do mesmo, está esquecido. A visão de que o vazio constitui o fundamento do movimento contém o pensamento mais profundo de que, no negativo em geral, está o fundamento do devir, da inquietude do automovimento; nesse sentido, porém, o negativo precisa ser tomado como a negatividade verdadeira do infinito. – O vazio é *fundamento do movimento* apenas como a relação *negativa* do uno com seu *negativo*, com o uno, isto é, consigo mesmo que, contudo, está posto como ente que é aí.

De outra maneira, contudo, as determinações ulteriores dos antigos sobre a figura, a posição dos átomos, a direção do movimento deles, são bastante arbitrárias e externas e estão, nesse caso, na contradição direta com a determinação fundamental do átomo. Nos átomos, no princípio da suprema exterioridade e, com isso, da suprema ausência de conceito, a física sofre nas moléculas e partículas tanto quanto a ciência do Estado que parte da vontade singular dos indivíduos.

c) *Múltiplos unos. Repulsão*

O uno e o vazio constituem o ser para si no seu mais próximo ser aí. Cada um desses momentos tem, por sua determinação, a negação e está, ao mesmo tempo, posto como um ser aí. Segundo aquela [determinação], o uno e o vazio são a *relação* da negação com a negação, como a de um outro com seu outro; o uno é a negação na determinação do ser, o vazio a negação na determinação do não ser. Mas o uno é essencialmente apenas relação consigo como *negação* que relaciona, isto é, é, ele mesmo, aquilo o que deve ser o vazio fora dele. Mas ambos estão também *postos* como um ser aí *afirmativo*, um como o ser para si como tal, o outro como ser aí indeterminado em geral, e [ambos] estão postos como tais que se relacionam um para com o outro como a um *outro ser aí*.

O ser para si do uno é, porém, essencialmente a idealidade do ser aí e do outro; ele não se relaciona como com um outro, mas meramente *consigo*. Mas, na medida em que o ser para si está fixado como uno, como *ente* por si, como *imediatamente* presente, sua relação *negativa* consigo, ao mesmo tempo, relação com um *ente*; e, já que ela também é muito negativa, aquilo com o qual ele se relaciona permanece determinado como um *ser aí* e um *outro*; como essencialmente relação *consigo mesma*, o outro não é a negação indeterminada, como vazio, mas é igualmente *uno*. O uno é, com isso, *devir para múltiplos unos*.

Mas isso sequer é propriamente um *devir*; pois devir é um passar do *ser* para *nada*; pelo contrário, o *uno* se torna apenas *uno*. O uno, o relacionado, contém o negativo como relação, tem o mesmo, portanto, *nele* mesmo. Em vez do devir está presente, portanto, em primeiro lugar, a própria relação imanente do uno; e, em segundo lugar, na medida em que ela é negativa e o uno, ao mesmo tempo, é uno que é, o uno se repele, ele mesmo, *de si*. A relação negativa do uno consigo é *repulsão*.

Essa repulsão, como, assim, o pôr dos *múltiplos unos*, mas pelo próprio uno, é o próprio vir fora de si do uno, mas um vir a tais fora dele que são, eles mesmos, apenas unos. Isso é a repulsão segundo o *conceito*, repulsão que é *em si*. A segunda repulsão é diferente dela e é a que, inicialmente, paira diante da representação da reflexão exterior, não como o gerar dos unos, mas apenas como afastar-se recíproco dos unos pressupostos, já *presentes*. É preciso ver, então, como aquela repulsão que é *em si* se determina para a segunda, a externa.

Inicialmente, é preciso estabelecer quais determinações os múltiplos unos têm como tais. O devir para múltiplos ou o tornar-se produzido [*Produziertwerden*] dos múltiplos desaparece imediatamente como tornar-se posto [*Gesetztwerden*]; os produzidos são unos, não para outros, mas se relacionam infinitamente consigo mesmos. O uno apenas *se* repele de si mesmo, portanto, não se torna, mas *já é*; aquele que é representado como o repelido, é igualmente um *uno*, um *ente*; repelir e tornar-se repelido compete, de igual maneira, a ambos e não constitui diferença alguma.

Os unos são, assim, *pressupostos* um frente ao outro; – *postos*: pela repulsão do uno de si mesmo; *pre*ssupostos: postos como *não* postos; seu ser posto está suprassumido, eles são *entes* uns frente aos outros, como tais que se relacionam apenas consigo.

A pluralidade não aparece, com isso, como um *ser outro*, mas como uma determinação que é completamente exterior ao uno. O uno, na medida em que ele se repele a si mesmo, permanece como relação consigo como aquele que, inicialmente, é tomado como repelido. Que os unos sejam outros uns frente aos outros, que estejam recolhidos na determinidade da pluralidade, nada concerne, portanto, aos unos. Se pluralidade fosse uma relação dos próprios unos uns com os outros, então eles limitariam uns os outros e teriam afirmativamente um ser para outro neles. Sua relação – e essa eles têm pela sua unidade que é *em si*, – como ela está *posta* aqui, está determinada como nenhuma [relação]; ela é de novo o *vazio* há pouco posto. É seu limite, mas limite externo a eles, no qual eles não devem ser *uns para os outros*. O limite é aquilo em que os limitados tanto *são* como *não são*; mas o vazio está determinado como o puro não ser e apenas isso constitui o limite deles.

A repulsão do uno de si mesmo é a explicação do que o uno é em si; a infinitude, mas infinitude colocada como [ser de] um fora do outro, é aqui a *infinitude que veio para fora de si*; [a infinitude] foi para fora de si através da imediatidade do infinito, do uno. Ela é tanto um relacionar simples de uno com uno quanto, antes, a ausência absoluta de relação do uno; o primeiro, conforme à simples relação afirmativa do uno consigo e o segundo, conforme justamente à mesma [relação] como negativa. Ou a pluralidade do uno é o próprio pôr do uno; o uno não é nada senão a relação *negativa* do uno consigo e essa relação, portanto, o próprio uno, é o uno múltiplo [*das viele Eins*]. Mas igualmente a pluralidade [*Vielheit*] é pura e simplesmente externa ao uno; pois o uno é precisamente o suprassumir do ser outro, a repulsão é sua relação consigo e igualdade simples consigo mesmo. A pluralidade dos unos é a infinitude como contradição que se engendra de maneira irrestrita.

Observação [A mônada leibniziana]

Foi mencionado há pouco o *idealismo leibniziano*. Aqui pode ser adicionado que o mesmo, a partir da *mônada que representa*, que está determinada como tal que é para si, progrediu apenas até a repulsão considerada até agora e, com efeito, apenas até a *pluralidade* como tal, na qual os unos, cada um apenas por si, são indiferentes frente ao ser aí e ao ser por si dos outros ou, em geral, os outros não são para o uno de modo algum. A mônada é para si o mundo inteiramente fechado; nenhuma precisa das outras; mas essa multiplicidade interior, que ela tem em seu representar, nada altera na sua determinação de ser para si. O idealismo leibniziano aceita a *pluralidade* imediatamente como uma [pluralidade] *dada* e não a compreende como uma *repulsão* da mônada; ele tem, portanto, a pluralidade apenas do lado da sua exterioridade abstrata. O *atomismo* não tem o conceito da idealidade; ele apreende o uno não como um tal que contém *nele mesmo* ambos os momentos do ser para si e do ser para ele, portanto, como um ideal, mas apenas como tal que é para si de modo simples, seco. Mas ele vai além da pluralidade meramente indiferente; os átomos entram em uma determinação ulterior uns frente aos outros, mesmo que propriamente de maneira inconsequente; uma vez que, ao contrário, naquela independência indiferente das mônadas, a pluralidade permanece como *determinação fundamental* rígida, de modo que sua relação cai apenas na mônada das mônadas ou no filósofo que as considera.

C. Repulsão e atração

a) Excluir do uno

Os múltiplos unos são entes; o ser aí deles ou a relação deles um para com o outro é não relação, ela lhes é externa, – o vazio abstrato. Mas eles mesmos são essa relação negativa consigo, agora como para com outros *que são*, – a contradição mostrada, a infinitude, posta na imediatidade do ser. Com isso, a repulsão *encontra imediatamente* aquilo o que está repelido por ela. Nessa determinação, ela é *excluir*; o uno repele dele apenas os múltiplos unos não gerados e não postos por ele. Esse repelir é, reciprocamente ou de todos os lados, – relativo, delimitado pelo ser dos unos.

A pluralidade é, inicialmente, ser outro não posto, o limite [é] apenas o vazio, somente aquilo em que os unos *não são*. Mas eles *são* também no limite; eles são no vazio, ou seja, sua repulsão é sua *relação em comum*.

Essa repulsão recíproca é o *ser aí* posto dos múltiplos unos; ela não é o ser para si deles, segundo o qual eles seriam diferenciados apenas como múltiplo em um terceiro, mas seu próprio diferenciar que os conserva. – Eles se negam reciprocamente, põem uns aos outros como tais que apenas são *para uno*. Mas eles *negam* igualmente, ao mesmo tempo, isso de ser *apenas para uno*; eles *repelem* essa sua idealidade e *são*. – Assim, estão separados os momentos que, na idealidade, estão pura e simplesmente unificados. No seu ser para si, o uno é também *para uno*, mas esse uno, para o qual ele é, é ele mesmo; seu diferenciar de si está suprassumido imediatamente. Mas, na pluralidade, o uno diferenciado tem um ser; o ser para uno, como ele está determinado no excluir, é, portanto, um ser para outro. Cada um, assim, é repelido por um outro, suprassumido e tornado um que não é para si, mas para uno, e, com efeito, para um outro uno.

O ser para si dos múltiplos unos se mostra, de acordo com isso, como a autoconservação deles pela mediação da repulsão recíproca deles, na qual eles se suprassumem reciprocamente e põem os outros como um mero ser para outro; mas, ao mesmo tempo, ela consiste em repelir essa idealidade e em pôr os unos, em não ser para um outro. Mas essa autoconservação dos unos pela relação negativa deles um para com o outro é, antes, a dissolução deles.

Os unos não apenas *são*, mas se conservam pelo seu excluir recíproco. Em primeiro lugar, aquilo, pelo qual eles deveriam ter ponto de apoio firme de sua diversidade frente a seu tornar-se negado [*Negiertwerden*], é seu *ser* e, com efeito, seu *ser em si* frente à sua relação com outro; esse ser em si é [o fato de] que eles são *unos*. Mas *todos são isto*; no seu ser em si, eles são *o mesmo*, em vez de ter nisso o ponto firme de sua diversidade. Em segundo lugar, seu ser aí e seu comportamento uns para com os outros, isto é, seu *pôr-se a si mesmos como unos* é o negar recíproco; mas isso é igualmente *uma e a mesma determinação* de todos, pela qual, antes, eles se põem, portanto, como idênticos, – como, pelo fato de que eles são em si o mesmo, sua idealidade enquanto precisa ser posta por outros, é *sua própria* que eles, portanto, tampouco repelem. – Eles são, com isso, de acordo com seu ser e pôr, somente *uma* unidade afirmativa.

Essa consideração dos unos, segundo a qual eles, de acordo com ambas as suas determinações, tanto na medida em que eles são quanto na medida em que eles se relacionam uns com os outros, eles se mostram apenas como um e o mesmo e mostram sua indiferenciabilidade, é nossa comparação. – Mas também precisa ser visto o que, na sua *relação* uns para com os outros, está *posto* neles. – Eles *são*, isto está pressuposto nessa relação, – e são apenas na medida em que eles se negam reciprocamente e que, ao mesmo tempo, afastam de si mesmos esta sua idealidade, este seu ser negado, isto é, negam o negar recíproco. Mas eles são apenas na medida em que negam; assim, na medida em que esse negar deles é negado, o ser deles é negado. Com efeito, na medida em que eles *são*, não seriam negados por este negar, ele é apenas algo externo para eles; esse negar do outro ricocheteia neles e acerta apenas de raspão sua superfície. Unicamente pelo negar dos outros, eles retornam para si mesmos; eles são apenas como essa mediação, esse seu retorno é sua autoconservação e seu ser para si. Na medida em que seu negar não efetua nada, pela resistência que os entes oferecem enquanto tais ou enquanto entes que negam, eles não retornam para si, não se conservam e não são.

Há pouco, foi feita a consideração de que os unos são o mesmo, cada um dos mesmos é *uno* assim como o outro. Isso não é apenas nosso relacionar, um juntar externo, mas a repulsão é, ela mesma, relacionar; o uno, que exclui os unos, relaciona-se ele mesmo com eles, os unos, isto é, consigo mesmo. O comportamento negativo dos unos uns em relação aos outros é, com isso, apenas um *juntar-se consigo*. Esta identidade, para a qual o repelir deles passa, é o suprassumir da diversidade e exterioridade que eles, antes, deveriam afirmar uns frente aos outros como excludentes.

Esse pôr-se em um uno dos múltiplos unos é a *atração*.

Observação [A proposição da unidade do uno e do múltiplo]

A autossubsistência, levada ao extremo do uno que é para si, é a autossubsistência abstrata e formal que destrói a si mesma, o erro supremo e mais obstinado que se toma pela verdade suprema, – que aparece em formas mais concretas como liberdade abstrata, como Eu puro e, então, ulteriormente, como o mal. É a liberdade que assim se equivoca ao pôr sua essência nessa abstração e, neste ser junto de si, gaba-se de alcançar-se em sua pureza. Esta autossubsistência é, de maneira mais determinada, o erro de considerar o que é sua própria essência como negativo e de comportar-se frente a isso de modo negativo. Ela é, assim, o comportamento negativo frente a si mesmo que, na medida em que ele quer alcançar seu próprio ser, destrói o mesmo, e esse seu atuar é apenas a manifestação da nulidade desse atuar. A reconciliação é o reconhecimento daquilo, contra o que o comportamento negativo se dirige, antes, como sua essência e [a reconciliação] é apenas como *desistir* da negatividade do *seu* ser para si, ao invés de manter-se firme nele.

É uma proposição antiga que o *uno é múltiplo* e, em especial, que o *múltiplo é uno*. A este respeito é preciso repetir a observação de que a verdade do uno e do múltiplo, expressa em proposições, aparece em uma forma inadequada, de que essa verdade apenas precisa ser apreendida e expressa como um devir, como um processo, repulsão e atração, não como o ser, como ele está posto em uma proposição como unidade quieta. Acima foi mencionado e lembrado da dialética de Platão no *Parmênides* sobre a derivação do múltiplo a partir do uno, a saber, a partir da proposição "uno é". A dialética interior do conceito foi indicada; o mais fácil é apreender, como reflexão externa, a dialética da proposição *que o múltiplo é uno*; e ela pode ser externa aqui, na medida em que também o objeto, os múltiplos, é o reciprocamente externo. Essa comparação dos múltiplos uns com os outros gera, desde logo, o fato de que um está apenas pura e simplesmente determinado como está o outro; cada um é uno, cada um é uno dos múltiplos, é tal que exclui os outros, – de modo que eles são pura e simplesmente apenas o mesmo, está pura e simplesmente presente apenas *uma* determinação. Isso é o *fato* e se trata apenas de apreender esse fato simples. A obstinação do entendimento se recusa a esse apreender apenas porque ele tem em vista *também* a diferença e, decerto, com razão; mas, em virtude daquele fato, essa [diferença] fica tão pouco de fora, quanto, certamente, aquele fato existe a despeito da diferença. Com isso, poder-se-ia, por assim dizer, consolar o entendimento acerca do apreender simples do fato da diferença, que a diferença também entrará em cena novamente.

b) O único uno da atração

A repulsão é a autofragmentação do uno, inicialmente, em múltiplos, cujo comportamento negativo é impotente, porque eles pressupõem uns aos outros como entes; ela é apenas o *dever ser* da idealidade; mas essa é realizada na atração. A repulsão passa para a atração, os múltiplos unos, para um uno. Ambas, repulsão e atração, são, inicialmente, diferentes, aquela como a realidade dos unos, essa como a idealidade posta deles. A atração se relaciona com a repulsão de maneira que aquela tem essa por *pressuposição*. A repulsão fornece a matéria para a atração. Se os unos não fossem de modo algum, então não haveria nada para atrair; a representação de uma atração constante, do consumo dos unos, pressupõe um gerar igualmente constante dos unos; a representação sensível da atração espacial deixa continuar a correnteza dos unos que se tornam atraídos; em lugar dos átomos que desaparecem no ponto que atrai, emerge uma outra quantia e, se se quiser, emerge do vazio para o infinito. Se a atração fosse representada como executada, isto é, se os múltiplos fossem trazidos ao ponto de um único uno, então estaria presente apenas um uno inerte, não mais atrair algum. A idealidade que é aí [*daseiende Idealität*] na atração ainda tem também nela a determinação da negação de si mesma, os múltiplos unos, dos quais ela é a relação, e a atração é inseparável da repulsão.

O atrair compete, inicialmente, de igual maneira, a cada um dos múltiplos unos como *imediatamente* presentes; nenhum deles tem uma primazia sobre o outro; assim, estaria presente um equilíbrio no atrair, a rigor, um equilíbrio da própria atração e da própria repulsão e um repouso inerte sem idealidade que é aí. Mas aqui não pode se falar de uma primazia de um tal uno sobre o outro, o que pressuporia uma diferença determinada entre eles, antes, a atração é o pôr da indiferencialidade presente dos unos. Apenas a própria atração é o *pôr* de um uno diferenciado dos outros; eles são apenas os unos imediatos que devem se conservar pela repulsão; mas através da negação posta deles emerge o uno da atração, que, portanto, está determinado como o mediado, o *uno posto como uno*. Os primeiros, como imediatos, não retornam, na sua idealidade, para si, mas têm a mesma em um outro.

Mas o único uno é a idealidade realizada, posta no uno; ele é tal que atrai pela mediação da repulsão; ele contém essa mediação em si mesmo como *sua determinação*. Assim, ele não engole os unos atraídos para dentro de si como para um único ponto, isto é, ele não os suprassume abstratamente. Na medida em que ele contém a repulsão na sua determinação, essa conserva, ao mesmo tempo, os unos como múltiplos dentro dele; pelo seu atrair, ele efetua, por assim dizer, algo, alcança uma extensão ou um preenchimento. Assim, ele é, dentro dele, unidade da repulsão e da atração em geral.

c) *A relação da repulsão e da atração*

A diferença de *uno* e de *múltiplos* se determinou para a diferença da *relação* deles um para com o outro, relação que está dividida em duas relações, a repulsão e a atração, das quais cada uma, inicialmente, está de maneira autossubsistente fora da outra, de modo que elas, contudo, conectam-se essencialmente. A unidade ainda indeterminada das mesmas deve resultar mais detalhadamente.

A repulsão, como a determinação fundamental do uno, aparece primeiro e como *imediata*, assim como seus unos, decerto gerados por ela, porém, ao mesmo tempo, postos como imediatos e, com isso, indiferentes frente à atração que se adiciona externamente a ela como assim pressuposta. Pelo contrário, a atração não é pressuposta pela repulsão, de modo que aquela não deve ter parte alguma no pôr e no ser dessa, isto é, de modo que a repulsão não seria nela já a negação dela mesma, os unos não seriam já neles [unos] negados.

De tal maneira, nós temos a repulsão abstratamente por si, como igualmente a atração frente aos unos como *entes* tem o lado de um ser aí imediato e, a partir de si, chega nela como um outro.

Se tomamos, segundo isto, a mera repulsão assim por si, então ela é a dispersão dos múltiplos unos em indeterminados, fora da esfera da própria repulsão; pois ela é isto: negar a relação dos múltiplos uns para com os outros; a ausência de relação é sua determinação tomada de modo abstrato. Mas a repulsão não é meramente o vazio; os unos, como sem relação, não são tais que repelem, não são excludentes, o que constitui a determinação deles. A repulsão é, embora negativa, todavia, essencialmente *relação*; o afastar e fugir recíprocos não são a libertação daquilo o que é afastado e daquilo do que se foge, o excludente está ainda *em ligação* com aquilo que é excluído por ele. Contudo, este momento da relação é, com isso, a atração na própria repulsão; ela é o negar daquela repulsão abstrata, segundo a qual os unos seriam apenas entes que se relacionam consigo, não excludentes.

Mas, na medida em que se partiu da repulsão dos unos que são aí, também a atração está posta, com isso, como tal que chega externamente nela, ambas estão, na sua inseparabilidade, ainda mantidas uma fora da outra como determinações diversas; entretanto, resultou que, não meramente a repulsão é pressuposta pela atração, mas também ocorre a relação retroativa da repulsão com a atração e aquela tem nessa igualmente sua pressuposição.

Conforme essa determinação, elas são inseparáveis e, ao mesmo tempo, estão determinadas como dever ser e barreira cada uma com respeito à outra. O dever ser é a determinidade abstrata delas como de tais que *são em si*, determinidade que, porém, com isso, está apontada pura e simplesmente para além de si e se relaciona com a *outra* e, assim, cada uma é, mediante a *outra*, como *outra*; a autossubsistência delas consiste em elas estarem postas nessa mediação como um *outro* determinar de uma para outra. – A repulsão enquanto o pôr dos múltiplos, a atração enquanto o pôr do uno, essa, ao mesmo tempo, enquanto negação dos múltiplos e aquela enquanto negação da idealidade dos mesmos dentro do uno, – que também a atração é atração apenas *mediante* a repulsão, assim como a repulsão é repulsão mediante a atração. Mas que, nisso, a mediação por *outro* consigo está, de fato, antes negada e cada uma dessas determinações é a mediação dela consigo mesma, isso surge da consideração mais detalhada delas e as reconduz à unidade do seu conceito.

Inicialmente, que cada uma se pressupõe a *si mesma*, na sua pressuposição apenas se relaciona consigo, isso já está presente no comportamento da repulsão e da atração apenas ainda relativas.

A repulsão relativa é o afastar recíproco dos múltiplos unos *presentes* que devem se encontrar como imediatos. Mas que sejam múltiplos unos, é a própria repulsão; a pressuposição que ela teria é apenas seu próprio pôr. Além disso, a determinação do *ser*, determinação que competiria aos unos, além de estarem postos – pelo qual eles estariam *pressupostos* –, pertence igualmente à repulsão. O repelir é aquilo pelo qual os unos se manifestam como unos e se conservam e aquilo pelo qual eles *são* como tais. O ser deles é a própria repulsão; assim, ela não é um ser aí relativo frente a um outro, mas se relaciona completamente apenas consigo mesma.

A atração é o pôr do uno enquanto tal, do uno real, frente ao qual os múltiplos são determinados no seu ser aí como apenas ideais e tais que desaparecem. Assim, a atração se pressupõe desde já como ideal, a saber, na determinação dos outros unos, os quais, de outra maneira, devem ser tais que são para si e, *para outros*, portanto, também para qualquer [um] que atraia, devem ser tais que repelem. Frente a essa determinação de repulsão, eles obtêm a idealidade não apenas pela relação com a atração; mas ela está pressuposta, é a idealidade que é *em si* dos unos, na medida em que eles, como unos – inclusive o representado como tal que atrai – são indiferenciados uns dos outros, são um e o mesmo.

Esse pressupor-se a si mesmo de ambas as determinações, cada uma por si, é, além disso, o fato de que cada uma contém em si a outra como momento. O *pressupor-se* em geral é, em um, pôr-se como o *negativo* de si, – repulsão; e o que é pressuposto nisso é *o mesmo* que o que pressupõe, – atração. Que cada uma é *em si* apenas momento é o passar de cada uma a partir de si mesma para a outra, negar-se nela mesma e pôr-se como o outro dela mesma. Na medida em que o uno como tal é o vir para fora de si, [a saber, que] ele mesmo é apenas isso, pôr-se como seu outro, como o múltiplo, e [na medida em que] o múltiplo é apenas igualmente isso, coincidir em si e pôr-se como seu outro, como o uno e, justamente nisso, apenas relacionar-se consigo, cada um continuar-se no seu outro, – já está presente em si, com isso, de modo inseparável o vir para fora de si (a repulsão) e o pôr-se como uno (a atração). Mas na repulsão e atração relativas, isto é, as quais pressupõem uno imediatos, *tais que são aí*, está *posto* que cada uma é essa negação dela nela mesma e, com isso, é também a continuidade dela na sua outra. A *repulsão* de unos que são aí é a autoconservação do uno através do afastamento recíproco dos outros, de modo que 1) os outros unos são negados *nele* – isso é o lado do seu ser aí ou do seu ser para outro; mas esse é, com isso, atração, como a idealidade dos unos –, e que 2) o uno seja *em si*, sem a relação com os outros; porém, não apenas o em si em geral passou há muito tempo para o ser para si, mas, *em si*, conforme sua determinação, o uno é aquele devir para múltiplos. – A *atração* de uno que são aí é a idealidade dos mesmos e o pôr do uno, em que ela, com isso, suprassume a si mesma como negar e como engendrar do uno, como pôr do uno é o negativo dela mesma nela, repulsão.

Com isso, o desenvolvimento do ser para si está plenamente realizado e chegou a seu resultado. O uno como tal que se relaciona *infinitamente*, isto é, como negação posta da negação, *consigo mesmo* é a mediação segundo a qual ele se repele de si como seu *ser outro* (os *múltiplos*) absoluto (i. é, abstrato) e, na medida em que ele se relaciona com esse seu não ser negativamente, suprassumindo-o, justamente nisso é apenas a relação consigo mesmo; e uno é apenas esse devir, no qual desapareceu a determinação que ele *inicia*, isto é, [é] posto como imediato, ente, e que igualmente, como resultado, teria se restabelecido como uno, isto é, como uno igualmente *imediato*, excludente; o processo que ele é, põe-no e contém-no por todos os lados como um suprassumido. O suprassumir, inicialmente determinado apenas como suprassumir relativo, da *relação* com outro ente que é aí, que é, com isso, ela mesma, uma repulsão e atração diferentes, mostra-se igualmente passar para a relação infinita da mediação pela negação das relações externas dos imediatos e entes que são aí e ter, como resultado, justamente aquele devir que, na insubsistência de seus momentos é o desabar ou, antes, o juntar-se consigo na imediatidade simples. Esse ser, conforme a determinação que ele agora *adquiriu*, é a *quantidade*.

Se lançamos um breve olhar sobre os momentos dessa *passagem da qualidade para a quantidade*, então o qualitativo tem, por sua determinação fundamental, o ser e a imediatidade, na qual o limite e a determinidade são tão idênticos ao ser do algo que, com sua alteração, o algo mesmo desaparece; assim *posto*, ele está determinado como o finito. Em virtude da imediatidade dessa unidade, na qual desapareceu a diferença, que, porém, está presente *em si* nisso, na unidade do *ser* e do *nada*, ela, como *ser outro* em geral, cai fora daquela unidade. Essa relação com outro contradiz à imediatidade, na qual a determinidade qualitativa é relação consigo. Esse ser outro se suprassume na infinitude do ser para si, o qual realizou, para uno e para múltiplos e suas relações, a diferença que, na negação da negação, ele tem nele e dentro dele mesmo e elevou o qualitativo para a unidade verdadeira, isto é, não mais imediata, mas posta como concordante consigo.

Essa unidade é, com isso, α) *ser*, apenas como *afirmativo*, isto é, *imediatidade* mediada consigo pela negação da negação; o ser está posto como a unidade *que perpassa* suas determinidades, limite etc. que estão postos nele como suprassumidos; – β) *ser aí*; ele é, conforme tal determinação, a negação ou determinidade como momento do ser afirmativo; entretanto, ela não é mais a imediata, mas a refletida dentro de si, não é tal que se relaciona com outro, mas consigo; o ser determinado pura e simplesmente, o ser determinado *em si*, – o uno; o ser outro como tal é, ele mesmo, ser para si; – γ) *ser para si*, como aquele ser que se continua perpassando a determinidade, ser no qual o uno e ser determinado em si está posto, ele mesmo, como suprassumido. O uno está, ao mesmo tempo, determinado como o que foi para além de si e como *unidade*, o uno, com isso, o limite pura e simplesmente determinado, como o limite que não é limite algum, que está posto no ser, mas que lhe é indiferente.

Observação [A construção kantiana da matéria a partir da força atrativa e repulsiva]

Como se sabe, a atração e a repulsão costumam ser vistas como *forças*. Essa sua determinação e as relações conectadas a isso precisam ser comparadas com os conceitos que surgiram para elas. – Naquela representação, elas são consideradas como autossubsistentes, de modo que elas não se relacionam uma com a outra pela sua natureza, quer dizer, que cada uma não deve ser apenas um momento que passa para seu contraposto, mas deve persistir firmemente contraposta à outra. Além disso, elas são representadas como tais que se reúnem em um *terceiro*, a *matéria*, porém, de modo que esse devir em uno [*In-Eins-Werden*] não vale como sua verdade, mas cada uma, antes, é um primeiro e ente que é em e para si, a matéria ou determinações da mesma, contudo, estão postas e engendradas por elas. Se se diz que a matéria *tem* as forças *dentro de si*, então por essa unidade delas se entende uma ligação, na qual elas são pressupostas, ao mesmo tempo, como tais que são, dentro de si, livres uma da outra.

Como se sabe, Kant construiu *a matéria a partir da força repulsiva* e *atrativa* ou, pelo menos como ele se expressa, expôs os elementos metafísicos dessa construção. – Não será sem interesse esclarecer essa construção mais detalhadamente. Essa apresentação *metafísica* de um objeto que, não apenas por si mesmo, mas em suas determinações, parecia pertencer apenas à *experiência*, é, por um lado, notável pelo fato de que ela, como uma tentativa do conceito, deu pelo menos o ímpeto à filosofia moderna da natureza – àquela filosofia que torna fundamento da ciência a natureza, não como algo dado sensivelmente à percepção, mas reconhecendo suas determinações a partir do conceito absoluto; por outro lado, também, porque se costuma deter-se, ainda, frequentemente, naquela construção kantiana e considerá-la um início filosófico e uma base da física.

Uma tal existência, como a matéria sensível, não é, com efeito, um objeto da lógica, tampouco o espaço e as determinações do espaço. Mas também às forças atrativa e repulsiva, na medida em que elas são consideradas como forças da matéria sensível, estão no fundamento as determinações puras aqui consideradas do uno e do múltiplo e suas relações recíprocas, que denominei repulsão e atração, porque esses nomes estão mais próximos.

O procedimento de Kant na dedução da matéria a partir dessas forças, procedimento que ele denomina uma *construção*, não merece, considerada mais de perto, esse nome, a menos que não se denomine construção cada espécie de reflexão, até mesmo aquela que analisa, como pois, sem dúvida, filósofos da natureza posteriores denominaram *construir* também o raciocínio mais raso e a mistura mais sem fundamento de uma imaginação arbitrária e de uma reflexão sem pensamento – que empregou, especialmente, os assim chamados fatores da força atrativa e da força repulsiva e os apresentou em todo lugar.

Pois, no fundo, o procedimento de Kant é *analítico*, não construtivo. Ele *pressupõe a representação da matéria* e pergunta, então, quais forças pertencem a ela, a fim de obter suas determinações pressupostas. Assim, ele exige, portanto, por um lado, a força atrativa, *porque, unicamente pela repulsão, sem atração, não poderia existir propriamente matéria alguma* (*Primeiros princípios metafísicos da ciência da natureza* [A], p. 53ss.[23]). Por outro lado, ele deduz a repulsão igualmente da matéria e indica como fundamento da mesma, *porque nós representamos a matéria como impenetrável*, na medida em que essa se apresenta sob essa determinação ao *sentido do tato*, pelo qual ela se manifesta a nós. Além disso, a repulsão seria pensada, portanto, desde logo, no *conceito* da matéria, porque ela seria dada imediatamente com isso; a atração, pelo contrário, seria acrescentada à mesma por *silogismos*. Mas, também a esses silogismos, está no fundamento o que foi dito há pouco, que uma matéria que tivesse meramente a força repulsiva, não esgotaria aquilo o que nós representamos como matéria. – Isto é, como fica claro, o procedimento do conhecer reflexionante sobre a experiência que, inicialmente, *percebe* determinações no fenômeno, agora as coloca no fundamento e assume, para o assim chamado *explicar* das mesmas, *matérias fundamentais* ou *forças* correspondentes, os quais devem engendrar aquelas determinações do fenômeno.

Com respeito à diferença indicada, como a força repulsiva e como a força atrativa são encontradas na matéria pelo conhecer, Kant observa adicionalmente que igualmente a força atrativa, com efeito, *pertenceria* ao *conceito* da matéria, *embora ela não esteja contida nela*. Kant destaca essa última expressão. Mas não se pode deixar de lado qual diferença deve estar nisso; pois uma determinação que pertence ao *conceito* de uma Coisa, *precisa estar contida* verdadeiramente *nela*.

---

23. Referência à paginação original da obra de 1786 [N.T.].

O que constitui a dificuldade e provoca esse subterfúgio vazio consiste no fato de que Kant atribui ao conceito da matéria, desde o início, unilateralmente apenas a determinação da *impenetrabilidade* que nós devemos *perceber* pelo *sentir*, pelo que a força repulsiva, como o afastar um outro de si, estaria dada imediatamente. Mas se, além disso, a matéria não deve poder *ser aí* sem atração, então, para essa afirmação, está no fundamento uma representação da matéria tirada da percepção; a determinação da atração precisa, portanto, ser encontrada igualmente na percepção. É preciso também perceber que a matéria, além do seu ser para si que suprassume o ser para outro (que oferece resistência), tem também uma *relação recíproca dos entes para si, extensão* espacial e *coesão* e uma coesão muito firme na imobilidade, na firmeza. A física explicativa exige, para o dilacerar etc. de um corpo, uma força que seja mais forte do que a *atração* das partes do mesmo uma para a outra. A partir dessa percepção, a reflexão pode derivar imediatamente, do mesmo modo, a força atrativa ou assumi-la como *dada*, como ela o fez com a força repulsiva. De fato, se as inferências kantianas, das quais deve ser derivada a força atrativa, são consideradas (a prova do teorema que a possibilidade da matéria exigiria uma força atrativa como segunda força fundamental, ibid.), então elas não contêm nada senão que, através da mera repulsão, a matéria não seria *espacial*. Na medida em que a matéria está pressuposta como tal que preenche o espaço, está atribuída a ela a continuidade, como fundamento da qual é assumida a força atrativa.

    Agora, se tal assim chamada construção da matéria tivesse, quando muito, um mérito analítico que ainda estaria diminuído pela apresentação impura, mesmo assim o pensamento fundamental, de conhecer a matéria a partir dessas duas determinações contrapostas como suas forças fundamentais, precisa sempre ser muito estimado. Kant se importa, sobretudo, com o banimento do modo comum de representação da mecânica que permanece em uma única determinação, na impenetrabilidade, na *pontualidade que é para si*, e transforma em algo *exterior* a determinação contraposta, a relação da matéria dentro de si ou de várias matérias reciprocamente, que de novo são vistas como uno peculiares – modo de representação, o qual, como Kant diz, não quer conceder, de outra maneira, quaisquer forças moventes como apenas por pressão e impulsão, portanto, apenas por influência de fora. Essa *exterioridade* do conhecer pressupõe o movimento desde sempre como externamente *presente* na matéria e não pensa em apreendê-lo como algo interno e compreendê-lo ele mesmo dentro da matéria, a qual, precisamente com isso, é assumida por si como imóvel e inerte. Esse ponto de vista tem diante de si apenas a mecânica comum, não o movimento imanente e livre. – Kant, com efeito, suprassume aquela exterioridade na medida em que ele transforma em uma *força da própria matéria* a atração, a *relação* das matérias uma para com a outra, enquanto estas são assumidas como separadas uma da outra, ou [a relação] da matéria em geral no seu ser fora de si, por outro lado, contudo, ambas as suas forças fundamentais, dentro da matéria, permanecem externas e por si autossubsistentes *uma frente a outra*.

Assim como foi nula a diferença autossubsistente de ambas essas forças, diferença que lhes é atribuída do ponto de vista daquele conhecer, do mesmo modo precisa se mostrar nula cada outra diferença que, com respeito à determinação do conteúdo delas, torna-se algo *que deve ser firme*, porque elas, assim como foram consideradas acima na sua verdade, são apenas momentos que passam um para o outro. – Considero essas determinações ulteriores da diferença, como Kant as indica.

Isto é, ele determina a força atrativa como uma força *penetrante*, pela qual uma matéria pode fazer efeito *imediatamente* nas partes das outras também para além da superfície do contato, a força repulsiva, pelo contrário, como uma *força da superfície*, pela qual matérias podem fazer efeito uma à outra apenas na superfície em comum do contato. O fundamento indicado segundo o qual a última deve ser apenas uma força de superfície, é o seguinte: "As partes *que se tocam* reciprocamente limitam uma o espaço do efeito da outra e a força repulsiva não pode mover nenhuma parte mais distante sem mediação das que estão entre elas, e um efeito imediato que passa transversalmente por essas, efeito de uma matéria sobre uma outra pelas forças da extensão (i. é, aqui, forças repulsivas) é impossível" (cf. ibid., explicação e adendo p. 67[24]).

---

24. Referência à paginação original da obra de 1786 [N.T.].

Deve ser lembrado desde logo que, enquanto são assumidas partes *mais próximas* ou *mais distantes* da matéria, *com respeito à atração*, originar-se-ia igualmente *a diferença* segundo a qual um átomo influenciaria, com efeito, um *outro*, mas um *terceiro*, mais distante, entre o qual e o primeiro que atrai se encontraria o outro, inicialmente entraria na esfera da atração mais próximo daquele que está entre eles, portanto, o primeiro não exerceria um efeito *imediato* simples no terceiro; de onde surgiria igualmente um efetuar [*Wirken*] mediado para a força atrativa como para a força repulsiva; além disso, o *penetrar verdadeiro* da força atrativa precisaria consistir apenas no fato de que todas as partes da matéria se atrairiam *em e para si*, porém, não seria o caso que uma certa quantia se comporte passivamente e apenas um átomo ativamente. – Mas imediatamente, ou com respeito à própria força repulsiva, precisa ser observado que, no lugar indicado, ocorrem partes que *se tocam*, portanto, uma *solidez* e *continuidade* de uma matéria *pronta* que não permite um repelir que a perpassa. Mas essa solidez da matéria, na qual partes se *tocam*, não sendo mais separadas pelo vazio, pressupõe desde já o *ser suprassumido da força repulsiva*; partes que se tocam precisam ser tomadas aqui conforme a representação sensível dominante da repulsão como tais que não se repelem. Segue-se, portanto, de modo inteiramente tautológico que aí onde o não ser da repulsão está assumido, não pode acontecer repulsão alguma. Disso não se segue nada ulterior para uma determinação da força repulsiva. – Mas se se reflete sobre o fato de que partes que se tocam se tocam apenas na medida em que elas ainda *se* mantêm *uma fora da outra*, então a força repulsiva não está, justamente por isso, meramente na superfície da matéria, mas dentro da esfera que deveria ser apenas a esfera da atração.

Além disso, Kant assume a determinação que, pela força da atração, a matéria *apenas ocupa um espaço, sem preenchê-lo* (ibid.); porque a matéria, pela força da atração, não preenche o espaço, ela poderia fazer efeito através do *espaço vazio*, na medida em que nenhuma matéria, que esteja no meio, poria limites a ela. – Aquela diferença está constituída mais ou menos como a dita acima, onde uma determinação deveria pertencer ao conceito de uma Coisa, mas não deveria estar contida nela; assim, aqui, a matéria deve apenas ocupar um espaço, mas não *o preencher*. Então, é a *repulsão*, se nos detemos em sua primeira determinação, aquela pela qual os unos se repelem e *se relacionam uns para com os outros* apenas negativamente, isto é, aqui, *através do espaço vazio*. Mas aqui é a *força atrativa* que mantém o espaço vazio; ela *não preenche* o espaço através de sua relação dos átomos, isto é, ela *mantém os átomos* em uma *relação negativa* um para com o outro. – Nós vemos que, aqui, Kant encontra inconscientemente aquilo o que está na natureza da Coisa, quando ele atribui à força atrativa justamente aquilo o que ele, conforme a primeira determinação, atribuiu à força contraposta. Enquanto se estava ocupado com o fixar da diferença de ambas as forças, aconteceu que uma passou para a outra. – Assim, pelo contrário, a matéria deve *preencher* um espaço através da repulsão, com isso, através dela, o espaço vazio que a força atrativa deixa deve desaparecer. De fato, na medida em que ela suprassume o espaço vazio, ela suprassume, com isso, a relação negativa dos átomos ou uno, quer dizer, a repulsão dos mesmos; isto é, a repulsão está determinada como o oposto dela mesma.

A esse desvanecer das diferenças acresce ainda a confusão de que, como de início foi observado, a apresentação kantiana das forças contrapostas é analítica e, na exposição inteira, a matéria que deve ser derivada apenas de seus elementos já ocorre como pronta e constituída. Na definição da força da superfície e da força penetrante, ambas são assumidas como forças que movem, através disso, *matérias* devem poder fazer efeito de um modo ou de outro. – Aqui, portanto, elas estão apresentadas como forças, não pelas quais a matéria apenas surgiria, mas pelas quais ela, já pronta, apenas seria movida. Porém, na medida em que se fala de forças, pelas quais matérias diversas fazem efeito uma na outra e se movem, isso é algo totalmente diferente do que a determinação e a relação que elas deveriam ter como momentos da matéria.

A *força centrípeta e a força centrífuga* constituem, em determinação ulterior, a mesma oposição que a força atrativa e a repulsiva. Essas parecem conceder uma diferença essencial, na medida em que, na esfera delas, está fixado um uno, um centro, com o qual os outros unos se relacionam como uno que não são para si, a diferença das forças, portanto, pode ser vinculada a essa diferença pressuposta de *um* uno central e dos outros como tal que não está firme frente ao mesmo. Mas, na medida em que elas são empregadas para a explicação – em benefício dessa explicação, elas são assumidas em relação quantitativa inversa, como também, de resto, a força repulsiva e a atrativa, de modo que uma aumenta à medida que a outra diminui –, o aparecimento do movimento, para a explicação a qual *elas* estão assumidas, e a desigualdade delas devem resultar apenas delas. Mas é preciso apenas examinar a apresentação mais próxima de um aparecimento, por exemplo, a velocidade desigual que um planeta tem na sua trajetória em volta do seu corpo central, a partir da oposição daquelas forças, para se reconhecer logo a confusão que predomina nisso e a impossibilidade de separar as grandezas das mesmas, de modo que sempre aquela que é assumida, na explicação, como tal que diminui precisa ser assumida igualmente como tal que aumenta, e vice-versa; o que, para tornar-se intuitivo, precisaria de uma exposição mais ampla, do que aqui poderia ser dada; mas o [que é] necessário ocorrerá mais tarde na *relação inversa*.

Segunda seção
Grandeza (quantidade)

A diferença entre a quantidade e a qualidade foi indicada. A qualidade é a determinidade primeira, imediata, a quantidade é a determinidade que se tornou indiferente ao ser, um limite que igualmente não é limite algum; [é] o ser para si que é pura e simplesmente idêntico ao ser para outro, – a repulsão dos múltiplos unos que é imediatamente não repulsão, continuidade dos mesmos.

Porque agora o ente para si está posto assim, [como tal que] não exclui seu outro, mas, antes, continua-se afirmativamente no mesmo, assim [ele] é o ser outro, na medida em que o *ser aí* surge, novamente, nesta continuidade e a determinidade do mesmo [é], ao *mesmo tempo*, não mais como na relação simples consigo, não mais determinidade imediata do algo que é aí, mas, antes, está posto como tal que, repelindo-se de si, tem a relação consigo como determinidade em um outro ser aí (um ente para si); e, na medida em que eles são, *ao mesmo tempo*, enquanto limites indiferentes, refletidos dentro de si, sem relação, a determinidade é, em geral, *fora de si*, um pura e simplesmente externo a si e [um] algo [enquanto] igualmente *externo*; tal limite, a indiferença do mesmo nele mesmo e do algo frente a ele, constitui a determinidade *quantitativa* do mesmo [algo].

Inicialmente, a *quantidade pura* precisa ser diferenciada dela como quantidade *determinada*, do *quantum*. Como quantidade pura, ela é, em *primeiro lugar*, o ser para si real, que retornou para si, que ainda não tem nenhuma determinidade nele, – como unidade sólida infinita que continua dentro de si.

Essa progride, *em segundo lugar*, para a determinidade que é posta nela como tal que, ao mesmo tempo, não é nenhuma determinidade, apenas determinidade externa. Ela se torna *quantum*. O quantum é a determinidade indiferente, quer dizer, que vai além de si, negando a si mesma; como este ser outro do ser outro, ele cai no progresso *infinito*. Mas o quantum infinito é a determinidade indiferente suprassumida, ele é o restabelecimento da qualidade.

Em terceiro lugar: na forma qualitativa, o quantum é a *relação* quantitativa. O quantum vai apenas em geral além de si; mas, na relação, ele vai além de si no seu ser outro, de modo que esse, no qual ele tem sua determinação, está, ao mesmo tempo, posto, é um outro quantum, – com isso, está presente seu ser retornado para si e a relação consigo como no seu ser outro.

A esta relação, ainda está no fundamento a exterioridade do quantum, são quanta *indiferentes* que se relacionam um para com o outro, isto é, têm sua relação consigo mesmos em tal ser fora de si; – a relação é, por conseguinte, apenas unidade formal da qualidade e da quantidade. A dialética da mesma [relação] é sua passagem para sua unidade absoluta, para a *medida*.

Observação

Em algo, seu limite como qualidade é essencialmente sua determinidade. Mas se nós entendemos sob limite o limite quantitativo e, por exemplo, um campo altera esse seu limite, então ele permanece sendo o mesmo campo de antes. Pelo contrário, se seu limite qualitativo é alterado, então está alterada essa sua determinidade, pelo qual ele é campo, e ele se torna prado, floresta etc. – Um vermelho que é mais intenso ou fraco, sempre é vermelho; mas se altera sua qualidade, ele deixaria de ser vermelho, ele se tornaria azul etc. – A determinação da *grandeza* como quantum, como resultou acima, segundo a qual um ser está no fundamento como permanente *que é indiferente frente à determinidade que ele tem*, resulta em qualquer outro exemplo.

Pela expressão *grandeza* [*Grösse*] entende-se o *quantum*, como nos exemplos dados, não a quantidade [*Quantität*], pelo que, essencialmente, é preciso tomar emprestado esse nome da língua estrangeira [*quantitas*].

A definição que é dada da *grandeza* [*Grösse*] na matemática concerne igualmente ao quantum. Costuma-se definir uma grandeza como algo que pode ser *aumentado* ou *diminuído*. Mas aumentar significa tornar algo *maior* [*mehr gross*], diminuir tornar algo *menor* [*weniger gross*]. Está nisso uma *diferença* da grandeza em geral com relação a ela mesma e a grandeza seria, portanto, aquilo, cuja grandeza pode se alterar. A definição se mostra como inapropriada na medida em que, nela, é usada aquela mesma determinação que deveria ser definida. Na medida em que não é preciso usar a mesma determinação nela, o *mais* e o *menos* precisam ser dissolvidos, [respectivamente] em uma adição como afirmação e, com efeito, conforme a natureza do quantum, como uma afirmação igualmente externa, e em um subtrair, como uma negação igualmente externa. Para esse modo *externo*, tanto da realidade como da negação, determina-se, em geral, a natureza da *alteração* no quantum. Por conseguinte, não se deve desconhecer naquela expressão imperfeita, o momento principal do qual isso depende; a saber, a indiferença da alteração, de modo que, no seu próprio conceito, está o próprio mais [ou] menos dela, sua indiferença frente a si mesma.

PRIMEIRO CAPÍTULO
A QUANTIDADE

A. *A quantidade pura*

A quantidade é o ser para si suprassumido; o uno que repele, que se comportou apenas negativamente frente ao uno excluído e que passou na *relação* com o mesmo, comporta-se identicamente frente ao outro e perdeu, com isso, sua determinação; o ser para si passou para a atração. A rigidez absoluta do *uno* que repele se dissolveu nessa *unidade*, a qual, contudo, como tal que contém esse uno, determinada, ao mesmo tempo, pela repulsão que habita nela, como *unidade do ser fora de si é unidade consigo mesma*. Desse modo, a atração é como o momento da *continuidade* na quantidade.

A *continuidade* é, portanto, a relação simples consigo, igual a si mesma, que não está interrompida por nenhum limite e nenhuma exclusão, porém, *não é unidade imediata*, mas unidade do uno que é para si. Nisso, ainda está contido o [ser de] *um fora do outro da pluralidade*, mas, ao mesmo tempo, como um não diferenciado, *ininterrupto*. Na continuidade, a pluralidade está posta assim como ela é em si; os múltiplos são um o que [é o] outro, cada um [é] igual ao outro, e a pluralidade, portanto, [é] igualdade simples, sem diferença. A continuidade é esse momento da *igualdade consigo mesmo* do ser de um fora do outro, o prosseguir-se dos unos diferentes nos seus diferentes deles.

Na continuidade, portanto, a grandeza tem imediatamente o momento da *discrição*, – a repulsão, assim como ela é agora momento na quantidade. A continuidade [*Stetigkeit*] é igualdade consigo mesma, mas do múltiplo que, porém, não se torna excludente; apenas a igualdade consigo mesma estende a repulsão, até a continuidade. Então, a discrição é, por sua vez, discrição que conflui, cujos unos não têm o vazio, o negativo por sua relação, mas sua própria continuidade e não interrompem essa igualdade consigo mesmos no múltiplo.

A quantidade é a unidade desses momentos, da continuidade e da discrição, mas ela é isso, inicialmente, na *forma* de um dos mesmos, da *continuidade*, como resultado da dialética do ser para si que precipitou na forma da imediatidade igual consigo mesma. A quantidade como tal é este resultado simples, na medida em que ele ainda não desenvolveu seus momentos e não [os] pôs nele. – Ela *contém* eles inicialmente enquanto ser para si posto como ele é na verdade. Conforme sua determinação, ele foi o relacionar-se consigo mesmo que se suprassume, vir para fora de si perene. Mas o repelido é ele mesmo; a repulsão é, portanto, o fluir que produz a si mesmo. Em virtude da mesmidade do repelido, esse discernir é continuidade ininterrupta; e, em virtude do vir para fora de si essa continuidade, sem ser interrompida, é, ao mesmo tempo, pluralidade que permanece igualmente de modo imediato na sua igualdade consigo mesma.

Observação 1 [Representação da quantidade pura]

A quantidade pura ainda não tem nenhum limite ou ainda não é quantum; também na medida em que ela se torna quantum, ela não é delimitada pelo limite; ela consiste, antes, justamente em não estar delimitada pelo limite, em ter o ser para si como um suprassumido dentro de si. Que a discrição é momento nela pode ser expresso de modo que nela, por todos os lados, a quantidade pura e simplesmente é a *possibilidade real* do uno, mas, inversamente, de modo que o uno é também pura e simplesmente como um contínuo.

Para a *representação* sem conceito, a continuidade se torna facilmente *composição*, a saber, uma relação *externa* dos unos um para com o outro, em que o uno permanece conservado na sua rigidez e exclusão absolutas. Mas no uno se mostrou que ele passa em e para si mesmo para a atração, para a sua idealidade e que, portanto, a continuidade não lhe é externa, mas pertence a ele mesmo e está fundamentada na sua essência. Essa *exterioridade* da continuidade para os unos é, em geral, aquilo ao que a atomística está presa e abandoná-la constitui a dificuldade para o representar. – A matemática rejeita, pelo contrário, uma metafísica que quis deixar o tempo *consistir* de pontos temporais, o espaço em geral ou inicialmente a linha, de pontos espaciais, a superfície de linhas, o espaço inteiro de superfícies; ela não deixar valer tais uno descontínuos. Se ela determina também, por exemplo, a grandeza de uma superfície de modo que ela é representada como a *soma* de linhas infinitamente plurais, esta discrição vale apenas como representação momentânea e, na pluralidade *infinita* das linhas, uma vez que o espaço, que elas devem constituir, todavia é um espaço delimitado, já está o ser suprassumido da discrição.

É o conceito da quantidade pura contra a mera representação que *Spinoza*, a quem, sobretudo, esse conceito importava, tem em vista, na medida em que ele (*Ética* I, Prop. XV, Schol.) fala da quantidade da maneira seguinte:

"Quantitas duobus modis a nobis concipitur, abstracte scilicet sive superficialiter, prout nempe ipsam imaginamur; vel ut substantia, quod a solo intellectu fit. Si itaque ad quantitatem attendimus, prout in imaginatione est, quod saepe et facilius a nobis fit, reperietur finita, *divisibilis et ex partibus conflata*, si autem ad ipsam, prout in intellectu est, attendimus, et eam, quatenus substantia est, concipimus, quod difficillime fit, [...] *infinita, unica et indivisibilis* reperietur. Quod omnibus, qui inter imaginationem et intellectum distinguere sciverint, satis manifestum erit"[25].

Exemplos mais determinados da quantidade pura, se se exige deles, tem-se no espaço e no tempo, também na matéria em geral, na luz etc., até mesmo no Eu; apenas não pode ser entendido o quantum por quantidade, como já foi observado. Espaço, tempo etc. são extensões, pluralidades, que são um ir para fora de si, um fluir que, porém, não passa para o contraposto, para a qualidade ou para o uno, mas são, como vir para fora de si, um *autoproduzir* perene da sua unidade. O espaço é este *ser fora de si* absoluto, que é também pura e simplesmente ininterrupto, um ser outro e ser novamente outro que é idêntico a si, – o tempo, um *vir para fora de si* absoluto, um produzir do uno, do ponto temporal, do *agora*, que é imediatamente

---

[25]. "A grandeza é compreendida por nós de duas maneiras, a saber, por um lado, abstrata e superficialmente, quando nós a representamos, por outro lado, como substância, o que somente se dá pelo entendimento. Se nós, portanto, consideramos a grandeza como ela está na faculdade da representação, o que acontece frequente e facilmente, então ela aparecerá como finita, divisível e composta de partes; mas se nós a consideramos como ela é no entendimento se a compreendemos enquanto ela é substância, o que é muito difícil, então ela aparece [...] como infinita, única e indivisível. Isso ficará evidente para cada um que aprendeu a diferenciar entre faculdade da representação e entendimento" [Trad. em alemão de Carl Gebhardt] [N.E.A.].

o tornar-se nada [*Zunichtwerden*] do mesmo e constantemente de novo o tornar-se nada desse perecer; de modo que este autoproduzir do não ser também é igualdade simples e identidade consigo.

No que diz respeito à *matéria* como quantidade, assim dentre as *sete proposições*, que estão conservadas da primeira dissertação de *Leibniz* (última página da primeira parte das suas obras), encontra-se uma sobre isso, a segunda, que diz assim: "Non omnino improbabile est, materiam et quantitatem esse realiter idem"[26]. – De fato, estes conceitos não são também ulteriormente diversos a não ser nisso, que a quantidade é a determinação pura do pensar, mas a matéria é a mesma [determinação] na existência externa. – Também ao *Eu* compete a determinação da quantidade pura, na medida em que ele é um absoluto tornar-se outro [*Anderswerden*], um afastamento infinito ou repulsão unilateral para a liberdade negativa do ser para si, mas que permanece pura e simplesmente continuidade simples, – a continuidade da universalidade ou do ser junto de si, a qual não é interrompida pelos limites infinitamente múltiplos, pelo conteúdo das sensações, intuições etc. – Aqueles que teimam em ser contrários a apreender a *pluralidade como unidade simples*, e exigem além do *conceito* que dos múltiplos cada um é o mesmo o que é o outro, precisamente um dos múltiplos – na medida em que aqui precisamente não é o discurso dos múltiplos determinados ulteriormente de verde, vermelho etc., mas dos múltiplos considerados em e para si –, também uma *representação* desta unidade, encontram suficientemente o mesmo desse tipo naquelas continuidades, as quais dão o conceito deduzido da quantidade como existente na intuição simples.

Observação 2 [Antinomia kantiana da indivisibilidade e da divisibilidade infinita do tempo, do espaço, da matéria]

Na natureza da quantidade de ser esta unidade simples da discrição e da continuidade, cai o conflito ou a *antinomia da divisibilidade infinita* do espaço, do tempo, da matéria etc.

---

26. "Não é absolutamente improvável que matéria e quantidade sejam efetivamente a mesma coisa" – esta dissertação – *De Principio Individui*, 1663 – foi publicada integralmente apenas em 1837. Cf. LEIBNIZ. *Die philosohischen Schriften*. Vol. 4. [org. de C.J. Gerhardt]. Berlim, 1875s., Vol. 4, p. 15s.; 2. Corollarium p. 26 [N.E.A.].

Esta antinomia consiste unicamente no fato de que a discrição precisa ser afirmada tanto quanto a continuidade. A afirmação unilateral da discrição dá o *ser dividido* infinito ou absoluto, com isso, um indivisível por princípio; a afirmação unilateral da continuidade, pelo contrário, dá a *divisibilidade* infinita.

A *Crítica da razão pura* kantiana expõe, como se sabe, *quatro antinomias* (cosmológicas), dentre as quais a *segunda* concerne à oposição que os *momentos da quantidade* constituem.

Estas antinomias kantianas permanecem sempre como uma parte importante da filosofia crítica; são principalmente elas que provocaram a queda da metafísica precedente e podem ser consideradas como uma passagem capital para a filosofia moderna, na medida em que elas ajudaram, em especial, gerar a convicção da nulidade das categorias da finitude no que concerne ao *conteúdo*, – o que é um caminho mais correto do que o formal de um idealismo subjetivo, segundo o qual apenas o fato de serem subjetivas deve ser sua falta, não aquilo o que elas são nelas mesmas. Mas, apesar do grande mérito das antinomias, essa apresentação é muito imperfeita; em parte, desajeitada e excêntrica em si mesma, em parte, equivocada em consideração do seu resultado que pressupõe que o conhecer não tem nenhuma outra forma do pensar além de categorias finitas. – Em ambas as considerações, estas antinomias merecem uma crítica mais precisa que esclarecerá tanto seu ponto de vista e método mais de perto quanto libertará o ponto capital, do qual depende, da forma desnecessária, na qual ele está preso.

Inicialmente, observo que Kant quis dar às suas quatro antinomias cosmológicas uma aparência da completude pelo princípio da divisão que ele tomou do seu esquema das categorias. Mas a intelecção mais profunda na natureza antinômica ou, mais verdadeiramente, na natureza dialética da razão, mostra, em geral, *cada* conceito como unidade de momentos contrapostos, aos quais se poderia dar, portanto, a forma de afirmações antinômicas. Devir, ser aí etc., e cada outro conceito poderia fornecer, assim, sua antinomia particular e, portanto, poderiam ser expostas tantas antinomias quantos conceitos surgissem. – O ceticismo antigo não deixou de empreender o esforço de mostrar essa contradição ou a antinomia em todos os conceitos que ele encontrava nas ciências.

Além disso, Kant não apreendeu a antinomia nos próprios conceitos, mas na forma já concreta de determinações cosmológicas. A fim de ter puramente as antinomias e de tratá-las em seu conceito simples, as determinações do pensar não precisavam ser tomadas na sua aplicação e mistura com a representação do mundo, do espaço, do tempo, da matéria etc., mas precisavam ser consideradas puramente por si, sem esta matéria concreta que não tem, nesse caso, nem força [*Kraft*] nem poder [*Gewalt*], na medida em que apenas as determinações do pensar constituem a essência e o fundamento das antinomias.

Kant dá esse conceito das antinomias, que elas não são artifícios sofísticos, mas contradições, contra as quais a razão necessariamente precisa se *chocar* (conforme expressão kantiana), – o que é uma visão importante. – "Pela aparência natural das antinomias, a razão, com efeito, não é mais enganada, quando ela compreende seu fundamento, mas sempre ainda iludida". [B 449] – a dissolução crítica precisamente pela assim chamada idealidade transcendental do mundo da percepção não tem outro resultado além de tornar o assim chamado conflito algo *subjetivo*, em que ele ainda permanece sempre a mesma aparência, quer dizer, não dissolvido como antes. A dissolução verdadeira delas pode apenas consistir no fato de que duas determinações, enquanto elas estão contrapostas e são necessárias a um único e mesmo conceito, não podem valer na unilateralidade delas, cada uma por si, mas elas têm sua verdade apenas no seu ser suprassumido, na unidade do seu conceito.

As antinomias kantianas, consideradas mais de perto, não contêm nada senão a afirmação categórica inteiramente simples de *cada um* dos dois momentos contrapostos de uma determinação, [afirmação] *isolada* por si da outra. Mas, nesse caso, esta afirmação categórica simples ou propriamente assertórica está envolvida em uma estrutura de raciocínio equivocada e distorcida, pela qual é produzida uma aparência de provas e o meramente assertórico da afirmação deve se tornar escondido e irreconhecível, como se mostrará na consideração mais precisa das mesmas.

A antinomia, da qual se fala aqui, concerne à assim chamada *divisibilidade infinita da matéria*, e repousa na oposição dos momentos da continuidade e da discrição, momentos que o conceito da quantidade contém dentro de si.

Segundo a apresentação kantiana, a *tese* da mesma reza assim: *"No mundo, toda e qualquer substância composta consiste de partes simples e, em nenhuma parte, não existe nada senão o simples ou aquilo o que é composto deste"* [B 462].

Aqui, ao simples, ao átomo, é contraposto o *composto*, o que é uma determinação que fica muito atrás em relação ao contínuo [*Stetige oder Kontinuierliche*]. – O substrato, que está dado a essas abstrações, a saber, substâncias no mundo, não significa aqui nada mais do que as coisas, como elas são sensorialmente perceptíveis, e que não tem influência alguma sobre o próprio antinômico; poderia igualmente ser tomado também o espaço ou o tempo. – Na medida em que agora a tese enuncia apenas a *composição* em vez da *continuidade*, ela é propriamente, desde logo, uma proposição analítica ou *tautológica*. Que o composto não seja em e para si *uno*, mas apenas algo ligado externamente e que *consista de outro*, é sua determinação imediata. Mas o outro do composto é o simples. É, portanto, tautológico dizer que o composto consiste de simples. – Se uma vez se pergunta *do que* algo *consiste*, então se exige a indicação *de um outro*, cuja *ligação* constitui aquele algo. Se se faz a tinta consistir de novo de tinta, então se perde o sentido da pergunta pelo consistir de outro está, ela fica sem resposta e apenas se repete. Uma pergunta ulterior é, então, se aquilo do que se trata deve ou não *consistir de algo*. Mas o composto é pura e simplesmente um tal que deve ser algo ligado e consistir de outro. – Se se toma o simples, que é o outro do composto, apenas como um *relativamente simples* que por si está de novo composto, então a pergunta permanece como era antes. À representação está diante, por assim dizer, apenas esse ou aquele composto, do qual também seria indicado esse ou aquele algo como *seu* simples, o que seria por si um composto. Mas aqui se trata do *composto como tal*. Agora, no que concerne à *prova* kantiana da tese, ela toma, como todas as provas kantianas das demais proposições antinômicas – o *desvio*, que se mostrará ser muito supérfluo, da prova *apagógica*. "Se assumirmos que", ele inicia, "as substâncias compostas não consistam de partes simples; então, se *toda* composição fosse *suprimida* em pensamentos, não haveria parte composta alguma e, já que (conforme a assunção recém-feita) não há nenhuma parte, também nenhuma [parte] simples, portanto, já que não resta absolutamente nada, logo, não haveria substância alguma" [ibid.].

Esta inferência é inteiramente correta: se não há nada senão o composto e se se abstrai de todo composto, então não sobra absolutamente nada; – admite-se isso, mas essa redundância tautológica pôde ficar de fora e a prova podia desde logo começar com aquilo o que se segue disso, a saber: "Portanto, ou não se pode suprimir toda composição no pensamento, ou, depois da supressão dela, precisa permanecer algo que subsiste sem toda a composição, isto é, o simples. Mas, no primeiro caso, o composto não consistiria de novo de substâncias (*porque nelas a composição é apenas uma relação contingente das substâncias*[27], *sem a qual essas, como entes [Wesen] persistentes por si, precisam subsistir*). Uma vez que este caso contradiz a pressuposição, permanece apenas o segundo que, a saber, o composto substancial no mundo consiste de partes simples" [B 462, 464].

O fundamento que está colocado em um parênteses constitui o ponto capital frente ao qual tudo o que está antes é totalmente supérfluo. O dilema é este: ou o composto é o permanente, ou não é, mas é o simples. Se o primeiro, a saber, o composto, fosse o que permanece, então o que permanece não seriam as substâncias, pois, *para essas, a composição é apenas uma relação contingente*; mas substâncias são o que permanece; logo, aquilo o que permanece é o simples.

Fica claro que – sem o desvio apagógico – na tese de que "a substância composta consiste de partes simples", aquele fundamento pôde ser associado imediatamente como prova, *porque* a composição é meramente uma relação *contingente* das substâncias, a qual, portanto, é externa a elas e nada diz respeito às próprias substâncias. – Se é correto dizer que a composição é contingente, então a essência é, sem dúvida, o simples. Mas esta contingência, do que a questão depende unicamente, não é provada, mas é assumida sem mais e, com efeito, de passagem em parênteses como algo que se entende por si mesmo ou é uma coisa secundária. Com efeito, entende-se por si, sem dúvida, que a composição é a determinação da contingência

---

27. À redundância da própria prova acrescenta-se aqui ainda a redundância da linguagem – porque *nelas* (a saber, nas substâncias) a composição é apenas uma relação contingente *das substâncias* [N.H.].

e da exterioridade; mas se se devesse tratar apenas de um conjunto contingente em vez da continuidade, então não valeu a pena expor uma antinomia sobre isso ou, antes, não se pôde expor nenhuma; a afirmação da simplicidade das partes é, então, como lembrado, apenas tautológica.

No desvio apagógico, vemos, com isso, ocorrer a própria afirmação que deve resultar dele. Mais brevemente, a prova pode ser apreendida assim:

Assuma-se que as substâncias não consistam de partes simples, mas sejam apenas compostas. Mas, agora, pode-se suprimir em pensamentos toda a composição (pois ela é apenas uma relação contingente); logo, após a supressão dela, não permaneceria substância nenhuma, se ela não consistisse de partes simples. Mas precisamos ter substâncias, pois nós as assumimos; não deve desaparecer tudo para nós, mas algo deve permanecer; pois pressupusemos um tal persistente que denominamos substância; este algo, portanto, precisa ser simples.

Cabe ainda ao tratamento completo [da antinomia] considerar a conclusão; ela reza da seguinte maneira:

"Daqui se *segue* imediatamente que as coisas do mundo, em sua totalidade, são entes simples, *que a composição é apenas um estado exterior das mesmas* e que [...] a razão precisa pensar as substâncias elementares [...] como entes simples" [B 464].

Aqui vemos exposta a exterioridade, isto é, a contingência da composição como *consequência*, depois de ser anteriormente introduzida e utilizada na prova em parênteses.

Kant reivindica não estar procurando, nas proposições conflituosas da antinomia, fantasmagorias, a fim de conduzir mais ou menos (como se costuma dizer) um argumento de advogado. A prova considerada não precisa ser culpada tanto de uma fantasmagoria quanto de uma excentricidade inútil e atormentada, que apenas serve para produzir a figura exterior de uma prova e não deixar, em sua completa transparência, que aquilo o que deve surgir como consequência é, em parênteses, o eixo da prova, e para não deixar claro que, em geral, não está presente prova alguma, mas apenas uma pressuposição.

A antítese reza:

"*No mundo, nenhuma coisa composta consiste de partes simples e não existe, em parte alguma do mundo, nada simples*" [B 463].

A *prova* está igualmente configurada de modo apagógico e é, de outra maneira, igualmente reprovável como a anterior.

"Suponhamos que", diz-se, "uma coisa composta (enquanto substância) consiste de partes simples. Porque toda *relação exterior*, portanto, também toda composição a partir de substâncias é possível apenas no *espaço*, segue-se que, se de tantas partes consiste o composto, então de tantas partes também consiste o espaço que ele ocupa. Agora, o espaço não consiste de partes simples, mas de espaços. Logo, cada parte do composto precisa ocupar um espaço. Mas as partes pura e simplesmente primeiras de todo composto são simples. Portanto, o simples ocupa um espaço. Uma vez que, agora, todo o real que ocupa um espaço inclui dentro de si um múltiplo que cada um encontra fora do outro, portanto, é composto e, com efeito, [...] de substâncias, o simples seria um composto substancial; o que se contradiz" [ibid.].

Esta prova pode ser denominada um *ninho* inteiro (a fim de utilizar uma expressão kantiana que ocorre em outra parte) de procedimentos falaciosos.

Inicialmente, o rodeio apagógico é uma aparência sem fundamento. Pois a assunção de que *todo o substancial* é *espacial*, mas o *espaço não consiste* de *partes simples*, é uma afirmação direta que se tornou o fundamento imediato do que precisa ser provado e com a qual todo o provar está pronto.

Ademais, esta prova apagógica inicia com a proposição de que toda a composição de substâncias é uma relação *exterior*, mas se esquece novamente dela desde logo e de um modo bastante estranho. A saber, é inferida ulteriormente que a composição é possível apenas no *espaço*, mas o espaço não consiste de partes simples, o real que ocupa um espaço é, portanto, composto. Se, por um lado, a composição é assumida como uma relação externa, então a própria espacialidade, enquanto unicamente nela deve ser possível a composição, é, precisamente por isso, uma relação externa para as substâncias, relação que não as atinge e não afeta sua natureza, tampouco o resto que pode ser ainda inferido da determinação da espacialidade. Justamente por aquela razão, as substâncias não deveriam ter sido postas no espaço.

Além disso, está pressuposto que o espaço, no qual aqui as substâncias são transpostas, não consiste de partes simples; porque ele é uma intuição, a saber, conforme a determinação kantiana, uma representação que pode apenas ser dada por um objeto único e que, de nenhum modo, é um assim chamado conceito discursivo. – Como se sabe, a partir dessa distinção kantiana da intuição e do conceito, surgiu um grande disparate sobre o intuir e, a fim de poupar o conceitualizar, foi estendido o valor e o âmbito dessa distinção para todo o conhecer. Aqui cabe apenas que o espaço, assim como a própria intuição, precisam, ao mesmo tempo, ser *conceitualizados*, se se quiser de fato conceitualizar em geral. Com isso, surgiria a pergunta sobre se o espaço não precisa ser apreendido segundo seu conceito como tal que consiste de partes simples, mesmo que seja também, enquanto intuição, continuidade simples, ou se o espaço entra na mesma antinomia, na qual foi transposta apenas a substância. De fato, se a antinomia é apreendida abstratamente, ela concerne, como foi lembrado, à quantidade em geral e, com isso, igualmente ao espaço e ao tempo.

Mas porque na prova se assume que o espaço não consistiria de partes simples, isso deveria ter sido a razão para não transpor o simples para este elemento, que não é adequado à determinação do simples. – Mas aqui também a continuidade do espaço entra em colisão com a composição; ambas são confundidas uma com a outra, a primeira é colocada no lugar da última (o que no silogismo resulta em um *Quaternio terminorum*). Em Kant, é a determinação explícita do espaço, que ele é um *único* e as partes do mesmo repousam apenas em delimitações, de modo que elas "não *ante*cedem ao espaço único que abrange tudo como suas, por assim dizer, *partes constitutivas* (a partir disso seria possível sua *composição*)" (*Crítica da razão pura*, B 39). Aqui, está indicada muito correta e determinadamente a continuidade do espaço frente à composição a partir de partes constitutivas. Na argumentação, pelo contrário, o transpor das substâncias para o espaço deve levar consigo um "multíplice de partes que se encontram uma fora da outra" e, com efeito, "portanto, um composto". Entretanto, como indicado, a maneira na qual uma multiplicidade se encontra no espaço, deve excluir explicitamente a composição e as partes constitutivas que antecedem a unidade do mesmo.

Na observação sobre a prova da antítese, ainda é trazida explicitamente a outra representação fundamental da filosofia crítica, segundo a qual nós temos um *conceito* dos corpos apenas como *fenômenos*; mas, enquanto tais, eles pressupõem necessariamente o espaço como a condição de possibilidade de todos os fenômenos exteriores. Se, com isso, por substâncias estão visados apenas corpos, como nós os vemos, sentimos, saboreamos etc., então não se trata propriamente daquilo que eles são no seu conceito; trata-se apenas do que é percebido sensivelmente. Era preciso apreender de modo conciso a prova da antítese: toda a experiência do nosso ver, sentir etc. nos mostra apenas o composto; mesmo os melhores microscópios e facas mais finas não haviam nos levado ainda a nos *depararmos* com nada simples. Logo, também a razão não deve querer se deparar com algo simples.

Com isso, se consideramos com mais exatidão a oposição desta tese e antítese e livramos suas provas de toda a redundância e excentricidade inúteis, então a prova da antítese contém – pela transposição das substâncias no espaço – a assunção assertórica da *continuidade*, bem como a prova da tese – pela assunção da composição como a maneira da relação do que é substancial – a assunção assertórica da *contingência desta relação* e, com isso, a assunção das substâncias como *uno absolutos*. Toda a antinomia se reduz, portanto, à separação e à afirmação direta de ambos os momentos da quantidade e, com efeito, dos mesmos como pura e simplesmente separados. Tomados conforme a mera *discrição*, a substância, a matéria, o espaço, o tempo etc. estão pura e simplesmente divididos; o uno é seu princípio. Conforme a *continuidade*, este uno é apenas um suprassumido; o dividir permanece divisibilidade, permanece a *possibilidade* de dividir, como possibilidade, sem chegar efetivamente ao átomo. Agora, mesmo que fiquemos na determinação que está dada no que foi dito destas oposições, o momento do átomo está na própria continuidade, uma vez que ela é pura e simplesmente enquanto a possibilidade de dividir, bem como aquele ser dividido, a discrição, suprassume também toda a diferença dos unos – pois os unos simples são um o que é o outro –, com isso, do mesmo modo, contém a igualdade deles e, por isso, sua continuidade. Na medida em que cada um de ambos os lados contrapostos contém nele mesmo seu outro e nenhum pode ser pensado sem o outro, segue-se disso que nenhuma destas determinações, tomadas unicamente por si, tem verdade, mas apenas a unidade delas [tem verdade]. Essa é a verdadeira consideração dialética das mesmas, assim como o resultado verdadeiro.

Infinitamente mais engenhosos e mais profundos do que a antinomia kantiana considerada são os exemplos dialéticos da antiga *escola eleática*, especialmente no que diz respeito ao *movimento*, exemplos que se fundamentam igualmente no conceito de quantidade e nele têm sua dissolução. Seria demasiadamente extenso considerá-los ainda aqui; eles concernem aos conceitos de espaço e de tempo e podem ser tratados no que diz respeito a eles e na história da filosofia. – Eles honram de modo mais alto a razão de seus inventores; eles têm o ser puro do Parmênides como *resultado*, na medida em que eles mostram a dissolução de todo o ser determinado em si mesmo e são, com isso, neles mesmos, o *fluir* do Heráclito. Por isso, são dignos também de uma consideração mais fundamental do que a explicação comum de que eles seriam justamente sofismas; asserção a qual se atém ao perceber empírico conforme o procedimento de Diógenes – tão esclarecedor para o entendimento humano comum – o qual, como um dialético, mostrou a contradição que o movimento contém, não deve ter empenhado ulteriormente sua razão, mas apenas deve ter apontado a aparência empírica [*Augenschein*] por um ir e vir mudo, – uma asserção e refutação que, sem dúvida, pode ser feita mais facilmente do que se entregar aos pensamentos e manter firmes, dissolvendo-os pelo próprio pensamento, os entrelaçamentos, nos quais o pensamento, com efeito, não o pensamento treinado, mas o pensamento que se forma na própria consciência comum, introduz.

As soluções, que *Aristóteles* formula destas configurações dialéticas, precisam ser muito elogiadas e estão contidas em seus conceitos verdadeiramente especulativos de espaço, tempo e movimento. À divisibilidade infinita (o que, uma vez que ela seja representada como se fosse efetivada, é o mesmo com o ser dividido infinito, com os átomos), na qual repousam as mais famosas daquelas provas, ele contrapõe a continuidade, que igualmente concerne tanto ao tempo quanto ao espaço, de modo que a pluralidade infinita, isto é, abstrata, está contida na continuidade apenas *em si*, conforme a *possibilidade*.

O efetivo frente à pluralidade abstrata, como frente à continuidade abstrata, é o concreto das mesmas, o próprio tempo e o próprio espaço, como novamente frente a estes, o movimento e a matéria. O *abstrato* é apenas em si ou apenas conforme a possibilidade; ele é apenas como momento de um real. Bayle que, no seu *Dictionnaire*, Art. Zenão, acha *"pitoyable"* [miserável] a solução da dialética zenoniana feita por Aristóteles, não entende o que significa que a matéria é divisível até o infinito apenas *conforme* a *possibilidade*; ele objeta que, se a matéria fosse divisível até o infinito, então ela conteria *efetivamente* uma quantia infinita de partes; isso não seria, portanto, um infinito *en puissance* [em potência], mas um infinito que existiria realmente e atualmente. – Antes, já a própria *divisibilidade* é apenas uma possibilidade, não um *existir das partes*, e a pluralidade em geral está posta na continuidade apenas como momento, como um suprassumido. – Aquele entendimento perspicaz, no qual, aliás, Aristóteles é insuperável, não é suficiente para apreender e avaliar os conceitos especulativos dele, tampouco como a grosseria indicada da representação sensível não é suficiente para refutar as argumentações do Zenão; aquele entendimento erra ao manter tais entes do pensamento [*Gedankendinge*][28], abstrações como quantia infinita de partes, como algo, como um verdadeiro e efetivo; mas esta consciência sensível não se deixa levar para além do empírico, para os pensamentos.

A solução kantiana da antinomia consiste também unicamente no fato de que a razão não deveria *ultrapassar* a *percepção sensível* e deveria tomar o fenômeno como ele é. Esta solução deixa de lado o conteúdo da própria antinomia; ela não alcança a natureza do *conceito* de suas determinações, das quais cada uma, isolada por si, é nula e, nela mesma, é apenas o passar para sua outra e tem a quantidade como sua unidade e, nisso, sua verdade.

---

28. *Gedankendinge* é o vocábulo alemão que traduz a expressão latina *ens rationis*, referente a entes cuja maneira de ser é puramente lógica, ou seja, está unicamente na esfera do que pode ser pensado, como, p. ex., universais ou ideias [N.T.].

B. Grandeza contínua e discreta

1) A quantidade contém ambos os momentos da continuidade e da discrição. Ela precisa ser posta em ambos como suas determinações. – Ela já é, desde logo, unidade *imediata* das mesmas, quer dizer, inicialmente, ela mesma está posta apenas em uma das suas determinações, na continuidade, e é, assim, *grandeza contínua*.

Ou a continuidade é, com efeito, um dos momentos da quantidade, a qual, apenas com o outro, com a discrição, está plenamente realizada. Mas a quantidade é unidade concreta apenas na medida em que ela é a unidade de momentos *diferentes*. Esses precisam ser, portanto, tomados também como diferentes, contudo, não ser dissolvidos novamente em atração e repulsão, mas, conforme sua verdade, cada uma precisa ser tomada na sua unidade com a outra, quer dizer, *permanecendo o todo*. A continuidade é apenas a unidade conectante, sólida, como unidade do discreto; assim *posta*, ela não é mais apenas momento, mas quantidade inteira, – *grandeza contínua*.

2) A quantidade *imediata* é grandeza contínua. Mas a quantidade não é, de modo algum, um imediato; a imediatidade é uma determinidade, cujo ser suprassumido é ela mesma. Ela precisa ser posta na determinidade que lhe é imanente, esta é o uno. A quantidade é *grandeza discreta*.

A discrição é, como a continuidade, momento da quantidade, mas é, ela mesma, também a quantidade inteira, precisamente porque ela é momento nela, no todo, portanto, como diferente, não sai do mesmo, não sai da sua unidade com o outro momento. – A quantidade é ser de um fora do outro em si, e a grandeza contínua é este ser de um fora do outro como tal que se continua sem negação, como uma conexão em si mesma igual. A grandeza discreta, porém, é este um fora do outro como não contínuo, como interrompido. Com esta quantia de uno, contudo, não está de novo presente a quantia do átomo e o vazio, a repulsão em geral. Porque a grandeza discreta é quantidade, sua discrição é, ela mesma, contínua. Esta continuidade no discreto consiste no fato de que os unos são o elemento da igualdade de um para com o outro, ou seja, de que eles têm a mesma *unidade*. A grandeza discreta é, portanto, o um fora do outro do uno múltiplo, *enquanto do elemento da igualdade*, não o uno múltiplo em geral, mas posto como o *múltiplo de uma unidade*.

Observação [Separação ordinária destas grandezas]

Nas representações ordinárias da grandeza contínua e da discreta é omitido que cada uma destas grandezas tem nela ambos os momentos, tanto a continuidade quanto a discrição, e sua diferença é constituída apenas por qual dos dois momentos é a determinidade *posta* e qual é apenas a determinidade que é em si. Espaço, tempo, matéria etc. são grandezas contínuas na medida em que são repulsões de si mesmas, um sair de si fluente que, ao mesmo tempo, não é um passar ou se relacionar com um qualitativamente outro. Elas têm a possibilidade absoluta que o uno seja posto nelas por todos os lados; não como a possibilidade vazia de um mero ser outro (como se diz, seria possível que, no lugar desta pedra, estivesse uma árvore), mas elas contêm o princípio do uno nelas mesmas; ele é uma das determinações das quais elas estão constituídas.

Inversamente, na grandeza discreta, não deve ser deixada de lado a continuidade; esse momento é, como foi mostrado, o uno como unidade.

A grandeza contínua e a discreta podem ser consideradas como *espécies* da quantidade, porém, não na medida em que a grandeza está posta sob qualquer determinidade exterior, mas na medida em que está posta sob as *determinidades de seus próprios* momentos; a passagem ordinária do gênero para a espécie permite que o gênero receba determinações externas conforme um fundamento de classificação externo qualquer. Nesse caso, a grandeza contínua e a discreta não são ainda quanta; elas são apenas a própria quantidade em cada uma de suas duas formas. Elas são denominadas, por assim dizer, grandezas, na medida em que elas têm em comum com o quantum em geral isso: ser uma determinidade na quantidade.

C. Limitação da quantidade

A grandeza discreta tem, em primeiro lugar, o uno por princípio e é, em segundo lugar, pluralidade dos unos, em terceiro lugar, ela é essencialmente contínua, ela é, ao mesmo tempo, o uno como um suprassumido, como *unidade*, o continuar-se como tal na discrição dos unos. Ela está posta, portanto, como *uma* grandeza e a determinidade da mesma é o uno que, nesse ser posto e ser aí, é uno *excludente*, limite na unidade. A grandeza discreta como tal não deve ser imediatamente limitada; mas, enquanto diferente da contínua, ela é como um ser aí e um algo, cuja determinidade é o uno e, enquanto dentro de um ser aí, é também primeira negação e limite.

Esse limite, além de estar relacionado com a unidade e de ser a negação *na mesma*, está *relacionado*, enquanto uno, também *consigo*; assim, ele é limite que circunscreve e que inclui. Aqui, o limite não se diferencia inicialmente do algo de seu ser aí, mas é imediatamente, enquanto uno, esse próprio ponto negativo. Mas o ser, que aqui é limitado, é essencialmente como continuidade, em virtude da qual ele vai além do limite e deste uno, e é indiferente frente a ele. A quantidade real discreta é, assim, uma quantidade ou quantum, – a quantidade como um ser aí e algo. Na medida em que o uno, que é limite, inclui dentro de si os múltiplos unos da quantidade discreta, põe-nos igualmente como suprassumidos nele; ele é limite na continuidade em geral como tal, e, com isso, a diferença da grandeza contínua e discreta é aqui indiferente; ou, mais exatamente, ele é limite na continuidade tanto *de uma* quanto *da outra*; nisso, *ambas* passam a ser quanta.

SEGUNDO CAPÍTULO
QUANTUM

O quantum - *inicialmente* quantidade com uma determinidade ou limite em geral - é, na sua determinidade perfeita, o *número*. O quantum se diferencia,

em segundo lugar, inicialmente no [quantum] *extensivo*, no qual o limite é como delimitação da *pluralidade* que é aí; então, na medida em que esse ser aí passa para o ser para si, diferencia-se no quantum *intensivo*, o *grau*, o qual como *para si* e, nisso, como *limite indiferente*, tem igualmente de modo imediato sua determinidade *fora de si* em um outro. Como essa contradição posta, de ser assim determinado dentro de si de modo simples e de ter sua determinidade fora de si e de apontar para ela fora de si, o quantum passa,

em terceiro lugar, como o posto externo em si mesmo, para a *infinitude quantitativa*.

A. O número

A quantidade é quantum, ou seja, tem um limite, tanto como grandeza contínua quanto como grandeza discreta. Aqui, a diferença dessas espécies não tem, inicialmente, significado algum.

Enquanto o ser para si suprassumido, a quantidade já é indiferente em e para si mesma frente a seu limite. Mas, com isso, não lhe é igualmente indiferente ser o limite ou um quantum; pois ela contém dentro de si o uno, o ser determinado absoluto, como seu próprio momento, que, portanto, enquanto posto na sua continuidade ou unidade, é seu limite, o qual permanece, contudo, como uno, no qual o limite em geral se transformou.

Este uno é, portanto, o princípio do quantum, mas o uno *como* [uno] *da quantidade*. Por isso, ele é, *em primeiro lugar*, contínuo, ele é *unidade*; em *segundo lugar*, é discreto, pluralidade dos unos que é em si (como na grandeza contínua) ou posta (como na grandeza discreta), uno os quais têm a igualdade um para com o outro, aquela continuidade, a mesma unidade. *Em terceiro lugar*, este uno é também negação dos múltiplos unos como limite simples, um excluir seu ser outro de si, uma determinação de si frente aos *outros* quanta. O uno é, nesse aspecto, α) limite que *se relaciona consigo*, β) limite *que circunscreve* e γ) limite que *exclui outro*.

O quantum, posto completamente nestas determinações, é o *número*. O ser posto completo está no ser aí do limite como *pluralidade* e, com isso, no seu ser diferenciado da unidade. Por causa disso, o número aparece como grandeza discreta, mas ele tem também a continuidade na unidade. Ele é, por isso, também o quantum em *determinidade* perfeita, na medida em que nele o limite [é] como *pluralidade* determinada que tem o uno, o que é pura e simplesmente determinado, por seu princípio. A continuidade, como aquela na qual o uno é apenas *em si*, é como um suprassumido – posta como unidade –, é a forma da indeterminidade.

O quantum, apenas como tal, é limitado em geral; seu limite é determinidade abstrata, simples do mesmo. Mas na medida em que ele é número, esse limite está posto como *multíplice dentro de si mesmo*. Ele contém os múltiplos unos, que constituem seu ser aí, porém, não os contém de modo indeterminado, mas a determinidade do limite cai neles; o limite exclui outro ser aí, isto é, outros múltiplos, e os unos circunscritos por ele são uma quantia determinada, o *valor numérico*, em relação com o qual, como com a discrição, como ela é no número, o outro é a *unidade*, a continuidade do mesmo. *Valor numérico* e *unidade* constituem os *momentos* do número.

Do valor numérico, é preciso ver mais de perto como os múltiplos unos, dos quais ele consiste, são no limite; a respeito do valor numérico, é correta a expressão de que ele *consiste* dos múltiplos, pois nele os unos não são como suprassumidos, mas *são* nele postos apenas com o limite que exclui, frente ao qual eles são indiferentes. Mas esse não é [indiferente] frente a eles. No ser aí tinha-se colocado, inicialmente, a relação do limite com o mesmo, de modo que o ser aí enquanto o afirmativo permanecia subsistindo aquém do seu limite e esse, a negação, encontrava-se fora, na sua margem; igualmente, nos múltiplos unos, o interromper dos mesmos e o excluir de outros unos aparecem como uma determinação que ocorre fora dos unos circunscritos. Mas lá resultou que o limite permeia o ser aí, vai até onde este vai e que algo, por isso, conforme sua determinação, é limitado, isto é, finito. – Assim, no quantitativo do número, representa-se, por exemplo, a centena, de modo que o centésimo uno limita unicamente os múltiplos, de modo que eles são cem. Por um lado, isso é correto, mas, por outro, dentre os cem unos, nenhum tem uma primazia, pois eles são apenas iguais; cada um é igualmente o centésimo; todos eles pertencem, portanto, ao limite, pelo qual o número é centena; para sua determinidade, esse não pode dispensar nenhum deles; frente ao centésimo uno, portanto, os outros não constituem nenhum ser aí que, de qualquer modo, seria diverso dele, fora do limite ou apenas dentro do mesmo. O valor numérico não é, portanto, uma pluralidade *frente* ao uno que circunscreve, que limita, mas constitui, ele mesmo, essa limitação, que é um quantum determinado; os múltiplos constituem um número, *um* dois, *um* dez, *uma* centena etc.

O uno limitante é agora o ser determinado frente a outro, diferenciação de um número de outros [números]. Mas essa diferenciação não se torna determinidade qualitativa, mas permanece quantitativa, cai apenas na reflexão *externa* que compara; o número permanece como uno que retornou para si e que é indiferente frente a outros. Essa *indiferença* do número frente a outros é determinação essencial do mesmo; ela constitui *seu ser determinado em si*, mas ao mesmo tempo *sua própria exterioridade*. – Ele é, assim, um uno *numérico*, como o absolutamente determinado que tem, ao mesmo tempo, a forma da imediatidade simples e ao qual, portanto, a relação com outro é completamente externa. Enquanto uno, que é *número*, ele tem, além disso, a *determinidade*, na medida em que o número *é relação com outro*, [determinidade] como seus momentos nele mesmo, na sua *diferença da unidade e do valor numérico*; e o valor numérico é, ele mesmo, *pluralidade dos unos*, isto é, o uno é, nele mesmo, essa exterioridade absoluta. – Essa contradição dentro de si do número ou do quantum em geral é a qualidade do quantum, em cujas determinações ulteriores essa contradição se desenvolve.

Observação 1 [Operações da aritmética. Proposições kantianas sintéticas *a priori* da intuição]

A grandeza do espaço e a grandeza do número costumam ser consideradas como duas espécies, de modo que a grandeza do espaço, por si, seria grandeza determinada tanto quanto a grandeza do número; sua diferença consistiria apenas nas determinações diversas da continuidade e discrição, mas, como quantum, elas estariam no mesmo nível. Em geral, a geometria tem por objeto, na grandeza do espaço, a grandeza contínua e a aritmética, na grandeza do número, a grandeza discreta. Mas, com esta desigualdade do objeto, elas também não têm um modo igual e [igual] perfeição da limitação ou do ser determinado. A grandeza do espaço tem apenas a limitação em geral; na medida em que ela deve ser considerada como um quantum pura e simplesmente determinado, ela necessita do número. A geometria como tal não *mede* as figuras do espaço, não é arte métrica, mas apenas as *compara*. Também nas suas definições, as determinações são extraídas, em parte, da *igualdade* dos lados, dos ângulos, da distância *igual*. Assim, o círculo, porque ele se baseia unicamente na *igualdade* da distância de todos os pontos nele possíveis de um ponto central, não precisa de número algum para sua determinação. Essas determinações que se baseiam na igualdade ou na desigualdade são genuinamente geométricas. Mas elas não são suficientes e, para outros, por exemplo, triângulo e quadrângulo, é exigido o número que, no seu princípio, no uno, contém o ser determinado para si, não o ser determinado com a ajuda de um outro, portanto, não por comparação. A grandeza do espaço tem, com efeito, no ponto, a determinidade correspondente ao uno; mas o ponto, na medida em que ele vem para fora de si, torna-se um outro, torna-se linha; porque ele é essencialmente apenas como uno *do espaço*, ele se torna, na *relação*, uma continuidade, na qual a pontualidade, o ser determinado para si, o uno, está suprassumido. Na medida em que o ser determinado para si deve conservar-se no ser fora de si, a linha precisa ser representada como uma quantia de unos e o *limite* precisa receber dentro de si a determinação dos *múltiplos unos*, quer dizer, a grandeza da linha – igualmente [a grandeza] das outras determinações do espaço – precisa ser tomada como número.

A *aritmética* considera o número e suas figuras, ou, antes, ela não os considera, mas opera com os mesmos. Pois o número é a determinidade indiferente, inerte; ele precisa ser ativado e colocado em relação a partir de *fora*. Os modos de relação são as *operações*. Na aritmética, elas são expostas sucessivamente, e fica claro que uma depende da outra. O fio que guia a progressão delas na aritmética, contudo, não é destacado. Mas a partir da determinação do conceito do próprio número surge facilmente a composição sistemática, que é justamente reivindicada pela exposição destes elementos nos manuais. Estas determinações orientadoras devem aqui ser brevemente observadas.

Em virtude de seu princípio, do uno, o número é um agregado externo em geral, uma figura pura e simplesmente analítica que não contém nenhuma conexão interior. Assim, porque ele é apenas algo gerado externamente, todo o calcular é o produzir de números, um *contar* ou de modo mais determinado: *contar juntamente* [*Zusammenzählen*]. Uma diversidade desse produzir externo que faz sempre o mesmo pode unicamente estar em uma diferença dos números uns frente aos outros, números que devem ser contados juntamente; tal diferença precisa, ela mesma, ser tomada de outro lugar e de uma determinação externa.

A diferença qualitativa que constitui a determinidade do número é aquela que vimos, da *unidade* e do *valor numérico*; a essa se reduz, portanto, toda determinidade do conceito que pode ocorrer nas operações. Mas a diferença que compete aos números como a quanta é a identidade externa e a diferença externa, a *igualdade* e *desigualdade*, que são momentos da reflexão e precisam ser tratados sob as determinações da essência na diferença.

Além disso, precisa ainda ser mencionado preliminarmente que números em geral podem ser produzidos em duas maneiras: ou por reunir ou por separar termos já reunidos; – na medida em que ambos ocorrem do mesmo modo em uma operação determinada, o que se pode denominar de operação *positiva* corresponde a um reunir de números, o que se pode denominar operação *negativa*, a um separar; a determinação da própria operação é independente dessa oposição.

1) Após essas observações, segue-se, com isso, a indicação das operações. O *primeiro* gerar do número é o reunir de múltiplos como tais, isto é, dos quais cada um está posto apenas como *uno*, – o *numerar*. Visto que os unos são externos uns frente aos outros, eles se apresentam sob uma imagem sensível, e a operação [*Operation*], pela qual o número é gerado, é um contar nos dedos, nos pontos etc. O que é quatro, cinco etc., pode apenas ser *apontado*. O interromper, quanto deve ser reunido, é, na medida em que o limite é externo, algo contingente, arbitrário. – A diferença do valor numérico e da unidade, diferença que entra na progressão das operações, fundamenta um *sistema* – diádico, decádico etc. – de números; um tal [sistema] se baseia inteiramente na arbitrariedade de qual valor numérico deve constantemente ser tomado de novo como unidade.

Os *números* que surgem pelo numerar são de novo numerados; e, na medida em que eles estão postos assim imediatamente, eles estão determinados ainda sem relação alguma um para com o outro, indiferentes frente à igualdade e à desigualdade, de grandeza contingente um frente a outro, portanto, *desiguais* em geral, – *adicionar*. – Fica-se sabendo que 7 e 5 constitui doze, pelo fato de que aos 7 são acrescentados ainda 5 uno nos dedos ou de outra forma, – o resultado disso é conservado depois na memória, *de cor*; pois não há nada interno nisso. Igualmente que 7 x 5 é = 35 se sabe pelo contar nos dedos etc., que a um sete é acrescentado um outro [sete], isto é efetuado cinco vezes e o resultado é igualmente conservado de cor. O cansaço desse numerar, a elaboração das somas ou dos produtos, está aliviado pelos unos mais unos ou unos vezes unos prontos que devem ser aprendidos apenas de cor.

(Na introdução à *Crítica da razão pura*, V), Kant considerou a proposição "7 + 5 = 12" como uma proposição sintética. "Inicialmente, dever-se-ia", ele diz, "com efeito, pensar (certo!) que ela seria uma proposição meramente analítica que surge do *conceito* de uma *soma* de sete mais cinco conforme o princípio da contradição". O conceito da soma significa nada mais senão a determinação abstrata de que esses dois números *devem* ser reunidos e, com efeito, como números de uma maneira externa, isto é, sem conceito, – de que deve ser numerado de sete até que os unos que precisam ser acrescentados, cujo valor numérico está determinado em cinco, forem esgotados;

o resultado leva o nome de outra maneira conhecido como doze. "Mas", Kant continua, "se se considera isso mais de perto, então se encontra que o conceito da soma de *7* e *5* nada mais contém do que a *unificação* de ambos os números em um único, pela qual não é de modo algum *pensado qual* seria este único número que reúne ambos. [...] Por mais que eu possa analisar meu conceito de uma tal soma possível, eu não encontrarei, no entanto, nisso o doze. Com o *pensar* da soma, análise do conceito, a passagem daquela tarefa para o resultado não tem, na verdade, nada a ver; "se é preciso ir além desses *conceitos* e recorrer à ajuda da intuição, de cinco dedos etc. e, assim, acrescentar as unidades do cinco *dado na intuição* ao *conceito* de sete", ele acrescenta. Cinco está, sem dúvida, dado na intuição, quer dizer, um ser composto de modo inteiramente externo do pensamento arbitrariamente repetido, uno; mas sete é tampouco um conceito; não está presente nenhum conceito para além do qual se vá. A soma de 5 e 7 significa a ligação sem conceito de ambos os números, o numerar assim continuado sem conceito desde sete até que os cinco estejam esgotados, pode-se denominar um combinar, um sintetizar, exatamente como o numerar dos unos – um sintetizar, o qual, porém, é de natureza inteiramente analítica, na medida em que a conexão é uma [conexão] inteiramente produzida, na qual não há nada nem entra nada que não esteja totalmente fora. O postulado de adicionar 5 a 7 se relaciona com o postulado de numerar em geral, como o postulado de prolongar uma linha reta se relaciona com o de traçar uma linha reta.

Tão vazia como a expressão sintetizar é, é a determinação que isso ocorre *a priori*. Sem dúvida, contar não é nenhuma determinação da sensação que remanesça unicamente para o *a posteriori* de acordo com a determinação kantiana da intuição, e contar é decerto uma ocupação que está no terreno do intuir abstrato, isto é, intuir o qual está determinado pela categoria do uno e, nisso, está abstraído tanto de todas as outras determinações da sensação quanto também dos conceitos. O *a priori* é, em geral, algo apenas vago; a determinação do sentimento tem enquanto impulso, sentido etc. também o momento da aprioridade nela na mesma medida em que espaço e tempo, como existentes, o temporal e o espacial estão determinados *a posteriori*.

Em conexão com isso, pode ser acrescentado que a afirmação de Kant da constituição sintética dos princípios da geometria pura tampouco contém algo fundamental. Enquanto ele indica que vários são efetivamente analíticos, em benefício daquela representação está indicado unicamente o princípio segundo o qual a linha reta é a mais curta [distância] entre dois pontos. "O meu *conceito* de reta não contém nada da grandeza, mas apenas uma qualidade. O *conceito* de mais curta [distância] é, portanto, totalmente acrescentado e não pode ser tirado do *conceito de linha reta* por nenhuma análise. Portanto, é preciso aqui recorrer à ajuda da *intuição*, apenas mediante a qual a síntese é possível". – Mas também aqui não se trata de um conceito de reta em geral, mas de linha reta, e a mesma já é algo espacial, intuído. A determinação (ou, se se quiser, o conceito) da linha reta é, todavia, decerto nenhuma outra do que ela é a linha absolutamente simples, isto é, a que se relaciona pura e simplesmente consigo no sair de si (no assim chamado movimento do ponto), em cuja extensão não está posta nenhuma espécie da diversidade da determinação, nenhuma relação com um outro ponto ou linha fora dela, – a *direção absolutamente simples em si*. Esta simplicidade é, sem dúvida, sua qualidade e, se deveria parecer difícil definir analiticamente a linha reta, então seria apenas em virtude da determinação da simplicidade ou da relação consigo mesma e meramente, porque, no determinar, a reflexão tem diante de si, inicialmente, sobretudo uma variedade, um determinar por outros; mas não é por si nada absolutamente difícil apreender essa determinação da simplicidade da extensão em si, de sua ausência de determinação por outro; – a definição de Euclides não contém nada mais senão essa simplicidade. – Mas agora a passagem desta qualidade para a determinação quantitativa (da mais curta), a qual deveria constituir o sintético, é inteiramente apenas analítica. A linha é, enquanto espacial, quantidade em geral; o mais simples, acerca do quantum, é *o mínimo*, e isso dito acerca de uma linha, é *o mais curto*. A geometria pode acolher essas determinações como corolário para a definição, mas *Arquimedes* fez o mais adequado, nos seus livros sobre esfera e cilindro (cf. trad. de [K. Fr.] *Hauber* [Tübingen, 1798], p. 4), ao colocar aquela determinação da linha reta como princípio, no sentido, igualmente correto, segundo o qual *Euclides* colocou a determinação concernente às linhas paralelas entre os princípios, já que o desenvolvimento dessa determinação, a fim de se tornar uma definição, igualmente exigira determinações não pertencentes de modo imediato à espacialidade, porém [determinações] qualitativas mais abstratas, como foram anteriormente simplicidade, igualdade da direção e assim por diante. Esses antigos deram também às suas ciências um caráter plástico, mantiveram sua apresentação rigorosamente na peculiaridade da sua matéria, portanto, excluíram o que, para a mesma, teria sido de espécie heterogênea.

O conceito que Kant expôs nos *juízos sintéticos a priori* – o conceito de *diferente* que é igualmente *inseparável*, de um *idêntico* que, nele mesmo, é *inseparavelmente diferença* –, pertence à grandeza e imortalidade da sua filosofia. No intuir, este conceito, uma vez que ele é o próprio conceito e tudo é em si o conceito, está, sem dúvida, igualmente presente; mas as determinações que estão destacadas naqueles exemplos não o apresentam; antes, o número [*Zahl*] e o contar [*Zählen*] são uma identidade e o produzir de uma identidade que é pura e simplesmente apenas externa, que é apenas síntese superficial, uma unidade de unos tais que, antes, estão, neles mesmos, postos não como idênticos um ao outro, mas como externos, separados por si; na linha reta, a determinação de ser a menor entre dois pontos deve, antes, estar no fundamento apenas como o momento do idêntico abstrato, sem diferença nele mesmo.

Dessa interrupção, eu retorno para o próprio adicionar. A espécie de operação negativa que lhe corresponde, o *subtrair*, é o separar, também inteiramente analítico, em números, os quais estão determinados, como no adicionar, apenas como *desiguais* em geral um frente ao outro.

2) A determinação mais próxima é a *igualdade* dos números que devem ser numerados. Por essa igualdade, eles são uma *unidade* e entra, com isso, no número, a diferença da unidade e do *valor numérico*. A *multiplicação* é a tarefa de contar juntamente um valor numérico de unidades que, elas mesmas, são um valor numérico. Nisso, é indiferente qual dos dois números é indicado como unidade e qual é indicado como valor numérico; é indiferente se se diz quatro vezes três, onde quatro é o valor numérico e três a unidade,

ou vice-versa, três vezes quatro. – Já está indicado acima que o encontrar originário do produto é efetuado pelo numerar simples, isto é, o contar nos dedos etc.; o *imediato* poder indicar posterior do produto se baseia na coleção daqueles produtos, na tabuada e no saber de cor da mesma.

A *divisão* é a operação negativa conforme a mesma determinação da diferença. É igualmente indiferente, qual de ambos os fatores, o divisor ou o quociente é determinado como unidade ou como valor numérico. O divisor é determinado como unidade e o quociente como valor numérico quando é enunciada a tarefa da divisão que se quer ver, *quantas vezes* (valor numérico) *um* número (unidade) está contido em um [número] dado; inversamente, o divisor é tomado como valor numérico e o quociente como unidade quando se diz que se deve repartir um número por um valor numérico dado em partes iguais e que se deve encontrar a grandeza de tal parte (a unidade).

3) Ambos os números, os quais estão determinados como unidade e como valor numérico um frente ao outro, são, enquanto número, ainda imediatamente um frente ao outro e, portanto, *desiguais* em geral. A igualdade ulterior é a da própria unidade e do próprio valor numérico; assim, está plenamente realizada a progressão para a igualdade das determinações, que estão na determinação do número. O contar conforme esta igualdade completa é o *potencializar* (a operação negativa de extrair a raiz) – e inicialmente, com efeito, o elevar de um número ao *quadrado* –, o ser determinado perfeito do numerar em si mesmo, onde 1) os múltiplos números, que são adicionados, são os mesmos, e 2) cuja pluralidade ou cujo próprio valor numérico é o mesmo que o número que é posto muitas vezes, ou seja, é a unidade. Não há, de resto, nenhuma outra determinação no conceito do número que poderia expor uma diferença; nem pode ocorrer um igualar ulterior da diferença que está no número. A elevação a potências superiores, como ao quadrado, é um prosseguimento *formal*, em parte – nos expoentes pares – apenas *uma repetição* do quadrar, em parte – nas potências ímpares – entra novamente a desigualdade, a saber, na igualdade formal (p. ex., inicialmente no cubo) do fator novo com o valor numérico, assim como, com a unidade, o cubo é, enquanto unidade, um desigual frente ao valor numérico

(o quadrado, *3* frente a *3 x 3*); ainda mais no cubo de quatro, onde o valor numérico, 3, conforme o qual o número, que é a unidade, deve ser multiplicado por si, é diverso desse mesmo. – Estão presentes em si estas determinações como a diferença essencial do conceito, o valor numérico e a unidade, os quais precisam ser igualados para o completo retornar para dentro de si do ir para fora de si. No que foi agora apresentado, está, além disso, a razão pela qual, em parte, a solução das equações superiores precisa consistir na recondução à [equação] quadrática, em parte, por que as equações de expoentes ímpares se determinam apenas formalmente e, justamente quando as raízes são racionais, essas não podem ser de outro modo encontradas do que através de uma expressão imaginária, quer dizer, a qual é o oposto daquilo o que as raízes são e expressam. – O quadrado da aritmética contém, conforme o que foi indicado, unicamente o ser determinado pura e simplesmente, pelo qual as equações com potências formais superiores precisam ser reconduzidas a isso, justamente como o triângulo retangular na geometria contém o ser determinado em si pura e simplesmente, que está exposto no teorema pitagórico, pelo qual também todas as figurações geométricas precisam ser reduzidas a isso, para a determinação total.

O ensino progressivo conforme um juízo logicamente formado trata a doutrina das potências antes da doutrina sobre as proporções; essas estão ligadas, com efeito, à diferença da unidade e do valor numérico, que constitui a determinação da segunda operação, mas elas saem do uno do *quantum imediato*, no qual unidade e valor numérico são apenas momentos; a determinação progressiva, segundo o mesmo, também lhe permanece, ela mesma, ainda externa. O número na relação não é mais como quantum *imediato*; ele tem sua determinidade, então, como mediação; a relação qualitativa é considerada no que segue.

Da determinação progressiva das operações que foi indicada, pode ser dito que ela não é filosofia alguma sobre as mesmas, exposição alguma do, por assim dizer, significado interior delas, porque ela, de fato, não é um desenvolvimento imanente do conceito. Mas a filosofia precisa saber diferenciar aquilo o que, de acordo com sua natureza, é uma matéria externa a si mesma, saber que, então, em uma tal [matéria] a progressão do conceito pode ocorrer apenas de maneira externa e seus momentos também podem ser apenas na forma peculiar de sua exterioridade, como aqui [são] igualdade e desigualdade. A diferenciação das esferas, à qual pertence uma forma determinada do conceito, quer dizer, na qual está presente como existência, é um requisito para o filosofar sobre objetos reais, a fim de não atrapalhar, na sua peculiaridade, o externo e o contingente através de ideias, assim como para não deturpar estas ideias pela inadequação da matéria e torná-las formais. Mas aquela exterioridade, na qual os momentos do conceito aparecem naquela matéria externa, no número, é aqui a forma adequada; na medida em que elas apresentam o objeto no seu entendimento, uma vez que elas também não contêm nenhuma exigência especulativa e, portanto, aparecem como fáceis, elas merecem ser aplicadas nos manuais dos elementos.

Observação 2 [Uso das determinações do número para a expressão de conceitos filosóficos]

Como se sabe, Pitágoras apresentou em *números relações racionais* ou *filosofemas*; também em tempos modernos, na filosofia, eles e as formas de suas relações, como as potências etc., têm sido usados a fim de regular os pensamentos de acordo com os números ou de expressar aqueles por meio desses. – Sob o aspecto pedagógico, o número tem sido considerado o objeto mais adequado do intuir interior e a ocupação do cálculo com relações numéricas, a atividade do espírito, na qual esse traz à intuição suas relações mais próprias e, em geral, as relações fundamentais da essência. – Até que ponto ao número possa competir esse alto valor, surge do seu conceito, como ele resultou.

Vimos o número como a determinidade absoluta da quantidade e seu elemento, como a diferença tornada indiferente, – a determinidade em si que, ao mesmo tempo, está apenas posta de modo completamente externo. A aritmética é ciência analítica, porque todas as ligações e diferenças que ocorrem no seu objeto não estão nele mesmo, mas lhe estão impostos de modo completamente externo. Ela não tem nenhum objeto concreto, que tivesse em si relações interiores que, para o saber, inicialmente estariam escondidas, não estariam dadas na representação imediata do objeto, mas somente precisariam ser extraídas pelo esforço do conhecer. Ela não apenas não contém o conceito e, com isso, a tarefa para o pensar conceituante, mas é o oposto do mesmo. Em virtude da indiferença do ligado frente à ligação à qual falta a necessidade, o pensar se encontra aqui em uma atividade que é, ao mesmo tempo, a exteriorização extrema de si mesma, na atividade violenta de *mover-se* na *ausência de pensamento* e de ligar o que não é capaz de necessidade alguma. O objeto é o pensamento abstrato da própria *exterioridade*.

Enquanto este *pensamento* da exterioridade, o número é, ao mesmo tempo, a abstração da multiplicidade sensível; ele nada guardou do sensível senão a determinação abstrata da própria exterioridade; através disso, no número, o sensível é trazido da maneira mais próxima ao pensamento; ele é o *pensamento puro* da exteriorização própria do pensamento.

O espírito que se eleva acima do mundo sensível e que conhece sua essência, na medida em que ele procura um elemento para sua *representação* pura, para a *expressão de sua essência*, pode, portanto, chegar a escolher o número, essa exterioridade interna abstrata, antes que ele apreenda o próprio pensamento como este elemento e adquira a expressão puramente espiritual para sua apresentação. Por causa disso, vemos cedo que, na história da ciência, o número foi usado para a expressão de filosofemas. Ele constitui o último grau da imperfeição: apreender o universal afetado pelo sensível. Os antigos tiveram a consciência determinada de que o número está no meio, entre o sensível e o pensamento. Aristóteles se refere a Platão (*Metafísica* I, 5) sobre o que ele diz, que as determinações matemáticas das coisas estão entre o sensível e as ideias, mas fora deles, diferenciadas do sensível pelo fato de serem invisíveis (eternas) e imóveis, mas das ideias pelo fato de serem um múltiplo e um semelhante, ao passo que a ideia é pura e simplesmente apenas idêntica consigo e [um] uno em si. – Uma reflexão mais detalhada, pensada a fundo, sobre isso é indicada por *Moderatus* de Cadix na *Vita Pythagorae* de Malchos, ed. Ritterhaus, p. 30s.; que os pitagóricos tivessem interesse especial pelos números, ele atribui ao fato de que eles não tinham sido ainda capazes de apreender as ideias fundamentais e os primeiros princípios *distintamente na razão*, porque estes princípios seriam difíceis de pensar e difíceis de enunciar; os números servem bem para a designação no ensino; nisso, eles imitaram, entre outras coisas, os geômetras, os quais não podem expressar o corpóreo nos pensamentos, geômetras que usam as figuras e dizem que isto é um triângulo, ao passo que, porém, querem que não seja tomado como o triângulo o desenho visível, mas, com isso, que seja representado apenas o pensamento do mesmo. Assim, os pitagóricos enunciaram o pensamento da unidade, da mesmidade e da igualdade e o fundamento da concordância, da conexão e da conservação de tudo, do idêntico a si mesmo, enquanto *uno*. – É supérfluo observar que os pitagóricos passaram da expressão dos números também para a expressão dos pensamentos, para as categorias explícitas do igual e do desigual, do limite e da infinitude; indica-se já a respeito daquelas expressões numéricas (id. na obs. na p. 31 I. cf. a vida do Pitágoras em *Focio*, p. 722) que os pitagóricos diferenciaram entre a mônada [*Monas*] e o uno; eles tomaram a mônada como o pensamento, mas o uno, como o número; igualmente tomaram o dois pelo aritmético, a díade [*Dyas*] (pois é bem isso o que deve significar aqui) pelo pensamento do indeterminado. – Esses antigos foram os primeiros a ver corretamente a insuficiência das formas numéricas para as determinações do pensamento e, além disso, exigiram, de maneira igualmente correta, a expressão peculiar em vez daquele primeiro expediente para os pensamentos; o quanto eles foram mais longe em seu refletir do que aqueles que hoje em dia mantêm por algo louvável, decerto bem fundamentado e profundo, retornar àquela infância incapaz e pôr novamente, em lugar das determinações do pensamento, o próprio contar e as determinações numéricas como potências, depois o infinitamente grande, infinitamente pequeno, o uno dividido pelo infinito e outras tais determinações que também são, elas mesmas, frequentemente um formalismo matemático distorcido.

Se há pouco foi indicada a expressão de que o número está entre o *sensível* e o pensamento, na medida em que ele, ao mesmo tempo, tem do sensível nele o fato de ser o *múltiplo*, o fora um do outro, então é preciso observar que esse próprio múltiplo, o sensível acolhido nos pensamentos, é a categoria que pertence a ele do que é, nele mesmo, externo. Os *pensamentos* ulteriores, concretos, verdadeiros, o mais vivo, o mais móvel, *o que é compreendido* apenas no *relacionar*, transpostos neste elemento do próprio ser fora de si, tornam-se determinações mortas, sem movimento. Quanto mais ricos de determinidade e, com isso, de relação, os pensamentos se tornam, mais confusa, por um lado, e mais arbitrária e sem sentido, por outro lado, torna-se a apresentação deles em formas tais como são os números. O um, o dois, o três, o quatro, hênada ou mônada, díade, tríade, tétrade, estão ainda próximas dos *conceitos inteiramente abstratos e simples*; mas se os números devem passar para relações concretas, então é em vão ainda querer mantê-los próximos ao conceito.

Agora, se as determinações do pensar são designadas através do um, dois, três, quatro para o movimento do conceito, enquanto [termos] através dos quais ele unicamente é conceito, então isto é o mais difícil que se exige do pensar. Ele se move no elemento de seu oposto, da ausência de relação; sua ocupação é o trabalho da loucura. Por exemplo, compreender que um é três e três um é essa exigência difícil porque o uno é o que é sem relação, portanto, não mostra, nele mesmo, a determinação, pela qual ele passa para seu contraposto, mas, antes, é isto: excluir e recusar pura e simplesmente uma tal relação. Inversamente, é isso o que o entendimento usa contra a verdade especulativa (como, p. ex., contra aquela exposta na doutrina que é denominada a trindade) e *conta* as determinações da mesma, as quais constituem *uma* unidade, a fim de mostrá-la como claro contrassenso, – quer dizer, ele mesmo comete o contrassenso de fazer daquilo que é pura e simplesmente relação o que é sem relação. No nome "trindade", não foi, sem dúvida, levado em consideração o fato de que o uno e o número teriam sido considerados pelo entendimento como a determinidade *essencial* do conteúdo. Aquele nome expressa o desprezo frente ao entendimento que, porém, estabeleceu sua vaidade de ater-se ao uno e ao número como tais e os colocou contra a razão.

Tomar números, figuras geométricas, como isso aconteceu muito com o círculo, o triângulo etc., por meros *símbolos* (do círculo, p. ex., como da eternidade; do triângulo, como da trindade) é, por um lado, algo inofensivo; mas é tolo, por outro, entender que por isso esteja expresso mais do que o *pensamento* é capaz de *apreender* e de *expressar*. Se em tais símbolos, como em outros que são gerados pela *fantasia* nas mitologias dos povos e na poesia em geral, frente aos quais as figuras geométricas sem fantasia são, de todo modo, pobres, assim como também nessas deve *estar* uma sabedoria profunda, um *significado* profundo, então, para o pensar, trata-se justamente apenas disso, de trazer à tona a sabedoria que está apenas *nisso* e que não está apenas *em* símbolos, mas *na* natureza e *no* espírito; em símbolos, a verdade está ainda *turva* e *encoberta* por causa do elemento sensível; ela se torna inteiramente manifesta para a consciência unicamente na forma do pensamento; o *significado* é apenas o próprio pensamento.

Mas tomar emprestadas categorias matemáticas, a fim de querer determinar, a partir disso, algo para o método ou o conteúdo da ciência filosófica, mostra-se essencialmente como algo deturpado pelo fato de que, na medida em que fórmulas matemáticas significam pensamentos e diferenças do conceito, esse seu significado deve indicar-se, determinar-se e justificar-se, antes, apenas na filosofia. Em suas ciências concretas, ela deve tomar o lógico da lógica, não da matemática; pode ser apenas um expediente da incapacidade filosófica refugiar-se nas configurações que o lógico assume em outras ciências e das quais muitas são apenas pressentimentos, outras também distorções do mesmo, em lugar do lógico da filosofia. A mera aplicação de tais fórmulas emprestadas é, de todo modo, um comportamento externo; à própria aplicação precisaria anteceder uma consciência sobre o seu valor, assim como sobre seu significado; mas uma tal consciência é dada apenas pela consideração pensante, não pela autoridade da mesma a partir da matemática. Tal consciência sobre as fórmulas é a própria lógica e esta consciência as despoja de sua forma particular, torna-a supérflua e inútil, retifica-a e apenas ela lhes proporciona sua legitimação, sentido e valor.

O que diz respeito ao uso do número e do calcular, na medida em que ele deve constituir uma base pedagógica principal, surge por si mesmo do que foi dito até agora. O número é o objeto não sensível, e a ocupação com ele e com suas ligações não é sensível; com isso, o espírito fica preso na reflexão dentro de si e em um trabalho interno abstrato, o que tem uma grande importância, contudo, unilateral. Pois, por outro lado, uma vez que apenas a diferença externa, sem pensamento, está no fundamento do número, aquela ocupação se torna sem pensamento, mecânica. O esforço tenso consiste, sobretudo, em manter firme o que é sem conceito e em combiná-lo de modo não conceitual. O conteúdo é o uno vazio; o conteúdo substancial genuíno da vida ética e espiritual e das configurações individuais da mesma, com o qual, como da alimentação mais nobre a educação deve criar o espírito juvenil, deveria ser deslocado do uno sem conteúdo; o efeito, se aqueles exercícios se tornam a Coisa e a ocupação principais, não pode ser outro senão o de esvaziar e embrutecer o espírito segundo a forma e o conteúdo. Porque o calcular é uma ocupação tão externa, portanto, mecânica, puderam-se fabricar *máquinas* que levam a cabo as operações aritméticas da maneira mais perfeita. Se se conhecesse, sobre a natureza do calcular, apenas essa circunstância, então estaria nisso a decisão acerca da oportunidade daquela ideia de fazer do calcular o meio principal da formação do espírito e de colocá-lo na tortura de se aperfeiçoar até ser máquina.

B. Quantum extensivo e intensivo

a) Diferença dos mesmos

1) O quantum tem, como resultou há pouco, sua determinidade como limite no *valor numérico*. Ele é um discreto dentro de si, um múltiplo, que não tem um ser que seria diverso do seu limite e o teria fora dele. O quantum, assim com seu limite, que é um múltiplo nele mesmo, é *grandeza extensiva*.

A grandeza *extensiva* precisa ser diferenciada da contínua; àquela se contrapõe diretamente não a grandeza discreta, mas a *intensiva*. Grandeza extensiva e intensiva são determinidades do próprio *limite* quantitativo, mas o quantum é idêntico a seu limite; grandeza contínua e discreta são, pelo contrário, determinações da *grandeza em si*, isto é, da quantidade como tal, na medida em que, no quantum, abstrai-se do limite. – A grandeza extensiva tem, nela mesma e no seu limite, o momento da continuidade, na medida em que seu múltiplo em geral é um contínuo; o limite como negação aparece, nesse aspecto, *nessa igualdade* dos múltiplos, enquanto limitação da unidade. A grandeza contínua é a quantidade que se continua sem consideração para com um limite e, na medida em que ela é representada com um tal limite, esse é uma limitação em geral *sem que esteja posta nele a discrição*. O quantum, apenas como grandeza contínua, não está ainda verdadeiramente determinado para si, porque ela dispensa o uno, no qual está o ser determinado para si, e dispensa o número. Do mesmo modo, a grandeza discreta é imediatamente apenas múltiplo diferenciado em geral que, na medida em que eles como tais deveriam ter um limite, seriam apenas uma quantia, quer dizer, um indeterminadamente limitado; ao fato de que ele seja como quantum determinado pertence o reunir dos múltiplos em uno, pelo qual eles são postos identicamente ao limite. Cada uma, a grandeza contínua e a discreta, como *quantum* em geral, tem apenas um dos dois lados posto nela, pelo qual ele está perfeitamente determinado e é enquanto *número*. Esse é imediatamente quantum *extensivo*, – a determinidade *simples*, que é essencialmente como *valor numérico*, contudo, como valor numérico de uma e da mesma *unidade*; ele é diferente do número apenas pelo fato de que, nesse, a determinidade como pluralidade está posta explicitamente.

2) Todavia, a determinidade, pelo número, do quão grande algo é, não precisa da diferença de algo de outra grandeza, de modo que à determinidade dessa grandeza pertenceria ele mesmo e algo de outra grandeza, na medida em que a determinidade da grandeza em geral é limite determinado para si, indiferente, relacionado simplesmente consigo; e, no número, ela está posta como encerrada no uno que é para si e tem a exterioridade, a relação com outro *dentro dela mesma*. Além disso, esse múltiplo do próprio limite, assim como o múltiplo em geral, não é um desigual dentro de si, mas um contínuo; cada um dos múltiplos é o que o outro é; ele, enquanto múltiplo que é um fora do outro, ou seja, um discreto, não constitui, portanto, a determinidade como tal. Esse múltiplo desaba, portanto, para si mesmo em sua continuidade e se torna unidade simples. – O valor numérico é apenas momento do número, mas *não constitui, como uma quantia de unos numéricos*, a determinidade do número, mas esses unos, como indiferentes, externos a si, estão suprassumidos no ser que retornou para dentro de si do número; a exterioridade, que constituía os unos da pluralidade, desaparece no uno como relação do número consigo mesmo.

O limite do quantum que, como extensivo, tinha sua determinidade que é aí como o valor numérico externo a si mesmo, passa, portanto, para a *determinidade simples*. Nesta determinação simples do limite, ele é *grandeza intensiva*; e o limite ou a determinidade, que são idênticos ao quantum, agora estão postos também assim, como um simples, – *o grau*.

O grau é, portanto, grandeza determinada, quantum, mas não, ao mesmo tempo, quantia ou [um] vário [*Mehreres*] *dentro de si mesmo*; ele é apenas uma *variedade*; a *variedade* é o vário recolhido na determinação *simples*, o ser aí que retornou para o ser para si. Sua determinidade precisa, com efeito, ser expressa por um *número* como o ser determinado perfeito do quantum, porém, não é como *valor numérico*, mas simples, apenas *um* grau. Quando se fala de 10, 20 graus, o quantum que tem tantos graus é o décimo, vigésimo grau, não é o valor numérico e a soma dos mesmos, – assim, ele seria um extensivo; mas ele é apenas *um*, o décimo, vigésimo grau. Ele contém a determinidade que está no valor numérico dez, vinte, porém não contém estes valores como vários, mas é o número como valor numérico *suprassumido*, como determinidade *simples*.

3) No número, o quantum está posto em sua determinidade completa; entretanto, como quantum intensivo, ele está posto como no seu ser para si, assim como ele é segundo seu conceito ou em si. De fato, a forma da relação consigo que ele tem no grau é, ao mesmo tempo, o *ser externo a si do mesmo*. O número é, como quantum extensivo, pluralidade numérica e tem, assim, a exterioridade dentro de si. Essa, como múltiplo em geral, desaba na indiferencialidade e se suprassume no uno do número, na sua relação consigo mesma. O quantum tem, porém, sua determinidade como valor numérico; ele a contém, como há pouco foi mostrado, mesmo que ela não esteja mais posta nele. O *grau*, portanto, que, enquanto em si mesmo simples não tem mais *nele* esse *ser outro externo*, tem esse [ser outro] *fora dele* e se relaciona com ele como com sua determinidade. Uma pluralidade externa a ele constitui a determinidade do limite simples que ele é para si. Que o valor numérico, na medida em que ele deveria encontrar-se dentro do número no quantum extensivo, suprassumiu-se nisso, determina-se, com isso, no sentido de que o valor numérico

está posto fora do número. Na medida em que o número está posto como uno, relação consigo mesmo refletida dentro de si, ele exclui de si a indiferença e a exterioridade do valor numérico e é *relação consigo como relação através de si mesmo com um externo*.

Nisso, o quantum tem a realidade adequada a seu conceito. A *indiferença* da determinidade constitui sua qualidade, isto é, a determinidade que, nela mesma, é enquanto a determinidade externa a si. – De acordo com isso, o grau é determinidade simples da grandeza *entre* uma *variedade* de intensidades tais que são diversas, cada uma apenas relação simples consigo mesma, mas, ao mesmo tempo, são, na relação essencial, uma para com a outra, de modo que cada uma tem sua determinidade nessa continuidade com as outras. Essa relação do grau com seu outro através de si mesmo constitui o subir e o descer na escala dos graus para uma progressão contínua, para um fluir que é uma alteração ininterrupta, indivisível; cada um dos vários, que são diferenciados nisso, não está separado dos outros, mas tem seu ser determinado apenas neles. Como determinação da grandeza que se relaciona consigo, cada um dos graus é indiferente frente aos outros; mas ele está igualmente relacionado em si com esta exterioridade, ele é o que é apenas mediante ela mesma; sua relação consigo coincide com a relação não indiferente com o externo, tem nessa sua qualidade.

b) Identidade da grandeza extensiva e intensiva

Dentro de si, o grau não é um externo a si. Só que ele não é o uno *indeterminado*, o princípio do número em geral, princípio que não é valor numérico, mas é apenas o valor numérico negativo de não ser valor numérico algum. A grandeza intensiva é, inicialmente, um *uno* simples *dos vários*; há vários graus; mas eles não estão *determinados* nem como uno simples nem como vários, mas apenas na *relação deste ser fora de si* ou na identidade do uno e da variedade. Se, portanto, os vários como tais, com efeito, estão fora do grau simples, então sua determinidade consiste na sua relação com eles; ele contém, portanto, o valor numérico. Como vinte, enquanto grandeza extensiva, contém dentro de si os vinte uno enquanto discretos, assim o grau determinado os contém enquanto continuidade que é, de modo simples, essa variedade determinada; ele é *o vigésimo* grau e é o vigésimo grau apenas mediante esse valor numérico, que, como tal, está fora dele.

A determinidade da grandeza intensiva precisa, portanto, ser considerada sob um duplo aspecto. Ela está determinada por *outros* quanta intensivos e está na continuidade com seu ser outro, de modo que sua determinidade consiste nessa relação com o mesmo. Na medida em que agora ela é, *em primeiro lugar*, a determinidade *simples*, ela está determinada frente a outros graus, ela exclui de si os mesmos e tem sua determinidade nesse excluir. Mas, *em segundo lugar*, ela está determinada nela mesma; ela é isso no valor numérico como no *seu* valor numérico, não nele enquanto excluído ou não no valor numérico de outros graus. O vigésimo grau contém o vinte nele mesmo; ele não está apenas determinado enquanto diferente do décimo nono, do vigésimo primeiro etc., mas sua determinidade é *seu* valor numérico. Mas, na medida em que o valor numérico é o seu e que a determinidade é, ao mesmo tempo, essencialmente enquanto valor numérico, ele é quantum extensivo.

Grandeza extensiva e intensiva são, portanto, uma e a mesma determinidade do quantum; elas são diferentes apenas pelo fato de que uma tem o valor numérico como dentro de si, a outra tem o mesmo, o valor numérico, como fora dela. A grandeza extensiva passa para a grandeza intensiva, porque seu múltiplo desaba em e para si na unidade, fora da qual ocorre o múltiplo. Mas, inversamente, este simples tem sua determinidade apenas no valor numérico e, com efeito, enquanto *seu*; enquanto indiferente frente às intensidades determinadas de modo diferente, este simples tem a exterioridade do valor numérico nele mesmo; assim, a grandeza intensiva é também essencialmente grandeza extensiva.

Com essa identidade entra o *algo qualitativo*; pois ela é unidade que se relaciona consigo através da *negação de suas diferenças*; mas estas diferenças constituem a determinidade que é aí da grandeza; essa identidade negativa é, portanto, *algo*, e, com efeito, aquele que é indiferente frente à sua determinidade quantitativa. *Algo* é um quantum; mas agora o ser aí qualitativo, como ele é em si, está *posto* como indiferente frente a ela. Pôde-se falar do quantum, do número como tal etc. sem um algo que seria o substrato deles. Mas agora o algo se defronta com essas suas determinações, *mediado* consigo pela negação delas, enquanto *tal que é aí para si* e, na medida em que ele tem um quantum, enquanto o mesmo que tem um quantum extensivo e intensivo. Sua *única* determinidade, que ele tem como quantum, está posta nos momentos diferentes da *unidade* e do *valor numérico*; ela não é apenas *em si* uma e a mesma, mas seu pôr nessas diferenças, como quantum extensivo e intensivo, é o retornar para essa unidade que, como negativa, é o algo posto indiferentemente frente a elas.

Observação 1 [Exemplos dessa identidade]

Na representação habitual, o *quantum extensivo* e *intensivo* costumam ser diferenciados como *espécies de grandezas*, como se houvesse objetos que tivessem apenas grandeza intensiva e outros, apenas extensiva. Além disso, veio ainda a representação de uma ciência filosófica da natureza, a qual transformou o vário, o *extensivo*, por exemplo, na determinação fundamental da matéria de preencher um espaço, bem como, em outros conceitos, transformou [o extensivo] em um *intensivo*, no sentido de que o intensivo, enquanto o *dinâmico*, seria a determinação verdadeira e, por exemplo, a densidade, ou seja, o preenchimento específico do espaço, não precisaria ser apreendida essencialmente como uma certa *quantia* e um certo *valor numérico* de partes materiais em um quantum de espaço, mas como um certo *grau* da *força* da matéria que preenche o espaço.

Aqui há que diferenciar duas espécies de determinações. No que se denominou a transformação do modo mecânico de consideração no dinâmico, ocorre o conceito de *partes autossubsistentes que subsistem uma fora da outra*, partes que estão ligadas apenas externamente em um todo, e ocorre o conceito diverso disso da *força*. O que, no preenchimento do espaço, é considerado, por um lado, apenas como uma quantia de átomos externos uns aos outros, é considerado, por outro lado, como a externação de uma força simples que está no fundamento. – Essas relações do todo e das partes, da força e de sua externação que aqui se defrontam uma com a outra, não cabem, porém, ainda aqui, mas são consideradas em seguida. Contudo, pode ser suficiente lembrar desde já que a relação da força e de sua externação, que corresponde ao intensivo, é, com efeito, inicialmente, a mais verdadeira frente à relação do todo e das partes; mas que por isso a força não é menos unilateral do que o intensivo e do que a *externação*, a exterioridade do extensivo é igualmente *inseparável* da força, de modo que está presente *um e o mesmo conteúdo* igualmente em ambas as formas, do intensivo e do extensivo.

A outra determinidade, que nisso ocorre, é a *quantitativa* como tal, que é suprassumida como quantum extensivo e transformada no grau, enquanto a determinação que deve ser verdadeira; mas tem sido mostrado que esse igualmente contém a primeira [determinação], de modo que uma forma é essencial para a outra, com isso, cada ser aí apresenta sua determinação de grandeza tanto como quantum extensivo quanto como intensivo.

Como exemplo disso, serve, portanto, tudo, na medida em que ele aparece na sua determinação de grandeza. Mesmo o *número* tem essa forma dupla imediata e necessariamente nele. Ele é um valor numérico, na medida em que ele é grandeza extensiva; mas ele é também uno, uma dezena, uma centena; ele está na passagem para grandeza intensiva, na medida em que o múltiplo [*das Vielfache*] coincide em um simples nesta unidade. Uno é grandeza extensiva em si, ele pode ser representado como um valor numérico arbitrário de partes. Assim, o décimo, o centésimo é esse simples, esse intensivo, que tem sua determinidade no vário que cai fora dele, isto é, no extensivo. O número é dez, cem e, ao mesmo tempo, o décimo, o centésimo no sistema numérico; ambos são a mesma determinidade.

No círculo, o uno se chama *grau*, porque a parte do *círculo* tem essencialmente sua determinidade no vário [*in dem Mehreren*] fora dela, porque está determinado como uno apenas de um valor numérico fechado de tais unos. O grau do círculo é, como mera grandeza do espaço, apenas um número ordinário; considerado como grau, ele é a grandeza intensiva que tem um sentido apenas como determinado pelo valor numérico dos graus, nos quais o círculo está dividido, assim como o número em geral tem seu sentido apenas na série dos números.

A grandeza de um objeto mais concreto apresenta seu aspecto duplo de ser extensiva e intensiva nas determinações duplas de seu ser aí, nas quais, em uma, ele aparece como um *externo*, mas na outra, como um *interno*. Assim, por exemplo, uma *massa* enquanto peso é algo *extensivamente grande*, na medida em que ela constitui um valor numérico de libras, quintais etc., algo *intensivamente grande*, na medida em que ela exerce uma certa pressão; a grandeza da pressão é um simples, um grau que tem sua determinidade em uma escala de graus da pressão. Enquanto exerce pressão, a massa aparece como um ser dentro de si, como sujeito, ao qual compete a diferença intensiva de grandeza. – Inversamente, o que exerce este *grau* da pressão é capaz de mover um certo *valor numérico* de libras etc. e mede sua grandeza de acordo com isso.

Ou o *calor* tem um *grau*; o grau de calor, ele seja o 10°, 20° etc., é uma sensação simples, algo subjetivo. Mas este grau está presente também como grandeza *extensiva*, como a extensão de um líquido, do mercúrio no termômetro, do ar ou da argila etc. Um grau superior da temperatura se expressa como uma coluna de mercúrio mais longa ou como um cilindro de argila mais reduzido; ele esquenta um espaço maior da mesma maneira na qual um grau menor [esquenta] apenas um espaço menor.

O *som* mais agudo é, enquanto o mais *intensivo*, ao mesmo tempo, uma *quantia maior* de vibrações; ou um som mais forte, ao qual é atribuído um *grau* superior, pode-se ouvir em um espaço maior. – Com uma *cor* mais intensa pode-se colorir da mesma maneira uma superfície maior do que com uma cor mais fraca; ou o *mais claro*, uma outra espécie de intensidade, é visível mais de longe do que o menos claro etc.

Igualmente no *espiritual*, a *alta intensidade* do caráter, talento, gênio é provida de um ser aí de igual modo *abrangente*, de efeito *extenso* e de conexão *multifacetada*. O conceito *mais profundo* tem o significado e a aplicação *mais universais*.

Observação 2 [Aplicação de Kant da determinação do grau ao ser da alma]

Kant fez um uso peculiar da aplicação da determinidade do quantum intensivo a uma determinação metafísica da *alma*. Na crítica das proposições metafísicas da alma, que ele denomina paralogismos da razão pura, ele vem a considerar o silogismo da simplicidade da alma para a permanência da mesma. Ele objeta a esse silogismo (*Crítica da razão pura*, B 414), "que se nós admitimos diretamente à alma essa natureza simples, uma vez que ela não contém precisamente multíplice algum [de partes] reciprocamente externas, portanto, não contém grandeza *extensiva* alguma, todavia não se poderia lhe negar *grandeza intensiva tampouco quanto a qualquer existente*, isto é, um *grau da* realidade com respeito a todas as suas faculdades e, em geral, a tudo aquilo o que constitui a existência [*Dasein*], grau o qual poderia *diminuir* [passando] por toda a *infinidade dos múltiplos graus menores* e, assim, a suposta substância pode ser transformada em nada, [...] embora não pela decomposição, mas pela remissão (*remissio*) gradual das suas forças. Pois mesmo a *consciência* tem, a todo momento, um grau, que pode sempre ser ainda diminuído, por conseguinte, também a faculdade de ser consciente de si mesmo e, assim, todas as demais faculdades". – Na psicologia racional, como era essa metafísica abstrata, a alma não é considerada como espírito, mas apenas como *o que é* imediatamente, como *coisa psíquica*. Assim, Kant tem o direito de aplicar a categoria do quantum "como a qualquer existente" e, na medida em que esse ente está determinado como simples, [de aplicar] a [categoria] do quanto intensivo ao mesmo. Ao espírito compete, sem dúvida, *ser*, mas de uma intensidade totalmente diferente da do quantum intensivo, antes, de uma intensidade tal que nela a forma do ser apenas imediato e todas as categorias do mesmo estão como suprassumidas. Não somente precisava admitir-se o afastamento da categoria do quantum extensivo, mas também afastar a do quantum em geral. Mas é algo ulterior reconhecer como na natureza eterna do espírito o ser aí, a consciência, a finitude, são e como se engendram disso, sem que ele se torne, por causa disso, uma coisa.

c) A alteração do quantum

A diferença do quantum extensivo e do intensivo é indiferente à determinidade como tal do quantum. Mas, em geral, o quantum é a determinidade posta como suprassumida, o limite indiferente, a determinidade que é igualmente a negação de si mesma. Na grandeza extensiva, essa diferença está desenvolvida, mas a grandeza intensiva é o *ser aí* dessa exterioridade que o quantum é em si. A diferença está posta como sua contradição do quantum dentro de si mesmo, contradição de ser a determinidade simples *que, relacionando-se consigo*, é a negação de si mesma, e de não ter sua determinidade nela, mas em um outro quantum.

Portanto, conforme sua qualidade, um quantum está posto na continuidade absoluta com sua exterioridade, com seu ser outro. Portanto, não somente *se pode* ir além de cada determinidade da grandeza, ela não somente pode ser alterada, mas também está *posto* que ela *precisa* se alterar. A determinação da grandeza continua-se no seu ser outro, de modo que ela tem seu ser apenas nessa continuidade com um outro; ela não é um limite *que é*, mas um limite que *devém*.

O uno é infinito, ou seja, a negação que se relaciona consigo, portanto, a repulsão dele de si mesmo. O quantum é igualmente infinito, está *posto* como negatividade que se relaciona consigo; ele se repele de si mesmo. Mas ele é um uno *determinado*, o uno que passou para o ser aí e para o limite, portanto, a repulsão de si mesma da determinidade, não o gerar do igual a si mesmo como a repulsão do uno, mas do seu ser outro; agora, está posto nele mesmo, *mandar[-se] para além de si* e tornar-se um outro. Ele consiste no fato de se aumentar e se diminuir; ele é a exterioridade da determinidade nele mesmo.

Portanto, o quantum se manda para além de si mesmo; este outro, o qual ele se torna, é, inicialmente, ele mesmo, um quantum; só que igualmente como um limite que não é, mas como limite que se impulsiona para além de si mesmo. O limite que surgiu novamente nesse ir além é, portanto, pura e simplesmente apenas um tal que se suprassume de novo e que se manda para um [limite] ulterior, *e assim por diante para o infinito*.

C. A infinitude quantitativa

a) Conceito da mesma

O quantum se altera e se torna um outro quantum; a determinação ulterior dessa alteração, ou seja, que ela prossegue *para o infinito*, está no fato de que o quantum está colocado como tal que se contradiz nele mesmo. – O quantum se torna um *outro*; mas ele *se continua* no seu ser outro; o outro é, portanto, também um quantum. Porém, esse não é o outro, não apenas de *um* quantum, mas *do* próprio quantum, o negativo de si como de um limitado, com isso, sua ilimitação, *infinitude*. O quantum é um *dever ser*; ele implica *ser determinado para si*, e este ser determinado para si é, antes, o *ser determinado em um outro*; e, inversamente, ele é o ser determinado suprassumido em um outro, é subsistir por si *indiferente*.

Por isso, a finitude e a infinitude, cada uma nela mesma, adquirem, desde logo, uma determinação dupla e, com efeito, contraposta. *Finito* é, em primeiro lugar, o quantum como limitado em geral, em segundo lugar, o quantum como o mandar para além de si mesmo, como o ser determinado em um outro. Porém, a *infinitude* do mesmo é, em primeiro lugar, seu ser não limitado; em segundo lugar, seu ser que retornou a si, o ser para si indiferente. Se compararmos desde já esses momentos um com o outro, então surge que a determinação da finitude do quantum, o mandar para além de si em direção a um outro, no qual está sua determinação, é igualmente determinação do infinito; a negação do limite é o mesmo para além da determinação, de modo que o quantum tem, nessa negação, no infinito, sua determinidade última. O outro momento da infinitude é o ser para si indiferente frente ao limite; mas o próprio quantum é o limitado, de modo que ele é o que é por si indiferente frente a seu limite, portanto, frente a outros quanta e ao seu além. No quantum, a finitude e a infinitude (má, que deve ser separada dela) já têm, cada uma, o momento da outra nela.

O infinito qualitativo e quantitativo se diferenciam pelo fato de que, no primeiro, a oposição do finito e do infinito é qualitativa e a passagem do finito para o infinito, ou a relação de ambos um com o outro, está apenas no *em si*, em seu conceito. A determinidade qualitativa é como imediata e se relaciona com o ser outro essencialmente como com um ser que lhe é outro; ela não está *posta como tendo* sua negação, seu outro, *nela mesma*. A grandeza, pelo contrário, é, como tal, determinidade *suprassumida*; ela está posta como sendo desigual consigo e indiferente frente a si mesma, portanto, como o alterável. O finito e o infinito qualitativos se defrontam, portanto, de modo absoluto, quer dizer, de modo abstrato; sua unidade é a relação *interna* que está no fundamento; o finito se continua, portanto, apenas *em si*, mas não *nele*, no seu outro. Pelo contrário, o finito quantitativo *se relaciona nele mesmo* com seu infinito, no qual ele teria sua determinidade absoluta. Essa sua relação apresenta, inicialmente, o *progresso quantitativo infinito*.

b) O progresso quantitativo infinito

O progresso para o infinito é em geral a expressão da contradição, aqui, daquela que o finito quantitativo ou o quanto em geral contêm. O progresso é a determinação recíproca do finito e do infinito, que foi considerada na esfera qualitativa com a diferença que, como acima lembrado, no quantitativo, o limite, nele mesmo, se manda e se prossegue para fora, no seu além, com isso, inversamente, está posto também o infinito quantitativo que consiste em ter o quantum nele mesmo, pois o quantum é, ao mesmo tempo, em seu ser fora de si, ele mesmo; sua exterioridade pertence à sua determinação.

Agora, o *progresso infinito* é apenas a *expressão* dessa contradição, *não a dissolução* da mesma, mas, em virtude da continuidade de uma determinidade na sua outra, ele produz uma dissolução aparente em uma unificação de ambas. Como ele *inicialmente* está posto, é a *tarefa* do infinito, não a obtenção do mesmo: o *gerar* perene do mesmo, sem ultrapassar o próprio quantum e sem que o infinito se torne um positivo e algo presente. O quantum tem no seu conceito isto: ter um *além* de si. Esse além é, primeiramente, o momento abstrato do *não ser* do quantum; esse se dissolve nele mesmo; assim, ele se relaciona com seu *além* como com sua infinitude segundo o momento *qualitativo* da oposição. Mas, *em segundo lugar*, o quantum está em continuidade com este além; o quantum consiste justamente no fato de ser o outro de si mesmo, de ser externo a si mesmo; portanto, esse externo, igualmente, não é um outro em relação ao quantum; o *além*, ou seja, o infinito, é, portanto, ele mesmo, *um quantum*. Desse modo, o além é chamado de volta da sua fuga e se alcançou o infinito. Mas, porque esse, que se tornou aquém, é de novo um quantum, foi posto de volta apenas um novo limite; também esse, como quantum, fugiu de novo de si mesmo, é, como tal, além de si e se repeliu de si mesmo em direção ao seu não ser, ao seu além, o qual, perenemente, também se torna quantum, como esse se repele de si mesmo em direção ao além.

A continuidade do quantum no seu outro engendra a ligação de ambos na expressão de um *infinitamente grande* ou de um *infinitamente pequeno*. Visto que ambos têm ainda neles a determinação do quantum, eles permanecem alteráveis e, portanto, não se alcançou a determinidade absoluta, que seria um ser para si. Este *ser fora de si* da determinação está posto no duplo infinito, que se contrapõe conforme o *mais* e o *menos*, [está posto] no infinitamente grande e no pequeno. Em cada um deles, o quantum está *conservado* na oposição perene frente ao seu além. O grande, por mais que seja ampliado, míngua na insignificância; na medida em que ele se relaciona com o infinito como com o seu não ser, a oposição é *qualitativa*; o quantum ampliado, por conseguinte, não obteve nada do infinito; esse é o não ser do mesmo tanto quanto antes. Ou seja, o aumento do quantum não é *aproximação* alguma do infinito, pois a diferença do quantum e da sua infinitude tem, essencialmente, também o *momento* de ser uma diferença não quantitativa. Ele é apenas a expressão mais aguda da contradição; ele deve ser um *grande*, isto é, um quantum, e *infinito*, isto é, não deve ser quantum algum. – Também o infinitamente pequeno é, enquanto pequeno, um quantum e permanece, portanto, absoluto, quer dizer, qualitativamente grande demais para o infinito e está contraposto a esse. Permanece conservada em ambos a contradição do progresso infinito que deveria ter encontrado neles sua meta.

Essa infinitude que, enquanto o além do finito, está determinada como persistente, precisa ser denominada como a *má infinitude quantitativa*. Ela é como a má infinitude qualitativa, o perene ir e vir de um dos membros da contradição permanente para o outro, do limite para seu não ser, do não ser de volta justamente para o mesmo, para o limite. No progresso do quantitativo, aquilo para o qual se progrediu, com efeito, não é de modo algum um outro abstratamente, mas um quantum posto como diverso; porém, ele permanece do mesmo modo na oposição à sua negação. O progresso não é, portanto, igualmente um progredir e avançar, mas um repetir de um e precisamente do mesmo, pôr, suprassumir e pôr e suprassumir de novo, – uma impotência do negativo, para o qual o que ele suprassume, através de seu próprio suprassumir, retorna como um contínuo. Os dois estão conjuntamente ligados de tal modo que eles pura e simplesmente fogem um do outro; e, na medida em que eles fogem um do outro, não podem se separar, mas estão ligados na sua fuga recíproca.

Observação 1 [A alta opinião do progresso para o infinito]

Principalmente na forma do *progresso do quantitativo para o infinito* – este ultrapassar [*Überfliegen*] progressivo do limite que é a impotência de suprassumi-lo e a recaída perene no mesmo – a má infinitude costuma ser considerada algo sublime e uma espécie de serviço divino, assim como, na filosofia, o mesmo tem sido considerado como algo último. Esse progresso serviu, de várias maneiras, para tiradas que têm sido admiradas como produções sublimes. Mas, de fato, esta sublimidade *moderna* não torna grande o *objeto*, que, antes, escapa, mas apenas o *sujeito* que engole tantas grandes quantidades. A pobreza desta elevação que permanece subjetiva, que sobe na escada do quantitativo, dá-se a conhecer pelo fato de que ela, em um trabalho vão, admite não se aproximar da meta infinita, para a obtenção da qual, sem dúvida, é preciso empreender uma abordagem inteiramente diferente.

Nas tiradas seguintes desse tipo está expresso, ao mesmo tempo, para o que tal elevação passa e no que cessa. *Kant*, por exemplo, expõe como sublime isto (*Crítica da razão prática*, conclusão): "quando o sujeito, com o pensamento, eleva-se acima do lugar que ele ocupa no mundo sensível, e amplia, para o infinitamente grande, a ligação com estrelas além de estrelas, com mundos além de mundos, sistemas além de sistemas, além disso, ainda nos tempos sem limites do seu movimento periódico, do seu começo e duração. – O representar sucumbe a esse progresso no incomensuravelmente longe, onde o mundo *mais afastado* tem *sempre* ainda um [mundo] *mais afastado*, atrás do passado remoto tem um passado ainda *mais remoto*, o futuro que *ainda* está *tão longe* tem *sempre ainda* um outro futuro adiante; o *pensamento sucumbe* a essa representação do incomensurável; como um sonho no qual alguém, em um longo caminho, avança sempre mais e interminavelmente para frente e, sem enxergar um fim, acaba *caindo* ou tendo *vertigem*"[29].

Além de concentrar o conteúdo do elevar quantitativo em uma riqueza de imagens, esta apresentação merece, sobretudo, louvor por causa da veracidade com a qual ela indica o que ocorre no final com essa elevação: o pensamento sucumbe, o final é cair e vertigem. O que faz sucumbir o pensamento e produz o cair do mesmo e a vertigem não é nada mais do que o *tédio* da repetição, o qual faz desaparecer um limite e de novo o faz entrar em cena e, novamente, desaparecer, assim, sempre e de modo perene, faz surgir e perecer um *pelo* outro e *no* outro, o aquém no além, o além no aquém, e dá apenas o sentimento da *impotência* desse infinito, ou seja, desse dever ser, que quer e que não pode tornar-se dono [*Meister*] do finito.

Também a *descrição da eternidade* halleriana, que Kant chamou de *terrível*, costuma especialmente ser admirada, mas muitas vezes justamente não por causa daquele lado que constitui o merecimento verdadeiro da mesma:

"Eu amontoo números enormes
e milhões de montanhas.
Ponho tempos sobre tempos; e mundos sobre mundos,
E quando, dessa altura pavorosa
com vertigem, novamente te vejo,
toda a potência do número, aumentada mil vezes,
não forma sequer uma parte de ti.
Eu a retiro, e tu estás bem na minha frente"[30].

Ao colocar o valor de *descrição da eternidade* naquele amontoar e acastelar de números e mundos, é omitido que o próprio poeta declara esse ir além assim chamado terrível como algo vão e oco e que ele, com isso, conclui que, apenas *pelo abandonar* esse progresso infinito vazio, a própria infinitude verdadeira *se faz presente para ele*.

---

29. O trecho da citação que se segue ao travessão não consta no lugar mencionado por Hegel na *Crítica da razão prática*. O sentido se aproxima do tratamento do sublime na *Crítica da faculdade de julgar*, mas também aqui não é possível encontrar uma referência precisa da passagem [N.T.].

30. Albrecht von Haller. "*Unvollkommenes Gedicht über die Ewigkeit*" (Poema imperfeito sobre a eternidade). *Versuch schweizerischer Gedichte (Ensaio de poemas suíços)*. Berna, 1732 [N.E.A.]. O grifo da última linha é de Hegel [N.T.].

Havia *astrônomos* que apreciavam muito o sublime de sua ciência, porque ela tem a ver com uma quantia *incomensurável* de estrelas, com espaços e tempos tão *incomensuráveis*, nos quais distâncias e períodos que já são tão grandes por si, servem como unidades, que, ainda multiplicadas tantas vezes, reduzem-se novamente à insignificância. O espanto insosso, no qual eles se abandonam, as esperanças insípidas de viajar de uma estrela para outra mesmo que apenas em uma outra vida, e de adquirir novos conhecimentos *semelhantes* até o incomensurável, eles fazem isso se passar por um momento capital da excelência de sua ciência, – a qual é digna de admiração, não em virtude de tal infinitude quantitativa, mas, ao contrário, em virtude das *relações de medida* e das *leis*, que a razão reconhece nesses objetos e que são o infinito racional frente àquela infinitude irracional.

À infinitude, que se relaciona à intuição sensível exterior, Kant contrapõe a outra infinitude, quando "o indivíduo retorna ao seu Eu invisível e contrapõe a liberdade absoluta de sua vontade enquanto um Eu puro a todos os temores do destino e da tirania, começando pelos arredores, ele as deixa desaparecer por si, do mesmo modo que ele deixa ruir aquilo que aparece como durável, mundos sobre mundos e, solitário, reconhece-se como *igual a si mesmo*"[31].

Nesta solidão consigo, o Eu é, com efeito, o além alcançado, o Eu chegou a si mesmo, é *junto de si, aquém*; na pura autoconsciência, trouxe-se a negatividade absoluta para a afirmação e presença que, naquele progredir, apenas foge para além do quantum sensível. Mas, na medida em que esse Eu puro se fixa em sua abstração e ausência de conteúdo, ele tem contraposto a si o ser aí em geral, a plenitude do universo natural e espiritual, como um além. Apresenta-se a mesma contradição que está no fundamento do progresso infinito; a saber, um ser que retornou para dentro de si, que ao mesmo tempo é imediatamente ser fora de si, relação com seu outro como [relação] com o seu não ser; relação a qual permanece um anseio, porque o Eu fixou para si, por um lado, a sua vacuidade sem conteúdo e in-

---

31. A citação não consta na obra de Kant. Nas suas traduções da *Ciência da lógica*, Labarrière (1972) e di Giovanni (2010) sugerem que esse trecho corresponde, no seu sentido, à parte da conclusão da *Crítica da razão prática* sobre a "Lei moral dentro de mim", mas as concordâncias literais entre os textos são quase inexistentes, reduzindo-se à invisibilidade do Eu [N.T.].

sustentável e, por outro lado, fixou, como seu além, a plenitude que, contudo, permanece presente na negação.

Kant acrescenta a essas duas sublimidades a observação de "que admiração (para a primeira, externa) e respeito (para a segunda, interna) podem, com efeito, *estimular à investigação*, mas não podem substituir a *falta* da mesma". – Com isso, ele declara aquelas elevações como insatisfatórias para a razão, a qual não pode deter-se nelas e nas sensações ligadas a elas e não pode deixar valer o além e o vazio como o último.

Mas o progresso infinito foi tomado como um último especialmente na sua aplicação à *moralidade*. A segunda oposição há pouco indicada, do finito e do infinito enquanto do mundo multíplice e do Eu elevado à sua liberdade, é inicialmente qualitativa. O autodeterminar do Eu é voltado, ao mesmo tempo, a determinar a natureza e a libertar-se dela; assim ele se relaciona por si mesmo com seu outro, o qual, como ser aí externo, é um multíplice [*ein Vielfältiges*] e também um quantitativo. A relação com um quantitativo se torna, ela mesma, quantitativa; a relação negativa do Eu com ele, a potência do Eu sobre o não Eu, sobre a sensibilidade e a natureza exterior, é representada, portanto, de modo que a moralidade pode e deve se tornar sempre *maior*, mas a potência da sensibilidade, sempre *menor*. Mas a adequação plena da vontade à lei moral é transferida para o progresso que vai para o infinito, quer dizer, é representada como um além *absoluto, inalcançável*, e justamente isto deve ser âncora verdadeira e o consolo legítimo: o fato de que é um inalcançável; pois a moralidade deve ser como luta; mas essa é apenas submetida à inadequação da vontade à lei, essa, com isso, é pura e simplesmente um além para ela.

Nesta oposição, Eu e não Eu, ou seja, a vontade pura e a lei moral e a natureza e sensibilidade da vontade, são pressupostos como perfeitamente autossubsistentes e indiferentes um frente ao outro. A vontade pura tem sua lei peculiar, que está na relação essencial com a sensibilidade; e a natureza e sensibilidade têm, por sua vez, leis que nem são tomadas da vontade e são a ela correspondentes, nem, ainda que diversas disso, apenas teriam em si uma relação essencial com ela, mas elas estão em geral determinadas por si, prontas e encerradas dentro de si. Mas, ao mesmo tempo, ambos são momentos de *uma e da mesma essência simples*, do Eu; a vontade está determinada como o negativo frente à natureza, de modo que a vontade é apenas na medida em que é um tal diverso dela, que é suprassumido por ela, mas pelo qual ela está nisso tocada e, ela mesma, afetada. À natureza e a ela como sensibilidade do ser humano, como um sistema autossubsistente de leis, é indiferente o delimitar através de um outro; ela se conserva neste tornar-se limitado, entra autonomamente na relação e limita a vontade da lei tanto quanto ela a limita. – É *um* ato que a vontade se determine e que suprassuma o ser outro de uma natureza e que este ser outro esteja posto como tal que é aí, continue-se em seu tornar-se suprassumido e não esteja suprassumido. A contradição que está nisso não é dissolvida no progresso infinito, mas, ao contrário, é apresentada e afirmada como não dissolvida e indissolúvel; a luta da moralidade e da sensibilidade é representada como a relação absoluta, que é em e para si.

A impotência de tornar-se dono da oposição qualitativa do finito e do infinito e de apreender a ideia da vontade verdadeira, da liberdade substancial, refugia-se para a *grandeza*, a fim de utilizá-la como a mediadora, porque ela é o qualitativo suprassumido, a diferença que se tornou indiferente. Mas, na medida em que ambos os membros da oposição permanecem no fundamento como qualitativamente diversos, cada um é desde logo posto como indiferente frente a essa alteração, pelo fato de que eles se comportam como quanta na sua relação recíproca. A natureza é determinada através do Eu, a sensibilidade, através da vontade do bem; a alteração engendrada nela pela mesma é apenas uma diferença quantitativa, uma tal que deixa subsistir como aquilo o que ela [a natureza] é.

Na apresentação mais abstrata da filosofia kantiana, ou pelo menos dos seus princípios, a saber, na Doutrina da ciência fichteana, o progresso infinito constitui, da mesma maneira, a base e o último. Do primeiro princípio dessa apresentação, Eu = Eu, segue um segundo, independente dele, a *contraposição* do não Eu; a *relação* de ambos é, desde já, admitida como diferença *quantitativa* de que o não Eu, *em parte*, é determinado por Eu, *em parte*, também não é. O não Eu continua-se, desta maneira, em seu não ser, de modo que ele, em seu não ser, permanece contraposto como um não suprassumido. Depois que, portanto, as contradições que estão nisso, foram desenvolvidas no sistema, o resultado final é aquela relação que era o início; o não Eu permanece um choque infinito, um outro absoluto; a última relação do não Eu e do Eu um para com o outro é o progresso infinito, *anseio* e *esforço*, – a mesma contradição, com a qual se começou.

Porque o quantitativo é a determinidade posta como suprassumida, então se acreditou ter adquirido muito ou, antes, tudo, para a unidade do absoluto, para a *única* substancialidade, na medida em que se rebaixou a oposição em geral a uma diferença apenas quantitativa. *"Toda a oposição é apenas quantitativa"* foi por um tempo uma proposição capital da filosofia moderna; as determinações contrapostas têm a mesma essência, o mesmo conteúdo, elas são lados reais da oposição, na medida em que cada um dos mesmos tem ambas as suas determinações, ambos os fatores, nele, só que, por um lado, um fator é *preponderante*, por outro lado, o outro fator o é, – em um lado, um fator, uma matéria ou atividade, estaria presente em *maior quantia* ou em grau mais forte do que no outro lado. Na medida em que são pressupostas diversas matérias ou atividades, a diferença quantitativa confirma e realiza plenamente, antes, a exterioridade e indiferença delas uma frente à outra e frente à unidade delas. A diferença da unidade *absoluta* deve ser apenas quantitativa; o quantitativo é, com efeito, a determinidade imediata suprassumida, mas a apenas imperfeita, somente a *primeira* negação, não a infinita, não a negação da negação. – Na medida em que ser e pensar são representados como determinações quantitativas da substância absoluta, eles se tornam também como quanta, como na esfera subordinada como do carbono, nitrogênio etc. completamente externos a si e sem relação. É um terceiro, uma reflexão externa que abstrai da sua diferença e conhece sua unidade *interior, que é* apenas *em si, que* não *é* igualmente *para si*. De fato, esta unidade é representada, com isso, apenas como primeira *imediata* ou apenas como *ser* que *permanece* igual a si na sua diferença quantitativa, mas não se *põe* igual através de si mesma; com isso, ele não está compreendido como negação da negação, como unidade infinita. Apenas na oposição qualitativa surge a infinitude posta, o ser para si, e a própria determinação quantitativa passa, como em seguida resultará com mais precisão, para o qualitativo.

Observação 2 [A antinomia kantiana da limitação e da ilimitação do mundo no tempo e espaço]

Anteriormente recordou-se que as *antinomias kantianas* são apresentações da oposição do finito e do infinito em uma figura *mais concreta*, aplicada a substratos mais especiais da representação. A antinomia anteriormente considerada continha a oposição da finitude e da infinitude qualitativas. Em uma outra antinomia, na primeira das quatro antinomias cosmológicas, é mais o limite quantitativo que é considerado em seu conflito [*Crítica da razão pura*, B 454s.]. Portanto, quero conduzir a investigação desta antinomia aqui.

Ela concerne à *limitação ou ilimitação do mundo no tempo e no espaço*. – Esta oposição pôde muito bem ser considerada também com respeito ao próprio tempo e ao próprio espaço, pois se tempo e espaço são relações das próprias coisas ou, contudo, apenas formas da intuição, não muda nada para o antinômico da limitação ou da ilimitação neles.

A discussão mais detalhada desta antinomia mostrará igualmente que ambas as proposições e também suas provas, que estão conduzidas apagogicamente, como na prova considerada acima, dão em nada senão que nas duas afirmações simples, contrapostas: *há um limite*, e: *é preciso ir além do limite*.

A tese é:

"*O mundo tem um início no tempo e, conforme o espaço, está também encerrado em limites*".

Uma parte da prova, concernente ao tempo, assume o oposto,

"[...] o mundo não tem, conforme o tempo, início algum: assim, *até cada ponto de tempo dado*, passou uma eternidade e, com isso, *transcorreu* uma série infinita de estados sucessivos das coisas no mundo. Mas agora a infinitude de uma série subsiste justamente nisto: que ela nunca pode ser *consumada* através de síntese sucessiva. Logo, é impossível que transcorra uma série infinita do mundo, com isso, um início do mundo é uma condição necessária do seu existir [*Dasein*]; o qual, em primeiro lugar, era preciso demonstrar".

A *outra parte* da prova, concernente ao *espaço*, é reconduzida ao tempo. O reunir das partes de um mundo infinito no espaço requereria um tempo infinito que precisaria ser considerado como transcorrido, na medida em que o mundo, no espaço, não deve ser considerado como algo que devém, mas como um dado consumado. Mas na primeira parte da prova, foi mostrado do tempo que é impossível assumir como transcorrido um tempo infinito.

Mas se vê desde logo que era desnecessário fornecer a prova de modo apagógico ou, de todo modo, conduzir uma prova, na medida em que nela mesma está imediatamente no fundamento a afirmação daquilo o que deveria ser provado. Assume-se precisamente *qualquer ou cada ponto dado de tempo* até o qual uma eternidade (aqui eternidade tem apenas o sentido pobre de um tempo mal infinito) transcorreria. *Um ponto* dado *de tempo* significa agora nada mais do que um *limite* determinado no tempo. Na prova, portanto, é *pressuposto* como efetivo um limite do tempo; mas ele é justamente *aquilo* o que deveria *ser provado*. Pois a tese consiste em que o mundo teria um início no tempo.

Ocorre apenas a diferença que o limite de tempo *assumido* é um *agora* como fim dos anteriormente transcorridos, mas o limite que precisa ser provado é, agora, como início de um futuro. Só que essa diferença é inessencial. *Agora* é assumido como o ponto, no qual uma série infinita de estados sucessivos das coisas no mundo deve ser *transcorrido*, portanto, [é assumido] como fim, como limite *qualitativo*. Se este *agora* fosse considerado apenas como limite quantitativo, o qual flui e além do qual não apenas é preciso ir, mas antes é apenas isso, ir para além de si, então a série de tempo infinito não teria *transcorrido* nele, mas continuaria a fluir, e o raciocínio da prova desapareceria. Pelo contrário, o ponto de tempo está assumido como limite qualitativo para o passado, mas assim é, ao mesmo tempo, *início* para o futuro – pois cada ponto de tempo é *em si* a relação do passado e do futuro –, também ele é *início absoluto*, quer dizer abstrato para o mesmo, isto é, o que devia ser provado. Não vem ao caso o fato de que antes do seu futuro e antes do início do mesmo já é um passado; na medida em que este ponto de tempo é limite qualitativo – e assumi-lo como qualitativo está na determinação do *consumado*, transcorrido, *portanto do que não se continua* –, o tempo está *interrompido* nele e aquele passado é sem relação com aquele tempo, o qual pôde ser denominado futuro apenas com respeito a este passado e, portanto, é apenas tempo em geral sem tal relação, tempo que tem um início absoluto. Mas se, pelo agora, o ponto de tempo dado, ele estivesse (como ele certamente está) em uma relação com o passado, estivesse determinado, com isso, enquanto futuro, então, este ponto de tempo não seria também, por outro lado, limite algum, a série de tempo infinita se continuaria naquilo o que se chamou de futuro, e não seria *consumada*, como foi assumido.

Na verdade, o tempo é quantidade pura; o *ponto de tempo* utilizado na prova, na qual ele deveria ser interrompido, é, antes, apenas o ser para si *que se suprassume a si mesmo* do agora. A prova fornece nada mais do que ela torna representável o limite absoluto afirmado na tese como um *ponto de tempo dado* e justamente o assume como ponto consumado, isto é, abstrato, – uma determinação popular, a qual o representar sensível deixa passar facilmente como um *limite*, com isso, deixa valer na prova como assunção o que antes foi estabelecido como o que precisa ser provado.

A *antítese* diz:

"*O mundo não tem nem início nem limites no espaço, mas é infinito tanto com respeito ao tempo quanto ao espaço*".

A *prova* põe igualmente o oposto, a saber:

"O mundo tem um início. Visto que o início é uma existência [*Dasein*] à qual antecede um tempo em que a coisa não existe, então é preciso que um tempo tenha antecedido, no qual o mundo não existia, isto é, um tempo vazio. Mas agora, em um tempo vazio, não é possível *surgir* algum de qualquer coisa; porque nenhuma parte de um tal tempo, em preferência a uma outra, tem em si qualquer *condição diferenciadora* da existência em vez da condição da não existência [...]. Portanto, no mundo, com efeito, alguma série das coisas pode iniciar, mas o próprio mundo não pode ter início algum e é, portanto, infinito com respeito ao tempo passado".

Essa prova apagógica contém, como as outras, a afirmação direta e não provada daquilo o que ela deveria provar. Ela assume primeiro, de fato, um além da existência [*Dasein*] do mundo, um tempo vazio, mas, depois, a *existência do mundo* igualmente *continua* também *para além de si para dentro deste tempo vazio*, por isso, suprime-o [*aufhebt*] e *prossegue*, com isso, *a existência para o infinito*. O mundo é uma existência; a prova pressupõe que esta existência *surge* e que o surgir tenha uma *condição antecedente* no tempo.

Mas *nisto consiste*, precisamente, a própria *antítese*: que não haja nenhuma existência incondicionada, nenhum limite absoluto, mas que a existência do mundo exija sempre uma *condição antecedente*. O que precisa ser demonstrado se encontra, com isso, como assunção na prova. – Além disso, a *condição* é procurada, então, no tempo vazio, o que quer dizer que ela é assumida como temporal e, com isso, como existência e como um delimitado. Em geral, portanto, é feita a assunção de que o mundo, enquanto existência, pressupõe uma outra existência condicionada no tempo e, com isso, assim por diante, para o infinito.

Da mesma forma é a prova com respeito à infinitude do mundo no *espaço*. A finitude espacial do mundo é posta de modo apagógico; "este se encontraria, com isso, em um vazio espaço ilimitado e teria uma *relação* com ele; mas uma tal relação do mundo com *nenhum* objeto é nada".

Igualmente, o que deveria ser provado está aqui diretamente pressuposto na prova. Diretamente, assume-se que o mundo espacial limitado deveria se encontrar em um espaço vazio e deveria ter uma *relação* com ele, quer dizer, que seria preciso ir além dele, – por um lado, para o vazio, para o além e para o não ser dele, mas, por outro lado, que ele estaria, com isso, na *relação*, isto é, *continuar-se-ia* nela; o além, com isso, precisaria ser representado como preenchido com uma existência do mundo. A infinitude do mundo no espaço, que é afirmado na antítese, não é outra coisa do que, por um lado, o espaço vazio, por outro, a *relação* do mundo com ele, quer dizer, continuidade do mesmo nele, ou seja, o preenchimento do mesmo; contradição a qual – o espaço, ao mesmo tempo, como vazio e, ao mesmo tempo, como preenchido – é o progresso infinito da existência no espaço. Essa própria contradição, a relação do mundo com o espaço vazio, tornou-se diretamente base na prova.

A tese e a antítese as provas das mesmas apresentam, portanto, nada mais do que as afirmações contrapostas de que *há* um *limite* e que, igualmente, o limite é apenas um limite *suprassumido*; de que o limite tem um além, com o qual ele, porém, está em *relação*, para onde é preciso ir, no qual, porém, surge de novo um tal limite que não é limite algum.

A *dissolução* destas antinomias, assim como a das anteriores, é transcendental, quer dizer, ela consiste na afirmação da idealidade do espaço e do tempo como formas da intuição, no sentido de que o mundo *nele mesmo* não estaria em contradição consigo, não seria um tal que se suprassume, mas apenas a *consciência* no seu intuir e na relação da intuição com entendimento e com a razão seria um ente contraditório consigo mesmo. Isto é ternura demais para com o mundo: afastar dele a contradição, pelo contrário, transferi-la ao espírito, à razão e, nisso, deixá-la subsistir não dissolvida. De fato, é o espírito que é tão forte para poder suportar a contradição, mas ele é também aquele que a sabe dissolver. Mas o assim chamado mundo (queira ele dizer mundo objetivo, real, ou, conforme o idealismo transcendental, intuir subjetivo e sensibilidade determinada pela categoria do entendimento) em nenhuma parte está dispensado, por causa disto, da contradição, mas não é capaz de suportá-la e por causa disto está exposto ao surgir e ao perecer.

c) A infinitude do quantum

1) O *quantum infinito* como *infinitamente grande* ou *infinitamente pequeno* é, ele mesmo em si, o progresso infinito; ele é quantum como um grande ou um pequeno e é, ao mesmo tempo, não ser do quantum. O infinitamente grande e o infinitamente pequeno são, portanto, imagens da representação que, consideradas mais de perto, mostram-se como neblina e sombra nulas. Mas no progresso infinito essa contradição está explicitamente presente e, com isso, aquilo o que é a natureza do quantum, que alcançou sua realidade como grandeza intensiva e agora [está] *posto* no seu *ser aí*, como ele é em seu *conceito*. É essa identidade o que precisa ser considerada.

O quantum como grau é simples, relacionado consigo e como determinado nele mesmo. Na medida em que, através dessa simplicidade, o ser outro e a determinidade estão suprassumidos nele, essa lhe é exterior; ele tem sua determinidade fora dele. Esse seu ser fora de si é, inicialmente, o *não ser abstrato* do quantum em geral, a má infinitude. Mas, além disso, este não ser é também um grande; o quantum se continua no seu não ser, pois ele tem justamente sua determinidade na sua exterioridade; esta sua exterioridade é, portanto, também ela mesma, quantum; aquele seu não ser, a infinitude, é assim limitada, quer dizer, este além é suprassumido, esse está ele mesmo determinado como quantum, que, com isso, na sua negação, está junto de si mesmo.

Mas isso é aquilo o que o quantum como tal é *em si*. Pois ele é justamente *ele mesmo* pelo seu ser exterior; a exterioridade constitui aquilo pelo qual ele é quantum, pelo qual ele está junto de si mesmo. No progresso infinito está *posto*, portanto, o *conceito* do quantum.

Se o tomarmos, inicialmente, nas suas determinações abstratas, como elas estão presentes, então está presente nele *o suprassumir do quantum, todavia, também tanto do seu além, portanto, a negação do quantum, quanto a negação dessa negação*. A verdade delas é sua unidade, na qual elas são, mas como momentos. – Ela é a dissolução da contradição, cuja expressão é o progresso infinito, e seu sentido mais imediato, por isso, é o *restabelecimento do conceito da grandeza*, que ela é limite indiferente ou externo. No progresso infinito como tal, costuma-se apenas refletir sobre o fato de que cada quantum, seja ele grande ou pequeno, precisa desaparecer, que é preciso poder ir além do mesmo, mas não sobre o fato de que esse seu suprassumir, o além, o próprio mal infinito também desaparece.

Já o *primeiro* suprassumir, a negação da qualidade em geral, pela qual o quantum é posto, é *em si* o suprassumir da negação – o quantum é limite qualitativo suprassumido, por isso, negação suprassumida –, mas ele é isso, ao mesmo tempo, apenas *em si*; ele está posto como um ser aí e, então, sua negação está fixada como o infinito, como o além do quantum, que está como um aquém, como um *imediato*; assim, o infinito está determinado apenas como *primeira* negação e, assim, aparece no progresso infinito. Foi mostrado que nele, porém, está presente algo mais, a negação da negação ou aquilo o que o infinito é na verdade. Isso foi considerado há pouco, de modo que, com isso, o conceito do quantum se restabeleceu; esse restabelecimento significa, inicialmente, que seu ser aí obteve sua determinação mais detalhada; a saber, o *quantum determinado* surgiu *conforme seu conceito*, o que é diverso do *quantum imediato*; a *exterioridade* é, agora, o oposto de si mesma, posta como momento da própria *grandeza*, – o quantum, de modo que ele, mediante seu não ser, a infinitude, tenha sua determinidade em um outro quantum, isto é, é *qualitativamente* o que é. Contudo, essa comparação do *conceito* do quantum com seu ser aí pertence mais à nossa reflexão, a uma relação que aqui ainda não está presente. A determinação inicial é que o quantum retornou para a *qualidade*, está determinado daqui em diante de *modo qualitativo*. Pois sua peculiaridade, qualidade, é a exterioridade, a indiferença da determinidade; e ele está agora posto como sendo, na sua exterioridade, antes ele mesmo, nisso, relacionando-se consigo mesmo, sendo, em unidade simples consigo, isto é, estando determinado *qualitativamente*. – Este qualitativo está ainda determinado mais precisamente, a saber, como ser para si; pois a relação consigo mesmo, à qual ele chegou, emergiu da mediação, da negação da negação. O quantum não tem mais a infinitude, o ser determinado para si, fora dele, mas nele mesmo.

O infinito, o qual, no progresso infinito, tem apenas o significado vazio de um não ser, de um além inalcançado, mas procurado, é, de fato, nada mais do que a *qualidade*. O quantum, como limite indiferente, vai além de si para o infinito; ele procura, com isso, nada mais do que o ser determinado para si, o momento qualitativo, que, entretanto, apenas é um dever ser. Sua indiferença frente ao limite, com isso, sua falta de determinidade que é para si e seu ir além de si, é o que faz do quantum o quantum; aquele seu ir além deve ser negado e, no infinito, sua determinidade absoluta deve se encontrar.

De modo bem geral: o quantum é a qualidade suprassumida; mas o quantum é infinito, vai além de si, ele é a negação de si; este seu ir além é *em si*, portanto, a negação da qualidade negada, o restabelecimento da mesma; e está posto isto: que a exterioridade, a qual aparecia como além, está determinada como o *próprio momento* do quantum.

Com isso, o quantum está posto como repelido de si, com o que, portanto, são dois quanta que, contudo, são suprassumidos apenas como momentos de *uma unidade*, e esta unidade é a determinidade do quantum. – Esse, que assim se *relaciona consigo* na sua exterioridade como limite indiferente, com isso, que está posto qualitativamente, é a *relação quantitativa*. Na relação, o quantum é externo, diverso de si mesmo; essa sua exterioridade é a relação de um quantum com um outro quantum, dos quais cada um vale apenas nessa sua relação com seu outro; e essa relação constitui a determinidade do quantum, que é, como tal, unidade. Ele não tem, nisso, uma determinação indiferente, mas qualitativa, retornou para si nessa sua exterioridade, é, na mesma, aquilo o que é.

Observação 1 [A determinidade do conceito do infinito matemático]

O *infinito matemático* é, por um lado, interessante pela ampliação da matemática e pelos grandes resultados, os quais engendrou a introdução dele na matemática; mas, por outro lado, é digno de nota que essa ciência ainda não conseguiu justificar-se sobre o uso do mesmo pelo conceito (conceito tomado no sentido próprio). As justificações se baseiam, no fim, na *exatidão* dos *resultados* que surgem com ajuda daquela determinação, a qual está *demonstrada a partir de outras razões*, mas não na clareza do objeto e da operação pela qual os resultados são produzidos, tanto que, antes, a própria operação é admitida como incorreta.

Isto já é em e para si um estado defeituoso; um tal procedimento é acientífico. Mas comporta também a desvantagem que a matemática, na medida em que ela não conhece a natureza do seu instrumento, porque ela não acertou as contas com a metafísica e com a crítica do mesmo, não foi capaz de determinar a extensão da sua aplicação e de se garantir contra abusos do mesmo.

Mas sob o aspecto filosófico, o infinito matemático é importante porque, de fato, está no seu fundamento o conceito do infinito verdadeiro e ele é muito mais elevado do que aquilo que se costuma assim chamar de *infinito metafísico*, a partir do qual são feitas as objeções contra o primeiro. Contra estas objeções, a ciência da matemática sabe se resgatar frequentemente apenas pelo fato de que ela rejeita a competência da metafísica, na medida em que ela afirma não ter nada a ver com esta ciência e não dever preocupar-se com seus conceitos, se ela proceder consequentemente apenas no seu próprio terreno. Ela não deveria considerar o que seria o verdadeiro em si, mas o que seria o verdadeiro no seu campo. Na sua contradição, a metafísica não sabe negar ou derrubar os resultados brilhantes do uso do infinito matemático em relação ao mesmo, e a matemática não sabe deixar clara a metafísica do seu próprio conceito e, portanto, também não a derivação dos modos de procedimento que o uso do infinito torna necessários.

Se isso fosse a única dificuldade do *conceito* em geral, da qual a matemática fosse empurrada, então ela poderia deixar esse de lado sem agravantes, na medida em que o conceito é, de fato, mais do que apenas a indicação das determinidades essenciais, isto é, das determinações de uma Coisa conforme o entendimento e ela não deixou faltar nada com respeito ao *rigor* destas determinidades; pois ela não é uma ciência que teria a ver com os conceitos de seus objetos e que deveria ter gerado seu conteúdo através do desenvolvimento do conceito, mesmo que apenas através de raciocínios. Só que, no método de seu infinito, ela encontra a *contradição capital* no próprio *método peculiar*, no qual ela repousa em geral como ciência. Pois o cálculo do infinito permite e exige modos de procedimento que a matemática deve rejeitar completamente nas operações com grandezas finitas e, ao mesmo tempo, ela trata suas grandezas infinitas como quanta finitos e quer aplicar àquelas os mesmos modos de procedimento que valem nessas; é um lado principal da formação desta ciência ter adquirido a forma do cálculo habitual para as determinações *transcendentes* e para o tratamento delas.

Neste conflito das suas operações, a matemática mostra que resultados que ela encontra através disso concordam inteiramente com aqueles que são encontrados pelo método propriamente matemático, o geométrico e analítico. Mas, *em parte*, isso não concerne a todos os resultados, e a finalidade da introdução do infinito não é somente encurtar o caminho habitual, mas também alcançar resultados que não podem ser realizados por ele. *Em parte*, o *êxito* não justifica por si a maneira *do caminho*. Mas esta maneira do cálculo do infinito se mostra empurrada pela aparência da *inexatidão* que ela dá a si, na medida em que ora ela aumenta grandezas finitas através de uma grandeza infinitamente pequena, ora, na operação seguinte, conserva, em parte, essa, mas também negligencia uma parte da mesma.

Esse procedimento contém a estranheza de que, a despeito da inexatidão admitida, surge um resultado que não apenas é *suficiente* e *aproximadamente exato* a ponto de poder se descuidar da diferença, mas é *perfeitamente exato*. Porém, na própria *operação* que antecede o resultado, não pode *ser dispensada a representação* de que algumas coisas não sejam iguais a zero, mas sejam tão *insignificantes* a ponto de poderem ser descuidadas. Só que, naquilo o que deve ser entendido por determinidade matemática, desaparece inteiramente toda a diferença de uma exatidão maior ou menor, assim como, na filosofia, não pode se falar de uma verossimilhança maior ou menor, mas unicamente da verdade. Se o método e o uso do infinito são justificados pelo êxito, então não é tão supérfluo, a despeito disso, exigir a justificação do mesmo, como, a respeito do nariz, parece supérfluo perguntar pela demonstração do direito de servir-se dele. Pois no conhecimento matemático enquanto um conhecimento científico, trata-se essencialmente da prova e, também no que diz respeito aos resultados, é o caso que o método rigorosamente matemático não fornece apenas o comprovante do êxito a todos, êxito que, porém, que é, de todo modo, um comprovante externo.

Vale a pena considerar mais de perto o conceito matemático do infinito e as tentativas mais notáveis, as quais têm a intenção de justificar o uso do mesmo e de superar a dificuldade da qual o método se sente pressionado. A consideração destas justificações e determinações do infinito matemático que eu quero empreender mais extensamente nesta observação, lançará, ao mesmo tempo, a melhor luz sobre a natureza do próprio conceito verdadeiro e mostrará como ele foi vislumbrado por elas e foi colocado no seu fundamento.

A determinação habitual do infinito matemático é que ele seria uma *grandeza, além da qual* – se ela está determinada como o infinitamente grande – não há *nenhuma maior* ou – se ela está determinada como o infinitamente pequeno – não há nenhuma *menor*, ou seja, que é maior naquele caso ou menor neste caso do que cada grandeza arbitrária. – Nesta definição, sem dúvida, não está expresso o conceito verdadeiro, antes apenas, como já mencionado, a mesma contradição que há no progresso infinito; mas vejamos o que está nisso contido *em si*. Na matemática, uma grandeza é definida como algo que pode ser aumentado ou diminuído, – em geral, portanto, como um limite indiferente. Na medida em que, agora, o infinitamente grande ou pequeno é um tal que não pode ser aumentado ou diminuído, assim ele não é mais, de fato, *nenhum quantum* como tal.

Essa consequência é necessária e imediata. Mas a reflexão de que o quantum – e nesta observação eu denomino quantum em geral, como ele é: o quantum finito – está suprassumido, é o que costuma não ser feito e que constitui a dificuldade para o compreender habitual, na medida em que o quantum, uma vez que é infinito, deve ser pensado como um suprassumido, como um tal que não é um quantum e *cuja determinidade quantitativa, contudo, permanece*.

A fim de indicar como *Kant* julga[32] aquela determinação, ele não a acha em acordo com aquilo o que se entende por um *todo infinito*. "Conforme o conceito habitual, seria infinita uma grandeza além da qual não é possível nenhuma maior (i. é, além da *quantia* de uma unidade dada nisso contida); mas nenhuma quantia seria a maior, porque sempre podem ser acrescentadas uma ou várias unidades.

Kant censura o fato de os todos infinitos serem considerados como um máximo, como uma quantia *consumada* de uma unidade dada. O máximo ou o mínimo como tal aparecem sempre como um quantum, uma quantia. Tal representação não pode recusar a consequência indicada por Kant, de que ela conduz a um infinito maior ou menor. Em geral, na medida em que o infinito se representa como quantum, vale ainda para o mesmo a diferença de um maior ou menor. Só que esta crítica não acerta o conceito do infinito matemático verdadeiro, da diferença infinita, pois essa não é mais quantum finito algum.

O conceito de infinitude de Kant, pelo contrário, conceito que ele denomina o verdadeiro conceito transcendental é "que a *síntese* sucessiva da unidade na medição de um quantum *nunca* pode ser *consumada*". Um quantum em geral está pressuposto como dado; esse deve se tornar um valor numérico, um quantum que precisa ser indicado determinadamente, pelo sintetizar da *unidade*, mas este sintetizar nunca pode ser consumado. Como fica claro, aqui está enunciado nada mais do que o progresso para o infinito apenas de modo *transcendental*, isto é, representado propriamente de modo

---

[32]. Na observação sobre a tese da primeira antinomia cosmológica, na *Crítica da razão pura* [B 458, 460] [N.H.].

subjetivo e psicológico. Com efeito, o quantum deve, em si, ser realizado plenamente, mas de modo transcendental, a saber, no *sujeito* que lhe dá uma *relação* com uma unidade, surgiria apenas uma tal determinação do quantum que estaria plenamente realizada e pura e simplesmente afetada por um além. Aqui, portanto, detém-se, em geral, na contradição que a grandeza contém, mas distribuída no objeto e no sujeito, de modo que àquele compete a limitação, mas, a esse, o ir além, para o mau infinito, de cada determinidade apreendida por ele.

Pelo contrário, há pouco foi dito que a determinação do infinito matemático e, com efeito, como ele é usado na análise superior, corresponde ao conceito do infinito verdadeiro; a composição de ambas as determinações deve, agora, ser empreendida em um desenvolvimento mais detalhado. – No que inicialmente concerne ao verdadeiro quantum infinito, ele se determinou como infinito *nele mesmo*; ele é isso, na medida em que, como resultou, o quantum finito ou o quantum em geral e seu além, o mau infinito, estão *de igual maneira* suprassumidos.

O quantum suprassumido retornou, com isso, para a simplicidade e para a relação consigo mesmo, mas não apenas como o extensivo, na medida em que ele passou para o quantum intensivo, que tem sua determinidade apenas *em si* em uma multiplicidade exterior, frente à qual ele, todavia, deve ser indiferente e da qual ele deve ser diverso. O quantum infinito contém, antes, em primeiro lugar, a exterioridade e, em segundo lugar, a negação da mesma nele mesmo; assim, ele não é mais um quantum finito qualquer, não é mais uma determinidade de grandeza, que tenha um *ser aí* como *quantum*, mas ele é simples e, portanto, apenas como *momento*; é uma determinidade de grandeza em forma *qualitativa*; sua infinitude consiste em ser como uma *determinidade qualitativa*. – Assim, enquanto momento, ele é, na unidade essencial com seu outro, apenas como determinado por esse seu outro, isto é, ele tem significado apenas na relação com algo que está na *relação* com ele. *Fora dessa relação ele é zero*, – visto que precisamente o quantum como tal deve ser indiferente *frente à relação*, todavia, deve ser nela uma determinação *imediatamente* em repouso. *Na relação*, apenas como momento, ele não é por si um indiferente; ele é, na infinitude como *ser para si*, na medida em que ele é, ao mesmo tempo, uma determinidade quantitativa, apenas como um *para uno*.

O conceito do infinito, como ele aqui se expôs abstratamente, mostrar-se-á estar no fundamento do infinito matemático, e ele mesmo se tornará mais claro na medida em que nós consideramos os diversos estágios da expressão do quantum *como de um momento da relação*, do inferior, onde ele ainda é, ao mesmo tempo, quantum como tal, até o superior, onde ele adquire o significado e a expressão da própria grandeza infinita.

Tomemos, portanto, em primeiro lugar, o quantum na *relação*, como ele é um *número fracionário*. Tal fração, $\frac{2}{7}$, por exemplo, não é um quantum como 1, 2, 3 etc., com efeito, um número ordinário finito, contudo, não um número imediato, como os números inteiros, mas sim como fração mediadamente determinada *por dois outros números*, que são valor numérico e unidade um frente ao outro; nisso também a unidade é um valor numérico determinado. Mas, se se abstrai dessa determinação mais precisa dos mesmos, um frente ao outro, e se os considera meramente conforme aquilo o que lhes ocorre na relação qualitativa, na qual aqui eles estão, como quanta, então 2 e 7 são, além disso, quanta indiferentes; mas, na medida em que eles entram em cena aqui apenas como *momentos* um do outro e, com isso, de um terceiro (do quantum que se chama expoente), eles valem, desde já, não como 2 e 7, mas apenas conforme sua determinidade *um frente ao outro*. Por conseguinte, em vez deles, pode ser posto igualmente 4 e 14 ou 6 e 21 etc. ao infinito. Assim, eles começam, portanto, a ter um caráter qualitativo. Se valessem eles como meros quanta, então [em] 2 e 7, um está pura e simplesmente apenas 2, o outro, apenas 7; 4 e 14, 6 e 21 etc. são pura e simplesmente algo diferente do que aqueles números e podem, na medida em que eles seriam apenas quanta imediatos, não ser postos no lugar dos outros. Mas, na medida em que 2 e 7 não valem conforme a determinidade de ser tais quanta, seu limite indiferente está suprassumido; eles têm, com isso, conforme este lado, o momento da infinitude neles, na medida em que eles não são mais meramente eles mesmos, mas sua determinidade quantitativa permanece, porém, como uma determinidade qualitativa que é em si – a saber, conforme aquilo o que eles valem na relação. Podem ser postos infinitamente muitos outros no seu lugar, de modo que o valor da fração não se altera através da determinidade que tem a relação.

A apresentação que tem a infinitude em uma fração de números é, todavia, ainda imperfeita, porque ambos os lados da fração, 2 e 7, podem ser tomados da relação e são quanta indiferentes ordinários; a relação dos mesmos, de ser na relação e de ser momentos, é para eles algo externo e indiferente. Igualmente, a sua própria relação é um quantum ordinário, o exponente da relação.

As *letras*, com as quais se opera na aritmética geral, a universalidade mais próxima, na qual os números são elevados, não têm a propriedade de ser providos um valor determinado de números; elas são apenas signos universais e possibilidades indeterminadas de cada valor determinado. A fração $\frac{a}{b}$ parece, portanto, ser uma expressão mais adequada do infinito, porque a e b, tomados da sua relação um com o outro, permanecem indeterminados e também separados, não têm nenhum valor peculiar particular. – Só que essas letras estão, com efeito, postas como grandezas indeterminadas; mas seu sentido é de que elas sejam um quantum finito qualquer. Visto que elas são, com efeito, a representação universal, mas apenas do *número determinado*, é, para elas, igualmente indiferente estar na relação e, fora dela, elas mantêm este valor.

Se considerarmos ainda mais precisamente o que está presente na relação, então ela tem ambas as determinações nela, *em primeiro lugar*, de ser um quantum; mas esse não é, *em segundo lugar*, como um imediato, porém, tem a oposição qualitativa nele; ele permanece, ao mesmo tempo, aquele quantum indiferente determinado na mesma [relação], pelo fato de que ele retorna para si a partir do seu ser outro, da oposição, com isso, é também um infinito. Ambas estas determinações se apresentam desenvolvidas na seguinte forma bem conhecida, na sua diferença uma da outra.

A fração $\frac{2}{7}$ pode ser expressa como 0,285714..., $\frac{1}{(1-a)}$ como 1 + a+ a^2 + a^3 etc. Assim, ela é como *uma* série *infinita*; a própria fração significa a soma ou a *expressão finita* da mesma. Se compararmos ambas as expressões, então uma, a série infinita, não a apresenta mais como relação, mas conforme o lado pelo qual ela é um quantum como uma *quantia* de tais que se acrescentam um ao outro, como um valor numérico. – Que as grandezas, que devem constituí-la como valor numérico, consistem de novo de frações decimais, portanto, elas mesmas consistem de relações, aqui não é relevante; pois essa circunstância concerne à espécie particular da *unidade* dessas grandezas, não às grandezas, na medida em que elas constituem o *valor numérico*; como também um número inteiro do sistema decimal que consiste de várias cifras vale essencialmente como um *valor numérico* e não se considera que ele consiste de *produtos* de um número e do número dez e das potências dele. Assim como aqui não é relevante que haja outras frações como, por exemplo, a $\frac{2}{7}$, as quais, tornadas em frações decimais, não dão uma série infinita; mas cada uma pode ser expressa como uma tal para um sistema de números de outra unidade.

Na medida em que, na série infinita que deve representar a fração como valor numérico, desaparece agora o lado pelo qual ela é relação, desaparece também o lado, conforme o qual ela, como há pouco mostrado, tinha a infinitude *nela*. Mas essa entrou de outra maneira; a série é, de fato, ela mesma, infinita.

De qual espécie agora é a infinitude da série, fica claro por si mesmo; é a má infinitude do progresso. A série contém e apresenta a contradição de apresentar algo que é uma relação e que tem natureza *qualitativa* nele, como algo sem relação, como um mero *quantum*, como valor numérico. A consequência disso é que, no valor numérico que está expresso na série, sempre falta algo, de modo que é preciso sempre ir além daquilo o que está posto, a fim de alcançar a determinidade exigida. A lei da progressão é bem conhecida; ela está na determinação do quantum que está contida na fração e na natureza da forma, na qual ela deve ser expressa. O valor numérico pode bem ser tornado, pelo prosseguimento da série, tão exato *quanto se necessita*; mas a apresentação por ela sempre permanece um *dever ser*; ela está afetada por um além que não pode ser suprassumido, porque expressar, como *valor numérico*, algo em repouso na determinidade *qualitativa* é a *contradição permanente*.

Nesta série infinita está presente, de modo efetivo, aquela *inexatidão*, da qual, no verdadeiro infinito matemático, ocorre apenas a aparência. Ambas essas *espécies do infinito matemático* precisam tampouco ser confundidas quanto as espécies do infinito filosófico.

Na apresentação do verdadeiro infinito matemático foi usada inicialmente a *forma da série* ou também foi evocada de novo recentemente. Mas ela não é necessária para o mesmo; pelo contrário, o infinito da série infinita está essencialmente diferenciada daquele, como o que vem a seguir deve mostrar. Essa, pelo contrário, é até mesmo inferior à expressão da fração.

A *série infinita* contém, de fato, a má infinitude, porque aquilo o que a série deve expressar permanece um *dever ser*, e o que ela expressa está afetado por um além que não desaparece e é *diverso* daquilo o que deve ser expresso. Ela é infinita não em virtude dos membros que estão postos, mas porque eles são incompletos, porque o outro, que pertence essencialmente a eles, é além dela; o que está aí nela, os membros postos, poderiam ser tantos quantos queiram, é apenas um finito no sentido próprio, posto como finito, isto é, como tal que *não é aquilo o que ele deve ser*. Mas, pelo contrário, aquilo o que é denominado a *expressão finita* ou a *soma* de tal série, não tem falta alguma; ela contém completamente o valor que a série apenas procura; o além foi chamado de volta da fuga; o que ele é e o que ele deve ser não está separado, mas é o mesmo.

O diferenciador de ambas, considerado de modo mais preciso, está desde já no fato de que, na série infinita, o *negativo* está *fora* de seus membros, os quais têm presença, na medida em que eles valem apenas como partes do *valor numérico*. Na expressão finita, pelo contrário, a qual é uma relação, o *negativo* é imanente como o ser determinado dos lados da relação *um pelo outro*, ser que é um tal que retornou para si, que é unidade que se relaciona consigo, como negação da negação (*ambos* os lados da relação são apenas como momentos), [ser que,] com isso, *tem dentro de si* a determinação da *infinitude*. – De fato, a habitualmente *assim chamada soma*, o $\frac{2}{7}$ ou $\frac{1}{(1-a)}$ é uma *relação*; e essa assim chamada *expressão finita* é a verdadeira *expressão infinita*. A *série* infinita, pelo contrário, é, na verdade, *soma*; sua finalidade é apresentar, o que é em si relação, na forma de uma soma e os membros presentes da série não são como membros de uma relação, mas de um agregado. Além disso, ela é, pelo contrário, a *expressão finita*; pois ela é o agregado imperfeito e permanece essencialmente um insuficiente [*ein Mangelhaftes*]. Ela é, conforme aquilo o que está aí nela, um quantum determinado, mas, ao mesmo tempo, algo menor do que ela deve ser; então, também aquilo o que lhe falta é um quantum determinado; esta parte que falta é, de fato, aquilo o que se chama de o infinito na série, segundo o lado apenas formal, pelo qual ele é um faltante [*ein Fehlendes*], o *não ser*; conforme seu conteúdo, ele é um quantum finito. Aquilo o que está aí na série junto com aquilo o que lhe falta constitui apenas aquilo o que é a fração, o quantum determinado que ela igualmente *deve* ser, mas que não é capaz de ser. – Na opinião, a palavra "*infinito*" costuma, também na série infinita, ser algo alto e elevado; isso é uma espécie de superstição, a superstição do entendimento; viu-se como ele se reduz, antes, à determinação da *insuficiência*.

Pode ainda ser observado que há séries infinitas que não são adicionáveis; com relação à forma de séries em geral, isso é uma circunstância externa e contingente. Elas contêm uma espécie mais alta da infinitude do que as adicionáveis, a saber, uma incomensurabilidade ou a impossibilidade de apresentar a relação quantitativa contida nelas como um quantum, seja ela também como fração; mas a *forma da série* como a que elas têm contém a mesma determinação da má infinitude, que está na série adicionável.

A inversão, observada acima, acerca da expressão, na fração e na sua série também ocorre, na medida em que o infinito *matemático* – a saber, não o infinito denominado acima, mas o verdadeiro – o infinito *relativo*, o [infinito] habitual *metafísico*, pelo contrário, sob o qual é entendido o mau infinito, abstrato, foi denominado o [infinito] *absoluto*. De fato, este [infinito] metafísico é, antes, apenas o relativo, porque a negação que ele expressa, está apenas na oposição de um limite de modo que esse fica *subsistindo* fora dele e não é suprassumido por ele; o infinito matemático, em contrapartida, suprassumiu verdadeiramente o limite finito dentro de si, porque o além do mesmo está unificado com ele.

No sentido no qual foi mostrado que a assim chamada soma ou a expressão finita de uma série infinita precisa, antes, ser considerada como a [expressão] infinita, destaca-se que *Spinoza* expõe o conceito de infinitude verdadeira contra o da má e o esclarece através de exemplos. Seu conceito ganha a maior luz possível na medida em que eu conecto aquilo o que ele diz a este respeito com esse desenvolvimento.

Ele define inicialmente o *infinito* como a *afirmação absoluta* da existência de uma natureza qualquer, o finito, pelo contrário, como *determinidade*, como *negação*. A afirmação absoluta de uma existência precisa, de fato, ser tomada como sua relação *consigo mesma*, como não ser por causa de um outro; o finito, em contrapartida, é a negação, um cessar como *relação* com um *outro* que inicia *fora dele*. Agora, a afirmação absoluta de uma existência não esgota, com efeito, o conceito da infinitude; esse contém que a infinitude é afirmação, não como imediata, mas apenas como restabelecida através da reflexão dentro de si mesmo do outro ou como negação do negativo. Mas, em Spinoza, a substância e sua unidade absoluta têm a forma da unidade imóvel, isto é, que não se medeia consigo mesma, de uma rigidez, em que o conceito de unidade negativa do Si, a subjetividade, ainda não se encontra.

O exemplo matemático, com o qual ele esclarece o infinito verdadeiro (*Epist. XII*)[33] é um espaço entre dois círculos desiguais, dos quais um cai dentro do outro sem tocá-lo e eles não são concêntricos. Pelo que consta, ele achava essa figura e o conceito muito promissores, já que ele usava tais exemplos a ponto de torná-los lema de sua Ética. – "Os matemáticos", diz ele, "inferem que as desigualdades que são possíveis em um tal espaço são infinitas, não com base na *quantia* infinita das partes, pois sua *grandeza* está *determinada* e *limitada* e eu posso pôr tais espaços maiores ou menores, mas porque a *natureza da Coisa* excede cada determinidade". – Vê-se que Spinoza rejeita aquela representação do infinito, segundo a qual ele é representado como quantia ou como série que não está consumada e recorda que, aqui, no espaço do exemplo, o infinito não é além, mas está presente e completo; este espaço é algo limitado, mas infinito, "porque a natureza da Coisa excede cada determinidade", porque a determinação de grandeza contida nele não é, ao mesmo tempo, apresentável como um quantum ou, conforme a expressão kantiana acima, o *sintetizar* não pode ser consumado até tornar-se um quantum – discreto –. Como em geral a oposição do quantum

---

33. De acordo com a edição francesa de Labarrière, a segunda edição da *Doutrina do Ser* tem a referência à carta XXIX. O texto dessa carta encontra-se na edição crítica de Gebhardt, tomo 4, p. 52-62. Nessa edição, no entanto, não se trata da carta XXIX, mas da carta XII, endereçada a Louis Meyer, conhecida como carta sobre o infinito [N.T.].

contínuo e *discreto* conduz ao infinito, deve ser discutido em uma observação posterior. – Spinoza chama de *infinito da imaginação* aquele infinito de uma série; pelo contrário, o infinito como relação consigo mesmo ele chama de o *infinito do pensar* ou *infinitum actu*. Ele é, de fato, *actu*, ele é *efetivamente* infinito, porque ele está consumado e presente dentro de si. Assim, a série 0,285714... ou 1 + a + a² + a³... é o infinito meramente da imaginação ou do opinar; pois ele não tem efetividade, pura e simplesmente lhe falta algo. Pelo contrário, $\frac{2}{7}$ ou $\frac{1}{(1-a)}$ são *efetivamente* aquilo o que não apenas é a série nos seus membros presentes, mas também aquilo o que lhe falta, o que ela apenas *deve ser*. O $\frac{2}{7}$ ou o $\frac{1}{(1-a)}$ é propriamente uma grandeza finita, como o espaço incluído entre os dois círculos de Spinoza e suas desigualdades, e pode, como este espaço, tornar-se maior ou menor. Mas com isso não surge o despropósito de um infinito maior ou menor; pois este quantum do todo não diz respeito à relação de seus momentos, *a natureza da Coisa*, quer dizer, a determinação qualitativa de grandeza; aquilo o que *está aí* na série infinita é igualmente um quantum finito, mas, além disso, ainda algo insuficiente. – A *imaginação*, pelo contrário, detém-se no quantum como tal e não reflete sobre a relação qualitativa que constitui o fundamento da incomensurabilidade presente.

A incomensurabilidade que está no exemplo de Spinoza encerra em si, em geral, as funções das linhas curvas e conduz, mais precisamente, ao infinito, que a matemática introduziu em tais funções, em geral, nas *funções das grandezas variáveis*, e que é o *verdadeiro* infinito *matemático*, quantitativo, no qual Spinoza também pensou. Agora, esta determinação deve ser discutida de modo mais preciso.

No que, em primeiro lugar, diz respeito à categoria da *variabilidade* [*Veränderlichkeit*], a qual tanta importância se atribui, sob a qual são apreendidas as grandezas relacionadas naquelas funções, elas não devem ser inicialmente variáveis no sentido no qual, na fração $\frac{2}{7}$, ambos os números 2 e 7 [são variáveis], na medida em que igualmente 4 e 14, 6 e 21, e assim por diante até o infinito, outros números podem ser postos no lugar deles sem variar o valor posto na fração. Assim, ainda mais em $\frac{a}{b}$, pode ser posto no lugar de *a* e *b* todo e qualquer número, sem variar aquilo o que $\frac{a}{b}$ deve expressar. Agora, no sentido em que, também no lugar de *x* e *y* de uma função poderia ser posta uma *quantia* infinita, quer dizer, inesgotável de números, *a* e *b* são grandezas variáveis tanto quanto aquelas, x e y.

A expressão *grandezas variáveis* é, por causa disto, muito vaga e, infelizmente, escolhida para determinações de grandeza que têm seu interesse e seu tipo de tratamento *em algo inteiramente diferente* do que em sua mera variabilidade.

Para tornar mais claro, no que está a determinação verdadeira dos momentos de uma fração, com os quais se ocupa o interesse da análise superior, precisamos percorrer mais uma vez os estágios que foram acima observados. Em $\frac{2}{7}$ ou $\frac{a}{b}$, 2 e 7 são quanta determinados cada um por si, e a relação não lhes é essencial; *a* e *b* devem representar igualmente tais quanta que permanecem, também fora da relação, o que eles são. Além disso, também $\frac{2}{7}$ e $\frac{a}{b}$ são quanta fixos, um quociente; a relação constitui um valor numérico, cuja unidade é o denominador e o valor numérico dessas unidades, o numerador – ou, inversamente expresso, ainda que 4 e 14 etc. entrem no lugar de 2 e 7, a relação permanece a mesma também como quantum. Mas agora, isso essencialmente se altera, por exemplo, na função $\frac{y^2}{x} = p$; aqui *x* e *y* têm, com efeito, o sentido de poder ser quanta determinados; mas apenas *x* e y^2 têm um quociente determinado, porém, não *x* e *y*. Através disso, esses *lados* da relação, x e y, são, *em primeiro lugar*, não somente quantum nenhum determinado, mas, *em segundo lugar*, sua *relação* não é um quantum fixo (nem está *visado*, nesse caso, um tal quantum como em a e b), nem um quociente fixo, mas ele é, *como quantum,* pura e simplesmente *variável*. Mas isso está contido unicamente no fato de que x não tem uma relação com y, mas com o *quadrado* de y. A relação de uma grandeza com a *potência* não é um *quantum*, mas essencialmente relação *qualitativa*; a *relação das potências* é a *circunstância* que precisa ser vista como *determinação fundamental.* – Por causa da natureza *particular* das grandezas variáveis neste modo de consideração, teria sido adequado introduzir para elas tanto um nome particular quanto *designações* diferentes daquelas ordinárias das *grandezas incógnitas* em cada equação finita determinada ou indeterminada, em virtude da diversidade essencial entre elas e tais grandezas meramente incógnitas que são quanta determinados perfeitos em si ou uma extensão determinada de quanta determinados. – O fato de que funções do primeiro grau, como a equação da linha reta, são integradas por si no tratamento do cálculo diferencial é também apenas a falta da consciência sobre a peculiaridade daquilo que constituiu o interesse da análise superior e gerou a necessidade e a invenção desse cálculo; sua porcentagem em tal formalismo deve-se, além disso, ao equívoco que visa a cumprir a exigência em si correta da *universalização* de um método por omitir a determinidade *específica* na qual se funda a necessidade, de modo que vale para isso como se nesse campo se tratasse apenas de *grandezas variáveis em geral*. Teria sido poupado muito formalismo nas considerações destes objetos, assim como no tratamento, se se tivesse compreendido que o mesmo não concerne a grandezas variáveis como tais, mas a *determinações das potências*.

Mas há ainda um estágio ulterior, no qual emerge o infinito matemático na sua peculiaridade. Em uma equação em que x e y estão postos inicialmente como determinados pela relação das potências, x e y como tais devem ainda significar quanta; agora, esse significado se perde completamente nas assim chamadas *diferenças infinitamente pequenas*. *dx, dy* não são mais quanta, nem devem significar isso, mas têm unicamente um significado na sua relação, *um sentido meramente como momentos*. Eles não são mais *algo*, o algo tomado como quantum, não são diferenças finitas; mas também *não* são *nada*, não são o zero sem determinação. Fora da sua relação, eles são puros zeros, mas devem ser tomados apenas como momentos da relação, como *determinações* do coeficiente diferencial $\frac{dx}{dy}$.

Nesse conceito de infinito, o quantum está verdadeira e plenamente realizado com relação a um ser aí qualitativo; ele está posto como efetivamente infinito; ele não está apenas suprassumido como este ou aquele quantum, mas como quantum em geral. Mas a *determinidade da quantidade*, enquanto *elemento* de quanta, *permanece* como princípio, ou eles, como também se disse, *no primeiro conceito deles*.

Contra este conceito, está direcionado todo o ataque que foi feito à determinação fundamental da matemática desse infinito, do cálculo diferencial e integral. Representações incorretas dos próprios matemáticos ocasionaram o fato do conceito não ter sido reconhecido; mas é, sobretudo, a incapacidade de justificar o objeto como *conceito* que é culpada dessas contestações. Mas aqui a matemática não pode, como foi acima lembrado, contornar o conceito; pois, como matemática do infinito, ela não se restringe à determinidade *finita* de seus objetos – assim como, na matemática pura, o espaço e o número e suas determinações são considerados e relacionados um com o outro apenas conforme sua finitude –, mas ela transfere uma determinação assumida da matemática pura e tratada por ela para [uma] *identidade com sua* [determinação] *contraposta*, assim como, por exemplo, ela torna uma linha curva uma reta; o círculo, um polígono etc. As operações que ela se permite como cálculo diferencial e integral, são, portanto, inteiramente contraditórias à natureza de determinações meramente finitas e às suas relações e teriam sua justificação, por isso, unicamente no *conceito*.

Se a matemática do infinito se ativesse ao fato de que aquelas determinações da quantidade [seriam] grandezas que desaparecem, quer dizer, tais que não são mais um quantum qualquer, mas também não nada, porém ainda uma *determinidade frente a outro*, então nada pareceria mais claro do que [o fato de que] não existe nenhum *estado intermediário*, como se denominou, entre ser e nada. – O que diz respeito a essa objeção e ao assim chamado estado intermediário já se mostrou acima na categoria do devir, obs. 4. Sem dúvida, a unidade do ser e do nada não é *estado* algum: um estado seria uma determinação do ser e do nada, na qual esses momentos deveriam cair apenas, por assim dizer, de alguma maneira contingente como em uma doença ou afecção externa por um pensar errôneo; mas este meio-termo e unidade, o desaparecer ou, igualmente, o devir é, antes, unicamente a *verdade* deles.

O que seria infinito, [como] ulteriormente foi dito, não seria *comparável*, como um maior ou um menor; não poderia existir uma relação do infinito com o infinito, nem ordens ou dignidades do infinito, como aquelas diferenças [*Unterschiede*] das diferenças [*Differenzen*] infinitas que ocorrem na ciência das mesmas. Nessa objeção já mencionada, está no fundamento sempre a representação de que aqui dever-se-ia tratar de *quanta*, que, como quanta, são comparados; de que determinações, que não são mais quanta algum, não têm mais relação alguma uma para com a outra. Mas, antes, aquilo o que é *apenas* na relação, não é quantum algum; o quantum é uma determinação tal que deve ter, fora da sua relação, um ser aí perfeitamente indiferente, frente à qual sua diferença com um outro deve ser indiferente, ao passo que o qualitativo é apenas aquilo o que ele é na sua diferença com um outro. Aquelas grandezas infinitas não são, portanto, apenas comparáveis, mas são apenas como momentos da comparação, da relação.

Indico as determinações mais importantes, as quais, na matemática, têm sido dadas sobre este infinito; disso ficará claro que, no fundamento das mesmas, está, concordando com o conceito aqui desenvolvido, o pensamento da Coisa, mas que seus autores não o aprofundavam como conceito e, na aplicação, precisavam novamente de recursos os quais contradizem à sua melhor Coisa.

O pensamento não pode ser determinado mais corretamente do que foi dado por *Newton*. Eu separo, nesse caso, as determinações, que pertencem à representação do movimento e da velocidade (da qual ele tomou sobretudo o nome de *fluxões*), porque aqui o pensamento não aparece na abstração pertinente, mas de modo concreto, mesclado com formas extraessenciais. Newton esclareceu (*Philosophiae naturalis principia mathematica*, L. I, Lemma XI, Schol.) essas fluxões no sentido de que ele não entendia como *indivisíveis* – uma forma, da qual se serviriam matemáticos anteriores, Cavalieri[34] e outros, e a qual contém o conceito de um quantum *determinado em si* – mas como *divisíveis que desaparecem*. Além disso, não como somas e relações de partes determinadas, mas como os limites (*limites*) das *somas* e das *relações*. Cabe fazer a objeção de que grandezas que desapareçam não têm *relação última* alguma, porque essa, antes que as grandezas tenham desaparecido, não é a última, e, quando elas desapareceram, não é mais relação alguma. Mas por relação de grandezas que desapareçam dever-se-ia entender a relação, *não antes* de elas desaparecerem e *não depois*, mas *a relação com a qual* elas desaparecem (*quacum evanescunt*). Igualmente, a primeira relação de grandezas que devêm é aquela *com a qual* elas devêm.

Conforme o estado do método científico daquela época, foi apenas definido o que se deveria entender por uma expressão; mas que se entenda por ela isto ou aquilo é propriamente uma pretensão subjetiva ou também uma exigência histórica pela qual não é mostrado que um tal conceito é necessário em e para si e tem verdade interior.

---

34. Francesco Bonaventura Cavalieri, 1598-1647, matemático italiano [N.E.A.].

Só que o que foi indicado mostra que o conceito exposto por Newton corresponde a como a grandeza infinita surgiu, na apresentação acima, da reflexão do quantum dentro de si. Entendem-se grandezas em seu desaparecer, quer dizer, grandezas que não são mais quanta; além disso, que não são relações de partes determinadas, mas os *limites da relação*. Devem, portanto, desaparecer tanto os quanta por si, os lados da relação, quanto, com isso, a relação, na medida em que ela seria um quantum; o limite da relação das grandezas é e não é onde ele é; isso significa, mais precisamente, onde o quantum desapareceu e, com isso, a relação está conservada apenas como relação qualitativa de quantidade e os lados da mesma são igualmente conservados como momentos qualitativos da quantidade. – Newton acrescenta que, a partir do fato de que haveria relações últimas das grandezas que desaparecem, não poderia ser inferido que haveria últimas grandezas, *indivisíveis*. Isso seria, com efeito, um salto da relação abstrata para lados da mesma, tais que deveriam ter um valor por si fora da sua relação como indivisíveis, como algo que seria um uno, algo sem relação.

Contra aquele mal-entendido, ele recorda ainda que as *relações últimas* não seriam relações de *grandezas últimas*, mas limites, aos quais as *relações* das grandezas que decrescem sem limite são mais próximas do que cada diferença *dada*, quer dizer, finita, limites que, porém, elas não ultrapassam, de modo a se tornarem nada. – Por *grandezas últimas*, com efeito, como foi dito, poderiam ser entendidos indivisíveis ou uno. Mas, na determinação da última relação, está afastada tanto a representação do uno indiferente, do [uno] sem relação, quanto também do quantum finito. Mas não precisaria nem do *diminuir sem limite*, no qual Newton transpõe o quantum e o qual apenas expressa o progresso para o infinito, nem da determinação da divisibilidade, a qual aqui não tem mais significado imediato algum, se a determinação exigida tivesse se formado progressivamente para o conceito de uma determinação de grandeza que é puramente apenas momento da relação.

Na consideração da *conservação da relação no desaparecer dos quanta* se encontra (em outro lugar, como em Carnot[35], *Réflexions*

---

35. Nicolas Marguerite Carnot, 1753-1823, estadista francês [N.E.A.].

sur la Métaphysique du Calcul Infinitesimal [1797]) a expressão que, *em virtude da lei da continuidade*, as grandezas que desaparecem ainda mantêm a relação, da qual elas provêm, antes que desapareçam. – Esta representação *expressa* a verdadeira natureza da Coisa, na medida em que não é entendida a continuidade do quantum, a qual ele tem no progresso infinito, como continuar-se no seu desaparecer, de modo que, no *além* de si, surge de novo apenas um quantum finito, um *novo membro da série*; mas uma progressão *contínua* é sempre representada de modo que são percorridos os valores os quais ainda são quanta finitos. Naquela passagem, pelo contrário, a qual é feita para o infinito verdadeiro, a relação é a relação *contínua*; ela é tão *contínua* e tal que se conserva, que a passagem, antes, consiste unicamente no fato de que salientar puramente a relação e fazer desaparecer a determinação sem relação, isto é, que um quantum que é dado da relação ainda é quantum também quando está posto fora dessa relação. – Essa purificação da relação quantitativa é, nesse sentido, nada mais do que quando um *ser aí* empírico é *compreendido*. Dessa forma, isso é elevado acima de si mesmo, de modo que seu conceito contém as *mesmas determinações* do que ele mesmo, mas apreendido na sua essencialidade e *na unidade* do conceito, na qual elas perderam seu subsistir indiferente, sem conceito.

Igualmente interessante é a outra forma da apresentação newtoniana das grandezas em questão, a saber, como *grandezas gerativas* ou *princípios*. Uma grandeza *gerada* (*genita*) é um produto ou quociente, raízes, retângulos, quadrados, também lados de retângulos, de quadrados, – em geral, uma grandeza *finita*. – "Se se considera esta como variável, como ela é tal que aumenta e diminui no movimento e fluir progressivos, então ele entende seus *acréscimos* ou *decréscimos* momentâneos sob o nome de *momentos*. Mas esses não devem ser tomados como partículas de grandeza determinada (*particulae finitae*). Tais partículas não são, elas mesmas, *momentos*, mas grandezas *geradas* a partir dos momentos; antes, o que se teria que entender são os *princípios que* devêm ou os *inícios* de grandezas finitas". – O quantum é aqui diferenciado dele mesmo como é enquanto um produto ou um ente que é aí, e como é em seu *devir*, em seu *início* e *princípio*, quer dizer, como é em seu *conceito* ou, o que é aqui o mesmo, em sua determinação qualitativa; na última, as diferenças quantitativas, os acréscimos ou decréscimos infinitos, são somente momentos; apenas o que deveio [*das Gewordene*] é o que passou para a indiferença do ser aí e para a exterioridade, o quantum. – Entretanto, se essas determinações indicadas do infinito, referentes aos acréscimos ou decréscimos, precisam ser reconhecidas pela filosofia do verdadeiro conceito, então é preciso também observar desde logo que as próprias formas dos acréscimos etc., caem *dentro* da categoria do quantum imediato e da progressão contínua já mencionada; e, antes, é preciso considerar as representações do *acréscimo, crescimento*, aumento de x por um dx ou i etc. como o defeito fundamental presente nos métodos – como obstáculo permanente de puramente extrair da representação do quantum ordinário a determinação do momento qualitativo da quantidade.

Frente às determinações indicadas, fica muito atrás a *representação* de *grandezas infinitamente pequenas*, representação que também está inserida no próprio acréscimo e decréscimo. Conforme essa representação, as grandezas referidas devem ser de tal constituição que, não apenas possam ser *ignoradas* frente às grandezas finitas, mas também que ordens superiores, frente às inferiores ou também que os produtos de várias dessas grandezas possam ser *ignorados* frente a uma [grandeza] singular. – Em *Leibniz*, destaca-se de modo mais evidente a exigência desse *negligenciar* que os precedentes inventores de métodos relacionados com tais grandezas já tinham introduzido. É sobretudo ela que dá a esse cálculo, junto com um ganho de comodidade, a aparência de imprecisão e, mais expressivamente, de inexatidão no curso de sua operação. – Segundo sua maneira habitual de popularizar as Coisas, quer dizer, de contaminar o conceito e de pôr representações sensíveis inexatas em seu lugar, *Wolff* procurou torná-la inteligível, isto é, ele compara, de fato, o negligenciar as diferenças infinitas de ordens superiores com relação às inferiores com o procedimento de um geômetra, que, na medição da altura de uma montanha, não teria sido menos exato se o vento tivesse levado um grão de areia do cume; ou com o negligenciar a altura de casas, de torres no cálculo de eclipses lunares (*Elementa matheseos universae* [1713/15], Tom I.: Elementa analyseos mathematicae, P. II, C. I, s. Schol.).

Se a razoabilidade do comum entendimento humano permite uma tal inexatidão, então, pelo contrário, todos os geômetras rejeitaram essa representação. Impõe-se por si mesmo que, na Ciência da Matemática, não se trata de modo algum de uma tal exatidão empírica, que o medir matemático está totalmente diferenciado da agrimensura, do medir de linhas, figuras etc. empíricas pelas operações de cálculo ou pelas construções e provas da Geometria. Além disso, como foi indicado acima, os analíticos mostram, pela comparação do resultado, como, por via de rigoroso procedimento geométrico e como, conforme o método das diferenças infinitas, obtém-se que um é o mesmo que o outro, e que um [pouco] mais ou um [pouco] menos de exatidão não ocorre de modo algum. É evidente que um resultado absolutamente exato não poderia surgir de um procedimento que fosse inexato. Entretanto, por outro lado, *o próprio procedimento* daquele negligenciar, com base na insignificância, apesar do protestar contra a maneira de justificação indicada, não pode ser dispensado. E esta é a dificuldade em torno da qual giram os esforços dos analíticos de tornar compreensível e de afastar o contrassenso que está aqui.

Nesse aspecto, é preciso sobretudo referir à representação de *Euler*[36]. Na medida em que ele, tomando por fundamento a definição universal newtoniana, insiste no fato de que o cálculo diferencial consideraria as *relações dos acréscimos* de uma grandeza, porém, que a *diferença infinita* como tal precisaria ser considerada inteiramente como zero (*Institutiones calculi differentialis* [Berlim, 1755], P. I, C. III). – Como se pode entender isso está no que precede; a diferença infinita é zero apenas do quantum, não um zero qualitativo, mas, como zero do quantum, é, antes, o puro momento apenas da relação. Ela não é uma diferença *de a uma grandeza*; mas, por isso, é, por um lado, enviesado em geral, enunciar aqueles momentos, que se chamam grandezas infinitamente pequenas, também como acréscimos e decréscimos e como *diferenças*. No fundo dessa determinação está a ideia de que algo se *acrescentaria* à grandeza finita inicialmente presente ou dela seja subtraído, que ocorra uma subtração ou adição, uma operação *aritmética, externa*. Entretanto, é preciso considerar a passagem da função da grandeza variável para

---

36. Leonhard Euler, 1707-1783, matemático suíço [N.E.A.].

sua diferencial como sendo de natureza totalmente diversa, a saber, como foi analisado, que precisa ser considerado como uma redução da função finita à relação qualitativa de suas determinações quantitativas. – Por outro lado, fica evidente o aspecto enviesado quando se diz que os acréscimos seriam, por si, zero, que são considerados apenas suas relações; pois um zero não tem mais determinidade alguma. Portanto, essa representação, com efeito, chega até o negativo do quantum e o expressa determinadamente, mas, ao mesmo tempo, não apreende esse negativo em seu significado positivo de determinações qualitativas da quantidade, que, se elas quisessem ser tiradas da relação e tomadas como quanta, seriam apenas zeros. – Lagrange (*Théorie des fonctions analytiques* [Paris, 1797], Introd.) julga, a propósito da representação dos *limites* ou das *relações últimas*, que, ainda que se possa representar bem a relação de duas grandezas que permanecem finitas, tal relação não dá ao entendimento nenhum conceito distinto e determinado, assim que seus membros se tornam simultaneamente zero. – De fato, o entendimento precisa ir além desse lado meramente negativo, pelo qual os membros da relação são zeros como quanta, e precisa apreendê-los positivamente, como momentos qualitativos. – Não se pode aceitar como satisfatório o que, entretanto, *Euler* acrescenta ulteriormente (§ 84ss.), a respeito da determinação dada para mostrar que duas grandezas assim chamadas infinitamente pequenas que não seriam nada além de zero, têm, apesar disso, uma relação recíproca e, portanto, não seria empregado para elas o sinal do zero, mas outros sinais. Ele quer fundamentar isso através da diferença da relação aritmética e da geométrica; naquela, nós vemos a diferença, nessa, o quociente; embora a primeira seja igual entre dois zeros, esse não é o caso da relação geométrica; se $2 : 1 = 0 : 0$, então, por causa da natureza da proporção, uma vez que o primeiro membro é o dobro do segundo, também o terceiro precisaria ser o dobro do quarto; $0 : 0$ deve, conforme a proporção, ser tomado como a relação de $2 : 1$. –Também segundo a aritmética ordinária é $n : 0 = 0$; portanto, seria $n: 1 = 0 : 0$. – Só que, precisamente pelo fato de que $2 : 1$ ou $n : 1$ são relações de quanta, não lhes corresponde nem uma relação, nem uma notação de $0 : 0$.

Abstenho-me de aumentar as referências na medida em que as consideradas mostraram suficientemente que, nelas, reside certamente o conceito verdadeiro do infinito, mas que ele não tem sido ressaltado e apreendido na sua determinidade. Na medida em que, portanto, procede-se à própria operação, não pode acontecer que a determinação verdadeira do conceito se faça valer nela; a determinidade finita da quantidade, pelo contrário, retorna e a operação não pode prescindir da representação de um mero *relativamente pequeno*. O cálculo torna necessário submeter as assim chamadas grandezas infinitas às operações ordinárias aritméticas do adicionar etc., as quais se fundamentam na natureza das grandezas finitas e, com isso, torna necessário deixá-las valer por um instante como grandezas finitas e tratá-las como tais. O cálculo deveria justificar a si mesmo a respeito de que ele, por um lado, rebaixa-as para essa esfera e as trata como acréscimos ou diferenças e de que ele, por outro lado, as ignora como quanta, depois de ele recém ter aplicado a elas formas e leis das grandezas finitas.

Indico ainda o principal sobre as tentativas dos geômetras de evitar essas dificuldades.

Os analíticos mais antigos não tiveram menos escrúpulos sobre isso; mas os esforços dos modernos se direcionaram, sobretudo, a reconduzir o cálculo do infinito à evidência do *método propriamente geométrico* e a alcançar nele o *rigor das provas dos antigos* (expressões de Lagrange) na matemática. Todavia, visto que o princípio da análise do infinito é de natureza mais alta do que o princípio da matemática das grandezas finitas, então aquele método teve, desde logo, que abdicar, por si mesmo, daquela espécie de *evidência*, como também a filosofia não pode de modo algum reivindicar aquela distinção que as ciências do sensível têm, por exemplo, a história da natureza, – e como comer e beber vale por uma ocupação mais inteligível do que pensar e compreender. Trata-se, segundo isso, apenas de um esforço para alcançar o rigor das provas dos antigos.

Vários tentaram prescindir inteiramente do conceito do infinito e, sem ele, desempenhar aquilo o que parecia ligado com o uso do mesmo. – Lagrange fala, por exemplo, do método que *Landen*[37] inventou e diz que ele seria puramente analítico e não utilizaria

---

37. John Landen, 1719-1790, matemático inglês [N.E.A.].

as diferenças infinitamente pequenas, mas introduziria primeiramente *valores diversos* das grandezas variáveis e as *igualaria* na sequência. Ele, de resto, julga que nisso perder-se-iam as vantagens próprias do cálculo diferencial, a simplicidade do método e a facilidades das operações. – Isso é decerto um procedimento que tem algo correspondente àquilo do qual o método da tangente de *Descartes* parte, que tem de ser mencionado de modo mais preciso em seguida. Como pode ser aqui observado, fica logo universalmente claro que o procedimento em geral, de assumir valores diversos das grandezas variáveis e de, depois, igualá-las, pertence a um círculo do tratamento matemático diferente do método do próprio cálculo diferencial e não é ressaltada a peculiaridade da relação simples, a ser discutida mais precisamente em seguida, à qual se reconduz a efetiva determinação concreta do mesmo, a saber, [a relação] da função deduzida com a originária.

Os mais antigos entre os modernos, como, por exemplo, *Fermat*[38], *Barrow*[39] e outros, que primeiramente se serviram do infinitamente pequeno naquela aplicação, a qual mais tarde se formou até se tornar cálculo diferencial e integral, e, então, também *Leibniz* e os seguintes, também *Euler*, acreditaram sempre declaradamente estar autorizados a deixar de lado os produtos das diferenças infinitas assim como suas potências superiores, somente pela razão de que elas *desaparecem relativamente* frente à ordem inferior. Unicamente nisso se baseia, para eles, a *proposição fundamental*, a saber, a determinação daquilo o que seria o diferencial de um produto ou de uma potência, *pois a isso se reduz toda a doutrina teórica*. O resto é, em parte, mecanismo do desenvolvimento, mas, em parte, aplicação na qual, contudo, o que precisa ser considerado em seguida, de fato, também cai o interesse superior ou, antes, o único. – Com referência ao presente, aqui deve ser indicado o elementar: que, pela mesma razão da *insignificância*, é assumido como a proposição fundamental concernente às curvas, que os elementos das curvas, a saber, os *acréscimos* das abscissas e das ordenadas, têm a *relação da subtangente* e da *ordenada* de modo recíproco; para o intuito de

---

38. Pierre de Fermat, 1601-1665, matemático francês [N.E.A.].
39. Isaac Barrow, 1630-1677, teólogo e matemático inglês [N.E.A.].

receber triângulos semelhantes, o arco, que constitui o terceiro lado de um triângulo com relação a ambos os acréscimos do triângulo antigamente com razão assim chamado de *característico*, é considerado como uma linha reta, como parte da tangente e, com isso, um dos acréscimos é considerado como tal que alcança até a tangente. Essas assunções elevam aquelas determinações, por um lado, sobre a natureza de grandezas finitas; mas, por outro lado, aplica-se um procedimento, aos momentos agora denominados infinitos, que vale apenas das grandezas finitas e no qual nada pode ser ignorado em relação à insignificância. A dificuldade, pela qual o método é pressionado, permanece em tal modo de procedimento em sua força inteira.

Aqui precisa ser indicado um procedimento notável de *Newton* (*Philosophiae naturalis principia mathematica*, Lib. II, Lemma II, nach Propos. VII), – a invenção de um artifício espirituoso, a fim de eliminar o deixar de lado aritmeticamente inexato dos produtos de diferenças infinitas ou de ordens superiores das mesmas no encontrar dos diferenciais. Ele encontra o diferencial do produto – do qual derivam facilmente, então, os diferenciais dos quocientes, das potências etc. – da seguinte maneira. O produto, se se toma x, y, cada um reduzido da *metade* de sua diferença infinita, passa para $xy - \frac{xdy}{2} - \frac{ydx}{2} + \frac{dxdy}{4}$ mas se se deixa aumentar x e y do mesmo valor, o produto passa para $xy + \frac{xdy}{2} + \frac{ydx}{2} + \frac{dxdy}{4}$. Se se subtrai agora, desse segundo produto, o primeiro, permanece ydx + xdy como excedente e isso seria o *excedente do crescimento de um todo dx e dy*, pois ambos produtos estão diferenciados por esse crescimento; isso é, portanto, o diferencial de xy. – Vê-se que, neste procedimento, desaparece por si mesmo o membro que constitui a dificuldade principal, o produto de ambas as diferenças infinitas, dxdy. Mas, apesar do nome de *Newton*, é preciso poder dizer que tal operação, embora muito elementar, é inexata; é inexato que
$\left(x + \frac{dx}{2}\right)\left(y + \frac{dy}{2}\right) - \left(x - \frac{dx}{2}\right)\left(y - \frac{dy}{2}\right) = (x + dx)(y + dy) - xy$.

Pode ser só a necessidade de fundamentar o cálculo das fluxões, na sua importância, o que pôde levar um Newton a se iludir a respeito de tal provar.

Outras formas, que Newton usa na dedução do diferencial, são ligadas aos significados concretos, que se relacionam com o movimento dos elementos e de suas potências. – No uso da *forma da série*, que distingue de outro modo seu método, é tentador demais dizer que se tem em seu poder tomar a grandeza *tão exata*, pelo acrescentar de membros ulteriores, *quanto for necessário*, e que os que foram deixados de lado seriam *relativamente insignificantes* [e] em geral, o resultado seria apenas uma *aproximação*; é tentador demais para que ele, também aqui, não tivesse se contentado com essa razão, como ele, no seu método da resolução das equações de graus superiores por aproximação, deixa de lado as potências superiores que surgem na equação dada, pela substituição de cada valor encontrado, ainda impreciso, ele deixa de lado por causa da razão grosseira de serem pequenas; cf. Lagrange, *Équations numériques* [1798], p. 125.

O *erro*, no qual Newton caiu na resolução de um problema através do deixar de lado de potências superiores essenciais, erro que deu a seus adversários a ocasião de um triunfo de seu método sobre o dele e do qual Langrange mostrou a verdadeira origem na sua recente investigação do mesmo (*Théorie des fonctions analytiques*, 3me P., Ch. IV), prova o *formal* e a *insegurança* que ainda estava presente no uso daquele instrumento. Lagrange mostra que Newton caiu no erro porque ele ignorava o membro da série que continha a potência da qual ele dependia na tarefa determinada. Newton se ateve àquele princípio formal superficial de deixar de lado membros porque eles eram relativamente pequenos. – De fato, é bem conhecido que, na *mecânica*, aos membros da série, na qual é desenvolvida a função de um movimento, é dado um *significado determinado*, de modo que o primeiro membro ou a primeira função se relaciona com o momento da velocidade, o segundo, com a força aceleradora, e a terceira, com a resistência de forças. Os membros da série precisam aqui ser vistos não apenas como *partes* de uma soma, mas como *momentos qualitativos de um todo do conceito*. Com isso, o *deixar de lado* dos membros restantes, que pertencem à má série infinita, adquire um *significado* completamente *diverso* do deixar de lado em virtude de o relativo ser pequeno dos membros. A resolução newtoniana continha aquele erro, *não* porque nela membros da série seriam considerados apenas como partes de uma soma, mas porque o *membro, que contém a determinação qualitativa*, da qual dependia, não foi levado em consideração[40].

Neste exemplo, o *sentido* qualitativo é aquilo de que o procedimento se tornou dependente. Em conexão com isso, pode ser desde já estabelecida a afirmação geral de que toda a dificuldade do princípio seria eliminada se – em vez do formalismo de colocar a determinação do *diferencial* apenas na tarefa, que lhe dá o *nome*, a *diferença* em geral de uma função da sua *variação* [*Veränderung*], depois que suas grandezas variáveis [*veränderlich*] obtêm um *crescimento* – estivesse indicado o significado *qualitativo* do princípio e a operação tivesse se tornado dependente disso. Nesse sentido, mostra-se o diferencial de x^n pelo primeiro membro da série, a qual surge do desenvolvimento de $(x + dx)^n$ e nisso se esgota totalmente. Que os

---

[40]. Na aplicação da teoria das funções à mecânica, no capítulo do movimento retilíneo, encontram-se justapostos, em Lagrange (*Théorie des fonctions*, 3me P., Ch. I, art. 4), de maneira simples, ambos os aspectos. O espaço percorrido, considerado como função do tempo decorrido, dá a equação $x = ft$; esta, desenvolvida como $f(t + \theta)$, dá

$$ft + \theta f't + \frac{\theta^2}{2} f''t + etc.$$

Portanto, o espaço percorrido durante o tempo se apresenta na fórmula:

$$= \theta f't + \frac{\theta^2}{2} f''t + \frac{\theta^3}{2.3} f'''t + etc.$$

O movimento, mediante o qual esse espaço é percorrido, está *composto*, portanto, como se diz – isto é, porque o desenvolvimento analítico dá vários e, com efeito, infinitamente muitos membros –, dos movimentos diversos, parciais, cujos espaços correspondentes ao tempo serão

$$\theta f't, \frac{\theta^2}{2} f''t, \frac{\theta^3}{2.3} f'''t \ etc.$$

O primeiro movimento parcial é, em um movimento conhecido, o formal-uniforme com uma velocidade determinada pelo $f't$, o segundo, o uniformemente acelerado, que provém de uma força aceleradora proporcionada ao $f''t$. "Ora, visto que os demais membros *não se relacionam com nenhum movimento simples conhecido, então não é necessário levá-los especialmente em consideração*, e nós mostraremos que se pode *abstrair deles* na determinação do movimento no início do ponto temporal." Isso é agora mostrado, mas, decerto, apenas pela *comparação* daquela série, cujos membros *todos* pertencerem à determinação da *grandeza* do espaço percorrido no tempo, com a equação indicada no art. 3 para o movimento da queda $x = at + bt^2$, como aquela na qual ocorrem apenas esses dois membros. Mas esta equação mesma obteve apenas essa figura pela pressuposição da *explicação* que é *dada* aos termos que surgem *pelo desenvolvimento analítico*; essa pressuposição é que o movimento uniformemente acelerado seria *composto* de um movimento formal-uniforme, progredido com a velocidade alcançada nas partes temporais precedentes e com um crescimento (com o a em $s = a\,t^2$, isto é, com o coeficiente empírico), o qual é atribuído à força da gravidade, – de uma diferença que não tem de modo algum qualquer existência ou fundamento na natureza da Coisa, mas é apenas a expressão, que se tornou falsamente física, daquilo que surge de um tratamento analítico assumido [N.H.].

membros restantes não são levados em consideração, não provém, dessa maneira, da sua relativa pequeneza; – não é pressuposta, nesse caso, uma imprecisão, uma falha ou erro que seria *equilibrado* ou *melhorado* através de um outro erro; uma visão a partir da qual, sobretudo *Carnot*, justifica o método habitual do cálculo infinitesimal. Na medida em que *não* se trata de uma *soma*, mas de uma *relação*, o diferencial é encontrado completamente *através do primeiro membro*; e onde há necessidade de membros ulteriores, de diferenciais de ordens superiores, na determinação deles não está a prossecução de uma série enquanto *soma*, mas a *repetição* de uma e da mesma *relação*, a qual é a única que se quer e a qual, com isso, já é *perfeita* no *primeiro membro*. A necessidade [*Bedürfnis*] da *forma* de uma *série* do somar da mesma e aquilo que a isso se conecta precisa ser completamente separado daquele *interesse da relação*.

As elucidações que Carnot dá sobre o método das grandezas infinitas contêm exposto de modo mais puro e mais claro o que ocorreu nas representações indicadas acima. Mas, na passagem para a própria operação, entram em cena mais ou menos as representações habituais da pequeneza infinita dos membros deixados de lado frente aos outros. Ele justifica o método muito mais pelo fato de que os *resultados* se tornam exatos e pela *utilidade* que a introdução de equações *imperfeitas*, como ele as denomina, quer dizer, nas quais ocorreu um deixar de lado aritmeticamente inexato, teria para a simplificação e abreviação do cálculo do que pela natureza da própria Coisa.

Como se sabe, *Lagrange* assumiu de novo o método originário de Newton, o método das séries, para se poupar das dificuldades que a representação do infinitamente pequeno, assim como daquelas que o método das primeiras e das últimas relações e limites leva consigo. Do seu cálculo de funções, cujos méritos restantes a respeito da precisão, abstração e universalidade estão suficientemente reconhecidos, cabe aqui indicar apenas que ele se baseia na proposição fundamental de que a diferença, sem que ela se torne zero, *poderia ser assumida como tão pequena que cada membro da série excederia em grandeza a soma de todos os [membros] seguintes*. – Começa-se, também neste método, das categorias do *crescimento* e da *diferença* da função, cuja grandeza variável obteria o *crescimento*, de onde vem a série incômoda, a partir da função originária, assim como, no andamento, os membros que precisam ser deixados de lado da série vêm a ser considerados apenas no aspecto sob o qual eles constituem uma *soma* e a razão para deixá-los de lado é posta no relativo de seu *quantum*. Para o universal, o deixar de lado aqui também não está reconduzido ao ponto de vista que, em parte, ocorre em algumas aplicações, em que, como foi acima lembrado, os membros da série devem ter um determinado *significado qualitativo* e membros são deixados de fora, não porque eles são insignificantes com respeito à grandeza, mas porque eles são insignificantes com respeito à qualidade; mas, em parte, desaparece então o próprio deixar de lado no ponto de vista essencial, o qual se destaca de modo determinado para o assim chamado coeficiente diferencial apenas na assim chamada *aplicação* do cálculo em Lagrange, o que será discutido mais detalhadamente na seguinte observação.

O *caráter qualitativo em geral*, que aqui, na forma das grandezas tratadas, foi provado naquilo que nela é denominado o infinitamente pequeno, encontra-se do modo mais imediato na categoria do *limite da relação* o qual foi indicado acima e cuja execução no cálculo recebeu o selo de um método peculiar. O que Lagrange julga desse método, que ele prescindiria da facilidade na aplicação e que a expressão *limite* não apresentaria ideia determinada alguma, disso queremos aqui retomar o segundo e considerar mais de perto o que é estabelecido sobre seu significado analítico. Na representação do limite está, com efeito, a categoria verdadeira indicada da determinação de relação *qualitativa* das grandezas variáveis; pois as formas que delas ocorrem, *dx* e *dy*, devem ser tomadas pura e simplesmente apenas como momentos de $\frac{dy}{dx}$, e o próprio $\frac{dy}{dx}$ deve ser visto como um único signo indivisível. Que, com isso, para o mecanismo do cálculo, especialmente na sua aplicação, perde-se a vantagem que ele tira do fato de que os lados do coeficiente diferencial são separados um do outro, [isso] deve ser aqui posto de lado. Aquele limite deve ser agora *limite* de uma função dada; – ele deve indicar um certo valor em relação à função, valor que se determina através da derivação. Mas, com a mera categoria do limite, não estaríamos mais longe do que com aquilo do qual se tratou nessa observação, a saber, mostrar que o infinitamente pequeno que ocorre no cálculo diferencial como *dy* e *dx* não teria o sentido meramente negativo, vazio de uma grandeza não finita, não dada – como quando se diz: uma quantia infinita, levada ao infinito e algo desse tipo –, mas teria o sentido determinado da determinidade qualitativa do quantitativo, de um momento da relação enquanto tal. Assim, essa categoria ainda não tem, contudo, relação alguma com aquilo que é uma função dada, e não interfere por si no tratamento de uma tal [função] e em um uso daquela determinação que, nela, precisaria ser feito; assim, a representação do limite, retida nessa determinidade provada dela, não leva a nada. Mas a expressão *limite* já contém, ela mesma, que ele é limite *de algo*, quer dizer, expressa um certo valor que está na função das grandezas variáveis; e é preciso ver como esse concreto comportar-se com ela está constituído. – Ele deve ser o limite da *relação*, a qual os dois *acréscimos* têm um para com um outro, acréscimos de acordo com os quais as duas grandezas variáveis, que estão ligadas em uma equação, das quais uma é vista como a função da outra, têm sido assumidas como *crescentes*; o crescimento aqui é tomado em geral de modo indeterminado e, nesse aspecto, não se faz uso algum do infinitamente pequeno. Mas, inicialmente, o caminho para encontrar esse limite provoca as mesmas inconsequências que estão nos demais métodos. Esse caminho é, de fato, o seguinte. Se $y = fx$, fx deve, se y passa para $y + k$, alterar-se para $fx + ph + qh^2 + rh^3$ etc., com isso, k = $ph + qh^2$ etc. e $\frac{k}{h}$ = p+ qh +rh^2 etc. Se agora k e h desaparecem, então desaparece o segundo membro exceto p, o qual agora seria o limite da relação de ambos os crescimentos. Vê-se que h é posto como quantum = 0, mas que por isso $\frac{k}{h}$ não deve ser, ao mesmo tempo, = $\frac{0}{0}$, mas ainda deve permanecer uma relação. A representação do *limite* deve agora garantir a vantagem de rejeitar a inconsequência que está nisso; p não deve ser a relação efetiva, que = $\frac{0}{0}$ seria, mas deve ser apenas o valor determinado ao qual a relação poderia *se aproximar infinitamente*, isto é, de modo que a *diferença* poderia tornar-se *menor do que cada diferença dada*. O sentido mais determinado da *aproximação*, a respeito do que deve propriamente aproximar-se de modo recíproco, será considerado mais abaixo. – Mas é por si claro que uma diferença quantitativa que tem a determinação de não apenas *poder* ser menor do que cada diferença dada, mas também de *dever sê-lo*, não é mais diferença quantitativa alguma; é tão evidente como pode ser evidente qualquer coisa na matemática; mas, com isso, não se foi além de $\frac{dy}{dx} = \frac{0}{0}$. Se, pelo contrário, assume-se $\frac{dy}{dx}$ = p, isto é, como uma relação determinada quantitativa, assim como isso, de fato, é o caso, então, inversamente, a pressuposição que pôs *h* = *0* cai em dificuldade, uma pressuposição através da qual unicamente se encontra $\frac{k}{h}$ = *p*. Mas, se se admite que $\frac{k}{h}$ = *0* – e, com *h* = *0* também vem a ser, de fato, por si mesmo, *k* = *0*, pois o crescimento de *k* a *y* acontece apenas sob a condição de que o crescimento é *h* –, então seria preciso perguntar o que, pois, *p*, que é um valor quantitativo inteiramente determinado, deve ser. A isso se dá, desde já, a própria resposta simples, seca, de que ele é um coeficiente e de que derivação ele surge, a primeira função derivada, determinada de certo modo, de uma função originária. Se se contenta com isso, assim como, pois, de fato, com isso *Lagrange* se contentou *conforme a Coisa*, então seria a parte universal da ciência do cálculo diferencial e, imediatamente, essa sua própria forma que se chama a *teoria dos limites*, libertada dos crescimentos, então, de sua pequeneza infinita ou arbitrária, da dificuldade de retirar de novo os membros ulteriores de uma série, como aqueles que se apresentam fatalmente pela introdução daqueles crescimentos, exceto o primeiro membro ou, antes, apenas o coeficiente do primeiro membro; mas, além disso, ela seria purificada também do ulterior que, com isso, conecta-se, sobretudo, das categorias formais, do infinito, da aproximação infinita e das categorias ulteriores aqui igualmente vazias de grandeza contínua[41] e quaisquer que se considere, de outra maneira, necessárias, como *esforço, devir, ocasião de uma alteração*. Mas,

---

41. A categoria da *grandeza contínua* ou *fluente* aparece com a consideração da alteração *externa* e *empírica* das grandezas que são trazidas através de uma equação para a relação de que uma é uma função da outra; mas, visto que o objeto científico do cálculo diferencial é uma certa relação (expressa habitualmente pelo coeficiente diferencial), cuja determinidade igualmente pode ser denominada *lei*, a mera continuidade é, para essa determinidade específica, em parte, já um lado estranho, mas, em parte, em todo caso, é a categoria abstrata e aqui vazia, visto que, com isso, sobre a lei da continuidade não se expressa nada. – Em quais definições formais se pode cair completamente nesse caso, pode ser visto a partir da aguçada apresentação geral, feita por meu venerado colega Sr. *Prof. Dirksen* [Enno Heeren Dirksen, 1792-1850, professor de Matemática em Berlim – N.E.A.], das determinações fundamentais que são usadas para a dedução do cálculo diferencial, apresentação que se liga à crítica de algumas obras mais recentes sobre essa ciência e que se encontra nos *Jahrbüchern für wissenschaftliche Kritik*, 1827, n. 153s.; é indicada lá, na p. 1.291, até mesmo a definição: "Uma grandeza *contínua* [*stetig oder kontinuerlich*], o *continuum*, é cada grandeza que se pensa no estado do devir, *de modo que* esse devir não ocorre por *saltos*, mas através de *progressão ininterrupta*". Isso é, pois, tautologicamente o mesmo o que o *definitum* é [N.H.].

então, seria exigido mostrar que espécie de *significado* e *valor*, pois, p ainda teria, isto é, qual *conexão* e *uso* teria para uma necessidade [*Bedürfnis*] matemática ulterior, com exceção da determinação seca inteiramente satisfatória para a teoria, segundo a qual ele não é nada mais do que uma função derivada do desenvolvimento do binômio; disso deve tratar a *segunda observação*. Mas aqui se segue ainda inicialmente a discussão da confusão que foi trazida pelo uso indicado, tão corrente nas apresentações, da representação da *aproximação* para o apreender da determinidade própria, qualitativa, da relação, da qual se tratou inicialmente.

Foi mostrado que as assim chamadas diferenças infinitas expressam o desaparecer dos lados da relação como *quanta* e que aquilo o que resta é sua relação da quantidade, puramente na medida em que está determinada de modo qualitativo; nisso, a relação qualitativa se perde tão pouco que ela é, antes, aquela que resulta justamente através da transformação de grandezas finitas em infinitas. Nisso consiste, como foi visto, toda a natureza da coisa. – Assim, na *última relação* desaparecem, por exemplo, os quanta da abscissa e da ordenada; mas os lados dessa relação permanecem essencialmente, um, o elemento da ordenada, o outro, o elemento da abscissa. Na medida em que se usa o modo de representação, no qual se deixa uma ordenada se *aproximar infinitamente* da outra, a ordenada anteriormente diferenciada passa para a outra ordenada e a abscissa anteriormente diferenciada, para a outra abscissa; mas, essencialmente, a ordenada não passa para a abscissa ou a abscissa, para a ordenada. O elemento da ordenada, para ficar nesse exemplo das grandezas variáveis, não pode ser tomado como a *diferença de uma ordenada em relação a uma outra ordenada*, mas, antes, como a diferença ou a determinação *qualitativa* da grandeza frente ao *elemento da abscissa; o princípio de uma grandeza variável frente ao da outra* está reciprocamente em relação. A diferença, na medida em que ela não é mais diferença das grandezas finitas, cessou de ser um múltiplo [*ein Vielfaches*] dentro de si mesma; ela sucumbiu na intensidade simples, na determinidade de um momento qualitativo da relação frente ao outro.

Essa constituição da Coisa, porém, é obscurecida com o fato de que aquilo que justamente foi denominado elemento, por exemplo, da ordenada, é apreendido como *diferença* ou *acréscimo*, de modo que ele seja apenas a diferença entre o quantum de uma ordenada e o quantum de uma outra ordenada. Aqui, o *limite* não tem, com isso, o sentido da relação; ele vale somente como o valor último, ao qual uma outra grandeza de igual espécie se aproximaria constantemente, de modo que o limite poderia ser tão pouco diferenciado do valor quanto se queira e que a *relação* última seja uma relação da *igualdade*. Assim, a diferença infinita é o pairar de uma diferença de um quantum com relação a um outro quantum, e a natureza qualitativa, segundo a qual dx não é essencialmente uma determinação da relação frente a x, mas frente a dy, retrocede na representação. Deixa-se desaparecer dx^2 frente a dx, mas, ainda mais, desaparece dx frente a x, porém isso significa verdadeiramente: ele *tem somente uma relação com dy*. – Em tais apresentações, os geômetras se preocupam sempre, sobretudo, de tornar *compreensível* a *aproximação* de uma grandeza a seu limite e de se ater a esse lado da diferença do quantum com relação ao quantum, como ela não é diferença alguma e, todavia, ainda é na diferença. Mas a aproximação é, de todo modo, uma categoria que, por si, não diz nada e não torna nada compreensível; dx já deixou para trás a aproximação, não é nem próximo nem algo mais próximo; e infinitamente próximo significa até mesmo a negação do ser próximo e do aproximar.

Na medida em que ocorreu agora, com isso, que os acréscimos ou as diferenças infinitas foram considerados apenas conforme o lado do quantum que desaparece neles, e apenas como limites do mesmo, eles assim estão apreendidos como momentos *sem relação*. Seguir-se-ia disso a representação inadmissível de que seria permitido igualar, na última relação, um com o outro, por exemplo, a abscissa e a ordenada – ou também seno, cosseno, tangente, seno verso e tudo mais. – Essa representação parece inicialmente prevalecer quando um arco é tratado como uma tangente; pois também o *arco* é decerto *incomensurável* com a *linha reta* e seu elemento inicialmente é de outra *qualidade* do que o elemento da linha reta. Parece ainda mais contrassensual e inadmissível do que a confusão da abscissa, ordenada, do seno verso, cosseno etc., se *quadrata rotundis*, se uma parte, embora infinitamente pequena, do arco é tomada como uma porção da tangente e, com isso, é tratada como linha reta. – Só que esse tratamento precisa ser diferenciado essencialmente daquela confusão; ele tem a sua justificação no fato de que, no triângulo que tem o elemento de um arco e os elementos da sua abscissa e da ordenada por seus lados, a *relação é o mesmo*, como se aquele elemento do arco fosse o elemento de uma linha reta, da tangente; os *ângulos* que constituem a *relação essencial*, isto é, aquilo que permanece para esses elementos, na medida em que se abstrai das grandezas finitas que pertencem a eles, são os mesmos [ângulos]. – Pode-se expressar a este respeito também que linhas retas, como infinitamente pequenas, passariam para linhas curvas e que a relação delas em sua infinitude seria uma relação de curvas. Pois, conforme sua definição, a linha reta é o caminho *mais curto* entre dois pontos, então sua diferença da linha curva se fundamenta na determinação da quantia, na quantia *menor* do diferenciável nesse caminho, o que é, portanto, uma determinação do *quantum*. Mas essa determinação desaparece nela – tomando-a como grandeza intensiva, como momento infinito, como elemento –, com isso, também sua diferença da linha curva, diferença que se baseava meramente na diferença do quantum. – Por conseguinte, como infinitos, linha reta e arco eles não retêm nenhuma relação quantitativa e, com isso, com base na definição assumida, não retêm também mais nenhuma diversidade qualitativa recíproca, mas aquela passa para essa.

Similar, contudo, ao mesmo tempo, diverso da equiparação de determinações heterogêneas é a assunção por si indeterminada e plenamente indiferente de que partes infinitamente pequenas do mesmo todo seriam *iguais* uma à outra; entretanto, aplicada [a] um objeto em si heterogêneo, isto é, afetado por uma deformidade essencial da determinação da grandeza, ela faz surgir a inversão peculiar que está contida na proposição da mecânica superior, que em tempos *iguais* e, decerto, infinitamente pequenos, partes infinitamente pequenas de uma curva são percorridas em um *movimento uniforme*, na medida em que isso é afirmado de um movimento no qual, em partes de tempo iguais, *finitas*, isto é, existentes, são percorridas partes existentes *desiguais* da curva, isto é, isso é afirmado de um movimento que, enquanto existente, não é uniforme e é assim assumido. Essa proposição é a expressão em palavras daquilo o que um membro analítico, que surge também no desenvolvimento indicado acima – na fórmula do movimento não uniforme, de resto, conforme uma lei, deve significar. Matemáticos mais antigos procuravam expressar, em palavras e proposições, resultados do cálculo infinitesimal recentemente inventado, que tem a ver, de toda a maneira, sempre com objetos concretos, e apresentá-los em construções geométricas, a fim de usá-los essencialmente para os teoremas segundo a maneira habitual de provar. Os membros de uma fórmula matemática, na qual o tratamento analítico decompunha a *grandeza* do objeto, por exemplo, do movimento, recebiam lá um significado *objetivo*, por exemplo, da velocidade, da força aceleradora etc.; conforme tal significado, eles deveriam dar proposições exatas, leis físicas e, conforme a ligação analítica, deveriam estar determinados também seus elos e relações, como por exemplo, justamente que, em um movimento uniformemente acelerado, existiria uma velocidade particular proporcional aos tempos, mas, além disso, acrescenta-se sempre um crescimento a partir da força da gravidade. Na figura da mecânica moderna, analítica, tais proposições são expostas integralmente como resultados do cálculo, sem se preocupar se elas teriam, por si e nelas mesmas, um sentido *real*, isto é, um sentido ao qual corresponderia uma existência, e sem se preocupar com uma prova desse sentido real; a dificuldade de tornar compreensível a conexão de tais determinações, se elas são tomadas no sentido real enunciado, por exemplo, a passagem daquela má velocidade uniforme para uma velocidade uniformemente acelerada, é considerada como totalmente eliminada através do tratamento analítico, como aquele no qual tal conexão é uma consequência simples da autoridade doravante firme das operações do cálculo. Pretende-se que seja um triunfo da ciência encontrar, para *além da experiência*, pelo mero cálculo, leis, isto é, proposições da existência que não têm existência alguma. Mas na primeira época ainda ingênua do cálculo infinitesimal, devia ser indicado e tornado plausível um sentido real por si daquelas determinações e proposições representadas em construções geométricas, e elas deviam ser aplicadas em tal sentido para a prova das proposições fundamentais das quais se tratava (cf. a prova *newtoniana* da sua proposição fundamental da teoria da gravitação no *Philosophiae naturalis principia mathematica*, lib. I, Sect. II, Prop. I. comparado com [Fr. Th.] a obra de Schubert [*Theoretischer*] *Astronomie*, primeira edição [Leipzig, 1798], Bd. III, § 20, onde é concedido que não é *exatamente* assim, isto é, que as coisas não se comportam assim, como Newton assume, no ponto que é o nervo da prova).

Não se pode negar que, nesse campo, admitiu-se muito como prova, principalmente sob o auxílio da neblina do infinitamente pequeno, por nenhuma outra razão senão que o que resultava, desde sempre era bem conhecido de antemão e que a prova, que foi arranjada de modo que ele resultasse dela, pelo menos produzia *a aparência de uma estrutura de prova* – uma aparência que ainda sempre se preferia à mera fé ou ao saber a partir da experiência. Mas eu não tenho nenhuma ressalva em considerar essa maneira como nada mais que uma prestidigitação e charlatanismo do provar e em incluir nisso as próprias provas newtonianas, em especial, aquelas que pertencem ao que foi exposto acima, pelas quais se elevou Newton até o céu e acima de *Kepler* por ter apresentado de modo matemático aquilo que Kepler encontrou *meramente por meio da experiência*.

A estrutura vazia de tais provas foi erguida para provar leis físicas. Mas a matemática não é de forma alguma capaz de provar determinações de grandeza da física, na medida em que elas são leis que têm, por fundamento, a *natureza qualitativa* dos momentos; pela simples razão de que essa ciência não é filosofia, *não* parte *do conceito* e o qualitativo, portanto, na medida em que não é assumido da experiência de modo lemático, está fora da esfera dessa ciência. A afirmação da *honra* da matemática, de que todas as proposições que ocorrem nela devem ser *rigorosamente provadas*, fazia com que ela esquecesse frequentemente seu limite; assim, parecia contra sua honra reconhecer, para *proposições da experiência*, simplesmente a *experiência* como fonte e como única prova; mais tarde, a consciência se tornou mais culta a este respeito; mas, até que não esteja clara para ela a diferença entre o que é provável matematicamente e o que pode ser tomado apenas de outra maneira, assim como o que são apenas membros do desenvolvimento analítico e o que são existências físicas, a cientificidade não pode se formar até ser atitude rigorosa e pura. – Mas àquela estrutura do provar newtoniano ainda ocorrerá, sem dúvida, o mesmo direito que ocorreu a um outro edifício artificial newtoniano sem fundamento construído a partir de *experimentos ópticos* e do *inferir* ligado a isso. A matemática aplicada é ainda cheia de igual mistura de experiência e reflexão; mas como daquela óptica já se começou há bastante tempo a ignorar *de fato* na ciência uma parte depois da outra, com a inconsequência, porém, de deixar valer o restante, embora contraditório, – então é também *fato* que já uma parte daquelas provas enganosas caiu, por si mesma, no esquecimento ou foi substituída por outras.

Observação 2 [A finalidade do cálculo diferencial deduzida a partir de sua aplicação]

Na observação anterior, foi considerado, em parte, a determinação conceitual do *infinitamente pequeno* que é utilizado no cálculo diferencial e, em parte, a base de sua introdução no mesmo [cálculo]; ambas são determinações abstratas e, por causa disso, em si fáceis; mas a assim chamada *aplicação* apresenta tanto dificuldades maiores como também o lado mais interessante; os elementos desse lado *concreto* devem ser o objeto desta observação. – Todo o método do cálculo diferencial está resolvido na proposição: $dx^n = nx^{n-1} dx$, ou $\frac{f(x+i)-fx}{i} = P$, isto é, igual ao *coeficiente* do primeiro membro do binômio $x + d$, $x + i$, desenvolvido de acordo com as potências de dx ou de i. Não é preciso aprender ulteriormente nada; a dedução das próximas formas, do diferencial de um produto, de uma grandeza exponencial etc. surge disso mecanicamente, em pouco tempo, talvez numa meia hora – com o encontrar dos diferenciais está dado igualmente o inverso, o encontrar da função originária a partir daqueles, a integração – é possível apropriar-se da teoria inteira. O que unicamente faz parar é o esforço de ver, tornar compreensível que, depois que uma *circunstância* da tarefa, *o encontrar aquele coeficiente* de maneira analítica, isto é, inteiramente aritmética, através do desenvolvimento da função das grandezas variáveis depois de essas obterem, através de um crescimento, a forma de um binômio, foi efetivada tão facilmente, também a *outra circunstância* da tarefa, a saber, o deixar de lado os membros restantes da série que surge além da primeira, tenha sua exatidão. Se fosse esse o caso, que se necessitasse unicamente daquele coeficiente, então, com a determinação do mesmo, tudo o que concerne à teoria estaria, como foi dito, resolvido em menos de uma meia hora, e o deixar de lado dos membros ulteriores da série constituiria tampouco uma dificuldade que, antes, não se falaria deles enquanto membros da série (como [membros da] segunda, terceira etc. função, sua determinação já está igualmente resolvida com a determinação do primeiro [membro]), uma vez que não se trata de modo algum deles.

Pode-se antecipar a observação de que decerto se vê desde já, a respeito do método do cálculo diferencial, que ele não foi inventado e exposto por si mesmo; ele não somente não está fundamentado por si como uma outra maneira do procedimento analítico, mas também a violência de deixar de lado membros que surgem do desenvolvimento de uma função, na medida em que, porém, assume-se que o *todo* desse desenvolvimento pertence *completamente* à *Coisa* – porque a Coisa é vista como a *diferença* da função desenvolvida de uma grandeza variável (depois que a essa foi dada a figura de um binômio) com relação à [função] originária – contradiz completamente todos os princípios matemáticos. A necessidade de tal modo de proceder, como necessidade da legitimação que lhe falta nela mesma, aponta desde já para o fato de que sua origem e base precisaria encontrar-se em outro lugar. Acontece, de resto, também nas ciências que aquilo que está posto como o elementar desde o início e a partir do qual as proposições da ciência devem ser derivadas não é evidente e se mostra, antes, como tendo sua ocasião e sua fundamentação no que decorre dele. O desenrolar do cálculo diferencial na história mostra que a Coisa teve o seu início quase artificialmente, sobretudo nos diversos assim chamados métodos das tangentes; o tipo de procedimento, depois que foi estendido a objetos ulteriores, foi levado, mais tarde, à consciência e em fórmulas abstratas, as quais se tentou, então, elevar também a *princípios*.

Como a determinidade conceitual do assim chamado *infinitamente pequeno* é a determinidade *qualitativa* da quantidade de tais que, inicialmente, foram mostrados como quanta que estão postos em relação um com o outro, ao que se ligava a investigação empírica de comprovar aquela determinidade do conceito nas descrições ou definições que se encontram do infinitamente pequeno, na medida em que ele está tomado como diferença infinita e coisas do tipo. – Isso ocorreu apenas no interesse da determinidade abstrata como tal do conceito; a pergunta ulterior seria sobre como a passagem para a configuração e para a aplicação matemáticas seria constituída por ela. Com relação ao fim, é preciso, ainda mais, empreender primeiro o teórico, a determinidade do conceito a qual se mostrará nela mesma não totalmente infrutífera; em seguida, é preciso considerar a relação da mesma com a aplicação e comprovar em ambos os casos, à medida que aqui seja oportuno, que as conclusões gerais são, ao mesmo tempo, adequadas àquilo de que se trata no cálculo diferencial e à maneira como ele efetua isso.

Inicialmente, é preciso lembrar-se de que a forma que a determinidade do conceito da qual se fala tem no matemático já está indicada de passagem. A determinidade qualitativa do quantitativo está apresentada inicialmente na *relação* quantitativa em geral; mas também, na comprovação das diferentes assim chamadas operações, já foi antecipado que é a *relação de potências*, que ainda precisará ser considerada no seu lugar peculiar, aquilo em que o número, através da equiparação de seus momentos conceituais, da unidade e do valor numérico, está posto como tal que retornou para si mesmo e, com isso, adquire nele o momento da infinitude, do ser para si, isto é, do ser determinado através de si mesmo. A determinidade expressamente qualitativa da grandeza se relaciona, portanto, como igualmente já foi lembrado, essencialmente com as determinações das potências e, uma vez que o cálculo diferencial tem a especificidade de operar com formas qualitativas de grandeza, então, seu objeto matemático peculiar precisa ser o tratamento de formas das potências e todas as tarefas e suas soluções, em benefício das quais foi usado o cálculo diferencial, é utilizado, mostram que o interesse está unicamente no tratamento das determinações das potências enquanto tais.

Apesar dessa base ser tão importante e de pôr, no topo, desde já, algo determinado em vez das categorias meramente formais de grandezas variáveis, contínuas ou infinitas e coisas semelhantes ou também apenas categorias de funções em geral, ela é ainda demasiadamente general; outras operações têm igualmente a ver com ela; já a elevação para a potência e a extração da raiz, depois, o tratamento de grandezas exponenciais e dos logaritmos, das séries, as equações de ordens superiores têm seu interesse e seu esforço somente em relações que se baseiam em potências. Sem dúvida, elas precisam constituir, juntas, um sistema do tratamento das potências; mas qual, dentre as relações diversas em que as determinações das potências podem ser postas, é aquela que é o próprio objeto e o interesse para o cálculo diferencial precisa ser tirado dele mesmo, isto é, da assim chamada *aplicação* do mesmo. Essas são, de fato, a própria Coisa, o procedimento efetivo na solução matemática de um círculo certo de problemas; esse procedimento veio antes do que a teoria ou a parte universal, e o mesmo foi denominado mais tarde de aplicação somente em relação à teoria depois criada, a qual queria em parte estabelecer o método universal do procedimento, mas, em parte, dar-lhe os princípios, isto é, a justificação. Foi mostrado na observação anterior que esforço inútil foi encontrar princípios para a maneira de apreensão anterior do procedimento, que dissolveriam efetivamente a contradição que, nesse caso, aparece, em vez de desculpá-la ou escondê-la apenas através da insignificância do que é necessário conforme o procedimento matemático, mas que aqui deve ser deixado de lado, ou através da possibilidade, que dá no mesmo, da aproximação infinita ou arbitrária e coisas do tipo. Se fosse abstraído, da parte efetiva da matemática que foi denominada cálculo diferencial, o universal do procedimento de modo diferente do que até agora ocorreu, então aqueles princípios e o esforço de obtê-los se mostrariam também como dispensáveis, assim como eles se mostram neles mesmos como algo enviesado e como tal que permanece na contradição.

Se nós pesquisamos essa peculiaridade através do simples acolher do que está presente nessa parte da matemática, então encontramos como objeto:

α) equações, nas quais um valor numérico arbitrário de grandezas (aqui nós podemos nos deter, em geral, em *duas*) estão ligadas a um todo da determinidade, de modo que essas têm, *em primeiro lugar*, sua determinidade em *grandezas empíricas* como limites firmes e, então, na maneira da ligação com as mesmas assim como da ligação delas umas com as outras, como isso, em geral, é o caso em uma equação; mas, na medida em que apenas *uma* equação está presente para ambas as grandezas (e, de modo igualmente relativo, até várias equações para várias grandezas, mas sempre menos do que é o valor numérico das grandezas), essas equações pertencem às [grandezas] *indeterminadas*, – e de modo que, *em segundo lugar*, um lado, como essas grandezas aqui têm sua determinidade, está no fato que elas (pelo menos uma delas) estão presentes na equação em uma *potência superior* à primeira.

Sobre isso, é preciso fazer inicialmente algumas observações; primeiro, que as grandezas, conforme a primeira das determinações indicadas, têm inteiramente somente o caráter de tais grandezas *variáveis*, como elas ocorrem nas tarefas da análise *indeterminada*. Seu valor é indeterminado, mas de modo que, se para uma, um valor perfeitamente determinado vem de outro lugar, isto é, um valor numérico, também a outra está determinada, então uma é uma *função* da outra. As categorias das grandezas variáveis, funções e coisas do tipo, são apenas *formais* para a determinidade específica das grandezas, da qual se trata aqui, como foi dito há pouco, porque elas são de uma universalidade em que aquele específico, ao qual todo o interesse do cálculo diferencial visa, ainda não está contido, nem pode ser explicitado a partir disso por meio de análise; elas são determinações por si simples, insignificantes, fáceis, que são tornadas difíceis apenas na medida em que nelas deve ser colocado aquilo que não está nelas, para que isso possa, então, ser derivado a partir delas, a saber, a determinação específica do cálculo diferencial. – O que, então, diz respeito à assim chamada *constante*, pode ser observado sobre ela que ela, inicialmente, é como uma grandeza empírica indiferente, determinante para as grandezas variáveis meramente em relação a seu quantum empírico, como limite de seu mínimo e de seu máximo; mas a maneira da ligação da constante com as grandezas variáveis é, ela mesma, um dos momentos para a natureza da função particular que essas grandezas são. Mas, inversamente, também as próprias constantes são funções; na medida em que, por exemplo, uma linha reta tem o sentido de ser *parâmetro* de uma parábola, esse seu sentido é isto: que ela é a função $\frac{y^2}{x}$; como no desenvolvimento do binômio em geral, a constante, que é o coeficiente do primeiro membro do desenvolvimento, é a soma das raízes, o coeficiente do segundo, a soma dos produtos das mesmas de dois em dois etc., portanto, essas constantes são aqui, em geral, funções das raízes; onde, no cálculo integral, a constante é determinada a partir da fórmula dada, ela é tratada, nesse aspecto, como uma função dessa. Aqueles coeficientes consideraremos, então, ulteriormente, em uma outra determinação como funções, cujo significado é, no concreto, ao que todo o interesse visa.

Mas, agora, o peculiar, pelo qual a consideração das grandezas variáveis no cálculo diferencial se diferencia da constituição delas nas tarefas indeterminadas, precisa ser posto no indicado, que pelo menos uma daquelas grandezas ou também todas se encontram em uma potência superior à primeira, em que novamente é indiferente se todas são da mesma potência superior ou de potências desiguais; sua indeterminidade específica, que elas têm aqui, está unicamente no fato de que elas são *funções* uma da outra em *tal relação de potências*. Através disso, a alteração das grandezas variáveis está *qualitativamente* determinada, com isso, *de modo contínuo*, e essa continuidade, que por si é novamente apenas a categoria formal em geral de uma *identidade*, de uma determinidade que permanece igual a si mesma, que se conserva na alteração, tem aqui seu sentido determinado e, com efeito, unicamente na relação de potências, como aquela que não tem quantum algum por seu expoente e constitui a determinidade *não quantitativa*, permanente, da relação das grandezas variáveis. Por conseguinte, contra um outro formalismo é preciso observar que a primeira potência é potência apenas em relação com aquela [potência] superior; por si, x é somente um quantum indeterminado qualquer. Assim, não faz sentido algum diferenciar *por si* as equações $y = ax + b$, [a] da linha reta, ou $s = ct$, a da má velocidade uniforme; se a partir de $y = ax$, ou também a partir de $y = ax + b$ surge $a = \frac{dy}{dx}$, ou se a partir de $s = ct$ surge $\frac{ds}{dt} = c$, então $a = \frac{y}{x}$ é igualmente a determinação da tangente ou $\frac{s}{t} = c$ é a [determinação] da má velocidade. A última é exposta como $\frac{s}{t} = c$ na *conexão* com o qual é dado pelo desenvolvimento do movimento uniformemente acelerado; mas que um momento da velocidade simples, mal uniforme, isto é, não determinada pela potência superior de um dos momentos do movimento, ocorra no sistema de tal movimento é, como anteriormente observado, ele mesmo, uma assunção vazia, fundamentada unicamente na rotina do método. Na medida em que o método parte da representação do crescimento que a grandeza variável deveria sofrer, também tal grandeza, que apenas é uma função da primeira potência, pode, com certeza, sofrer também um crescimento; se, agora, a respeito disso, a fim de encontrar o diferencial, deve ser tomada a diferença da segunda equação que surgiu através disso para aquela dada, então se mostra o vazio da operação que, como observado, a equação antes e depois dela é a mesma para os assim chamados crescimentos tanto quanto para as próprias grandezas variáveis.

β) Através do que foi dito, está determinada a natureza da equação a ser tratada e, agora, é preciso indicar para *qual interesse* se encontra direcionado o tratamento da mesma. Esse tratamento pode dar apenas resultados bem conhecidos, assim como eles estão presentes, segundo a forma, especialmente na concepção *lagrangeana*; mas eu coloquei a exposição de modo inteiramente elementar, a fim de afastar as determinações heterogêneas com ela misturadas. – Como base do tratamento da equação da maneira indicada, mostra-se que a potência *dentro de si mesma* é apreendida como uma relação, como um *sistema de determinações de relação*. A potência foi acima indicada como o número, na medida em que ele chegou ao fato de que sua alteração está *determinada através de si mesma*, seus momentos, unidade e valor numérico são idênticos, como anteriormente comprovado, – perfeitamente, em primeiro lugar, no quadrado, mais formalmente, o que aqui não faz diferença alguma, nas potências superiores. Agora, a potência, uma vez que ela como *número* – se se prefere a expressão grandeza como a mais universal, então ela é *em si* sempre o número – é uma *quantia*, também apresentada como *soma*, pode inicialmente ser descomposta dentro de si em uma quantia arbitrária de números que são sem toda a determinação ulterior um frente ao outro e, frente à sua soma, são tais que apenas juntos são iguais a essa. Mas a potência pode, em uma *soma*, também ser discernida de tais diferenças que estão determinadas através da *forma da potência*. Se a potência é tomada como soma, então também o número fundamental dela, a raiz, está apreendida como soma e, arbitrariamente, segundo a decomposição múltipla, multiplicidade, porém, que é o quantitativo indiferente empírico. A soma, como aquela que a raiz deve ser, reconduzida à sua determinidade simples, isto é, à sua universalidade verdadeira, é o *binômio*; todo o aumento ulterior dos membros é uma mera *repetição* da mesma determinação e, portanto, algo vazio[42]. O que importa é unicamente,

---

42. Pertence apenas ao formalismo daquela *universalidade* reivindicada necessariamente pela análise se, em vez de tomar $(a + b)^n$ para o desenvolvimento das potências, diz-se $(a + b + c + d \ldots)^n$, como isso também é feito em muitos outros casos;

com isso, a *determinidade qualitativa* dos membros, que surge através da *potenciação* da raiz assumida como soma, determinidade que está unicamente na alteração que é o potencializar. Esses membros são, com isso, inteiramente *funções da potenciação e da potência*. Agora, aquela apresentação do número, como *soma* de uma quantia de membros tais que são funções da potenciação, depois o interesse em encontrar a *forma* de tais funções e, além disso, essa *soma* a partir da quantia de tais membros, na medida em que esse encontrar precisa depender unicamente daquela forma, – isso constitui, como se sabe, a doutrina particular das *séries*. Mas, nesse caso, devemos diferenciar essencialmente o interesse ulterior, a saber, a *relação da própria grandeza que está no fundamento* – cuja determinidade, na medida em que ela é um complexo, isto é, aqui é uma equação, *encerra em si* uma potência – com as *funções de sua potenciação*. Essa relação, inteiramente abstraída do interesse anteriormente denominado da *soma*, mostrar-se-á como o ponto de vista que surge da ciência efetiva como o único, o qual o cálculo diferencial se propõe.

Contudo, antes é preciso acrescentar ainda uma determinação ao que foi dito ou, antes, afastar uma que está nisso. De fato, foi dito que a grandeza variável, em cuja determinação entra a potência, seria vista *dentro de si mesma* como soma, e precisamente como um sistema de membros, na medida em que esses são funções da potenciação, com o que também a raiz seria considerada como uma soma e, na forma simplesmente determinada, como binômio; $x^n = (y + z)^n = (y + ny^{n-1}z + ...)$. Para o desenvolvimento da potência, isto é, para o alcançar de suas funções de potenciação, essa apresentação partia da *soma* como tal; contudo, não se trata de uma *soma* como tal nem da *série* que nasce disso, mas, da soma, é preciso acolher somente a *relação*. A *relação* como tal das grandezas é aquilo que, por um lado, remanesce, depois que é abstraído de um *plus* de uma soma como tal, e aquilo que, por outro lado, requer-se para o encontrar das funções de desenvolvimento da potência. Mas tal relação está já determinada no fato de que aqui o objeto é uma equação, $y^m = ax^n$ também já é um *complexo* de muitas grandezas (variáveis) que contém uma determi-

---

tal forma deve valer, por assim dizer, apenas por um coquetismo da aparência da universalidade; no binômio, a *Coisa* está exaurida; pelo desenvolvimento dele, é encontrada a lei e a *lei* é a universalidade verdadeira, não a repetição externa e apenas vazia da lei, que é o que unicamente é produzido por aquele $a + b + c + d ...$ [N.H.].

nação de potências das mesmas. Nesse complexo, cada uma dessas grandezas está enquanto pura e simplesmente posta na *relação* com as outras – enquanto função das outras grandezas – tendo o significado, poder-se-ia dizer, de um *plus* nela mesma; o caráter delas, de serem funções umas das outras, lhes dá essa determinação do *plus*, mas, justamente com isso, de um acréscimo inteiramente *indeterminado*, não de um crescimento e coisas do tipo. Contudo, podíamos também deixar de lado esse ponto de vista abstrato; pode-se deter bem facilmente no fato de que, depois que as grandezas variáveis estão dadas na equação como funções uma da outra, de modo que essa determinidade contém uma relação de potências, agora também as funções da *potenciação* de cada uma são comparadas uma com a outra – segundas funções as quais estão determinadas por nada senão pela própria potenciação. *Inicialmente*, pode ser dado por um *capricho* ou por uma *possibilidade* [o fato de] pôr uma equação das potências de suas grandezas variáveis em uma relação de suas funções de desenvolvimento; apenas uma *finalidade*, uma utilidade, um uso ulteriores deve indicar *para que serve* tal transformação; apenas através de sua utilidade ocasionou-se aquela conversão. Se há pouco se partiu da apresentação dessas determinações da potenciação em uma grandeza que é tomada como *soma diferente dentro de si*, então isso servia somente, em parte, à indicação de qual espécie seriam tais funções, em parte, está nisso a maneira de encontrá-las.

Nós nos encontramos, com isso, no desenvolvimento analítico habitual que é apreendido para a finalidade do cálculo diferencial, de modo que é dado à grandeza variável um crescimento, dx, i e agora é explicitada a potência do binômio através da série de membros que lhe pertence. Mas o assim chamado crescimento não deve ser um quantum, apenas uma *forma*, cujo inteiro valor é ser *de ajuda* no desenvolvimento; o que admitidamente se quer, de forma mais determinada, de *Euler* e *Lagrange* e na representação do limite acima mencionado, são apenas as determinações das potências das grandezas variáveis que resultam, os assim chamados *coeficientes*, com efeito, do crescimento e das potências do mesmo, segundo os quais a série se ordena e às quais pertencem os coeficientes diferentes. A esse respeito, pode porventura ser observado que, na medida em que está assumido, em virtude do desenvolvimento, um crescimento somente que seria sem quantum, teria sido mais conveniente tomar *1* (o um) pelo crescimento, na medida em que o mesmo sempre ocorre no desenvolvimento apenas como fator, com o qual justamente o fator um cumpre a finalidade de que não deve ser posta através do crescimento nenhuma determinidade quantitativa e nenhuma alteração; pelo contrário, *dx*, com a representação falsa de uma diferença quantitativa, e outros sinais, como *i*, aqui afetados pela aparência inútil da universalidade, têm sempre o aspecto e a pretensão de um *quantum* e das *potências* dele; então, tal pretensão provoca o cansaço, apesar disso, de *tirá*-los e *omiti*-los. A fim de manter a forma de uma série desenvolvida segundo potências, as designações dos expoentes poderiam ser, como *índices*, igualmente acrescentadas ao um. Mas é preciso, de todo modo, abstrair da série e da determinação dos coeficientes conforme o lugar que eles têm na série; a relação entre todos é a mesma; a segunda função é inteiramente derivada também da primeira, enquanto essa, da originária e, para a função contada como a segunda, a primeira função derivada é novamente a originária. Mas essencialmente o interesse não concerne à série, mas unicamente à determinação da potência, que resulta do desenvolvimento, na sua relação com a *grandeza para ela imediata*. Portanto, em vez de determinar aquela como o *coeficiente* do *primeiro* membro do desenvolvimento, visto que um membro é designado como o *primeiro* em relação aos outros subsequentes na série, mas uma tal potência como de um crescimento, assim como a própria série, não cabem aqui, seria preciso preferir a mera expressão *função derivada de potências* ou, como há pouco foi dito, uma função do *potencializar* da grandeza; nesse caso, pressupõe-se como bem conhecido em qual modo a derivação é tomada como desenvolvimento fechado *dentro* de uma potência.

Agora, se o próprio início matemático nessa parte da analítica não é mais do que o encontrar da função determinada pelo desenvolvimento de potências, então a pergunta ulterior é o que precisa ser feito com a relação adquirida com isso, onde ela tem uma *aplicação* e *uso*, ou, de fato, para qual *finalidade* tais funções são procuradas. Através do encontrar de relações *em objetos concretos*, as quais podem ser reconduzidas àquelas analíticas abstratas, o cálculo diferencial obteve seu grande interesse.

Porém, sobre a aplicabilidade, resulta por si mesmo, inicialmente da natureza da Coisa, sem inferir ainda dos casos da própria aplicação, em virtude da figura mostrada dos momentos das potências, o que segue. O desenvolvimento das grandezas das potências, através do qual surgem as funções de sua potenciação, contém, em geral, abstraído da determinação mais precisa, inicialmente o *rebaixamento* da grandeza à potência inferior mais próxima. A *aplicabilidade* dessa operação ocorre, portanto, em tais *objetos*, nos quais está igualmente presente uma tal diferença de determinações das potências. Agora, se nós refletimos sobre a *determinidade espacial*, então encontramos que ela contém as três dimensões que nós, a fim de diferenciá-las das diferenças abstratas da altura, do comprimento e da largura, podemos designar como as diferenças *concretas*, a saber, a linha, a superfície e o espaço total; e, na medida em que eles são tomados nas suas formas mais simples e em relação à autodeterminação e, com isso, com as dimensões analíticas, temos a linha reta, a superfície plana e a mesma como quadrado, e o cubo. A linha reta tem um quantum empírico, mas com o plano entra o qualitativo, a determinação das potências; modificações mais precisas, por exemplo, que isso igualmente acontece também com as curvas planas, não precisamos analisar, na medida em que, inicialmente, isso tem a ver com a diferença [tomada] meramente em geral. Com isso, origina-se também a *necessidade* [*Bedürfnis*] *de passar de uma determinação superior de potência para uma inferior e vice-versa*, na medida em que, por exemplo, determinações lineares devem ser derivadas das equações dadas da superfície etc. ou vice-versa. – O *movimento*, além disso, como aquele no qual é preciso considerar a relação de grandezas do espaço percorrido e do respectivo tempo decorrido, mostra-se nas determinações diversas de um movimento mal uniforme, de um uniformemente acelerado, de um alternada e uniformemente acelerado e de um uniformemente retardado, movimento que retorna para si mesmo; na medida em que essas espécies diferentes do movimento são expressas conforme a relação quantitativa de seus momentos, do espaço e do tempo, surgem para elas equações a partir das determinações diferentes das potências e, na medida em que pode ser necessário determinar uma espécie do movimento ou também das grandezas espaciais, na qual está ligada uma espécie, a partir de uma outra espécie das mesmas, a operação provoca igualmente o passar de uma função de potências para uma função superior ou inferior. – Os exemplos desses dois objetos podem ser suficientes para a finalidade a qual eles estão indicados.

A aparência [*Anschein*] da contingência que o cálculo diferencial apresenta em suas aplicações já seria simplificada através da consciência da natureza dos âmbitos, consciência na qual a aplicação pode ocorrer, e pela consciência da necessidade peculiar e da condição dessa aplicação. Mas agora importa saber, mais no interior desses próprios âmbitos, entre quais *partes* dos objetos da tarefa matemática uma tal relação ocorre, enquanto é posto peculiarmente através do cálculo diferencial. Por enquanto, é preciso logo mencionar que, nesse caso, precisam ser atendidos dois tipos de relações. A operação do despotencializar de uma *equação*, considerada conforme as funções derivadas de suas grandezas variáveis, dá um resultado que não é mais *nele mesmo* verdadeiramente uma equação, mas uma *relação*; essa relação é o objeto do *próprio cálculo diferencial*. Justamente com isso, está presente também, em segundo lugar, a relação da própria determinação superior das potências (da equação originária) com a determinação inferior (com derivado). Aqui, devemos inicialmente deixar de lado essa segunda relação; ela mostrar-se-á como o objeto peculiar do *cálculo integral*.

Consideremos inicialmente a primeira relação e tomemos, para a determinação do momento, na qual está o interesse da operação e que precisa ser tirada da assim chamada aplicação, o exemplo mais simples nas curvas que estão determinadas através de uma equação da segunda potência. Sabe-se bem que, *imediatamente* através da equação, está dada, em uma relação das potências, a relação das coordenadas. As consequências da determinação fundamental são as determinações das outras linhas retas que estão conectadas com as coordenadas, da tangente, da subtangente, da normal etc. Mas as equações entre essas linhas e as coordenadas são equações *lineares*; os inteiros, nos quais essas linhas estão determinadas como suas partes, são triângulos retângulos de linhas *retas*. A passagem da equação fundamental, que contém a determinação das potências para aquelas equações lineares, contém agora a passagem indicada da função originária, isto é, a qual é uma *equação*, para a função derivada que é uma *relação* e, com efeito, [relação] entre certas linhas contidas na curva. A conexão entre a *relação* dessas linhas e a *equação* da curva é o que se trata de encontrar.

Sobre isso, não é sem interesse observar, do ponto de vista histórico, que os primeiros descobridores sabem indicar aquilo que encontraram apenas de uma maneira inteiramente empírica, sem poder dar justificativas da operação que permaneceu completamente exterior. Acerca disso, contento-me com a citação de *Barrow*, o professor de Newton. Nas suas *Lectiones opticae et geometricae*[43], em que ele trata dos problemas da geometria superior conforme o método dos indivisíveis, que se diferenciam inicialmente da peculiaridade do cálculo diferencial, ele indica também, "porque seus amigos o impeliram" (lect. X), seu procedimento de determinar a tangente. É preciso, nele mesmo, ler minuciosamente como essa tarefa está constituída, a fim de se fazer uma representação devida de como o procedimento está inteiramente indicado como *regra externa*, – no mesmo estilo, como anteriormente, nos manuais escolares aritméticos, a regra de três ou, ainda melhor, a assim chamada prova dos nove das operações foi apresentada. Ele faz a construção das linhazinhas, construção que se denominou depois os *acréscimos* no triângulo *característico* de uma curva, e dá agora a prescrição como uma mera *regra de jogar fora*, como *supérfluos*, os membros que se manifestam, devido ao desenvolvimento das equações como potências daqueles acréscimos ou produtos (*etenim isti termini nihilum valebunt*); igualmente, seria preciso jogar fora (o subtrair posterior da equação originária daquela formada com os acréscimos) os membros que, apenas a partir da equação originária, contêm grandezas determinadas e, por último, substituir *a própria ordenada pelo acréscimo da ordenada e a subtangente, pelo acréscimo da abscissa*. Não se pode mais doutamente, se é permitido falar assim, indicar o procedimento; – a última substituição é a *assunção da proporcionalidade* dos acréscimos da ordenada e da abscissa com a ordenada e da subtangente que serviu como base para a determinação da tangente no método diferencial habitual; na regra de Barrow, essa assunção aparece na sua nudez inteiramente ingênua. Foi encontrada uma maneira simples de deter-

---

43. BARROW, I. *Lectiones opticae*. Londres, 1669. • *Lectiones geometricae*. Londres, 1670 [N.E.A.].

minar a subtangente; as maneiras de *Roberval*[44] e de *Fermat*[45] vão em direção de algo semelhante, – o método de encontrar os maiores e menores valores, do qual o último partia, repousa nas mesmas bases e no mesmo procedimento. Era uma mania matemática daqueles tempos encontrar os assim chamados *métodos*, isto é, regras daquele tipo, e fazer delas também um segredo, o que não era apenas fácil, mas até mesmo, num certo sentido, necessário, pela mesma razão pela qual era fácil, – a saber, porque os inventores haviam descoberto apenas uma regra empírica exterior, método algum, isto é, nada derivado a partir de princípios reconhecidos. *Leibniz assumiu* tais assim chamados métodos da sua época e, *Newton*, assumiu também dessa mesma época e imediatamente de seu professor; eles abriram novos caminhos às ciências através da universalização de sua forma e de sua aplicação, mas ao mesmo tempo, com isso, precisaram remover o procedimento da figura de [ser] regras meramente externas e buscaram, para tal procedimento, alcançar a necessária justificação.

Se analisamos o método mais de perto, então o procedimento verdadeiro é o seguinte: são rebaixadas para suas primeiras funções, em primeiro lugar, as determinações das potências (entende-se: das grandezas variáveis), que a equação contém. Mas, com isso, o *valor* dos membros da equação é *variado*; não permanece mais, portanto, equação alguma, mas surgiu apenas uma *relação* entre a primeira função de uma grandeza variável e a primeira função da outra; em vez de $px = y^2$, tem-se $p : 2y$, ou em vez de $2ax - x^2 = y^2$, tem-se $a - x : y$, o que depois costumava ser designado como relação $\frac{dy}{dx}$. A equação é a equação da curva; essa relação, que é inteiramente dependente da mesma, que está derivada a partir da mesma (acima conforme uma mera *regra*), é, pelo contrário, uma [relação] linear, com a qual linhas certas estão em proporção; $p : 2y$ ou $a - x : y$ são, elas mesmas, relações a partir de linhas retas da curva, de coordenadas e de parâmetros; mas, *com isso, não se sabe ainda nada*. O interesse é saber, de *outras* linhas que ocorrem na curva, que *lhes compete àquela relação* de encontrar a igualdade de duas relações. – Logo, *em segundo lugar*, há a pergunta [sobre] quais são as linhas retas, determinadas pela natureza da curva, que estão

---

44. Gilles Personne de Roberval, 1602-1675, matemático francês [N.E.A.].
45. Pierre de Fermat, 1601-1665, matemático francês [N.E.A.].

em tal relação. – Mas isso é aquilo que era *bem conhecido desde antes*, a saber, que tal relação adquirida naquele caminho é a relação da ordenada com a subtangente. Isso os antigos encontraram no caminho geométrico engenhoso; o que os inventores modernos descobriram é o procedimento empírico de preparar a equação da curva de modo que seja fornecida aquela primeira relação, da qual já bem se sabia que é igual a uma relação que contém a linha, aqui a subtangente, de cuja determinação se trata. Ora, em parte, aquela preparação da equação foi apreendida e feita metodicamente – a diferenciação –, mas, em parte, foram inventados os acréscimos imaginários das coordenadas e o triângulo imaginário, característico, formado a partir disso e, justamente, de um tal acréscimo da tangente, para que a proporcionalidade da relação encontrada através da despotenciação da equação com a relação da ordenada e da subtangente seja apresentada não como algo empiricamente acolhido apenas do que os antigos bem conheciam, mas como algo demonstrado. O que os antigos bem conheciam, contudo, demonstra-se, em geral e de modo mais inequívoco, na forma indicada de regras, como a única ocasião e respectiva legitimação da *assunção do triângulo característico e daquela proporcionalidade*.

Ora, *Lagrange* rejeitou essa simulação e seguiu o caminho genuinamente científico; deve-se a seu método a intelecção que importa, na medida em que ela consiste em separar ambas as passagens que precisam ser feitas para a solução da tarefa, e em tratar e demonstrar cada um desses lados por si. Uma parte da solução – na medida em que, para a indicação mais precisa do andamento, nós permanecemos no exemplo da tarefa elementar de encontrar a subtangente –, a parte teórica ou geral, a saber, o encontrar da *primeira função* a partir da equação dada das curvas é regulada por si; a mesma [parte] dá uma *relação linear*, logo, de linhas retas que ocorrem no sistema da determinação das curvas. A outra parte da solução é, agora, o encontrar aquelas linhas na curva que estão naquela relação. Agora, isso é efetuado de modo direto (*Théorie des fonctions analytiques*, II. P., II. Chap.), isto é, sem o triângulo característico, a saber, sem assumir arcos, ordenadas e abscissas infinitamente pequenos e dar a esses as determinações de *dy* e *dx*, isto é, dos lados daquela relação e, ao mesmo tempo, imediatamente o significado da igualdade da mesma com a própria ordenada e a própria subtangente. Uma linha (assim como um ponto) tem unicamente sua determinação, na medida em que ela constitui o lado de um triângulo, como também a determinação de um ponto está apenas em um tal triângulo. Isso é, a fim de mencionar de passagem, a proposição fundamental da geometria analítica que provoca as coordenadas assim como, o que é o mesmo, na mecânica, o paralelogramo das forças, o qual, justamente por isso, não necessita de modo algum dos muitos esforços de uma prova. – A subtangente é posta agora como o lado de um triângulo, cujos lados ulteriores são a ordenada e a tangente que se relaciona com essa. A última tem, enquanto linha reta, por sua equação $p = aq$ (acrescentar + b é inútil para a determinação e só é adicionado em [virtude] da amada universalidade); a determinação da *relação* $\frac{p}{q}$ cai em a, no coeficiente de q, que é a respectiva primeira função da equação, mas que, em geral, precisa ser apenas considerado como $a = \frac{p}{q}$ enquanto, como dito, a determinação essencial da linha reta que está aplicada enquanto tangente na curva. Além disso, na medida em que, agora, é tomada a primeira função da equação das curvas, ela é igualmente a *determinação de uma* linha *reta*; na medida em que, além disso, uma coordenada p da primeira linha reta e y, a ordenada da curva, são tomadas como as mesmas, que, portanto, o ponto, no qual aquela primeira reta assumida como tangente toca a curva, é igualmente o ponto de partida da linha reta determinada pela primeira função da curva, então importa mostrar que essa segunda linha reta coincide com a primeira, quer dizer, é a tangente; expressado algebricamente, importa mostrar que, na medida em que se tem $y = fx$ e $p = Fq$ e, agora, $y = p$, logo, é assumido que $fx = Fq$, então também se tem $f'x = F'q$. Agora, que a reta aplicada enquanto tangente e aquela linha reta determinada a partir da equação pela sua primeira função coincidam, que a última, portanto, seja tangente, isso é mostrado com auxílio do *acréscimo i* da abscissa e do acréscimo da ordenada determinado pelo desenvolvimento da função. Portanto, aqui entra, pois, igualmente o famigerado acréscimo; mas como ele é introduzido para a finalidade indicada acima, e o desenvolvimento da função conforme o mesmo, precisa ser bem diferenciado do uso anteriormente mencionado do acréscimo para a descoberta da equação diferencial e para o triângulo característico. O uso feito aqui é legítimo e necessário; ele cai no âmbito da geometria na medida em que pertence à determinação geométrica de uma tangente como tal que, entre ela e a curva, com a qual ela tem um ponto em comum, não poderia perpassar nenhuma outra linha reta que caia igualmente nesse ponto. Pois, com essa determinação, a qualidade da tangente ou da não tangente está reconduzida à *diferença de grandeza*, e aquela linha é a tangente, na qual a *pequenez maior* cairia pura e simplesmente em relação à determinação que importa. Essa pequenez aparentemente apenas relativa não contém nada de empírico, isto é, nada dependente de um quantum como tal; ela é posta qualitativamente pela natureza da fórmula, se a diferença do momento, do que a grandeza a ser comparada depende, é uma diferença de potência; na medida em que a mesma desemboca sobre i e i^2 e i que, por fim, todavia, deve significar um número, então precisa ser representado com uma fração, i^2 é *em e para si* menor que i, de modo que mesmo a representação de uma *grandeza arbitrária*, na qual se poderia tomar i, aqui é supérflua e até mesmo não é apropriada. Justamente com isso, a demonstração da pequenez maior não tem a ver nada com um infinitamente pequeno que, com isso, não deve entrar de modo algum aqui.

Seja também só em virtude da beleza e da fama hoje em dia mais esquecida, mas bem merecida, eu quero indicar ainda o método da tangente de *Descartes*; ele tem, de resto, também uma relação com a natureza das equações, sobre a qual então ainda precisa ser feita uma observação ulterior. Descartes expõe esse método autossubsistente, em que a determinação linear exigida é descoberta igualmente a partir da mesma função derivada, na sua *geometria*, de outra maneira se tornou tão frutífera (liv. II, p. 357ss., *Oeuvres compl.*, ed. Cousin [II Bde. Paris, 1824s.], Tom. V), na medida em que ele ensinou, na mesma, a grande base da natureza das equações, de sua construção geométrica e da análise, com isso, tão ampliada para a geometria em geral. Nele, o problema tem a forma da tarefa de traçar linhas retas verticalmente em lugares quaisquer de uma curva, como aquilo pelo qual é determinada a subtangente etc.; compreende-se a satisfação que ele expressa aí sobre sua descoberta que concernia a um objeto de interesse universal científico daquele tempo e que é tão geométrica e, através disso, estava tão acima dos meros métodos da regra anteriormente mencionados dos seus rivais: "j'ose dire que c'est ceci le problème le plus utile et le plus général, non seulement que je sache, mais même que j'ai jamais désiré de savoir en géometrie"[46]. – Para a solução, ele coloca no fundamento a equação analítica do triângulo retângulo, que é formado por meio da ordenada do ponto da curva, sobre o qual a linha reta exigida no problema deve ser perpendicular, então, por meio da mesma, a normal, e em terceiro lugar, por meio da parte do eixo que é cortado pela ordenada e pela normal, através da subnormal. Se a partir da equação bem conhecida de uma curva, substitui-se agora, naquela equação do triângulo, o valor, seja da ordenada ou da abscissa, então se tem uma equação de segundo grau (e Descartes mostra, como também curvas, cujas equações contêm graus superiores, reconduzem-se a ela), na qual ainda ocorre apenas uma das grandezas variáveis e, com efeito, no quadrado e na primeira potência; – uma equação quadrada que inicialmente aparece como uma assim chamada [equação] impura. Agora, Descartes faz a reflexão de que, se o ponto assumido na curva é representado como ponto de intersecção da mesma e de um círculo, esse círculo cortará a curva ainda em um outro ponto e, em seguida, para os dois x desiguais que surgem com isso, resultam duas equações com as mesmas constantes e da mesma forma, – ou, porém, apenas *uma* equação com valores desiguais de x. No entanto, a equação se torna apenas *uma*, para o *único* ângulo, no qual cada respectiva hipotenusa é perpendicular à curva, é a normal, o que é representado de modo que se deixaria coincidir ambos os pontos de intersecção da curva pelo círculo, portanto, deixar-se-ia que eles tocassem a curva. Mas, com isso, a circunstância de *raízes desiguais* de x ou y da equação quadrática desaparece. Agora, em uma equação quadrática de duas raízes iguais, porém, o coeficiente do membro que contém a incógnita na primeira potência é o dobro da raiz que é apenas *uma* raiz; isso agora dá uma equação, através da qual as determinações exigidas estão descobertas. Esse andamento precisa ser visto como o toque genial de uma mente genuinamente analítica, frente à qual fica inteiramente para trás a proporcionalidade assumida de modo inteiramente assertórico da subtangente e da ordenada com os assim chamados acréscimos da abscissa e da ordenada que devem ser infinitamente pequenos.

---

46. "Eu ouso afirmar que isso é o problema mais frutífero e mais universal que eu conheço, que eu jamais teria desejado conhecer na geometria" [N.E.A.].

A equação final obtida da maneira indicada, equação que equipara o coeficiente do segundo membro da equação quadrática à raiz dupla ou à incógnita, é a mesma que é encontrada pelo procedimento do cálculo diferencial. $x^2 - ax - b = 0$ diferenciado dá a nova equação $2x - a = 0$; ou $x^3 - px - q = 0$ dá $3x^2 - p = 0$. Mas se oferece, nesse caso, a observação de que não se entende por si mesmo de modo algum que tal equação derivada também é exata. Em uma equação com duas grandezas variáveis que, pelo fato de serem variáveis, não perdem o caráter de ser grandezas incógnitas, resulta, como acima foi considerado, apenas uma *relação*, pela simples razão indicada: porque, através do substituir das funções da potenciação no lugar das próprias potências, o valor de ambos os membros da equação é variado e fica por si mesmo ainda incógnito se também entre eles, nos valores assim variados, ainda ocorre uma equação. A equação $\frac{dy}{dx} = P$ não expressa absolutamente nada mais do que P é uma *relação*, e a $\frac{dy}{dx}$, de resto, não precisa ser atribuído nenhum sentido real. Entretanto, dessa relação $= P$ é ainda igualmente desconhecido a qual outra relação ela seja igual; apenas tal equação, a *proporcionalidade*, dá a tal relação um valor e um significado. – Tal como foi indicado, que se acolheu esse significado, que se chamou de aplicação, de outro lugar, isto é, empiricamente, é preciso que se saiba, de outro lugar, a respeito das equações derivadas através de diferenciação, do que se trata, se elas têm raízes iguais, a fim de saber se a equação obtida ainda é exata. Mas, nos compêndios, essa circunstância não é observada explicitamente; certamente, ela é eliminada pelo fato de que uma equação com uma incógnita, tornada zero, desde já é posta $= y$, através do que, então, na diferenciação, sem dúvida, surge um $\frac{dy}{dx}$, apenas uma relação. O cálculo das funções deve, com efeito, ter a ver com funções de potenciação ou o cálculo diferencial, com diferenciais, mas ainda disso não se segue por si de modo algum que as próprias grandezas, cujos diferenciais ou funções da potenciação são tomados, devem ser também *apenas* funções de *outras* grandezas. Na parte teórica, na instrução de derivar os diferenciais, isto é, as funções da potenciação, ainda não é, de todo modo, pensado no fato de que as grandezas, as quais se ensina a tratar antes de tal derivação, devem ser, elas mesmas, funções de outras grandezas.

Em relação ao deixar de lado da constante no diferenciar, pode-se ainda *observar* que o mesmo tem aqui o sentido que a constante para a determinação das raízes, no caso da igualdade delas, é indiferente, como aquela determinação que está esgotada pelo coeficiente do segundo membro da equação. Como no exemplo de Descartes indicado, a constante é, ela mesma, o quadrado das raízes, portanto, essa pode ser determinada igualmente a partir da constante como a partir dos coeficientes na medida em que ela, em geral, assim como os coeficientes, é função das raízes da equação. Na apresentação habitual, o deixar de lado das assim chamadas constantes ligadas com os demais membros somente através de + e - ocorre através do mero mecanismo do procedimento que, a fim de encontrar o diferencial de uma expressão composta, é dado um crescimento apenas às grandezas variáveis e a expressão formada através disso é subtraída da [expressão] originária. O sentido da constante e de seu deixar de lado, na medida em que elas mesmas são funções e que servem ou não conforme essa determinação, não vem ao caso.

Com o deixar de lado das constantes, conecta-se uma observação semelhante que pode ser feita sobre os *nomes* da diferenciação e da integração, como anteriormente foi feita sobre a expressão finita e infinita de que, a saber, na sua determinação está, antes, o oposto daquilo que a expressão significa. O diferenciar designa o pôr de diferenças; mas, por meio do diferenciar, uma equação é, antes, reduzida a um número menor de dimensões, pelo deixar de lado da constante, é tirado o momento da determinidade; como observado, as raízes da grandeza variável são postas em uma igualdade, portanto, a *diferença das mesmas é suprassumida*. Pelo contrário, na integração, a constante deve ser novamente acrescentada; a equação, sem dúvida, é integrada através disso, mas no sentido de que a *diferença* das raízes antes suprassumida é *restabelecida*, o equiparado é novamente diferenciado. – A expressão habitual contribui para o eclipsar a natureza essencial da Coisa e colocar tudo sob o ponto de vista subordinado, até mesmo estranho à Coisa principal, em parte, da diferença infinitamente pequena, do acréscimo e coisas desse tipo, em parte, da mera diferença em geral entre a função dada e a derivada, sem designar a diferença específica, isto é, qualitativa, delas.

Um outro âmbito principal, no qual é feito uso do cálculo diferencial, é a *mecânica*; os significados das diferentes funções das potências que surgem das equações elementares de seu objeto, ou seja, [equações] *do movimento*, já foram mencionados de passagem; quero diretamente tomar as mesmas aqui. A equação, a saber, a expressão matemática do movimento mal uniforme $c = \frac{s}{t}$ ou $s = ct$, no qual os espaços percorridos são proporcionais aos tempos decorridos conforme uma unidade c empírica, a grandeza da velocidade, não oferece, para a diferenciação, sentido algum; o coeficiente c está já perfeitamente determinado e bem conhecido, e não pode ocorrer nenhum desenvolvimento ulterior das potências. – Como se analisa $s = at^2$, a equação do movimento da queda, está já lembrado anteriormente; – o primeiro membro da análise $\frac{ds}{dt} = 2at$ é traduzido para a linguagem e, nesse aspecto, para a existência, de modo que ele deveria ser um membro de uma *soma* (representação a qual nós já afastamos há tempos), uma parte do movimento e, com efeito, essa parte deveria competir à força da inércia, isto é, a uma velocidade mal uniforme, de modo que, nas partes temporais *infinitamente pequenas*, o movimento seja *uniforme*, mas nas partes temporais *finitas*, quer dizer, existentes de fato, seja não uniforme. Com certeza, $fs = 2at$ e o significado de a e de t são bem conhecidos por si, tal como, com isso, que a determinação da velocidade uniforme de um movimento está posta; visto que $a = \frac{s}{t^2}$ então, em geral, $2at = \frac{2s}{t}$; mas, com isso, não se sabe de minimamente nada além disso; apenas a falsa assunção de que $2at$ seria uma parte do movimento como de uma *soma* dá a falsa aparência de uma proposição física. O próprio fator, a, a unidade empírica – um quantum como tal – é atribuído à gravidade; se é empregada a categoria da força da gravidade, então precisa, antes, ser dito que justamente o todo $s = at^2$ é o efeito, ou melhor, a lei da gravidade. – Uniforme é a proposição derivada de $\frac{ds}{dt} = 2at$ que, se a gravidade cessa de ter efeitos, o corpo, com a velocidade alcançada no *fim* de sua queda, teria percorrido, em um tempo igual à duração de sua queda, o espaço duplo daquele espaço que ele percorreu. – Nisso está também uma metafísica enviesada por si; o *fim* da queda ou o *fim* de uma parte temporal, na qual o corpo caiu, é, ele mesmo, sempre ainda uma parte temporal; se não fosse *nenhuma* parte temporal, então seria assumido o *repouso* e, com isso, não seria assumida velocidade alguma; a velocidade pode somente ser calculada apenas conforme o espaço o qual foi percorrido em uma parte temporal, não em seu fim. – Mas agora, se em âmbitos físicos totalmente diferentes, onde não está presente movimento algum, como, por exemplo, no comportamento da luz (exceto aquilo que é denominado sua propagação no espaço) e nas determinações das grandezas nas cores, é feita uma aplicação do cálculo diferencial e a primeira função de uma função quadrática aqui também é denominada velocidade, então isso precisa ser visto como um formalismo ainda mais inadmissível da invenção da existência.

Diz *Lagrange* que encontramos o movimento representado pela equação $s = at^2$ na experiência da queda do corpo; o movimento mais simples conforme a mesma seria aquele cuja equação seria $s = ct^3$, mas a natureza não mostraria nenhum movimento deste tipo; não saberíamos o que o coeficiente c poderia significar. Se isso é bem assim, então há, pelo contrário, um movimento, cuja equação é $s^3 = at^2$, – a lei kepleriana do movimento do corpo do sistema solar – o que aqui a primeira função derivada $\frac{2at}{3s^2}$ etc. deve significar, e o tratamento direto ulterior dessa equação pela diferenciação, o desenvolvimento das leis e das determinações daquele movimento absoluto a partir *desse ponto*, precisaria, pelo contrário, até aparecer como uma tarefa interessante, na qual a análise mostrar-se-ia no esplendor mais digno.

Por si, a aplicação do cálculo diferencial às equações elementares do movimento não oferece, assim, interesse *real* [*reell*] algum; o interesse formal [*formell*] vem do mecanismo universal do cálculo. Mas um outro significado recebe a decomposição do movimento em relação à determinação da sua trajetória; se isso é uma curva e sua equação contém potências superiores, necessita das passagens das funções lineares enquanto funções da potenciação para as próprias potências e, na medida em que aquelas precisam ser adquiridas a partir da equação originária do movimento, que contém o fator do tempo, eliminando o tempo, este precisa, ao mesmo tempo, ser rebaixado às funções inferiores do desenvolvimento, das quais aquelas equações de determinações lineares podem ser obtidas. Esse lado conduz ao interesse da outra parte do cálculo diferencial.

O que foi dito anteriormente teve a finalidade de destacar e estabelecer a determinação específica simples do cálculo diferencial e demonstrá-la em alguns dos exemplos elementares. Essa determinação resultou consistir no fato do coeficiente do membro do desenvolvimento, a assim chamada primeira função, ser encontrado a partir de uma equação de funções de potências, e no fato da *relação*, que é essa [função] ser exposta, nos momentos do objeto concreto e os momentos estão, eles mesmos, determinados através da equação assim obtida entre ambas as relações. Precisa ser breve e igualmente considerada a partir do princípio do *cálculo integral* o que surge da sua aplicação para a determinação concreta específica do mesmo. A perspectiva desse cálculo está já simplificada e determinada mais exatamente pelo fato que ele não é mais tomado como *método do somar* [*Summationsmethode*], como ele foi denominado em oposição ao diferenciar, onde o crescimento vale como ingrediente essencial e, com o qual ele aparecia em conexão essencial com a forma da série. – A tarefa desse cálculo é, antes de tudo, igualmente a tarefa teórica ou, antes, formal como a do cálculo diferencial, mas, como se sabe, a inversa dessa; – parte-se aqui de uma função que é considerada como *derivada*, como o coeficiente do próximo membro resultado do desenvolvimento de uma equação, mas de uma equação ainda desconhecida, e, a partir dela, deve ser descoberta a função originária das potências; a [função] que precisa ser vista como originária na ordem natural do desenvolvimento é aqui derivada e a [função] anteriormente considerada como derivada é aqui aquela dada ou, em geral, aquela que inicia. Agora, o formal desta operação parece, porém, já ser desempenhado por meio do cálculo diferencial, na medida em que nisso, em geral, está estabelecida a passagem e a relação da função originária com a função do desenvolvimento. Se, nesse caso, em parte, já a fim de calcular a função da qual é preciso partir, mas, em parte, a fim de efetuar a passagem dela para aquela originária, necessariamente, em muitos casos, é preciso recorrer à *forma da série*, então é preciso inicialmente estabelecer que esta forma como tal não tem imediatamente nada a ver com o peculiar do integrar.

    Mas agora, a outra parte da tarefa do cálculo aparece em relação à operação formal como a *aplicação* da mesma. Essa é agora, ela mesma, a *tarefa*, a saber, de conhecer o *significado*, no sentido acima indicado, que a função originária, considerada pela função dada como primeira função, tem, de um objeto particular. Em si, essa doutrina poderia também já parecer ser resolvida inteiramente no cálculo diferencial; só que entra uma circunstância ulterior que não deixa a Coisa ser tão simples. Na medida em que, a saber, neste cálculo resultou que, por meio da primeira função da equação de uma curva, foi adquirida a relação, que é linear, sabe-se, com isso, também que a integração dessa relação dá a equação da curva em relação à abscissa e à ordenada; ou seja, se fosse dada a equação para o plano de uma curva, então o cálculo diferencial sobre o significado da primeira função de tal equação já deveria ter ensinado que essa função da ordenada enquanto função da abscissa, nesse aspecto, apresentaria a equação da curva.

Mas agora tudo depende de qual dos momentos da determinação do objeto está *dado* na própria equação; pois apenas do dado o tratamento analítico pode partir e, daí, passar para as determinações restantes do objeto. Não está dada, por exemplo, a equação de uma área da curva, nem, porventura, do corpo que surge pela rotação dela, nem também de um arco da mesma, mas apenas a relação da abscissa e da ordenada na equação da própria curva. As passagens daquelas determinações para essa própria equação não podem, portanto, ser tratadas no cálculo diferencial; ao cálculo integral é poupado de encontrar essas relações.

Mas, além disso, tem sido mostrado que a diferenciação da equação das várias grandezas variáveis não dá a potência do desenvolvimento ou o coeficiente diferencial como uma equação, mas somente como uma relação; a tarefa é, então, para essa *relação*, que é a função *derivada*, indicar, nos momentos do objeto, uma segunda [relação] que seria igual àquela. Pelo contrário, o objeto do cálculo integral é a própria *relação* da função *originária* com a *derivada*, que aqui deve ser dada, e a tarefa é indicar o significado da função originária que precisa ser descoberta no objeto da primeira função dada ou, antes, na medida em que esse *significado*, por exemplo, o plano de uma curva ou a curva que precisa ser retificada, representada como linear etc., já está enunciado como *o problema* de mostrar que tal determinação seria descoberta por uma função originária e qual seria o *momento* do objeto, momento que precisaria ser assumido *para esse propósito para* a função de *partida* (derivada).

Agora, o método habitual, que usa a representação da diferença como do infinitamente pequeno, torna fácil a Coisa para si; para a quadratura das curvas, portanto, ele toma um retângulo infinitamente pequeno, um produto da ordenada no elemento, isto é, o infinitamente pequeno da abscissa, pelo trapézio, que teria, por um de seus lados, o arco infinitamente pequeno contraposto àquele infinitamente pequeno da abscissa; o produto é agora integrado no sentido de que o integral da soma dos trapézios infinitamente plurais, o plano, cuja determinação é exigida, daria, com efeito, a grandeza *finita* daquele elemento do plano. Igualmente, o método forma, a partir dos infinitamente pequenos do arco e da ordenada e da abscissa pertinentes, um triângulo retângulo, no qual o quadrado daquele arco seria igual à soma dos quadrados de ambos os outros infinitamente pequenos, cuja integração dá o arco como um arco finito.

Esse procedimento tem a descoberta universal que está no fundamento desse âmbito da análise por sua pressuposição, aqui, de modo que a curva sujeita à quadratura, o arco retificado etc. estão *na relação da assim chamada função originária com aquela derivada* comum à função certa dada por meio da equação da curva. Trata-se de saber se uma parte certa de um objeto matemático (p. ex., de uma curva) seja assumida como a função derivada, e qual outra parte do mesmo está expressa por meio da função originária correspondente. Sabe-se que, se a função, dada pela equação da curva, da *ordenada* é assumida como função *derivada*, a função relativamente originária é a expressão da grandeza da *área* da curva cortada a partir dessa ordenada, que, se uma *determinação certa da tangente* é considerada como função derivada, a função originária da mesma expressa a grandeza do *arco* pertencente a essa determinação da tangente etc., mas que, agora, essas relações, uma de uma função originária com a derivada, a outra, das grandezas de duas partes ou circunstâncias do objeto matemático, formam uma proporção, – de conhecer e de provar isso se poupa o método que faz uso do infinitamente pequeno e da operação mecânica com o mesmo. O mérito peculiar do sentido aguçado é ter descoberto, dos resultados já conhecidos a partir de outras direções, que lados certos de um objeto matemático e quais estão na relação da função originária e da derivada.

De ambas essas funções, a derivada ou, como ela foi determinada, a função da potenciação, é, aqui neste cálculo, aquela *dada*, relativamente à originária, como aquela que, apenas a partir da originária, deve ser descoberta por meio da integração. Só que ela não está imediatamente dada, nem está dado já por si qual parte ou determinação do objeto matemático deve ser visto como a função derivada, a fim de descobrir a outra parte ou determinação através da recondução da mesma à originária, determinação cuja grandeza exige o problema. O método habitual, que, como dito, representa desde já partes certas do objeto como infinitamente pequenas na forma de funções derivadas, as quais se deixam determinar a partir da equação originariamente dada do objeto em geral por meio da diferenciação (assim como para a retificação de uma curva, as abscissas e as ordenadas infinitamente pequenas), toma para isso tais partes que se deixam trazer em uma ligação com o objeto do problema (no exemplo, com o arco), que igualmente é representado como infinitamente pequeno, ligação que está estabelecida na matemática elementar e pela qual, se aquelas partes são bem conhecidas, também está determinada essa, cuja grandeza deve ser descoberta; assim, para a retificação, os três infinitamente pequenos indicados são trazidos na ligação da equação do triângulo retângulo; para a quadratura, a ordenada com a abscissa infinitamente pequena são trazidas na ligação de um produto, na medida em que um plano em geral está assumido aritmeticamente como produto de linhas. A própria passagem de tais assim chamados elementos do plano, do arco etc. para a grandeza do plano, do arco etc. vale, então, somente como a ascensão da expressão infinita para a finita, ou seja, para a *soma* dos elementos infinitamente plurais, dos quais a grandeza exigida deve consistir.

Portanto, pode-se dizer apenas superficialmente que o cálculo integral é meramente o problema inverso, mas em geral mais difícil do cálculo diferencial; o interesse *real* [*reell*] do cálculo integral concerne, antes, exclusivamente à relação da função originária e da derivada uma para com a outra nos objetos concretos.

Tampouco nesta parte do cálculo, *Lagrange* resolveu deixar de lado as dificuldades dos problemas segundo a maneira rasa daquelas assunções diretas. Contribuirá ao esclarecimento da natureza da Coisa indicar igualmente os detalhes do seu procedimento a partir de alguns poucos exemplos. O mesmo procedimento se dá justamente a tarefa *de provar* por si que, entre determinações particulares de um todo matemático, por exemplo, de uma curva, ocorreria uma relação da função originária com a derivada. Mas agora, nesse campo, em virtude da natureza da própria relação que, no objeto matemático, traz em relação linhas curvas com linhas retas, dimensões lineares e funções das mesmas com dimensões de planos e de superfícies e a função deles etc., portanto, como *qualitativamente diversas*, isso não pode ser efetuado de modo direto; a determinação se deixa apreender assim somente como o meio-termo entre um *maior* e um *menor*. Certamente, com isso, entra de novo, por si mesma, a forma de um *crescimento* com *plus* e *minus*, e o *développons* vigoroso está em seu lugar; mas, como os crescimentos têm aqui somente o significado aritmético, finito, disso já se falou há pouco. A partir do desenvolvimento daquela condição, de que a grandeza a ser determinada seja maior do que o limite facilmente determinável e menor do que a outra, é então derivado, por exemplo, que a função da ordenada é a primeira função derivada para a função da área.

A retificação das curvas, tal como foi mostrada por *Lagrange*, na medida em que ele parte do princípio arquimediano, tem o interesse de compreender a *tradução* do método arquimediano para o princípio da análise moderna, o que permite vislumbrar o interior e o sentido verdadeiro da ocupação que, com o outro método, é levada a cabo, mecanicamente. O modo de procedimento é necessariamente análogo ao mesmo agora indicado; o princípio arquimediano que o arco de uma curva é maior do que sua corda e menor do que a soma de duas tangentes traçadas nos pontos finais do arco, na medida em que elas estão contidas entre esses pontos e seu ponto de intersecção, não dá nenhuma equação direta. A transposição daquela determinação fundamental arquimediana para a forma analítica moderna é a invenção de uma expressão que é por si uma equação fundamental simples, enquanto aquela forma expõe apenas a *exigência* de progredir entre um grande demais e um pequeno demais para o infinito, avançar que dá sempre novamente apenas um novo grande demais e um novo pequeno demais, contudo, em limites sempre mais estritos. Mediante o formalismo do infinitamente pequeno, é calculada desde já a equação $dz^2 = dx^2 + dy^2$. A exposição lagrangeana, partindo da base indicada, mostra, pelo contrário, que a grandeza do arco é a função originária em relação a uma derivada, da qual o próprio membro peculiar é uma função da relação de uma função derivada com a originária da ordenada.

Porque no procedimento *arquimediano*, como então mais tarde no tratamento *kepleriano* dos objetos estereométricos, ocorre a representação do infinitamente pequeno, isso foi tão frequentemente indicado como uma autoridade para o emprego que é feito dessa representação no cálculo diferencial, sem que fosse destacado o caráter peculiar e o distintivo. O infinitamente pequeno significa, inicialmente, a negação do quantum como um tal, isto é, como uma assim chamada expressão *finita*, da determinidade realizada plenamente, assim como ela tem o quantum como tal. Igualmente, nos famosos métodos subsequentes de *Valerius*[47], *Cavalieri*[48] e de outros que se fundam na consideração das *relações* dos objetos geométricos, a determinação fundamental de que o *quantum* como tal das determinações que são consideradas inicialmente apenas na relação está posta de lado para essa finalidade e elas, por consequência, devem ser tomadas como um *não grande*. Mas, em parte, com isso, o *afirmativo* em geral, que está por trás da determinação meramente negativa, não está conhecido e não está destacado qual surgiu abstratamente acima como a determinidade *qualitativa* de grandeza e essa, de modo mais determinado, resultou estar na relação de potências, – mas, em parte, na medida em que essa própria relação novamente compreende em si uma quantia de relações determinadas mais precisamente, como aquela de uma potência e de sua função de desenvolvimento, elas também se fundamentaram novamente na determinação geral e negativa do mesmo infinitamente pequeno e deveram ser derivadas disso. Na exposição lagrangeana destacada agora, está descoberto o afirmativo determinado que está no modo de desenvolvimento arquimediano da tarefa e, com isso, ao procedimento afetado por um ultrapassar ilimitado, foi dado seu limite exato. O grande feito da invenção moderna por si e por sua capacidade de solucionar problemas anteriormente intratáveis e de tratar os problemas anteriormente solucionáveis de uma maneira simples, precisa unicamente ser posto na descoberta da relação das funções originárias com as assim chamadas funções derivadas e das partes que estão em um todo matemático em uma tal relação.

---

47. Luca Valerio, 1552-1618, matemático italiano [N.E.A.].
48. Francesco Bonaventura Cavalieri, 1598-1647, matemático italiano [N.E.A.].

As menções feitas podem ser suficientes para a finalidade de destacar o peculiar da relação de grandezas, relação que é o objeto do tipo particular de cálculo do qual se trata. Essas menções puderam se limitar a problemas simples e a suas maneiras de solução; e nem teria sido apropriado para a determinação do conceito, da qual aqui unicamente se tratava, nem teria estado na capacidade do autor de empreender o âmbito total da assim chamada aplicação do cálculo diferencial e integral e de aperfeiçoar a indução de que o princípio mostrado está no fundamento do mesmo, por meio da recondução de todos os problemas deles e de suas soluções ao princípio. Mas o que foi trazido aqui mostrou suficientemente que, como cada operação particular tem uma determinidade particular ou relação da grandeza como seu objeto e uma tal relação constitui o adicionar, multiplicar, o elevar a potências e extrair as raízes, o cálculo com logaritmos, séries etc., igualmente o cálculo diferencial e integral; para o que pertence a esse cálculo, o nome da relação de uma função de potências e da função do seu desenvolvimento ou potenciação poderia ser o mais adequado, porque ele está o mais próximo da intelecção da natureza da Coisa. Somente como as operações conforme as outras relações de grandeza, como adicionar etc., são igualmente usadas, em geral, nesse cálculo, são aplicadas também as relações de logaritmos, de círculo e de séries, em especial, a fim de tornar mais tratáveis expressões em benefício das operações necessárias do derivar das funções originárias a partir das funções do desenvolvimento. Com a forma das séries, o cálculo diferencial e integral tem, decerto, em comum o interesse mais preciso de determinar as funções do desenvolvimento que, nas séries, chamam-se de coeficientes dos membros; mas, na medida em que o interesse daquele cálculo concerne somente à relação da função originária com o coeficiente mais próximo de seu desenvolvimento, a quantia ordenada de membros, conforme potências que estão providas com aqueles coeficientes, quer apresentar uma *soma*. O infinito que ocorre na série infinita, a expressão indeterminada do negativo do quantum em geral, não tem nada em comum com a determinação afirmativa que está no infinito daquele cálculo. Igualmente o infinitamente pequeno, como o *crescimento* mediante o qual o desenvolvimento cai na forma da série, é somente um meio exterior para o desenvolvimento e sua assim chamada infinidude [é] sem nenhum outro significado senão o deter nenhum além do que aquele meio; a série, uma vez que ela não é, de fato, exigida, provoca um *demais* e eliminá-lo de novo constitui o cansaço supérfluo. Por esse cansaço, o método de *Lagrange*, o qual preferencialmente assumiu de novo a forma da série, está igualmente pressionado; embora o método seja aquele pelo qual se destaca a peculiaridade verdadeira, no que se denomina de *aplicação*, na medida em que, sem forçar as formas de *dx, dy* etc. *para dentro dos objetos*, é diretamente comprovada aquela parte à qual compete nelas a determinidade da função derivada (do desenvolvimento) e se mostra, com isso, que não é a forma da série que aqui se trata[49].

Observação 3 [Ainda outras formas conectadas com a determinidade qualitativa da grandeza]

O infinitamente pequeno do cálculo diferencial é, no seu sentido afirmativo, como a determinidade *qualitativa* da grandeza e, dessa, tem sido mostrado mais precisamente que ela está presente nesse cálculo como determinidade de potências não apenas em geral, mas como a [determinidade] particular da relação de uma função de

---

[49]. Na crítica acima indicada (*Jahrbuch für wissenschaftliche Kritik*, vol. II, 1827, n. 155, 6), encontram-se indicados enunciados interessantes de um profundo erudito do setor, o Sr. *Spehr* [Friedrich Wilhelm Spehr, 1799-1833, matemático em Brunsvique – N.E.A.] tirados de seus *Novos princípios do cálculo dos fluentes*, Brunsvique, 1826, que, a saber, concernem a uma circunstância que contribuiria essencialmente às obscuridades e ao que é não científico no cálculo diferencial e concordam com aquilo que foi dito sobre a relação universal da *teoria* deste cálculo: "Não se isolaram", assim dito naquele lugar "do próprio cálculo diferencial, *pesquisas* puramente *aritméticas* que, sem dúvida, dentre todas as semelhantes, referem-se inicialmente ao cálculo diferencial; essas pesquisas foram tomadas, assim como *Lagrange* as tomou, como *a Coisa mesma*, enquanto se viu essa apenas como aplicação daquelas pesquisas. Essas pesquisas aritméticas compreendem em si as regras da diferenciação, a derivação do teorema de Taylor etc., até mesmo os diversos métodos de integração. O *caso é o completamente oposto*; aquelas *aplicações* são precisamente o que constitui o *objeto do próprio* cálculo diferencial, e todos aqueles desenvolvimentos e operações aritméticos *pressupõe-nas* fora da análise". – Foi mostrado como em *Lagrange* a separação da assim chamada aplicação do procedimento da parte geral que começa nas séries serve justamente para trazer à luz a *Coisa peculiar* do cálculo diferencial por si. Mas, na intelecção interessante do Sr. Autor, que justamente são as assim chamadas aplicações que constituem o *objeto* do *próprio* cálculo diferencial, é preciso admirar como o mesmo quis se entregar à metafísica formal (aqui indicada) da grandeza *contínua, devir, fluir* etc. e ainda quis aumentar tal lastro com um novo; essas determinações são *formais*, na medida em que elas são apenas categorias universais que não indicam justamente o *específico* da *Coisa*, que precisou ser conhecida e abstraída das doutrinas concretas, das aplicações [N.H.].

potência com a potência do desenvolvimento. Mas a determinidade qualitativa ainda está presente também na forma ulterior, por assim dizer, mais fraca e essa, assim como o emprego do infinitamente pequeno que a ela se refere, e o sentido dele nesse emprego, deve ser ainda considerada nesta observação.

A respeito disso, na medida em que partimos do que foi dito anteriormente, é preciso, antes de mais nada, lembrar que as determinações diferentes de potência emergem, inicialmente, do lado *analítico* de modo que elas são, nisso, apenas formais e inteiramente *homogêneas* e significam *grandezas numéricas* que, como tais, não têm aquela diversidade qualitativa uma frente à outra. Mas, na aplicação a objetos espaciais, a relação analítica se mostra inteiramente na sua determinidade qualitativa como o passar de determinações lineares para [determinações] de superfícies, de determinações retilíneas para [determinações] curvilíneas etc. Essa aplicação, além disso, traz consigo que os objetos espaciais, dados de acordo com a sua natureza, na forma de grandezas *contínuas*, são apreendidos de maneira *discreta*; a superfície, portanto, como um conjunto de linhas; a linha, como um conjunto de pontos etc. Essa dissolução tem o único interesse em determinar até mesmo os pontos nos quais a linha está dissolvida, as linhas nas quais a superfície está dissolvida etc., a fim de, a partir de tal determinação, poder continuar de maneira analítica, isto é, propriamente aritmética; esses pontos de partida são, para as determinações de grandeza a serem encontradas, os *elementos* a partir dos quais a função e a equação para o concreto, a grandeza *contínua*, devem ser derivadas. Para os problemas, onde se mostra principalmente o interesse de usar esse procedimento, exige-se, no elemento *de partida, algo determinado para si mesmo, em contraste* com o caminho, que é indireto, na medida em que ele pode começar, pelo contrário, apenas com *limites*, entre os quais estaria o que é determinado para si, ao qual ele se direciona como sua meta. Em ambos os métodos, o resultado dá no mesmo, apenas se se pode descobrir a lei do determinar progressivo ulterior, sem poder alcançar a determinação perfeita, isto é, aquela assim chamada finita. A *Kepler* é atribuída a honra de ter tido, pela primeira vez, o pensamento daquela inversão do caminho e de ter feito do discreto o ponto de partida. Sua explicação de como ele entende a primeira proposição na medição do círculo de *Arquimedes* expressa isso de modo simples. Como se sabe, a primeira proposição de Arquimedes diz que o círculo é igual a um triângulo retângulo, do qual um cateto é igual ao raio, o outro, à circunferência do círculo. Na medida em que Kepler toma o sentido dessa proposição de modo que a *circunferência* do círculo teria igualmente tantas partes quanto *pontos*, isto é, infinitamente muitas, das quais cada uma poderia ser considerada como a base de um triângulo isósceles etc., ele expressa a *dissolução do contínuo* na forma do *discreto*. A expressão do *infinito* que aqui ocorre é ainda amplamente distante da determinação que ela deve ter no cálculo diferencial. – Se agora, para tais discretos, encontra-se uma determinidade, função, então elas devem ser, além disso, reunidas, essencialmente, como elementos do contínuo. Mas, visto que uma soma de pontos não dá linha alguma, uma soma de linhas não dá superfície alguma, os pontos *já são*, desde logo, *tomados como lineares*, como as linhas enquanto bidimensionais [*flächenhaft*]. Contudo, porque aqueles lineares, ao mesmo tempo, ainda *não devem ser linha alguma*, o que eles seriam, se fossem tomados como quantum, eles são representados como *infinitamente pequenos*. O discreto é capaz apenas de um reunir *externo*, no qual os momentos conservam o sentido de uno discreto; a passagem analítica dos mesmos ocorre apenas para a *soma* deles, ela não é, ao mesmo tempo, a [passagem] geométrica do *ponto* para a *linha* ou da *linha* para a *superfície* etc.; ao elemento, que tem sua determinação como ponto ou como linha, é dada, portanto, também, ao mesmo tempo, com aquele [o ponto], a qualidade linear, com esta [a linha], a qualidade de superfície, para que a soma, enquanto soma de linhas pequenas, torne-se uma linha e, enquanto soma de superfícies pequenas, uma superfície.

A necessidade de conservar esse momento da passagem qualitativa e, para isso, de apelar ao *infinitamente pequeno*, precisa ser vista como a fonte de todas as representações que, na medida em que devem resolver aquela dificuldade, são, nelas mesmas, a maior dificuldade. Para dispensar esse auxílio, precisaria poder ser mostrado que, no próprio procedimento analítico, o qual aparece como um mero *somar*, já está contido, de fato, um *multiplicar*. Mas, a esse respeito, entra em cena uma nova assunção, que constitui a base nessa aplicação de relações aritméticas às configurações geométricas; a saber, que o multiplicar aritmético é, também para a determinação geométrica, uma passagem para uma dimensão superior, – a multiplicação aritmética de grandezas, que, segundo suas determinações espaciais, são *linhas*, seria, ao mesmo tempo, uma produção do linear para a *determinação da superfície*; 3 vezes 4 pés lineares dá 12 pés lineares, mas 3 pés lineares *vezes* 4 pés lineares dá 12 pés de superfície e, com efeito, pés quadrados, na medida em que em ambos enquanto grandezas discretas, a unidade é a mesma. A *multiplicação* de *linhas* com *linhas* se apresenta inicialmente como algo absurdo na medida em que a multiplicação em geral concerne a números, isto é, é uma alteração de tais, os quais *são inteiramente homogêneos* com aquilo para o qual passam, com *o produto* e alteram somente a *grandeza*. Pelo contrário, aquilo que se chamaria de multiplicar linha como tal com linha – tem sido denominado *ductus lineae in lineam* como *plani in planum*, e também *ductus puncti in lineam* –, é uma alteração não meramente da grandeza, mas dela enquanto *determinação qualitativa da espacialidade*, enquanto de uma dimensão; o passar da linha para a superfície precisa ser apreendido como *vir para fora de si* dela mesma, assim como o vir para fora de si do ponto é a linha, o da superfície é um espaço total. Isso é o mesmo que é representado de modo que o *movimento* do ponto é a linha etc.; mas o movimento inclui a determinação temporal e aparece assim naquela representação mais apenas como uma alteração contingente, externa do estado; porém, é preciso tomar a determinidade conceitual que foi expressa como vir para fora de si – a alteração qualitativa, que é, aritmeticamente, um multiplicar da unidade (como do ponto etc.) pelo valor numérico (pela linha etc.). – Pode ser ainda observado sobre isso que, no vir para fora de si da superfície, o que apareceria como um multiplicar de superfície por superfície, a aparência de uma diferença do produzir aritmético e geométrico se engendra de modo que o vir para fora de si da superfície como *ductus plani in planum* daria aritmeticamente uma multiplicação da segunda determinação da dimensão por uma semelhante, com isso, um produto de quatro dimensões, o qual, porém, é rebaixado a três por meio da determinação geométrica. Se, por um lado, o número dá a determinação firme para o quantitativo externo, porque ele tem por seu princípio o um, [por outro lado,] seu produzir é igualmente formal; 3 · 3 tomado como determinação numérica, produzindo a si mesmo, é 3 · 3 x 3 ·

3; mas a mesma grandeza, que se produz como determinação de superfície, é retida em *3 · 3 · 3* , porque o espaço como um ir para fora do ponto representado apenas como limite abstrato, tem seu limite verdadeiro enquanto determinidade *concreta* a partir da linha na terceira dimensão. A diferença indicada poderia mostrar sua eficácia a respeito do movimento livre, em que um, o lado espacial, está sob a determinação geométrica (na lei kepleriana $s^3 : t^2$), o outro, o lado temporal, sob a determinação aritmética.

Como o qualitativo, que aqui é considerado, é diverso do objeto da observação anterior, pode agora ficar claro por si mesmo, sem observação ulterior. Naquela, o qualitativo estava na determinidade de potência; aqui, o mesmo é como o infinitamente pequeno, apenas como fator aritmeticamente frente ao produto ou como ponto frente à linha, linha frente à superfície etc. Agora, a passagem qualitativa, que precisa ser feita a partir do discreto, como aquele no qual a grandeza contínua é representada [como] dissolvida, para o contínuo, é efetivada como um somar.

Mas que a suposta mera soma contenha em si mesma, de fato, uma multiplicação, portanto, a passagem da determinação linear para a determinação de superfície, aparece do modo mais simples na maneira como se mostra, por exemplo, que a área de um trapézio é igual ao produto da soma de ambas as linhas paralelas opostas pela metade da altura. Essa altura é representada apenas como o *valor numérico* de uma quantia de grandezas *discretas*, que devem ser somadas. Essas grandezas são linhas que estão paralelas entre aquelas duas paralelas limitantes; há infinitamente muitas delas, pois elas devem constituir a superfície, mas são linhas que, portanto, para ser algo bidimensional, precisam, ao mesmo tempo, ser postas com a negação. Para escapar à dificuldade de que uma soma de linhas deveria dar uma superfície, as linhas são assumidas, desde logo, como superfícies, mas igualmente como [superfícies] *infinitamente finas*, pois elas têm sua determinação unicamente no linear dos limites paralelos do trapézio. Como paralelas e limitadas através do outro par dos lados retilíneos, elas podem ser representadas como os membros de uma progressão aritmética, cuja diferença é em geral a mesma, mas não precisa ser determinada, e cujo primeiro e último membro são aquelas duas paralelas; a soma de tal série é – como se sabe –

o *produto* daquelas paralelas pela metade do *valor numérico* dos membros. Esse último quantum se chama de *valor numérico* apenas relativamente à representação das infinitamente muitas linhas; é a determinidade de grandeza em geral de um *contínuo*, – da altura. É nítido que, o que se chama soma, é um *ductus lineae in lineam*, um *multiplicar* de linear por linear, conforme a determinação acima, um emergir do bidimensional. Agora, no caso mais simples de um retângulo em geral, *ab*, cada um de ambos os fatores é uma grandeza simples; mas já no próprio exemplo elementar ulterior do trapézio, só um fator é o simples da metade da altura, o outro, pelo contrário, é determinado através de uma progressão; ele é igualmente um linear, mas cuja determinidade de grandeza é mais complicada; na medida em que ela pode ser expressa apenas por uma série, o interesse de somá-la se chama analítico, quer dizer, aritmético; mas o momento geométrico nisso é a multiplicação, o qualitativo da passagem da dimensão da linha para a superfície; um fator foi tomado como *discreto* apenas para a determinação aritmética do outro e é por si só, como este, a grandeza de um linear.

O procedimento de representar superfícies como somas de linhas, porém, também é usado frequentemente onde não ocorre uma multiplicação como tal em benefício do resultado. Isso acontece onde não se trata de indicar a grandeza na equação como quantum, mas em uma proporção. É, por exemplo, uma maneira bem conhecida de mostrar que uma área de círculo se relacionaria com a superfície de uma elipse, cujo grande eixo é o diâmetro daquele, como o grande eixo se relaciona com o pequeno, na medida em que cada uma dessas superfícies é tomada como a *soma* das *ordenadas* pertinentes a ela; cada ordenada da elipse se relaciona com aquela correspondente do círculo como o eixo pequeno se relaciona com o grande; portanto, infere-se que igualmente [se] relacionam as *somas* das ordenadas, isto é, também *as superfícies*. Aqueles que, nesse caso, querem evitar a representação da superfície como a de uma soma de linhas, recorrem ao auxílio comum, inteiramente supérfluo, de tornar as ordenadas *trapézios* de infinitamente pequena largura; visto que a equação é somente uma proporção, compara-se apenas um dos dois elementos lineares da superfície. O outro, o eixo da abscissa, está na elipse e no círculo, assumido como igual, como fator de determinação aritmética de grandeza, portanto, igual *1*, e a proporção, por conseguinte, depende por inteiro apenas da relação de um momento determinante. Para a *representação* da superfície, as duas dimensões são necessárias; mas a *determinação de grandeza*, como ela deve ser indicada naquela proporção, concerne unicamente apenas a *um* momento; auxiliar ou ceder, assim, à representação de que a representação da *soma* é acrescentada a esse *único* momento é propriamente uma desconsideração daquilo que é aqui relevante para a determinidade matemática.

O que aqui foi discutido contém também o critério para o método anteriormente mencionado dos *indivisíveis* de *Cavalieri*, o qual, com isso, está igualmente justificado e não precisa do apelo ao infinitamente pequeno. Esses indivisíveis são linhas, na medida em que ele considera um plano, ou quadrados, áreas de círculo, na medida em que ele observa uma pirâmide ou um cone etc.; a base linear, a base bidimensional, assumidas como determinadas, ele denomina de *regra*; a constante, em relação à série, é o primeiro ou último membro da mesma; com ela, aqueles indivisíveis são considerados paralelos, portanto, em igual determinação a respeito da figura. Agora, o princípio geral de *Cavalieri* é (*Exercitationes geometricae*, VI – da obra mais tardia [1647] – Exerc. I, p. 6) "que todas as figuras, tanto planas quanto corpóreas, estão na *relação* de todos seus indivisíveis; esses se comparam um com o outro coletivamente e, quando porventura se realiza uma relação em comum em tais indivisíveis, distributivamente". – Para esse intuito, ele compara, nas figuras, feitas de *igual* base e altura, as relações das linhas que são traçadas paralelamente com aquelas e *na igual distância* com elas; todas essas linhas de uma figura têm uma e a mesma determinação e constituem todo o conteúdo dela. De tal modo, Cavalieri prova, por exemplo, também a proposição elementar de que paralelogramos de igual altura estão na relação de sua base; cada uma das duas linhas, em igual distância da base e paralela com ela, traçada em ambas as figuras, está na mesma relação da base, portanto, as figuras inteiras [estão na mesma relação]. De fato, as linhas não constituem o conteúdo da figura enquanto *contínua*, mas o conteúdo, na medida em que ele deve ser *determinado* aritmeticamente; o linear é seu elemento, unicamente através do qual a determinidade do mesmo precisa ser apreendida.

Com isso, somos levados a refletir sobre a diferença que ocorre a respeito de onde cai a *determinidade* de uma figura; a saber, ou ela está constituída como aqui a *altura* da figura, ou ela é *limite exterior*. Na medida em que ela é como *limite exterior*, admite-se que a *continuidade* da figura *se segue*, por assim dizer, à igualdade ou à relação do limite; por exemplo, a igualdade das figuras que são *congruentes*, se baseia no fato de que as linhas limitantes são congruentes. Mas, nos paralelogramos de igual altura e base, apenas a última determinidade é um limite exterior; a altura, não a *paralelidade* em geral, na qual repousa a *segunda determinação principal* das figuras, sua *relação*, gera um segundo princípio da determinação para os limites exteriores. A prova euclidiana da igualdade dos paralelogramos, que têm a altura e base iguais, recondu-los a triângulos, a contínuos *exteriormente limitados*; na prova de Cavalieri, que inicialmente concerne à proporcionalidade dos paralelogramos, o limite é *determinidade de grandeza enquanto tal* em geral, limite que, enquanto tomado em cada par de linhas que são traçadas com igual distância em ambas as figuras, é explicado. Essas linhas iguais ou estando em relação igual com a base, tomadas *coletivamente*, dão as figuras que estão em igual relação. A representação de um *agregado* de linhas vai contra a continuidade da figura; unicamente a consideração das linhas esgota perfeitamente a determinidade que importa. Cavalieri dá resposta frequente à dificuldade, como se a representação dos indivisíveis trouxesse consigo que devem ser comparadas, segundo o *valor numérico*, linhas ou planos infinitos (*Geometria* [*indivisibilium continuorum nova*, 1635], lib. II, Prop. I, Schol.); ele estabelece a diferença correta de que ele não compara o *valor numérico* dos mesmos, que não conhecemos – isto é, antes, o valor numérico, como foi observado, é uma representação vazia tomada como auxílio –, mas apenas a *grandeza*, isto é, a determinidade quantitativa como tal que é igual ao espaço ocupado por essas linhas; porque esse [o espaço] está incluso em limites, também aquela sua grandeza está inclusa nesses limites; *o contínuo não é outra coisa senão o próprio indivisível*, diz ele; se o contínuo fosse algo *fora desses limites*, então ele não seria comparável; mas seria absurdo dizer que contínuos limitados não fossem comparáveis um com ou outro.

Vê-se que Cavalieri quer diferenciar aquilo que pertence à *existência externa* do contínuo daquilo onde cai sua *determinidade* e que precisa ser unicamente destacado para a comparação e em benefício de teoremas sobre o mesmo. As categorias que ele utiliza para esse propósito, [a saber,] que o contínuo seria *composto* a partir dos, ou *consista* nos indivisíveis ou semelhantes, não são de fato suficientes, porque, nesse caso, a intuição do contínuo ou, como dito antes, sua existência externa, é, ao mesmo tempo, levada em consideração; em vez de dizer que o contínuo não é outra coisa senão os próprios indivisíveis, seria por si mais correto e, com isso, também até mesmo mais claro, dizer que a determinidade de grandeza do contínuo não é outra senão a dos próprios indivisíveis. – Cavalieri não leva em conta a má consequência de que haja infinitos maiores e menores tirada, *pela escola*, da representação de que os indivisíveis constituem o contínuo, e expressa, além disso (*Geometria*, Lib. VII, Praef.), a consciência mais determinada de que ele não seria de modo algum forçado, por meio da sua maneira de provar, à representação da composição do contínuo a partir dos indivisíveis; os *contínuos se seguem apenas da proporção dos indivisíveis*. Ele teria tomado os agregados dos indivisíveis não da maneira em que parecem cair para a determinação da infinitude, em virtude de um *conjunto infinito* de linhas ou de planos, mas, na medida em que eles têm neles *uma constituição determinada e uma natureza da limitez*. Mas a fim de, todavia, afastar essa pedra de tropeço, ele não se poupou do cansaço de, ainda no sétimo livro, acrescentado justamente para isso, provar as proposições capitais de sua geometria de uma maneira que permaneça livre da intromissão da infinitude. – Essa maneira reduz as provas à forma habitual há pouco indicada do *ser congruente* [*Decken*] das figuras, isto é, como foi observado, da representação da determinidade como *limite espacial exterior*.

Sobre essa forma do ser congruente, ainda pode inicialmente ser observado que ela, em geral, é uma ajuda, por assim dizer, infantil para a intuição sensível. Nas proposições elementares sobre os triângulos, são representados dois, um ao lado do outro, e na medida em que são assumidos de cada seis partes deles, respectivamente, três certas como igualmente grandes, com as três correspondentes do outro triângulo, é mostrado que tais triângulos seriam congruentes um ao outro, isto é, cada um também teria as *demais três* partes igualmente grandes com aquelas do outro, – porque eles *cobrem [decken] um ao outro* em virtude da igualdade conforme aqueles três primeiros. Se se apreende a Coisa mais abstratamente, então, justamente em virtude dessa igualdade de cada par das partes correspondentes uma com a outra em ambos os triângulos, está presente somente um triângulo; nesse, estão assumidas três partes como *já determinadas*, do que, pois, segue-se a *determinidade* também das demais três partes. A determinidade é apresentada, deste modo, como *plenamente realizada* em três partes; para a determinidade como tal, as três partes restantes são, com isso, uma *abundância*, a *abundância da existência sensível*, isto é, da intuição da continuidade. Enunciada de tal forma, aqui emerge a determinidade qualitativa na diferença àquilo que está presente na intuição, ao todo como um contínuo em si; o *ser congruente* não deixa que essa diferença venha à consciência.

Com as linhas paralelas e nos paralelogramos, como foi observado, entra em cena uma nova circunstância, em parte, a igualdade apenas dos ângulos, em parte, a altura das figuras, da qual são diferenciados os limites exteriores delas, os lados do paralelogramo. Nesse caso, aparece a ambiguidade sobre até que ponto nessas figuras, fora da determinidade de um lado, a base, que é como limite exterior, precisa ser tomado, para a outra determinidade, o *outro limite exterior*, a saber, o outro lado do paralelogramo, ou, porém, a altura. Em ambas as figuras de mesma base e altura, das quais uma é retangular, a outra muito pontuda, com isso tem, por ângulos opostos, ângulos muito obtusos, a última pode facilmente parecer à intuição maior do que a primeira, na medida em que a intuição toma o maior lado presente da mesma como *determinante* e, segundo o modo de representação de Cavalieri, compara os planos conforme um *conjunto* de linhas paralelas, por meio das quais eles podem ser cortados; o lado *maior* poderia ser visto como uma possibilidade de *mais* linhas do que dá o lado vertical do retângulo. Tal representação, contudo, não proporciona nenhuma objeção contra o método de Cavalieri; pois o conjunto de linhas paralelas representado em ambos os paralelogramos para a comparação pressupõe, ao mesmo tempo, *a igualdade da distância delas* uma da outra ou da base, do que se segue que a altura – e não o outro lado do paralelogramo – é o *outro momento determinante*. Mas, além disso, isso se altera, se dois paralelogramos que são de igual altura e base são comparados um com o outro, mas não estão em um plano e formam ângulos diversos em relação a um terceiro plano; aqui intersecções paralelas que se originam, quando se imagina o terceiro plano colocado por meio delas e progredindo paralelamente consigo, não são mais equidistantes, e aqueles dois planos são desiguais um em relação ao outro. Cavalieri chama cuidadosamente atenção para essa diferença, que ele determina como uma diferença do *transitus rectus* e *transitus obliquus* dos indivisíveis (nas *Exercitationes* I, n. XII fs., assim como já na *Geometria* I, II), e, com isso, acaba com o mal-entendido superficial que poderia se originar conforme esse lado. Eu me lembro que *Barrow*, na sua obra já mencionada (*Lectiones geometricae* II, p. 21), na medida em que igualmente utilizou o método dos indivisíveis – todavia, já o deslocou e o tornou impuro com a assunção, passada a partir dele para seu aluno Newton e para os demais contemporâneos matemáticos, dentre os quais também Leibniz, da equiparabilidade de um triângulo curvo, tal como é o assim chamado triângulo característico, com um triângulo reto, na medida em que ambos seriam infinitos, isto é, *muito* pequenos – indicou uma objeção, que vai nessa direção, de Tacquet[50], um geômetra sagaz daquela época, atuante igualmente em novos métodos. A dificuldade levantada por esse se relaciona igualmente com a questão de qual linha e, com efeito, no cálculo de superfícies cônicas e esféricas, deva ser tomada como *momento fundamental da determinação* para a consideração apoiada na aplicação do discreto. Tacquet objeta contra o método dos indivisíveis que, se a *superfície* de um cone retangular devesse ser calculada, então, conforme aquele método atomista, o triângulo do cone seria representado como composto das *linhas* retas paralelas com a base e perpendiculares ao eixo, linhas as quais são, ao mesmo tempo, os *raios dos círculos*, dos quais a *superfície* do cone consistiria. Agora, se essa superfície fosse determinada como soma das circunferências [*Peripherie*] e essa soma fosse determinada a partir do valor numérico de seus raios, isto é, da grandeza do eixo, da altura do cone, então tal resultado estaria em contradição com a verdade ensinada e provada de outra maneira por Arquimedes. Barrow mostra agora,

---

50. André Tacquet, 1612-1660, matemático belga [N.E.A.].

pelo contrário, que, para a determinação da superfície, não precisaria ser tomado o eixo, mas o *lado* do triângulo do cone enquanto aquela linha, cuja rotação geraria a superfície e a qual, portanto, e não o eixo, precisaria ser tomada como a determinidade de grandeza para o conjunto das circunferências.

Tais objeções ou incertezas têm sua fonte unicamente na representação indeterminada utilizada do conjunto *infinito* dos pontos, os quais são vistos como constituindo as linhas, ou de linhas, as quais são vistas como constituindo a superfície etc.; por meio dessa representação, a determinidade essencial de grandeza das linhas ou das superfícies é posta nas sombras. – A intenção desta observação foi apontar as determinações *afirmativas* que, no emprego diverso que é feito do infinitamente pequeno na matemática, permanecem, por assim dizer, no pano de fundo, e tirá-las da nebulosidade na qual elas são envolvidas por meio daquela categoria tida meramente de modo negativo. Na série infinita, como nas medições de círculo arquimedianas, o infinito significa nada mais do que o fato de que a lei da determinação progressiva está bem conhecida, mas a assim chamada expressão *finita*, isto é, a aritmética, não [está] dada, a recondução do arco à linha reta não pode ser efetivada; essa incomensurabilidade é a diversidade qualitativa dos mesmos. A diversidade qualitativa do discreto com relação ao contínuo em geral contém igualmente uma determinação negativa que a deixa aparecer como incomensurável e que produz o infinito, no sentido de que o contínuo a ser tomado como discreto, agora, não deve ter mais nenhum quantum conforme sua determinidade contínua. O contínuo, que precisa ser tomado aritmeticamente como *produto*, está, com isso, posto discretamente nele mesmo, a saber, está analisado nos elementos que são seus fatores; nesses, está sua determinidade de grandeza; são justamente eles que são esses fatores ou elementos de uma dimensão inferior e, na medida em que a determinidade de potências entra em cena, de uma potência inferior do que a grandeza, da qual eles são elementos ou fatores. Aritmeticamente, essa diferença aparece como meramente quantitativa – da raiz e da potência ou seja qual for a determinidade de potência; contudo, se a expressão concerne apenas ao quantitativo como tal, por exemplo, $a : a^2$ ou $d \cdot a^2 = 2a : a^2 = 2 : a$, ou para a lei da queda, $t : at^2$, então ela dá as relações insignificantes de $1 : a$,

2 : a, 1 : at; os lados precisariam ser mantidos separados frente a sua mera determinação quantitativa através do significado qualitativo diferenciado, como *s : at²*, pelo qual a grandeza é enunciada como uma qualidade, como função da grandeza de uma outra qualidade. Nesse caso, então, meramente a determinidade quantitativa está diante da consciência, com a qual se opera sem dificuldade conforme sua maneira e não pode haver nenhum mal em multiplicar a grandeza de uma linha pela grandeza de uma outra linha; mas a multiplicação dessas mesmas grandezas dá, ao mesmo tempo, a alteração qualitativa da passagem da linha para a superfície; nessa medida, entra em cena uma determinação negativa; ela é que ocasiona a dificuldade que deve ser resolvida por meio da intelecção na sua peculiaridade e na natureza simples da Coisa, mas, por meio da ajuda do infinito, pelo qual ela deve ser eliminada, antes, apenas é envolta em confusão e deixada inteiramente irresolvida.

TERCEIRO CAPÍTULO
A RELAÇÃO QUANTITATIVA

A infinitude do quantum foi determinada de tal forma que ela é o além negativo do mesmo que, porém, ele tem nele mesmo. Este além é o qualitativo em geral. O quantum infinito é como a unidade de ambos os momentos, da determinidade quantitativa e qualitativa, inicialmente, *relação*.

Na relação, o quantum não tem mais uma determinidade apenas indiferente, mas está determinado qualitativamente como relacionado pura e simplesmente a seu além. Ele se continua no seu além; esse é, inicialmente, um *outro* quantum em geral. Mas, essencialmente, eles não estão relacionados um com o outro como quanta externos, mas *cada um tem sua determinidade nessa relação com o outro*. Eles, assim, retornaram para dentro de si nesse seu ser outro; o que cada um é, ele é no outro; o outro constitui a determinidade de cada um deles. – O ir além de si do quantum tem agora, portanto, o sentido de que ele nem apenas se alterou para um outro, nem para seu outro abstrato, para seu além negativo, mas nisso alcançou sua determinidade; ele encontra *a si mesmo* no seu além, que é um outro quantum. A *qualidade* do quantum, sua determinidade do conceito, é sua exterioridade em geral e, na relação, ele está agora *posto* de modo a ter sua determinidade na sua exterioridade, em um outro quantum, de modo a ser, no seu além, o que ele é.

São quanta os que têm a relação que surgiu um para com o outro. Essa *relação* é, ela mesma, também uma grandeza; o quantum não é apenas *na relação*, mas *ele mesmo está posto enquanto relação*; é *um* quantum em geral que tem aquela determinidade qualitativa *dentro de si*. Assim, enquanto relação, ele se expressa como totalidade encerrada em si e [como] sua indiferença frente ao limite, pelo fato de que ele tem a exterioridade do seu ser determinado dentro de si mesmo e, nela, está relacionado apenas consigo, com isso, é infinito nele mesmo.

A relação em geral é:

1) a relação *direta*. Na mesma, o qualitativo ainda não emergiu como tal para si; ele não é ainda de nenhuma outra maneira senão a do quantum, de ser posto de modo a ter sua determinidade na sua própria exterioridade. – A relação quantitativa é, em si, a contradição da exterioridade e da relação consigo mesmo, do subsistir dos quanta e da negação dos mesmos; – ela se suprassume, na medida em que, inicialmente,

2) na relação *indireta*, a *negação* de um quantum como tal é posta junto com a alteração do outro e a alterabilidade da relação direta, ela mesma, é posta;

3) mas, na *relação de potências*, a unidade que se relaciona consigo na sua diferença se faz valer como autoprodução simples do quantum; este próprio qualitativo posto, finalmente, em determinação simples, e idêntico ao quantum, torna-se a *medida*.

Sobre a natureza das seguintes relações, foi antecipado muito nas observações anteriores, no que diz respeito ao infinito da quantidade, isto é, ao momento qualitativo da mesma; resta, portanto, ser desdobrado apenas o conceito abstrato dessas relações.

A. A relação direta

1) Na relação, a qual é, como imediata, a *direta*, está reciprocamente a determinidade de um quantum na determinidade do outro. É apenas *uma* determinidade ou limite de ambos, que é, ela mesma, quantum, o *expoente* da relação.

2) O expoente é qualquer quantum; mas é quantum determinado qualitativamente que, nele mesmo, *relaciona-se consigo* em sua *exterioridade*, apenas na medida em que ele tem a diferença dele, seu além e ser outro, nele mesmo. Mas esta diferença do quantum nele *mesmo* é a diferença da *unidade* e do *valor numérico*; a unidade, o

ser determinado para si, o valor numérico – o ir e vir indiferente na determinidade, a indiferença exterior do quantum. Unidade e valor numérico eram, primeiramente, os momentos do quantum; agora na relação, ao quantum que, nessa medida, está realizado, cada um dos seus momentos aparece como *um quantum próprio* e como determinações do seu ser aí, como limitações frente à determinidade de grandeza que, de outra maneira, [seria] apenas externa, indiferente.

O expoente é essa diferença como determinidade simples, quer dizer, ele tem imediatamente o significado de ambas as determinações nele mesmo. Ele é, *em primeiro lugar*, quantum, assim, ele é o valor numérico. Se um lado da relação, que é tomado como unidade, está expresso como uno numérico – e ele vale apenas como tal –, então o outro, o valor numérico, é o quantum do próprio expoente. *Em segundo lugar*, ele é a determinidade simples enquanto o qualitativo dos lados da relação; se o quantum de um está determinado, também o outro está determinado pelo expoente, e é completamente indiferente como o primeiro é determinado; como quantum determinado por si, ele não tem mais significado algum, mas pode bem ser igualmente qualquer outro [quantum], sem variar a determinidade da relação que repousa unicamente no expoente. Um, que está tomado como unidade, permanece, não importa quão grande ele se torne, sempre unidade, e o outro, igualmente não importando quão grande se torne, precisa permanecer *o mesmo* valor numérico daquela unidade.

3) De acordo com isso, ambos constituem propriamente apenas *um* quantum; um tem frente ao outro apenas o valor da unidade, não de um valor numérico; o outro, apenas o do valor numérico; conforme a *determinidade do conceito deles*, eles mesmos *não* são quanta *completos*. Mas essa incompletude é uma negação neles, e isso não conforme sua variabilidade em geral, segundo a qual um (e cada um é um dos dois) pode assumir todas as grandezas possíveis, mas conforme a determinação de que, se um é variado, o outro é aumentado ou diminuído igualmente; isso significa, como mostrado, que apenas *um*, a unidade, varia como quantum, o outro lado, o valor numérico, permanece o mesmo quantum *de unidades*, mas também aquela permanece igualmente apenas como unidade *vigente*, não importa o quanto ela queira variar como quantum. Cada lado é, assim, apenas

um de ambos os momentos do quantum, e a autossubsistência que pertence à peculiaridade dele está *negada* em si; nessa conexão qualitativa, eles precisam ser *postos* como *negativos* um frente ao outro.

O expoente deve ser o quantum completo, na medida em que a determinação de *ambos* os lados converge nele; mas ele tem, de fato, como próprio quociente, apenas o valor [*Wert*] do *valor numérico* [*Anzahl*] ou da *unidade*. Não está presente determinação alguma [sobre] qual dos lados da relação precisaria ser tomado como a unidade ou como o valor numérico; se um, o quantum *B*, é medido no quantum *A* como na unidade, então o quociente *C* é o valor numérico de tais unidades; mas se o próprio *A* é tomado como valor numérico, o quociente *C* é a unidade que é exigida ao valor numérico *A* para o quantum *B*; esse quociente, enquanto expoente, não está posto, com isso, como aquilo que ele deve ser; o determinante da relação ou como sua unidade qualitativa. Ele está posto como essa apenas na medida em que ele tem o valor de ser a *unidade de ambos os momentos*, da unidade e do valor numérico. Na medida em que esses lados, com efeito, estão presentes como quanta, como eles devem ser no quantum explícito, na relação, mas, ao mesmo tempo, apenas no valor, que devem ter como lados dele, de ser quanta incompletos e de valer apenas como um daqueles momentos qualitativos, eles precisam ser postos com essa sua negação; com o que surge uma relação mais real, mais correspondente à sua determinação, na qual o expoente tem o significado do produto dos mesmos; conforme essa determinidade, ela é a *relação inversa*.

B. A relação inversa

1) A relação, como resultou agora, é a relação direta *suprassumida*; ela era a *imediata*, com isso, ainda não verdadeiramente determinada; doravante, a determinidade está acrescentada de modo que o expoente vale como produto, unidade da unidade e do valor numérico. Conforme a imediatidade, ele pôde ser tomado indiferentemente tanto como unidade quanto como valor numérico, como há pouco foi mostrado, – com o que ele era também apenas como quantum em geral e, com isso, sobretudo como valor numérico; um lado era a unidade e precisava ser tomado como uno, a respeito do qual o outro seria um

valor numérico fixo que é, ao mesmo tempo, o expoente; com isso, sua qualidade era apenas o fato de que este quantum [é] tomado como fixo ou, antes, o fixo tem apenas o sentido do quantum.

Agora, na relação inversa, o expoente é igualmente, como quantum, uma [relação] imediata e qualquer [relação] assumida como fixa. Mas este quantum não é *valor numérico fixo* a respeito do *uno* do outro quantum *na relação*; essa relação anteriormente fixa está agora, antes, posta como variável; se um outro quantum é tomado por uno de um lado, então o outro [lado] não permanece mais *o mesmo valor numérico* de unidades do primeiro. Na relação direta, essa unidade é apenas o comum a ambos os lados; a unidade como tal se continua para dentro do outro lado, no valor numérico; o próprio valor numérico por si, ou o expoente, é indiferente frente à unidade.

Mas, como a determinidade da relação é doravante, o valor numérico como tal varia frente ao uno, a respeito do qual ele constitui o outro lado da relação; dependendo de como se toma por *uno* um outro quantum, o valor numérico se torna um outro. Com efeito, o expoente é, portanto, também apenas um quantum imediato, apenas arbitrariamente assumido como fixo, porém ele não se conserva como tal no lado da relação, mas esse, e, com isso, a relação direta dos lados, é variável. Portanto, na relação agora em questão, o expoente está posto como o quantum determinante negativamente frente a si como quantum da relação, com isso, como qualitativo, como limite de modo que, portanto, emerge o qualitativo por si na diferença frente ao quantitativo. – Na relação direta, a *variação* de ambos os lados é apenas uma variação do quantum, como aquele que é tomado como a unidade que é o [elemento] comum, logo, tanto quanto é aumentado ou diminuído um lado, também é o outro; a própria relação é indiferente frente a esta variação, ela lhe é externa. Porém, na relação indireta, a variação, embora também arbitrária conforme o momento quantitativo indiferente, está mantida *dentro da relação* e também esse ir além arbitrário quantitativo está delimitado pela determinidade negativa do expoente como por um limite.

2) Essa natureza qualitativa da relação indireta precisa ser considerada ainda mais de perto, a saber, na sua realização e é preciso

desdobrar o envolvimento do afirmativo com o negativo que nele está contido. – É o quantum, posto como determinando qualitativamente o quantum, isto é, a si mesmo, apresentando-se nele como limite dele. Com isso, ele é, *em primeiro lugar*, uma grandeza imediata como determinidade *simples*, o *todo* como quantum *que é*, [como quantum] afirmativo. Mas, em segundo lugar, essa *determinidade* imediata é, ao mesmo tempo, *limite*; para tanto, ele está diferenciado em dois quanta que, inicialmente, são outros um frente ao outro, – mas, como determinidade qualitativa deles, e, com efeito, a mesma enquanto completa, ele é a unidade da unidade e do valor numérico, produto, cujos fatores são eles. Assim, o expoente de sua relação é, por um lado, idêntico a si neles e o afirmativo dos mesmos, segundo o qual eles são quanta; por outro lado, ele é, como a negação posta neles, a *unidade* neles, segundo a qual, inicialmente, cada um é um quantum imediato, limitado em geral, ao mesmo tempo, um [quantum] limitado de modo que ele é apenas *em si idêntico* a seu outro. Em terceiro lugar, ele é, como a determinidade simples, a unidade negativa desta sua diferenciação nos dois quanta e o limite do limitar recíproco deles.

Conforme essas determinações, ambos os momentos se *limitam* dentro do expoente e são um o negativo do outro, visto que ele é sua unidade determinada; um se torna tanto menor quanto o outro se torna maior; cada um tem sua grandeza, na medida em que ele tem aquela do outro nele, aquela que falta ao outro. Cada uma se continua, desse modo, *negativamente* na outra; até onde ela é valor numérico, ela o suprassume na outra como valor numérico e é o que é apenas pela negação ou limite que é posto nela pela outra. Cada uma *contém*, deste modo, também a outra e é medida nela, pois cada uma deve ser apenas o quantum que a outra não é; para o valor de cada uma, a grandeza da outra é imprescindível e, com isso, inseparável dela.

Essa continuidade de cada uma na outra constitui o momento da *unidade*, pelo que elas são na relação, – da *única* determinidade, do limite simples, que é o expoente. Esta unidade, o todo, constitui o *ser em si* de cada uma, do qual sua grandeza *presente* está diferenciada, segundo a qual cada uma é apenas na medida em que subtrai a grandeza da outra do ser em si comum delas, do todo. Mas ela pode apenas subtrair da outra o tanto que a iguala a esse ser em si; no expoente, ela tem seu máximo que, conforme a segunda determinação indicada, é o limite de sua limitação recíproca. Posto que cada uma apenas é momento da relação, na medida em que ela limita a outra e, com isso, é limitada pela outra, ela perde essa sua determinação, enquanto ela se iguala a seu ser em si; nisso, a outra grandeza não apenas se torna zero, mas ela mesma desaparece, visto que ela deve ser não mero quantum, mas deve ser o que ela é como tal, apenas como tal momento da relação. Assim, todo lado é a contradição da determinação enquanto do seu ser em si, isto é, da unidade do todo, que é o expoente, e da determinação como momento da relação; esta contradição é de novo a *infinitude* em uma nova forma peculiar.

O expoente é *limite* dos lados de sua relação, dentro do qual eles crescem e decrescem um frente ao outro, expoente ao qual, conforme a determinidade afirmativa que ele é como quantum, eles não podem tornar-se iguais. Assim, como limite do limitar recíproco deles, o expoente é α) seu *além*, do qual eles se aproximam *infinitamente*, mas que eles não podem alcançar. Essa infinitude, enquanto aquela na qual eles se aproximam do limite, é a má infinitude do progresso infinito; ela mesma é finita, tem, em seu oposto, na finitude de cada lado e do próprio expoente, sua barreira e é, portanto, apenas *aproximação*. Mas β) aqui, a má infinitude está, ao mesmo tempo, *posta* como aquilo o que ela é *na verdade*, a saber, apenas o *momento negativo* em geral, segundo o qual o expoente, frente aos quanta diferenciados da relação, é o *limite simples* como o ser em si, ao qual sua finitude, como o pura e simplesmente variável, é relacionada, mas permanece pura e simplesmente diverso deles, como sua negação. Este infinito, do qual os mesmos apenas podem aproximar-se, está, então, igualmente presente e atual como *aquém afirmativo*, – o quantum simples do expoente. Nisso, o além, pelo qual os lados da relação estão afetados, está alcançado; ele é *em si* a unidade de ambos ou, com isso, em si, o outro lado de cada um; pois cada um tem apenas tanto valor quanto o outro não tem; toda sua determinidade está, assim, na outra, e esse seu ser em si, como infinitude afirmativa, é simplesmente o expoente.

3) Mas, com isso, resultou a passagem da relação inversa para uma determinação diferente daquela que ela tinha inicialmente. Essa consistia no fato de que um quantum como imediato tem, com um outro, ao mesmo tempo, a relação de ser tanto maior quanto este é menor, de ser o que é pelo comportamento negativo frente ao outro; igualmente, uma terceira grandeza é a barreira comum desse seu tornar-se maior. Esta variação é aqui, em oposição ao qualitativo, enquanto limite *fixo*, sua peculiaridade; eles têm a determinação de grandezas *variáveis*, para quais aquele [elemento] fixo é um além infinito.

Mas as determinações que se mostraram e que nós resumimos não são apenas que este além infinito é, ao mesmo tempo, como um quantum finito e atual qualquer, mas que sua fixidez, pela qual ele é tal além infinito frente ao quantitativo e a qual é o qualitativo do ser apenas como relação abstrata consigo mesmo, desenvolveu-se como mediação de si em seu outro, no finito da relação, consigo mesmo. O universal disso está no fato de que, em geral, o todo, como expoente, [é] o limite do limitar recíproco de ambos os membros, logo, está posta a *negação da negação*, com isso, a infinitude, o comportar-se *afirmativo* em relação a si mesmo. O mais determinado é que, *em si*, o expoente já é como produto da unidade da unidade e do valor numérico, mas cada um dos dois membros é apenas um desses dois momentos, pelo que, portanto, ele os inclui e neles relaciona-se *em si* consigo. Mas, na relação inversa, a diferença está desenvolvida para a *exterioridade* do ser quantitativo e o qualitativo não é meramente o fixo, nem encerra em si os momentos apenas imediatamente, mas está presente como tal que se conclui consigo no *ser outro que é fora de si*. É essa determinação que se destaca como resultado nos momentos que se mostraram. O expoente surge, a saber, como o ser em si, cujos momentos estão realizados em quanta e que está realizado na variabilidade deles em geral; a indiferença de suas grandezas na variabilidade delas se apresenta como progresso infinito; o que subjaz a isso é que na sua indiferença está essa sua determinidade de ter seu valor no valor do outro, com isso, α) conforme o lado afirmativo do seu quantum, de ser *em si* o todo do expoente. Igualmente, eles têm β) por seu momento negativo, por seu limitar recíproco, a grandeza do expoente; o limite deles é o seu próprio. Que eles não tenham mais nenhum outro limite imanente, uma imediatidade fixa, está posto no progresso infinito de seu ser aí e da sua limitação, na negação de cada valor particular. Esta é, portanto, a *negação* do ser fora de si do expoente que está apresentado neles, e esse, isto é, ao mesmo tempo, ele mesmo um quantum em geral e também exposto em quanta, está posto, com isso, como o que se conserva na negação de seu subsistir indiferente, o que vai junto e consigo, de modo a ser o determinante de tal ir além de si.

Com isso, a relação está determinada para a *relação de potências*.

C. Relação de potências

1) O quantum que se põe idêntico a si no seu ser outro, que determina seu ir além de si mesmo, chegou ao ser para si. Assim, totalidade qualitativa, na medida em que ela se põe como desenvolvida, tem, por seus momentos, as determinações do conceito do número, a unidade e o valor numérico; na relação inversa, o último é ainda uma quantia não posta pela própria primeira como tal, mas de outro lugar, por um terceiro; agora ele está posto apenas por aquela. Esse é o caso na relação de potências, onde a unidade, que é valor numérico nela mesma, é, ao mesmo tempo, o valor numérico frente a si enquanto unidade. O ser outro, o valor numérico das unidades, é a própria *unidade*. A potência é uma quantia de unidades, das quais cada uma é essa quantia mesma. O quantum, como determinidade indiferente, varia a si, mas enquanto essa variação é um elevar à potência, esse seu ser outro está limitado puramente por si mesmo. – Assim, na potência, o quantum está posto como tal que retornou para si mesmo; ele é imediatamente ele mesmo e também seu ser outro.

O *expoente* dessa relação não é mais um quantum imediato como na relação direta e também [como] na relação inversa. Na relação de potências, ele é inteiramente de natureza *qualitativa*, essa determinidade *simples*, [ou seja,] que o valor numérico é a própria unidade, o quantum é *idêntico* a si mesmo em seu ser outro. Nisso está, ao mesmo tempo, o lado de sua natureza *quantitativa*, [ou seja,] não que o limite ou a negação está posto enquanto tal que é imediatamente, mas que o ser aí está posto como continuado em seu ser outro; pois a verdade da qualidade é precisamente isto: ser quantidade, ser a determinidade imediata como suprassumida.

2) A relação de potências aparece, inicialmente, como uma variação exterior, na qual é colocado qualquer quantum; mas ele tem a mais estrita relação com o *conceito* do quantum, [ou seja,] que esse, no ser aí, ao qual ele se formou progressivamente naquela relação, alcança o próprio conceito, realizou-o de modo completo; essa relação é a apresentação do que o quantum é *em si* e expressa sua determinidade ou qualidade, pela qual ele se diferencia de outro. O quantum é a determinidade *indiferente, posta* como *suprassumida*, quer dizer, a determinidade como limite, o qual igualmente não é limite algum, continua-se para dentro de seu ser outro, permanece nele, portanto, idêntico a si; assim, ele está *posto* na relação de potências; seu ser outro, seu ir além de si em um outro quantum, como determinado por ele mesmo.

Se comparamos a progressão dessa realização nas relações anteriores, então a qualidade do quantum, de ser posta como sua diferença de si mesmo, é, em geral, isto: de ser relação. Como relação direta, ele é apenas em geral ou imediatamente diferença posta como tal, de modo que sua relação consigo mesmo, que ele tem frente a suas diferenças enquanto o expoente, apenas vale como a fixidez de um valor numérico da unidade. Na relação inversa, o quantum, em determinação negativa, é um relacionar dele consigo mesmo, – consigo como sua negação na qual, porém, ele tem seu valor [*Wert*]; como relação afirmativa consigo, ele é um expoente, o qual, como quantum, é apenas *em si* o determinante de seus momentos. Mas, na relação de potências, ele está presente na diferença *como sua* [diferença] *de si mesmo*. A *exterioridade* da determinidade é a qualidade do quantum; assim, essa exterioridade é, agora, em conformidade com seu conceito enquanto seu próprio determinar, posto *enquanto* sua relação consigo mesmo, sua *qualidade*.

3) Mas com o fato de que o quantum está *posto* como ele é em conformidade com seu conceito, ele passou para uma outra determinação ou, como isso pode também ser expresso, que sua *destinação*

[*Bestimmung*][51] agora também é como *determinidade*, o ser em si também como *ser aí*. Ele é, como quantum, na medida em que a exterioridade ou indiferença do ser determinado ([ou seja,] que é, como se diz, o que pode ser aumentado ou diminuído) apenas vale *simplesmente* ou *imediatamente* e está posta; ele se tornou seu outro, a qualidade, na medida em que aquela exterioridade agora está posta como mediada por ele mesmo, portanto, como um momento, de modo que ele, precisamente *nela, relaciona-se consigo mesmo*, ser como qualidade.

Inicialmente, portanto, a quantidade como tal aparece contraposta à qualidade, mas a quantidade é, ela mesma, *uma* qualidade, determinidade que se relaciona consigo em geral, diferenciada da sua outra determinidade, da qualidade como tal. Só que ela não é apenas *uma* qualidade, mas a verdade da própria qualidade é a quantidade; aquela se mostrou como tal que passa para essa. A quantidade é, pelo contrário, na sua verdade, a exterioridade que retornou para dentro de si mesma, [exterioridade] não indiferente. Assim, ela é a própria qualidade, de modo que, fora dessa determinação, a qualidade como tal não seria ainda algo. – Ao fato de que a totalidade esteja *posta* pertence a passagem *dupla*, não apenas a de uma determinidade para sua outra, mas também a passagem dessa outra, seu retorno, para a primeira. Pela primeira, está presente apenas *em si* a identidade de ambas; – a qualidade está contida na quantidade que, porém, com isso, é ainda uma determinidade unilateral. Que essa, inversamente, também esteja contida na primeira, que ela esteja igualmente apenas como suprassumida, resulta na segunda passagem, – no retorno para o primeiro; essa observação sobre a necessidade da passagem *dupla* é de grande importância para o todo do método científico.

O quantum, doravante não mais como determinação indiferente ou externa, mas de modo a ser igualmente suprassumido como tal e a ser a qualidade, e aquilo pelo qual algo é o que é, é a verdade do quantum, [isto é,] ser *medida*.

---

51. Cf. nota 19 sobre os significados de *Bestimmung* [N.T.].

Observação

Acima, nas observações sobre o infinito quantitativo, foi discutido que esse, assim como as dificuldades que resultam a este respeito, têm sua origem no momento *qualitativo*, o qual emerge no [momento] quantitativo, e como o qualitativo da relação de potências desemboca especialmente nos multíplices desenvolvimentos e complicações; como a falta fundamental que impede a apreensão do conceito, foi mostrado que, fica-se parado no infinito apenas conforme a determinação negativa de ser a negação do quantum e não se progride para a determinação simples, para o afirmativo de que esse é o qualitativo. – Aqui, resta apenas fazer ainda uma observação sobre a intromissão, ocorrida na filosofia, de formas do quantitativo nas formas puras qualitativas do pensar. Em especial, é a *relação de potências* que, em época mais recente, foi aplicada às *determinações do conceito*. Na sua imediatidade, o conceito foi denominado de *primeira* potência, em seu ser outro ou na diferença, no ser aí de seus momentos, de *segunda* [potência], e em seu retorno para si, ou como totalidade, de *terceira* potência. – Pelo contrário, fica logo evidente que a potência, assim usada, é uma categoria que pertence essencialmente ao quantum; – nessas potências, não se pensa na *potentia*, δύναμις de Aristóteles. Assim, a relação de potências expressa a determinidade como a mesma enquanto a diferença, como essa é no *conceito particular* do quantum, chega à sua verdade, mas não como a mesma é no conceito como tal. O quantum contém a negatividade, a qual pertence à natureza do conceito, ainda não posta de forma alguma na determinação peculiar desse; diferenças que competem ao quantum são determinações superficiais para o próprio conceito; elas estão ainda longe de ser determinadas, como elas são no conceito. É na infância do filosofar que números, – e primeira, segunda potência etc. não têm, nesse aspecto, vantagem sobre números – têm sido usados, como fez Pitágoras, para a designação de diferenças universais, essenciais. Isso foi um estágio preliminar do puro apreender pensante; somente após Pitágoras, as determinações do pensamento foram descobertas [*erfunden*], isto é, trazidas *por si* à consciência. Mas voltar de tais determinações para determinações numéricas pertence a um pensar que se sente incapaz, que agora na oposição à formação filosófica presente, que está acostumada a determinações do pensamento, ele mesmo acrescenta o ridículo de querer fazer valer aquela fraqueza como algo novo, excelente e como um progresso.

Na medida em que a expressão de potências é usada apenas como *símbolo*, é preciso dizer contra isso tão pouco quanto contra os números ou os símbolos de outra espécie em lugar de conceitos; mas, ao mesmo tempo, é preciso objetar igualmente toda a simbologia em geral, na qual devem ser apresentadas determinações puras do conceito ou determinações filosóficas. A filosofia não precisa de tal ajuda, nem a partir do mundo sensível, nem a partir da imaginação representativa, nem também das esferas do terreno peculiar da imaginação, as quais estão subordinadas, cujas determinações, portanto, não combinam com círculos superiores e com o todo. O último ocorre quando, em geral, categorias do finito são aplicadas ao infinito; as determinações correntes de força ou substancialidade, de causa e efeito etc. são igualmente apenas símbolos para a expressão, por exemplo, de relações vivas ou espirituais, isto é, determinações inverdadeiras para as mesmas, assim, ainda mais as potências do quantum e potências numeradas em lugar de semelhantes e em lugar de relações especulativas em geral. – Se números, potências, o infinito matemático e semelhantes, não devem ser usados como símbolos, mas como formas para determinações filosóficas e, com isso, eles mesmos como formas filosóficas, então precisaria ser mostrado, sobretudo, seu significado filosófico, isto é, sua determinidade do conceito. Se isso ocorre, então elas mesmas são designações supérfluas; a determinidade do conceito designa a si mesma e unicamente sua designação é a correta e adequada. O uso daquelas formas, por isso, não é outra coisa senão um meio conveniente para poupar de apreender, indicar e justificar as determinações do conceito.

Terceira seção
A medida

Expresso de modo abstrato, na medida estão unificadas qualidade e quantidade. O *ser* como tal é igualdade imediata da determinidade consigo mesma. Essa imediatidade da determinidade se suprassumiu. A quantidade é o ser que retornou para dentro de si, de modo que ele é igualdade simples consigo enquanto indiferença frente à determinidade. Mas essa indiferença é apenas a exterioridade de ter a determinidade, não nela mesma, mas em outro. Agora, o terceiro é a exterioridade que se relaciona consigo mesma; enquanto relação consigo, ele é, ao mesmo tempo, exterioridade *suprassumida* e tem, nela mesma, a diferença de si, a qual, enquanto exterioridade, é o momento *quantitativo*, enquanto retomada para dentro de si, o momento *qualitativo*.

Visto que a *modalidade* é indicada sob as categorias do idealismo transcendental após a quantidade e qualidade, inserindo a relação, aqui pode ser mencionado esse idealismo. Nele, essa categoria tem o significado de ser a relação do *objeto* com o *pensar*. No sentido daquele idealismo, o pensar em geral é essencialmente externo à coisa em si. Tendo em vista que as outras categorias têm apenas a determinação transcendental de pertencer à consciência, mas enquanto o *objetivo* [das *Objektive*] *da mesma*, a modalidade, enquanto a categoria da relação com o sujeito, contém, nesse aspecto, de maneira relativa, a determinação da *reflexão* dentro de si; quer dizer, a objetividade, que compete às outras categorias, falta àquelas da modalidade; essas não aumentam, conforme a expressão de Kant, de modo nenhum, o conceito como determinação do objeto, mas expressam apenas a relação à faculdade do conhecimento (*Crítica da razão pura*, 2. ed. [B], p. 99, 266)[52]. – As categorias, que Kant reúne sob a modalidade, [a saber,] possibilidade, efetividade e necessidade, ocorrerão

---

52. *KrV* A74-75/B 99-100 [N.T.].

em seguida em seus respectivos lugares; Kant não aplicou a forma infinitamente importante da triplicidade, mesmo que ela tenha aparecido nele somente como faísca formal de luz, aos gêneros de suas categorias (quantidade, qualidade etc.), como também aplicou esse nome apenas às espécies deles; por conseguinte, ele não pôde chegar ao terceiro da qualidade e da quantidade.

Em *Spinoza*, o *modus* é, após substância e atributo, igualmente o terceiro; ele o explica em termos de *afecções* da substância ou em termos daquilo o que é em um outro, pelo qual ele também é compreendido. Este terceiro é, conforme esse conceito, apenas a exterioridade como tal; como, de resto, foi lembrado que, em Spinoza, falta em geral, à substancialidade fixa, o retorno para dentro de si mesma.

A observação aqui feita se estende mais universalmente aos sistemas do panteísmo, os quais o pensamento de alguma maneira formou. O ser, o uno, a substância, o infinito, a essência são o primeiro; contra esse abstrato, o segundo, cada determinidade, pode, em geral, ser reunido de modo igualmente abstrato, enquanto o apenas finito, apenas acidental, perecível, extra e inessencial etc., como ocorre habitualmente e inicialmente no pensar inteiramente formal. Mas a conexão desse segundo com o primeiro se impõe demais, a fim de não o apreender, ao mesmo tempo, em uma unidade com o mesmo, como o *atributo* em Spinoza é a substância inteira, mas apreendida pelo entendimento, que é, ele mesmo, uma limitação ou modo; mas o modo, o não substancial em geral, que apenas pode ser apreendido a partir de um outro, constitui, assim, o outro extremo com relação à substância, o terceiro em geral. O panteísmo *indiano*, em sua fantasia monstruosa, tomada igualmente de modo abstrato, adquiriu essa formação [*Ausbildung*], que se estende pelo sem medida[53] dela como o fio medidor para alguns interesses de que Brahma, o uno do pensar abstrato, através da configuração em Vishnu, em especial na forma de Krishna, progride ao terceiro, Shiva. A determinação desse tercei-

---

53. Chamamos atenção aqui para o termo "sem medida" [*Masslos*], que significa um processo infinito de variação quantitativa que conduz a uma alteração qualitativa de algo ou a uma perda de sua medida de referência. No entanto, a variação pode se apresentar tanto em direção ao infinitamente grande quanto ao infinitamente pequeno e, por isso, resolvemos não traduzir o termo alemão como "desmedido", "imenso" ou "desmesurado", que se apresentam habitualmente como a variação em direção ao infinitamente grande, desconsiderando a variação ao infinitamente pequeno [N.T.].

ro é o modo, alteração, nascer e perecer, o campo da exterioridade em geral. Se essa trindade indiana induziu a uma comparação com a cristã, então decerto é preciso reconhecer nelas um elemento em comum da determinação do conceito, mas, sobre a diferença, é preciso apreender essencialmente uma consciência mais determinada; a diferença não é apenas infinita, mas a infinitude verdadeira constitui a própria diferença. Aquele terceiro princípio é, conforme sua determinação, o separar-se da unidade substancial para seu oposto, *não o retorno da mesma* para si, – antes, é o sem espírito, não o espírito. Na trindade verdadeira está trazida não apenas unidade, mas união, o silogismo para a unidade *cheia de conteúdo* e *efetiva*, que, na sua determinação inteiramente concreta, é o *espírito*. Aquele princípio do modo e da alteração não exclui de modo algum a unidade; como, a saber, no spinozismo, precisamente o *modus* como tal é o inverdadeiro e, apenas a substância, o verdadeiro; tudo deve ser reconduzido a essa, o que, então, é um imergir de todo o conteúdo na vacuidade, em uma unidade apenas formal, sem conteúdo, portanto, também Shiva é de novo o grande todo, não diferenciado de Brahma, próprio Bahma; quer dizer, a diferença e a determinidade, de novo, apenas desaparecem, mas não são conservadas, não são suprassumidas, e a unidade não é reconduzida à unidade concreta, a cisão não é reconduzida à reconciliação. A meta suprema para o ser humano colocado na esfera do nascer e do perecer, na modalidade em geral, é a imersão na ausência da consciência, na unidade com Brahma, na aniquilação; o mesmo é o nirvana budista, nibbana etc.

Se agora o modo em geral é a exterioridade abstrata, a indiferença frente às determinações qualitativas, assim como frente às quantitativas, e se, na essência, o externo e o inessencial não deve ser relevante, então em muitos assuntos se concede também novamente que tudo depende do *modo* [*Art und Weise*]; o modo [*Modus*] é declarado, com isso, ele mesmo, como tal que essencialmente pertence ao substancial de uma coisa; nessa relação muito indeterminada, está pelo menos o fato de que este externo não seria tão abstratamente o externo.

Aqui, o modo tem o significado determinado de ser *medida*. O modo spinozista, assim como o princípio indiano da alteração, é o sem medida. A consciência grega, ela mesma ainda indeterminada, de que *tudo tem uma medida*, de modo que o próprio Parmênides introduziu, após o ser abstrato, a *necessidade* como o *limite antigo que a tudo está posto*, é o início de um conceito muito superior do que aquele que está contido na substância e na diferença do modo a respeito da mesma.

A medida mais desenvolvida, mais refletida, é a necessidade; o destino, a *Nêmesis*, limita-se em geral à determinidade da medida de que, o que *ultrapassa sua medida*, torna-se grande demais, alto demais, é reduzido ao outro extremo do rebaixamento para a nulidade e, com isso, é restabelecido o meio da medida, a mediedade [*Mittelmässigkeit*]. – "O absoluto, Deus, é a *medida* de todas as coisas" não é mais fortemente panteísta do que a definição "o absoluto, Deus, é o *ser*", mas infinitamente mais verdadeiro. – A medida é, com efeito, um modo externo, um mais ou menos, que, porém, está, ao mesmo tempo, igualmente refletido dentro de si, não determinidade meramente indiferente e externa, mas determinidade que é em si; assim, ela é a *verdade concreta do ser*; na medida, os povos veneraram algo intangível, sagrado.

Na medida, já está a ideia da *essência*, a saber, de ser idêntico a si na imediatidade do ser determinado, de modo que aquela imediatidade está rebaixada a algo mediado por essa identidade a si, assim como essa igualmente está apenas mediada por essa exterioridade, mas é a mediação *consigo*, – a reflexão, cujas determinações *são*, mas neste ser pura e simplesmente apenas enquanto momentos da unidade negativa delas. Na medida, o qualitativo é quantitativo; a determinidade ou a diferença é como indiferente, com isso, a medida é uma diferença que não é diferença alguma, que está suprassumida; essa quantitatividade, enquanto retorno para dentro de si, no que ela é enquanto o qualitativo, constitui o ser em e para si, o qual é a *essência*. Mas a medida é apenas em si ou no conceito a essência; esse *conceito* da medida ainda não está *posto*. A medida, ainda como tal, é ela mesma a unidade *que é* do qualitativo e do quantitativo; seus momentos são, enquanto um ser aí, uma qualidade e [os] quanta dessa qualidade, momentos que [são] apenas somente em si inseparáveis, mas ainda não têm o significado dessa determinação refletida. O desenvolvimento da medida contém a diferenciação desses momentos, mas, ao mesmo tempo, a *relação* dos mesmos, de modo que a identidade, que eles são *em si*, torna-se, isto é, é *posta*, enquanto relação deles um com o outro. O significado deste desenvolvimento é a realização da medida, na qual ela se põe em relação consigo mesma e, com isso, ao mesmo tempo, como momento; por essa mediação, ela é determinada como suprassumida; sua imediatidade, assim como a de seus momentos, desaparece, eles são enquanto refletidos; assim, ao surgir como aquilo o que ela é conforme seu conceito, ela passou para a *essência*.

A medida é, inicialmente, unidade *imediata* do qualitativo e do quantitativo, de modo que

em primeiro lugar, ela é *um quantum* que tem significado qualitativo e é *enquanto medida*. A determinação progressiva é que, *nele*, no determinado *em si*, surge a diferença de seus momentos, do ser determinado qualitativo e quantitativo. Esses momentos se determinam progressivamente, eles mesmos, para os todos da medida, os quais, nesse aspecto, são enquanto *autossubsistentes*; ao se relacionarem essencialmente um com o outro, a medida se torna,

em segundo lugar, *relação* de quanta específicos *enquanto medidas autossubsistentes*. Mas a autossubsistência deles se baseia essencialmente, ao mesmo tempo, na relação quantitativa e na diferença de grandeza; assim, a autossubsistência deles se torna um passar de um para o outro. A medida sucumbe, com isso, no *sem medida*. – Mas esse além da medida é a negatividade da mesma apenas em si mesma; por isso,

em terceiro lugar, está posta a *indiferença* das determinações da medida e, enquanto real, a medida está posta com a negatividade contida na indiferença enquanto *relação inversa de medidas*, as quais, como qualidades autossubsistentes, baseiam-se essencialmente apenas na sua quantidade e na sua relação negativa uma com a outra e, com isso, demonstram-se como sendo apenas momentos da sua unidade verdadeiramente autossubsistente, a qual é a reflexão dentro de si deles e o pôr da mesma, a *essência*.

O desenvolvimento da medida, que a seguir foi tentado, é uma das matérias mais difíceis; por ela iniciar a partir da medida imediata, externa, ela deveria, por um lado, avançar à determinação progressiva abstrata do quantitativo (de uma *matemática da natureza*), por outro lado, indicar a conexão dessa determinação da medida com as *qualidades* das coisas naturais, pelo menos em geral; pois a comprovação determinada da *conexão* do qualitativo e do quantitativo derivada do conceito do objeto concreto pertence à ciência particular do concreto, – cujos exemplos precisam ser vistos na *Enciclopédia das Ciências filosóficas*, 3. ed. [1830], § 267 e 270 obs., concernente à lei da queda e à do movimento livre celeste.

Aqui poderia ser observado que as formas diversas, nas quais a medida se realiza, também pertencem a *diversas esferas da realidade natural*. A indiferença completa, abstrata, da medida desenvolvida, isto é, das leis da mesma, pode ocorrer apenas na esfera do *mecanismo,* como aquele no qual o corpóreo concreto é apenas a própria matéria abstrata, as diferenças qualitativas da mesma têm essencialmente o quantitativo por sua determinidade; *espaço* e *tempo* são as próprias exterioridades puras, e a *quantia* das matérias, massas, intensidade do *peso* são igualmente determinações externas que têm sua determinidade peculiar no quantitativo. Pelo contrário, tal determinidade de grandeza do abstratamente material já é perturbada pela variedade e, com isso, por um conflito de qualidades no *físico*, ainda mais, porém, no *orgânico*. Mas aqui não meramente entra em cena o conflito de qualidades como tais, mas aqui a medida é subordinada a relações superiores e, antes, o *desenvolvimento imanente* da medida é reduzido à forma simples da medida imediata. Os membros do organismo animal têm uma medida, que, como um quantum simples, está em relação com outros quanta de outros membros; as proporções do corpo humano são as relações fixas de tais quanta; a ciência natural tem ainda algo a compreender da conexão de tais grandezas com as funções orgânicas, das quais elas são inteiramente dependentes. Mas o *movimento* é o exemplo próximo do rebaixamento de uma medida imanente para uma grandeza determinada de modo meramente externo. Nos corpos celestes, ele é o movimento livre, apenas determinado pelo conceito, cujas grandezas, com isso, igualmente apenas dependem do mesmo (cf. acima), mas, do orgânico, ele é rebaixado para o movimento *arbitrário* ou mecanicamente regular, isto é, em geral, abstrato e formal.

Mas ainda menos acontece um desenvolvimento peculiar, livre, da medida no reino do espírito. Bem se compreende, por exemplo, que uma constituição republicana, como a ateniense ou uma aristocrática perpassada pela democracia, pode ter lugar apenas em uma grandeza certa do Estado, que, na sociedade civil-burguesa desenvolvida, os conjuntos de indivíduos que pertencem às diversas indústrias estão em uma relação um com o outro; mas isso não dá nem leis de medidas, nem formas peculiares da relação. No espiritual como tal ocorrem diferenças da *intensidade* do caráter, *força* da imaginação, das sensações, das representações etc.; mas a determinação não vai além desse indeterminado da *força* ou da *fraqueza*. Percebe-se quão fracas e inteiramente vazias resultam as assim chamadas leis que são estabelecidas sobre a relação de força e fraqueza das sensações, representações etc., quando se consultam as psicologias que se esforçam com coisas desse tipo.

PRIMEIRO CAPÍTULO
A QUANTIDADE ESPECÍFICA

A quantidade qualitativa é,

em primeiro lugar, um *quantum específico* imediato que,

em segundo lugar, como tal que se relaciona com outro, torna-se um especificar quantitativo, um suprassumir do quantum indiferente. Esta medida é, nesse aspecto, uma *regra* e contém, *diferenciados, ambos os momentos* da medida, a saber, a determinidade quantitativa que é em si e o quantum externo. Mas, nessa diferença, ambos esses lados se tornam qualidades e a regra, uma relação dos mesmos; a medida se apresenta, portanto,

em terceiro lugar, como *relação de quantidades* que, inicialmente, têm *uma* medida, a qual, porém, além disso, especifica-se, assim, dentro de si até ela se tornar uma diferença de medidas.

A. O quantum específico

1) A medida é a relação simples do quantum consigo, sua determinidade própria nela mesma; assim, o quantum é qualitativo. Inicialmente, como medida imediata, ele é um imediato, portanto, como qualquer quantum determinado; igualmente imediata é a qualidade pertinente a ele; ela é qualquer qualidade determinada. – O quantum, como esse limite não mais indiferente, mas como exterioridade que se relaciona consigo, é, portanto, ele mesmo, a qualidade e diferenciado dessa, ele não vai além dela, assim como esta não vai

além do mesmo. Ele é, portanto, a determinidade que retornou para dentro da igualdade simples consigo; [ele é] um com o ser aí determinado, assim como este [é um] com seu quantum.

Se se quer fazer da determinação obtida uma proposição, então se pode se expressar: *tudo o que é aí, tem uma medida*. Todo o ser aí tem uma grandeza e essa grandeza pertence à natureza do próprio algo; ela constitui sua natureza determinada e seu ser dentro de si. Algo não é indiferente frente a essa grandeza, de modo que, se ela fosse alterada, ele permaneceria o que ele é, mas a alteração da mesma alteraria sua qualidade. O quantum, como medida, cessou de ser limite que não é limite algum; ele é, doravante, a destinação da Coisa, de modo que essa, aumentada ou diminuída para além deste quantum, sucumbiria.

Uma medida, como padrão de medida [*Massstab*] no sentido habitual, é um quantum que é assumido arbitrariamente como a unidade *determinada em si* frente ao valor numérico externo. Uma tal unidade pode, com efeito, ser também, de fato, unidade determinada em si, assim como pé e coisas do tipo são medidas originárias; mas ao usá-la, ao mesmo tempo, como padrão de medida para outras coisas, ela é, para essas, apenas externa, não medida originária delas. – Assim, o diâmetro terrestre ou o comprimento pendular poderiam ser tomados por si como quanta específico. Mas é arbitrário que parte do diâmetro terrestre ou do comprimento pendular e sob qual grau de latitude se queira tomar, a fim de usá-los como padrão de medida. Mas, ainda mais para outras coisas, um tal padrão de medida é algo externo. Essas especificaram o quantum específico universal novamente de modo particular e se tornaram, através disso, coisas particulares. Mas é insensato, portanto, falar de um *padrão* natural *de medida* das coisas. Mesmo assim, um padrão de medida universal deve servir apenas para a comparação externa; neste sentido, mais superficial, no qual ele é tomado como *medida universal*, é completamente indiferente o que é usado para isso. Ela não deve ser uma medida fundamental no sentido de que as medidas naturais das coisas particulares, apresentadas nela e a partir dela conforme uma regra, seriam reconhecidas como especificação de uma medida universal, da medida do corpo universal delas. Mas sem esse sentido um padrão absoluto de medida tem apenas o interesse e o significado de *algo em comum*, e algo tal não é um universal *em si*, mas por consenso.

A medida imediata é uma determinação simples de grandeza, como, por exemplo, a grandeza dos seres orgânicos, de seus membros e assim por diante. Mas cada existente tem uma grandeza, para ser aquilo o que ele é e, em geral, para ter ser aí. – Como quantum, ele é grandeza indiferente, aberto a determinação externa e capaz de crescer e decrescer para mais e para menos. Mas, como medida, ele é, ao mesmo tempo, diverso de si mesmo como quantum, como tal determinação indiferente, e uma delimitação daquele ir e vir indiferente em um limite.

Visto que, no ser aí a determinidade da quantidade é, assim, dupla, por um lado, aquela à qual a qualidade está ligada, mas, por outro lado, aquela na qual, apesar da primeira, pode-se ir e vir, então o sucumbir de algo, que tem uma medida, acontece no fato de que seu quantum é alterado. Esse sucumbir aparece, por um lado, como *inesperado*, pois se pode alterar o quantum, sem alterar a medida e a qualidade, mas, por outro lado, ele se torna algo inteiramente compreensível, a saber, através da *gradualidade*. A essa categoria recorre-se tão facilmente para se representar ou para *explicar* o perecer de uma qualidade ou de algo, enquanto parece que se possa quase assistir com os olhos, assim, ao desaparecer, porque o quantum está posto como limite externo, alterável conforme a natureza deles, com isso, a *alteração*, como apenas a do quantum, entende-se por si mesma. Mas, de fato, nada é explicado através disso; a alteração é, ao mesmo tempo, essencialmente a passagem de uma qualidade para uma outra ou da mais abstrata de um ser aí para um não ser aí; nisso, está uma outra determinação diferente do que na gradualidade, a qual é apenas uma diminuição ou aumento e o unilateral manter-se firme na grandeza.

2) Mas já os antigos prestaram atenção e representaram, em exemplos populares, as colisões que surgem da ignorância da conexão de que uma alteração que aparece como meramente quantitativa também se reverte em uma qualitativa; sob o nome de Calvo, de Monte, são bem conhecidos *elenchi* pertinentes a isso, ou seja, conforme

a explicação de Aristóteles, modos pelos quais se necessita dizer o oposto daquilo o que antes se afirmou. Perguntou-se: O arrancar de um cabelo da cabeça torna alguém calvo ou o arrancar de um pelo da cauda do cavalo a torna sem pelo – ou um monte cessa de ser um monte se lhe é retirado um grão? Isto[54] se pode admitir sem ressalvas, enquanto tal retirada apenas constitui uma diferença quantitativa e, com efeito, ela mesma inteiramente insignificante; então é retirado *um* cabelo, *um* grão e, assim, repetidamente de modo que, cada vez, conforme o que foi concedido, só um é retirado; por fim, mostra-se a alteração qualitativa de que a cabeça é careca, a cauda é sem pelos, o monte desapareceu. Naquele conceder, não apenas se esqueceu a repetição, mas também que as quantidades por si insignificantes (como as despesas insignificantes de um patrimônio) *sumam* e a soma constitui o todo qualitativo, de modo que, no fim, isso desapareceu, a cabeça é careca, o saco é vazio.

O embaraço, a contradição a qual emerge como resultado, não é algo sofístico no sentido usual da palavra, como se tal contradição fosse um artifício errado. O erro é o que o outro assumido, quer dizer, nossa consciência comum, comete, [a saber,] de tomar uma quantidade por apenas um limite indiferente, quer dizer, tomá-la precisamente no sentido determinado de uma quantidade. Essa assunção é confundida pela verdade, a qual ela é conduzida, de ser momento da medida e de conectar-se com a qualidade; o que é refutado é o unilateral manter-se firme na determinidade abstrata do quantum. – Aqueles tropos [*Wendungen*] também não são, por isso, de modo algum, brincadeira pedante ou vazia, mas em si corretas e produtos de uma consciência que tem um interesse nos fenômenos que existem no pensar.

O quantum, uma vez que é tomado como um limite indiferente, é o lado no qual um ser aí é agredido insuspeitadamente e é direcionado para seu sucumbir. É a *astúcia* do conceito de capturar um ser aí nesse lado, onde a qualidade do ser aí não parece entrar em jogo, – e, com efeito, de tal modo que o aumento de um Estado, de um patrimônio etc., aumento que provoca o azar do Estado, do proprietário, até aparece, inicialmente, como sua sorte.

---

54. A saber, que é retirado um cabelo ou um grão [N.E.A.].

3) Na sua imediatidade, a medida é uma qualidade comum de uma grandeza determinada pertencente a essa qualidade. Agora, o lado segundo o qual o quantum é limite indiferente, no qual se pode ir e vir sem alterar a qualidade, é também diferenciado de seu outro lado, segundo o qual o quantum é qualitativo, específico. Ambos são determinações de grandeza de um e do mesmo, mas conforme a imediatidade, na qual, inicialmente, a medida é, é preciso, além disso, tomar essa diferença como imediata; ambos os lados têm, segundo isso, também uma existência diversa. A existência da medida, a qual é a grandeza determinada *em si*, é, então, em seu relacionar-se com a existência do lado variável, externo, um suprassumir de sua indiferença, um *especificar* da mesma.

B. Medida especificante

A mesma é,

em primeiro lugar, uma regra, uma medida externa frente ao mero quantum;

em segundo lugar, quantidade específica que determina o quantum externo;

em terceiro lugar, ambos os lados se relacionam um com o outro, como *qualidades* de determinidade específica de quantidade, como *uma* medida.

a) A regra

A regra ou o padrão de medida, do qual já se falou, é, inicialmente, como uma grandeza determinada em si, a qual é unidade frente a um quantum que é uma existência particular, que é, que existe em um algo diferente do algo da regra, [e que] é medido nela, ou seja, determinado como valor numérico daquela unidade. Essa *comparação* é um atuar *externo*, aquela própria unidade é uma grandeza arbitrária, que igualmente pode, de novo, ser posta como valor numérico (o pé como um valor numérico de polegadas). Mas a medida é não somente regra externa, mas também, como específica, ela é relacionar-se nela mesma com seu outro, que é um quantum.

b) A medida especificante

A medida é determinar específico da grandeza *externa*, isto é, da [grandeza] indiferente, a qual agora é posta, por uma outra existência, no algo da medida, que é, com efeito, ele mesmo, quantum, mas, diferentemente de tal, é o qualitativo que determina o quantum meramente indiferente, externo. O algo tem nele esse lado do ser para outro, ao qual compete o indiferente tornar-se aumentado e diminuído. Aquele que mede de modo imanente é uma qualidade do algo, ao qual contrapõe a mesma qualidade em um outro algo, mas neste, de início, relativamente ao quantum sem medida em geral, frente àquele que está determinado como tal que mede.

Em algo, enquanto ele é uma medida interna a si, uma alteração da grandeza de sua qualidade vem exteriormente; disso, ele não assume a quantia aritmética. Sua medida reage a isso, comporta-se como um intensivo frente à quantia e a acolhe de um modo peculiar; ele altera a alteração posta exteriormente, faz desse quantum um outro e se mostra, através dessa especificação, como ser para si nessa exterioridade. – Essa quantia *acolhida de modo específico* é, ela mesma, um quantum, também dependente da outra, ou seja, de uma *quantia* que, para ela, é apenas *externa*. A quantia especificada é, portanto, também alterável, mas, por isso, não um quantum como tal, mas o quantum exterior como especificado de um modo constante. Assim, a medida tem seu ser aí enquanto uma *relação*, e o específico da medida é, em geral, o *expoente* dessa relação.

No quantum *intensivo* e *extensivo*, como resultou nessas determinações, é o *mesmo* quantum que está presente, por um lado, na forma da intensidade, por outro, na forma da extensidade. Nessa diferença, o quantum subjacente não sofre nenhuma alteração, essa é apenas uma forma exterior. Pelo contrário, na medida especificante, o quantum, por um lado, é tomado na sua grandeza imediata, mas, por outro, é tomado pelo expoente de relação em um outro valor numérico.

O expoente que constitui o específico pode, inicialmente, parecer ser um quantum fixo, como quociente da relação entre o quantum externo e o qualitativamente determinado. Mas assim ele não seria nada senão um quantum externo; por expoente, é preciso aqui não entender outra coisa senão o momento do próprio qualitativo que especifica o quantum como tal. O qualitativo propriamente imanente do quantum é, como resultou antes, apenas a *determinação de potência*. Ela precisa ser tal que constitui a relação e está contraposta, como determinação que é em si, ao quantum como a constituição externa. Este tem por seu princípio o uno numérico que constitui seu ser determinado em si; e a relação do uno numérico é a relação externa, e a alteração determinada apenas através da natureza do quantum imediato como tal consiste por si no agregar de um tal uno numérico e, de novo, de um outro etc. Se assim o quantum externo se altera na progressão aritmética, então a reação especificante da natureza qualitativa da medida engendra uma outra série, a qual se relaciona com a primeira, cresce e diminui com ela, porém, não dentro de uma relação determinada por um expoente numérico, mas dentro de uma relação numericamente incomensurável, conforme uma determinação de potência.

Observação

Para indicar um exemplo, a *temperatura* é uma qualidade, na qual esses ambos lados – de ser quantum externo e quantum especificado – diferenciam-se. Como quantum, ela é temperatura externa e, com efeito, também temperatura de um corpo como de um meio universal, da qual é assumido que sua alteração progrediria na escala da progressão aritmética e que cresceria ou diminuiria de modo uniforme; pelo contrário, ela é diversamente acolhida pelos diversos corpos particulares que se encontram nela, tendo em vista que os mesmos determinam a temperatura recebida de modo externo através de sua medida imanente, a alteração da temperatura dos mesmos não corresponde, na relação direta, à do meio ou à dos corpos entre eles. Corpos diversos, comparados em uma e na mesma temperatura, dão números de relação de seus calores específicos, de suas capacidades de calor. Mas essas capacidades dos corpos se alteram em temperaturas diversas, com o que se liga o entrar em cena de uma alteração da figura específica. No aumento ou na diminuição da temperatura mostra-se, com isso, uma especificação particular. A relação da temperatura que é representada como exterior com a temperatura de um corpo determinado, a qual é, ao mesmo tempo, dependente daquela, não tem um expoente fixo de relação; o aumento ou a diminuição desse calor não progride de modo uniforme com o acréscimo ou decréscimo do [calor] externo. – Assume-se, nesse caso, uma temperatura como externa em geral, cuja alteração seria meramente externa ou puramente quantitativa. Todavia, é ela mesma temperatura do ar ou alguma outra temperatura específica. Portanto, considerada mais perto, a relação não precisaria ser tomada propriamente como relação de um quantum meramente quantitativo com um qualificante, mas como relação entre dois quanta específicos. A relação especificante logo em seguida se determinará de tal modo que os momentos da medida não consistem apenas em um lado quantitativo e em um lado que qualifica o quantum de uma e da mesma qualidade, mas na relação de duas qualidades, as quais, nelas mesmas, são medidas.

c) *Relação de ambos os lados como qualidades*

1) O lado qualitativo, determinado em si, do quantum é apenas como relação com o externamente quantitativo; enquanto especificar do mesmo, ele é o suprassumir de sua exterioridade, através da qual o quantum como tal é; assim, o lado qualitativo tem o mesmo quantum por sua pressuposição e inicia a partir dele. Mas este quantum é também diferenciado qualitativamente da própria qualidade; essa diferença de ambos precisa ser posta na *imediatidade* do ser em geral, na qual a medida ainda é; assim, ambos os lados são qualitativamente um frente ao outro e cada um é, por si, um tal ser aí, e um, inicialmente, apenas como o quantum formal, nele indeterminado, é o quantum de um algo e de sua qualidade e, como sua relação recíproca se determinou agora até tornar-se medida em geral, igualmente se determinou a grandeza específica dessas qualidades. Essas qualidades estão na relação uma com a outra conforme a determinação da medida – essa é o expoente delas; mas elas já estão relacionadas uma para com a outra no *ser para si* da medida, o quantum é, no seu ser duplo, como externo e como específico, de modo que cada uma

das quantidades diferentes tem nela esta dupla determinação e, ao mesmo tempo, está cruzada pura e simplesmente com a outra; precisamente e apenas nisso, as qualidades estão determinadas. Assim, elas não são apenas ser aí sendo um para com o outro em geral, mas são postas inseparavelmente, e a determinidade de grandeza ligada a elas é uma unidade qualitativa, – *uma* determinação da medida, na qual elas se conectam em si conforme seu conceito. A medida é, assim, o relacionar *imanente* quantitativo de *duas* qualidades uma com a outra.

2) Na medida, entra em cena a determinação essencial da *grandeza variável*, pois ela é o quantum como suprassumido, portanto, não mais como aquilo o que ele deve ser para ser um quantum, mas como quantum e, ao mesmo tempo, como algo outro; este outro é o qualitativo e, como foi determinado, nada mais do que a relação de potências do mesmo. Na medida imediata, esta variação ainda não está posta; é apenas um quantum qualquer e, com efeito, um quantum singular em geral, ao qual uma qualidade está ligada. No especificar da medida, na determinação anterior, como [sendo] uma variação do quantum meramente externo pelo qualitativo, está posta a diferencialidade de ambas as determinidades da grandeza e, com isso, em geral, a variedade de medidas em um quantum comum externo; o quantum se mostra como medida que é aí apenas em tal diferencialidade sua de si mesmo, uma vez que um e o mesmo (p. ex., a mesma temperatura do meio) emerge, ao mesmo tempo, como diverso e, com efeito, como ser aí quantitativo (nas diversas temperaturas dos corpos situados naquele meio). Esta diferencialidade do quantum nas diversas qualidades – os corpos diversos – dá uma forma ulterior, aquela forma da medida, na qual ambos os lados se relacionam um com o outro como quanta qualitativamente determinados, o que pode ser denominado a *medida realizada*.

A grandeza, enquanto uma grandeza em geral, é variável, pois sua determinidade é enquanto um limite que, ao mesmo tempo, não é limite algum; a variação concerne, nesse aspecto, apenas a um quantum peculiar, em cujo lugar um outro é posto; mas a variação verdadeira é a do quantum como tal; isso dá a determinação interessante – assim apreendida – da grandeza variável na matemática superior, nesse caso, é preciso não ficar parado no formal da *variabilidade* em geral, nem levar em consideração outra [determinação] do que a simples do conceito, segundo a qual o *outro do quantum* é apenas o *qualitativo*. A determinação verdadeira, portanto, da grandeza variável real é que ela é a qualitativamente determinada, com isso, como foi suficientemente mostrado, aquela que é determinada por uma relação de potências; nesta grandeza variável, está *posto* que o quantum não vale como tal, mas conforme a determinação que é sua outra, conforme a qualitativa.

Os lados desse relacionar têm, conforme seu lado abstrato enquanto qualidade em geral, qualquer determinação particular, por exemplo, espaço e tempo. Tomados inicialmente, em geral, como determinidades de grandeza na sua relação de medida, uma delas é valor numérico que sobe e desce na progressão externa, aritmética, a outra, um valor numérico que é especificamente determinado por aquele que é unidade para ele. Se cada uma fosse igualmente apenas uma qualidade particular, não teria nelas diferença alguma, sobre qual das duas, com respeito a sua determinação de grandeza, seria tomada como a determinidade quantitativa meramente externa e qual seria tomada como a que varia a si na especificação quantitativa. Se elas se relacionam, por exemplo, como raiz e quadrado, é indiferente em qual delas o aumento ou diminuição é considerada como tal que progride de modo apenas externo na progressão aritmética e qual delas, pelo contrário, é considerada como tal que se determina especificamente nesse quantum.

Mas as qualidades não são, de modo indeterminado, diversas uma relativamente à outra, pois nelas, como momentos da medida, deve estar a qualificação da mesma. A determinidade mais próxima das próprias qualidades é: de uma, de ser o *extensivo*, a exterioridade nela mesma, de outra, de ser o *intensivo*, o que é dentro de si ou o negativo frente àquela. Portanto, dos momentos quantitativos compete àquela o valor numérico, a esta, a unidade; na relação simples direta, aquela precisa ser tomada como o dividendo, esta, como divisor; na relação especificante, aquela, como a potência ou o tornar-se outro, esta, como raiz. Uma vez que aqui ainda se conta, isto é, reflete-se no quantum externo (o qual, assim, é como a determinidade de grandeza inteiramente contingente, denominada empírica), com isso, toma-se a variação igualmente como tal que avança na progressão externa, aritmética, então isso cai no lado da unidade, da qualidade intensiva; o lado externo, extensivo, pelo contrário, precisa ser apresentado como tal que varia a si na série especificada. Mas, aqui, a relação direta (como a velocidade em geral, s/t) está rebaixada à determinação formal, não existente, mas apenas à determinação pertencente à reflexão que abstrai; e se, ainda na relação de raiz e quadrado (como em $s = at^2$), a raiz precisa ser tomada como quantum empírico e tal que avança na progressão aritmética, mas o outro lado precisa ser tomado como especificado, então é a realização superior, mais correspondente ao conceito da qualificação do quantitativo, aquela pela qual ambos os lados se relacionam em determinações superiores de potências (como é o caso em $s^3 = at^2$).

Observação

O que aqui foi discutido com respeito à conexão da natureza qualitativa de um ser aí e de sua determinação quantitativa na medida tem sua aplicação no exemplo já indicado do movimento, inicialmente, [no fato de] que, na *velocidade* enquanto relação direta do espaço percorrido e tempo decorrido, a grandeza do tempo é assumida como denominador, a grandeza do espaço, pelo contrário, como numerador. Se velocidade em geral é apenas uma relação do espaço e do tempo de um movimento, então é indiferente qual de ambos os momentos deve ser considerado como o valor numérico ou como a unidade. Mas espaço como, na gravidade específica, o peso, é o todo externo real em geral, com isso, valor numérico; o tempo, pelo contrário, como o volume, é o ideal, o negativo, o lado da unidade. – Mas essencialmente aqui cabe a relação mais importante, de que, no *movimento livre*, primeiro, no movimento ainda condicionado da *queda*, a quantidade do tempo e do espaço, aquele como raiz, este como quadrado, ou, no movimento absolutamente livre dos corpos celestes, o tempo de revolução e a distância, estariam determinados um frente ao outro, sendo aquela inferior em uma potência com respeito a essa, aquela como quadrado, esta como cubo. Relações fundamentais desse tipo se baseiam na natureza das qualidades que estão na relação, do espaço e do tempo, e no modo da relação, na qual elas estão, ou como movimento mecânico, isto é, como não livre, não determinado pelo conceito dos momentos, ou como queda, isto é, condicionadamente livre, ou como movimento celeste absolutamente livre, – modos do movimento os quais, assim como suas leis, baseiam-se igualmente no desenvolvimento do conceito de seus momentos, do espaço e do tempo, uma vez que estas qualidades como tais, *em si*, isto é, no conceito, demonstram-se como *inseparáveis* e sua relação quantitativa é o *ser para si* da medida, apenas *uma* determinação da medida.

Com respeito às relações absolutas da medida, pode bem ser lembrado que a *matemática da natureza*, se ela quer ser digna do nome de ciência, precisaria ser essencialmente a ciência das medidas – uma ciência, para qual muito foi feito empiricamente, mas de modo propriamente científico, isto é, filosoficamente, ainda pouco. *Princípios matemáticos da filosofia da natureza* – como *Newton* denominou sua obra –, se eles devessem cumprir esta destinação [*Bestimmung*] em um sentido mais profundo da filosofia e da ciência do que tinham ele e toda linhagem baconiana, precisariam conter coisas completamente diferentes, a fim de trazer uma luz para essas regiões ainda escuras, mas extremamente dignas de consideração. É um grande mérito conhecer os números empíricos da natureza, por exemplo, distâncias dos planetas um do outro, mas um [mérito] infinitamente maior fazer desparecer os quanta empíricos e elevá-lo para uma *forma universal* de determinações da quantidade, de modo que eles se tornam momentos de uma *lei* ou de uma medida; – méritos imortais que, por exemplo, *Galileu*, com respeito à queda, e *Kepler*, com respeito ao movimento dos corpos celestes, obtiveram. Eles *demonstraram* as leis, que eles descobriram, de modo a terem mostrado que a elas corresponde o âmbito das singularidades da percepção. Mas é preciso exigir um *provar* ainda mais alto dessas leis, a saber, nada senão que suas determinações de quantidade sejam reconhecidas a partir das qualidades ou de conceitos determinados que estão relacionados (como tempo e espaço). Desse modo do provar, não se encontra ainda nenhum traço naqueles princípios matemáticos da *filosofia da natureza*, bem como nos outros trabalhos desse tipo. Acima, por ocasião da aparência de provas matemáticas de relações da natureza, aparência que se fundamenta no abuso do infinitamente pequeno, foi observado que a tentativa de conduzir tais provas de modo propriamente *matemático*, quer dizer, nem a partir da empiria, nem a partir do conceito, é um empreendimento absurdo. Essas provas *pressupõem*, a partir da experiência, seus teoremas, precisamente aquelas leis; o que as provas desempenham, consiste no fato de que trazê-las a expressões abstratas e fórmulas convenientes. Todo o mérito real, que se prefere atribuir a *Newton* em vez de a *Kepler* em relação com tais objetos, – descontando-se a estrutura aparente das provas – será confinado, sem dúvida, na reflexão mais purificada sobre aquilo o que a matemática pode desempenhar e o que ela desempenhou, com conhecimento [*Kenntnis*] claro e distinto, àquela *reformulação* da expressão[55] e do tratamento analítico introduzido conforme os *inícios*.

C. O ser para si na medida

1) Na forma da medida especificada acima considerada, o quantitativo de ambos os lados está qualitativamente determinada (ambos na relação de potências); assim, eles são momentos de *uma* determinidade de medida de natureza qualitativa. Mas, nesse caso, as qualidades ainda estão postas apenas como imediatas, [como] *apenas diversas*, qualidades que, elas mesmas, não estão naquela relação, na qual estão suas determinidades da grandeza estão, a saber, de não ter sentido algum nem ser aí *fora* de tal relação, o que contém a determinidade de potências da grandeza. O qualitativo se esconde, assim, como especificante não de si mesmo, mas da determinidade de grandeza; apenas como *nessa* ele está *posto*, para si, porém, é qualidade *imediata* como tal que, exceto o fato de que a grandeza dela é posta na diferença e fora sua relação com sua outra, teria ainda ser aí subsistente para si. Assim, espaço e tempo valem ambos fora daquela especificação, que contém sua determinidade de grandeza no movimento da queda ou no movimento absolutamente livre, como espaço em geral, como tempo em geral, o espaço subsistindo para si fora e sem o tempo como tal que dura e o tempo como tal que flui para si independentemente do espaço.

---

55. Cf. *Enciclopédia das Ciências Filosóficas*, obs. ao § 270 sobre a reformulação do $\frac{s^3}{t^2}$ kepleriano no $\frac{s s^2}{t^2}$ newtoniano, enquanto a parte $\frac{s}{t^2}$ foi denominada a força da gravidade [N.H.].

Mas essa imediatidade do qualitativo frente a sua relação específica de medida está igualmente ligada a uma imediatidade quantitativa e à indiferença de um *quantitativo* nele frente a essa sua relação; a qualidade imediata tem também um *quantum* apenas *imediato*. Por conseguinte, a medida específica tem também, pois, um lado de variação inicialmente externa, cuja progressão é meramente aritmética, não é perturbada por aquela, e na qual a determinidade de grandeza externa, por isso, apenas empírica, cai. Qualidade e quantum, também ocorrendo, assim, fora da medida específica, estão, ao mesmo tempo, na relação com essa; a imediatidade é um momento deles, que, eles mesmos, pertencem à medida. Assim, as qualidades imediatas também pertencem à medida, estão igualmente na relação e, conforme a determinidade da grandeza, estão em uma relação que, enquanto fora da [relação] especificada, fora da determinação de potências, é, ela mesma, apenas a relação direta e medida imediata. Essa consequência e sua conexão precisam ser indicadas de modo mais detalhado.

2) O quantum imediatamente determinado como tal, se ele também, como momento da medida, está fundamentado de outra maneira em si em uma conexão do conceito, está, na relação com a medida específica, como algo externamente dado. Mas a imediatidade, que com isso está posta, é a negação da determinação qualitativa de medida; a mesma foi mostrada há pouco nos lados desta determinação de medida, os quais, por isso, apareceram como qualidades autossubsistentes. Tal negação e o retornar para a determinidade imediata da quantidade estão na relação qualitativamente determinada nesse aspecto, enquanto a relação de [termos] diferentes em geral contém sua relação como *uma* determinidade que, com isso, aqui no quantitativo, diferenciada da determinação da relação, é um quantum. Como negação dos lados determinados qualitativamente diferenciados, esse expoente é um ser para si, o ser pura e simplesmente determinado; mas [o expoente] é tal ser para si apenas *em si*, – como ser aí, é um quantum simples, imediato, quociente ou expoente enquanto de uma relação dos lados da medida, essa relação, tomada como uma [relação] direta, mas, em geral, unidade como tal que aparece empiricamente no quantitativo da medida. – Na queda

dos corpos, os espaços percorridos estão na relação do quadrado dos tempos decorridos; s = at^2; essa é a relação especificamente determinada, uma relação de potências do espaço e do tempo; a outra, a relação direta competiria ao espaço e ao tempo como qualidades indiferentes uma frente à outra; ela deve ser aquela do espaço com o primeiro momento temporal; o mesmo coeficiente *a* permanece em todos pontos temporais sucessivos, – a *unidade* como um quantum habitual para o valor numérico determinado, de modo correspondente, pela medida especificante. O valor numérico vale, ao mesmo tempo, como o expoente daquela relação direta, a qual compete à velocidade má, *representada*, isto é, formal, não especificamente determinada pelo conceito. Tal velocidade não existe aqui, assim como não existe aquela mencionada anteriormente, que deveria competir ao corpo no *fim* de um momento temporal. Aquela é atribuída ao *primeiro* momento temporal da queda, mas este assim chamado momento temporal é uma unidade ela mesma apenas assumida e não tem, como tal ponto atômico, ser aí algum; o início do movimento – a pequenez, a qual se pretendeu para este, não poderia fazer diferença alguma – é, desde logo, uma grandeza e, com efeito, uma grandeza especificada pela lei da queda. Aquele quantum empírico é atribuído à força da gravidade, de modo que esta própria força não deve ter relação alguma com a especificação presente (a determinidade de potências), com o peculiar da determinação de medida. O momento *imediato* de que, no movimento da queda, o valor numérico de, por exemplo, quinze unidades espaciais, que estão assumidas como pés, viria em uma unidade temporal (um segundo e, com efeito, o assim chamado *primeiro*), é uma *medida imediata* como a grandeza de medida das medidas dos membros humanos, as distâncias, os diâmetros dos planetas etc. A determinação de tal medida cai em outro lugar do que dentro da determinação qualitativa de medida, aqui da própria lei da queda; mas, de que dependem tais *números*, o que aparece apenas imediatamente, portanto, como empírico, de uma medida, a este respeito, as ciências concretas ainda não deram elucidação alguma. Aqui temos a ver apenas com esta determinidade do conceito; esta é que aquele coeficiente empírico constitui o *ser para si* na determinação de medida, mas apenas o momento do ser para si, uma vez que o mesmo é *em si* e, portanto, como imediato. O outro é o *desenvolvido* deste ser para si, a determinidade específica de medida dos lados. - A gravidade, na relação da queda, de um movimento, com efeito, ainda metade condicionado e apenas metade livre, precisa ser vista conforme este segundo momento como uma força da natureza, de modo que sua relação está determinada pela natureza do tempo e do espaço e, portanto, cai na gravidade aquela especificação, a relação de potências; aquela, a relação simples direta, expressa apenas um relacionar mecânico do tempo e do espaço, a velocidade formal, externamente produzida e determinada.

3) A medida se determinou no sentido de ser uma relação especificada de grandeza que, como [relação] quantitativa, tem nela o quantum habitual externo; mas esse não é um quantum em geral, mas essencialmente como momento da determinação da relação como tal; ele é, assim, expoente e, enquanto ser determinado agora imediato, um expoente invariável, com isso, expoente da relação direta já mencionada das mesmas qualidades, relação pela qual, ao mesmo tempo, a relação da grandeza delas uma com a outra é especificamente determinada. No exemplo usado da medida do movimento da queda, essa relação direta está, por assim dizer, antecipada e assumida como presente; mas, como observado, ela ainda não existe neste movimento. - Mas a determinação ulterior é constituída pelo fato de que a medida está agora *realizada* de maneira que ambos seus lados são medidas - diferenciadas como imediata, externa e como especificada dentro de si - e ela é a unidade dos mesmos. Enquanto essa unidade, a medida contém a relação na qual, pela natureza das qualidades, as grandezas estão determinadas e postas diferentemente, e a determinidade dela, portanto, de modo inteiramente imanente e autossubsistente, ao mesmo tempo, foi junto para o ser para si do quantum imediato, para o expoente de uma relação direta; nisso, sua autodeterminação está *negada*, já que ela tem, nesse seu outro, a determinidade última, que é para si; e, inversamente, a medida imediata, que deve ser qualitativa nela mesma, tem, em verdade, apenas naquela, a determinidade qualitativa. Esta unidade negativa é *ser para si real*, a categoria de um *algo*, enquanto unidade de qualidades que estão na relação de medida, - uma *autossubsistência* plena. Imediatamente, ambas, as quais resultaram como duas relações diversas, dão também um ser aí duplo, ou, mais precisamente: tal todo

autossubsistente é como um tal que é para si em geral, ao mesmo tempo, um repelir em [termos] *autossubsistentes diferenciados*, cuja natureza subsistir (materialidade) qualitativos estão na determinidade de medida deles.

SEGUNDO CAPÍTULO
A MEDIDA REAL

    A medida está determinada para uma relação de medidas, as quais constituem a qualidade de algos diferentes, autossubsistentes – mais correntemente: *coisas*. As relações de medida acima consideradas pertencem a qualidades abstratas, como ao espaço e ao tempo; daquelas que estão prestes a ser consideradas, são exemplos: gravidade específica, em seguida, as propriedades químicas, as quais são como determinações de existências *materiais*. Espaço e tempo são também momentos de tais medidas, mas que, agora, subordinadas a determinações ulteriores, não se relacionam mais uma com a outra apenas conforme suas determinações próprias do conceito. No som, por exemplo, o *tempo* no qual um valor numérico das vibrações ocorre, o espacial do comprimento, da espessura dos corpos vibratórios, estão entre os momentos da determinação; mas as grandezas daqueles momentos ideais estão exteriormente determinadas, elas não se mostram mais em uma relação de potências, mas em relação habitual direta uma com a outra, e o harmônico se reduz à simplicidade inteiramente externa de números, cujas relações podem ser apreendidas de modo mais fácil e, com isso, concedem uma satisfação, que remete inteiramente à sensação, pois, para o espírito, não está presente nenhuma representação, imagem fantástica, nenhum pensamento e coisas semelhantes que o preencham. Visto que os lados que constituem a relação de medida são, eles mesmos, medidas, mas, ao mesmo tempo, algos reais, então as medidas são, inicialmente, medidas imediatas e, como relações, são, nelas, relações diretas. É a relação de tais relações uma com a outra, a qual agora precisa ser considerada na sua determinação progressiva.

A medida, como ela doravante é, medida real, é,

em primeiro lugar, uma medida autossubsistente de uma corporeidade, medida que se relaciona com *outras* e, neste relacionar, especifica as mesmas, assim como, portando, a materialidade autossubsistente. Esta especificação, enquanto um relacionar externo com múltiplos outros em geral, é o engendrar de outras relações, com isso, de outras relações na medida, e a autossubsistência específica permanece subsistindo não em *uma* relação direta, mas passa para *determinidade específica*, que é uma *série de medidas*.

Em segundo lugar, as relações diretas que surgem através disso são medidas determinadas em si e excludentes (afinidades eletivas); mas, uma vez que sua diferença com respeito à outra é, ao mesmo tempo, apenas quantitativa, está presente uma progressão de relações que é, em parte, quantitativa de modo meramente externo, mas também é interrompida por relações qualitativas e forma uma *linha nodal* de *autossubsistentes específicos*.

Mas, *em terceiro lugar*, nessa progressão entra em cena, para a medida, a *ausência de medida* em geral e, de modo mais determinado, a *infinitude* da medida, na qual as autossubsistências que se excluem são uma unidade umas com as outras e o autossubsistente entra em relação negativa consigo mesmo.

A. A relação de medidas autossubsistentes

Agora, as medidas não se chamam mais de meramente imediatas, mas de autossubsistentes, uma vez que elas [se tornam], nelas mesmas, relações de medidas que estão especificadas, então, neste ser para si, são algo, coisas físicas, inicialmente materiais. O todo, que é uma relação de tais medidas, é, porém,

a) inicialmente, ele mesmo, *imediato*; assim, ambos os lados, que estão determinados como tais medidas autossubsistentes, são tais que subsistem um fora do outro em coisas particulares e são postos *externamente* em *combinação* [*Verbindung*];

b) mas as materialidades autossubsistentes são o que qualitativamente são apenas pela determinação quantitativa que elas têm como medidas, com isso, são determinadas pela mesma relação quantitativa com outras, como *diferentes* com respeito a elas (a assim chamada *afinidade*) e, com efeito, como *membros de uma série* de tal relacionar quantitativo;

c) esse relacionar indiferente, multíplice, fecha-se, ao mesmo tempo, até tornar-se ser para si *excludente* – a assim chamada *afinidade eletiva*.

a) Combinação de duas medidas

Algo está determinado dentro de si como relação de medida de quanta, aos quais, além disso, competem qualidades, e o algo é a relação dessas qualidades. Uma delas é o *ser dentro de si* do algo, segundo o qual ele é um tal que é para si – material – (como, tomado intensivamente, o peso; ou tomado extensivamente, a *quantia*, mas de partes materiais); porém, a outra é a *exterioridade* desse ser dentro de si (o abstrato, ideal, o espaço). Essas qualidades estão quantitativamente determinadas e a relação das mesmas uma com a outra constitui a natureza qualitativa do algo material, – a relação do peso com o volume, a gravidade determinada específica. O volume, o ideal, precisa ser assumido como a unidade, mas o intensivo, que aparece na determinidade quantitativa e na comparação com aquele como grandeza extensiva, quantia de uno que são para si, precisa ser assumido como valor numérico. – O relacionar qualitativo puro de ambas as determinidades de grandeza conforme uma relação de potências desapareceu no fato de que, na autossubsistência do ser para si (ser material), retornou a imediatidade na qual a determinidade de grandeza é um quantum como tal e a relação de um tal com o outro lado está determinada igualmente no expoente habitual de uma relação direta.

Este expoente é o quantum específico do algo, mas ele é quantum imediato, e esse, com isso, a natureza específica de tal algo, está determinada apenas na *comparação* com outros expoentes de tais relações. Ele constitui o ser determinado *em si específico*, a medida interior peculiar de algo; mas visto que esta sua medida se baseia no quantum, ela é também apenas como determinidade externa, indiferente, e tal algo é, por isso, – apesar da determinação interna de medida – variável. O outro, com o qual ele – como variável – pode relacionar-se, não é uma quantia de matéria, um quantum em geral – frente a esse, sustenta seu ser determinado em si específico –, mas um quantum que é, ao mesmo tempo, de igual modo, expoente de tal relação específica. São duas coisas de medida interior diversa que estão na relação e entram em combinação – como dois metais de diversa gravidade específica; não cabe aqui considerar qual homogeneidade a natureza deles – que, por exemplo, não é um metal, de cuja combinação com água se falaria – seria, de outra maneira, exigida para possibilidade de tal combinação. – Por um lado, cada uma de ambas as medidas se conserva na variação que lhes deveria sobrevir pela exterioridade do quantum, porque cada uma é medida, mas, por outro lado, esse conservar-se é, ele mesmo, um relacionar negativo com esse quantum, uma especificação do mesmo e, visto que o quantum é expoente da relação de medida, é uma variação da própria medida e, com efeito, uma especificação recíproca.

Conforme a determinação apenas quantitativa, a combinação seria um mero somar de duas grandezas de uma e das duas [grandeza] da outra qualidade, por exemplo, a soma de ambos os pesos e de ambos os volumes na combinação de duas matérias de diversa gravidade específica, de modo que não apenas o peso da mistura permaneceria igual àquela soma, mas também o espaço, que a mesma ocupa, é igual à soma daqueles espaços. Só que apenas o peso se encontra como a soma dos pesos que estavam presentes antes da combinação; soma-se o lado que, sendo o lado que é para si, tornou-se ser aí fixo e, com isso, [provido] de quantum permanente imediato, – o peso da matéria ou o que, para o mesmo, vale conforme a consideração da determinidade quantitativa, a quantia das partes materiais. Mas a variação cai nos expoentes, sendo eles a expressão da determinidade qualitativa, do ser para si como relações de medida, o qual, visto que o quantum como tal sofre a variação contingente, externa por acréscimo que é somado, ao mesmo tempo, demonstra-se como tal que nega frente a esta exterioridade. Esse determinar imanente do quantitativo, uma vez que ele, como mostrado, não pode aparecer no peso, demonstra-se na outra qualidade, que é o lado ideal da relação. Para a percepção sensível, pode saltar aos olhos que, depois da mistura de duas matérias especificamente diversas, mostra-se uma variação – habitualmente uma diminuição – do volume somado; o próprio espaço constitui o subsistir da matéria que é reciprocamente externa. Mas este subsistir frente à negatividade que o ser para si contém dentro de si é o ente que não é em si, o variável; deste modo, o espaço é posto como aquilo o que ele verdadeiramente é, como o ideal.

Mas, com isso, não apenas um dos lados qualitativos está posto como variável, mas a própria medida e, portanto, a determinidade qualitativa do algo fundada nela se mostrou, assim, nela mesma, não ser um fixo, mas, como o quantum em geral, ter sua determinidade em outras relações de medida.

b) A medida como série de relações de medida

1) Se algo que é reunido com outro, e igualmente esse outro, determinado apenas pela qualidade simples, fosse aquilo que é, então eles apenas se suprassumiriam nesta combinação. Mas algo que é relação de medida dentro de si, é autossubsistente, mas, através disso, é, ao mesmo tempo, capaz de se reunir com um semelhante; ao ser suprassumido nesta unidade, ele se conserva através de seu subsistir indiferente, quantitativo, e se comporta, ao mesmo tempo, como momento especificante de uma nova relação de medida. Sua qualidade está envolvida no quantitativo; com isso, ela é igualmente indiferente frente à outra medida, continua-se na mesma e para dentro da nova medida formada; o expoente da nova medida é, ele mesmo, apenas um quantum qualquer, determinidade externa, apresenta-se como indiferença no fato de que o algo especificamente determinado, com outras medidas semelhantes, assume neutralizações semelhantes das relações de medida recíprocas; a peculiaridade específica dele não se expressa apenas em uma relação de medida, formada pelo expoente e por uma outra [medida].

2) Essa combinação de vários [termos], que são neles mesmos igualmente medidas, dá relações diversas que, portanto, têm expoentes diversos. O autossubsistente tem o expoente de seu ser determinado em si apenas na comparação com outros; a neutralidade com outros, porém, constitui sua comparação real com os mesmos;

ele é sua comparação com eles através de si mesmo. Mas os expoentes destas relações são diversos e o autossubsistente apresenta, com isso, seus expoentes qualitativos como a *série* desses *valores numéricos diversos*, com respeito aos quais ele é a unidade, – como uma *série de relacionar específico com outros*. O expoente qualitativo, como *um* quantum imediato, expressa uma relação singular. O autossubsistente se diferencia verdadeiramente através da *série peculiar* dos expoentes, que ele, assumido como unidade, forma com outras autossubsistências do tipo, visto que um outro das mesmas igualmente é trazido na relação com semelhantes e, assumido como unidade, forma uma outra série. – A relação de tais séries dentro delas constitui agora o qualitativo dos autossubsistentes.

Já que agora tal autossubsistente forma uma série de expoentes com uma série de [termos] autossubsistentes, parece inicialmente estar diferenciado de um outro fora desta própria série, com o qual ele é *comparado*, através do fato de que esse outro constitui uma outra série de expoentes com os mesmos [termos] contrapostos. Mas, deste modo, ambos esses autossubsistentes *não* seriam *comparáveis*, uma vez que cada um, assim, é considerado como *unidade* frente a seu expoente e ambas as séries que surgem dessa relação são *indeterminadamente diferentes*. Ambos, que devem ser comparados como autossubsistentes, estão inicialmente diferenciados um frente ao outro apenas como quanta; para determinar a relação deles, ele mesmo necessita de uma unidade comum, que é para si. Esta unidade determinada precisa ser procurada naquilo em que os termos a serem comparados, como mostrado, têm o ser aí específico da sua medida, portanto, precisa ser procurada na relação que os expoentes de relação da série têm um com o outro. Mas essa relação dos próprios expoentes é apenas unidade que é para si, de fato, determinada, enquanto os membros da série têm a mesma relação como uma relação *constante* um para com o outro; assim, a relação pode ser *a unidade comum deles*. Nela, portanto, está somente a comparabilidade de ambos os autossubsistentes, que foram assumidos não como tais que se neutralizam um com o outro, mas como indiferentes um frente ao outro. Cada um – isolado fora da comparação – é a unidade das relações com os membros contrapostos, os quais são os valores numéricos frente àquela unidade, com isso, representam a série de expoentes. Pelo contrário, essa série é, inversamente, a unidade para aqueles dois que, comparados um com o outro, são quanto um frente ao outro; como tais, eles mesmos são valores numéricos diversos da sua unidade acima mostrada.

    Mas, além disso, aqueles que, com os contrapostos, dois, ou antes, *múltiplos* em geral, comparados entre si, fornecem a série dos expoentes do relacionar dos mesmos são, neles mesmos, igualmente autossubsistentes, cada um, um algo específico de uma relação de medida que lhe compete em si. Sob esse aspecto, os autossubsistentes precisam ser tomados, cada um, igualmente como unidade, de modo que eles, nos primeiramente nomeados ambos ou, antes, vários indeterminados que são meramente comparados entre si, têm uma série de expoentes, os quais são entre si os números de comparação dos [termos] acima denominados; assim como os números de comparação entre si dos termos agora singularmente tomados também como autossubsistentes, são de igual modo, inversamente, a série dos expoentes para os membros da primeira série. Dessa maneira, ambos os lados são séries, nas quais cada número é, *em primeiro lugar*, unidade em geral frente à série que se lhe contrapõe, na qual ele tem seu ser determinado para si como uma série de expoentes; *em segundo lugar*, é ele mesmo um dos expoentes para cada membro da série que se lhe contrapõe; e, *em terceiro lugar*, o número de comparação com respeito aos demais números de sua série e, como tal valor numérico, que lhe compete também como expoente, tem sua unidade determinada para si na série que se lhe contrapõe.

    3) Neste relacionar, regressou o modo no qual o quantum está posto como tal que é para si, a saber, como grau, sendo simples, mas tendo a determinidade de grandeza em um quantum que é fora dele, que é um círculo de quanta. Na medida, porém, este externo não é meramente um quantum e um círculo de quanta, mas uma série de números de relação, e o todo dos mesmos é aquilo em que está o ser determinado para si da medida. Como é o caso no ser para si do quantum como grau, a natureza da medida autossubsistente se inverteu em direção a esta exterioridade de si mesma. Sua relação consigo é, inicialmente, como relação *imediata* e, com isso, sua indiferença frente a outro consiste desde já apenas no quantum. Nesta

exterioridade cai, portanto, seu lado qualitativo, e *seu relacionar com outro* se torna aquilo o que constitui a determinação específica desse autossubsistente. Assim, ela consiste pura e simplesmente no modo quantitativo desse relacionar, e esse modo está determinado tanto pelo outro quanto por ele mesmo, e esse outro é uma série de quanta e é, ele mesmo, reciprocamente, um tal quantum. Mas esta relação, na qual dois específicos se especificam com respeito a algo, a um terceiro, ao expoente, contém, além disso, o fato de que, nesse, um não passou para o outro, portanto, não está posta apenas *uma* negação em geral, mas, nele, *ambos* estão postos negativamente e, enquanto cada um se conserva indiferentemente nele, *sua negação* também de novo está *negada*. Essa unidade qualitativa deles é, com isso, unidade *excludente* que é para si. Os expoentes que inicialmente são entre si números de comparação têm neles, apenas no momento do excluir, sua determinidade verdadeiramente específica um frente ao outro e a diferença deles se torna, assim, ao mesmo tempo, de natureza qualitativa. Mas a diferença se funda no quantitativo; o autossubsistente se relaciona, *em primeiro lugar*, apenas por isso, com um *vário* de seu lado qualitativamente outro, porque, nesse relacionar, ele é, ao mesmo tempo, indiferente; *em segundo lugar*, a relação neutra não é, agora, apenas variação pela quantitatividade contida nela, mas posta como negação da negação e unidade excludente. Através disso, a *afinidade* de um autossubsistente com os vários do outro lado não é mais uma relação indiferente, mas uma *afinidade eletiva*.

c) Afinidade eletiva

Aqui, foi usada a expressão *afinidade eletiva*, assim como anteriormente *neutralidade, afinidade*, - expressões que se relacionam com relação *química*. Pois na esfera química, o material tem essencialmente sua determinidade específica na relação com seu outro; ele existe apenas como essa diferença. Essa relação específica está, além disso, ligada à quantidade e, ao mesmo tempo, não é apenas a relação com um outro singular, mas com uma série de tais diferentes que se lhe contrapõem; as combinações com esta série se baseiam em uma assim chamada *afinidade* com *cada* membro da mesma, mas nesta indiferença, cada uma das combinações é, ao mesmo tempo, excludente face a outras, relação de determinações contrapostas a qual ainda precisa ser considerada. – Mas não é apenas no químico que o específico se apresenta em um círculo de combinações; também o tom singular tem seu sentido apenas no relacionar e na combinação com um outro tom e com a série de outros tons; a harmonia ou desarmonia em tal círculo de combinações constitui sua natureza qualitativa, que se baseia, ao mesmo tempo, em relações quantitativas, as quais formam uma série de expoentes e são as relações de ambas as relações específicas que cada um dos tons combinados nele mesmo é. O tom singular é o tom fundamental de um sistema, mas igualmente de novo membro singular no sistema de cada outro tom fundamental. As harmonias são afinidades eletivas excludentes, mas cuja peculiaridade qualitativa se dissolve igualmente de novo na exterioridade do progredir meramente quantitativo. – Mas, em que resida o princípio de uma medida para aquelas afinidades, que são afinidades eletivas (químicas ou musicais ou outras) dentre e frente às outras, a este respeito, ocorrerá a seguir ainda uma observação no que diz respeito à afinidade eletiva química; mas esta questão superior se conecta de maneira mais estrita com o específico do qualitativo próprio e pertence às partes especiais da ciência da natureza concreta.

Uma vez que o membro de uma série tem sua unidade qualitativa em seu relacionar com o todo de uma série que se lhe contrapõe, cujos membros, porém, são diversos um com respeito ao outro apenas através do quantum segundo o qual eles se neutralizam com aquele, então a determinidade mais específica [*speziell*] é, nesta afinidade múltipla, igualmente apenas uma determinidade quantitativa. Na afinidade eletiva enquanto relação excludente, qualitativa, o relacionar subtrai-se a essa diferença quantitativa. A próxima determinação que se apresenta é que, conforme a diferença da quantia, como da *grandeza extensiva*, diferença que acontece entre os membros de um lado para a neutralização de um membro do outro lado, também a afinidade eletiva desse membro se direcionaria aos membros da outra série, com todos os quais ele está em afinidade. O excluir como um manter-se junto *mais fixo* frente a outras possibilidades da combinação, o qual seria fundamentado por isso, apareceria assim transformado em intensidade proporcionalmente maior, de acordo com a identidade anteriormente comprovada das formas da grandeza extensiva e intensiva, como ambas aquelas formas nas quais a determinidade de grandeza é uma e a mesma. Esse interverter [*Umschlagen*] da forma unilateral da grandeza extensiva também para sua outra, a intensiva, não altera, porém, nada na natureza da determinação fundamental que é um e o mesmo quantum; de modo que, com isso, não estaria posto, de fato, excluir algum, mas poderia acontecer indiferentemente ou apenas *uma* combinação ou igualmente uma combinação sem determinação de quantos membros, contanto que as porções que deles entrassem, proporcionalmente a suas relações entre eles, fossem correspondente ao quantum exigido.

Só que a combinação que nós denominamos também neutralização não é apenas a forma da intensidade, o expoente é essencialmente determinação de medida e, com isso, excludente; nesse lado do relacionar excludente, os números perderam sua continuidade e confluibilidade um com o outro; é o *mais* ou *menos* que obtém um caráter negativo, e a *preferência* que um expoente tem com respeito a outro, não se detém na determinidade quantitativa. Mas, ao mesmo tempo, está presente também este outro lado, segundo o qual é de novo indiferente para um momento obter o quantum neutralizante de vários momentos que se lhe contrapõem, obtê-lo de cada um conforme sua determinidade específica frente ao outro; o relacionar excludente, negativo, sofre, ao mesmo tempo, esse entrelaçamento do lado quantitativo. – Com isso, está posto um interverter de relacionar indiferente, meramente quantitativo, para um relacionar qualitativo e, inversamente, um passar do ser determinado específico para a relação meramente externa, – uma série de relações que são ora meramente de natureza quantitativa, ora relações específicas e medidas.

Observação [Berthollet sobre a afinidade eletiva e a teoria de Berzelius a este respeito]

As *matérias químicas* são os exemplos mais peculiares de tais medidas, que são momentos da medida os quais têm aquilo o que constitui sua determinação unicamente no relacionar com outros. Ácidos e alcalinos ou bases em geral aparecem como coisas imediatamente determinadas em si, mas, antes, como elementos corporais imperfeitos, como partes constituintes que propriamente não existem por si, mas têm apenas essa existência de suprassumir seu subsistir isolado e de se combinar com um outro. A diferença, além disso, através da qual elas são como *autossubsistentes*, não consiste nessa qualidade imediata, mas no modo quantitativo do relacionar. Ela não está, com efeito, restrita à oposição química do ácido e do alcalino ou base em geral, mas está especificada até tornar-se uma *medida da saturação* e consiste na determinidade específica da quantidade das matérias que se neutralizam. Essa determinação da quantidade com respeito à saturação constitui a natureza qualitativa de uma matéria; aquela a torna aquilo que ela é para si, e o número, que expressa isso, é essencialmente um de vários expoentes para uma unidade que se contrapõe. – Tal matéria está com uma outra em assim chamada afinidade; uma vez que essa relação permaneça de natureza puramente qualitativa, então – como a relação dos polos magnéticos ou das eletricidades – uma determinada seria apenas a negativa da outra, e ambos os lados não se mostrariam, ao mesmo tempo, também indiferentes um frente ao outro. Mas porque a relação é também de natureza quantitativa, cada uma dessas matérias é capaz de neutralizar-se com *várias* e não está restrita a uma matéria que se lhe contrapõe. Relaciona-se não apenas o ácido e o alcalino ou base, mas ácidos e alcalinos ou bases uns com os outros. Eles se caracterizam, inicialmente, através disso, um face ao outro, dependendo de se um ácido necessita mais, por exemplo, de um alcalino, a fim de se saturar com ele, do que um outro ácido. Mas a autossubsistência que é para si mostra-se no fato de que as afinidades se relacionam de modo excludente e uma tem a preferência à outra, visto que, por si, um ácido pode assumir uma combinação com todos os alcalinos e vice-versa. Assim, constitui a diferença principal de um ácido com respeito a um outro se ele tem uma afinidade mais próxima do que um outro com uma base, isto é, uma assim chamada afinidade eletiva.

    Sobre as afinidades químicas dos ácidos e dos alcalinos, foi descoberta a lei de que, quando duas soluções neutras são misturadas, pelo que surge uma separação e disso surgem duas novas combinações, estes produtos igualmente são neutros. Segue-se disso que as quantias de duas bases alcalinas que são exigidas para saturação de um ácido, são necessárias na *mesma proporção* para saturação de um outro; em geral, se, para um alcalino tomado como unidade, foi determinada a *série dos números proporcionais*, nos quais os diversos ácidos saturam o alcalino, então, para cada outro alcalino, essa série mesma, só que os diversos alcalinos precisam ser tomados um frente ao outro em valores numéricos diversos – valores numéricos que, por sua vez, formam de novo uma tal série constante de expoentes para cada um dos ácidos que se lhe contrapõem, enquanto eles se relacionam igualmente com cada ácido singular na mesma proporção que com cada outro ácido. – *Fischer*[56] foi o primeiro a destacar essas *séries* a partir dos trabalhos richterianos[57] na simplicidade deles; ver nas suas observações acerca da tradução do tratado de *Berthollet* sobre as leis da afinidade na química, p. 232, e Berthollet, *Statique chimique* I, p. 134ss.[58] – Querer levar em consideração aqui o conhecimento [*Kenntnis*] dos números proporcionais das misturas dos elementos químicos, conhecimento ampliado para todos os lados, desde quando isso foi escrito pela primeira vez, seria também uma digressão pelo fato de que essa expansão empírica, porém, em parte, também apenas hipotética, permanece encerrada dentro das mesmas determinações do conceito. Mas, sobre as categorias, nesse caso, empregadas, além disso, sobre as visões da própria afinidade eletiva química e sua relação com o quantitativo, assim como sobre a tentativa de fundar a mesma em qualidades físicas determinadas, poderiam ser acrescentadas algumas observações.

Como se sabe, *Berthollet* modificou a representação geral da afinidade eletiva através do conceito da eficácia [*Wirksamkeit*] de uma *massa química*. Essa modificação, que precisa ser bem destacada, não tem influência alguma sobre as relações quantitativas das próprias leis químicas de saturação, mas o momento qualitativo da afinidade eletiva excludente como tal não é apenas enfraquecida, mas, antes, suprassumida. Se dois ácidos agem [*wirken*] sobre um alcalino e aquele, do qual é dito que ele teria uma afinidade maior como

---

56. Ernst Gottfried Fischer, 1754-1831, físico [N.E.A.].
57. Jeremias Benjamin Richter, 1762-1807, assessor de minas na administração de minas e siderurgia em Berlim [N.E.A.].
58. BERTHOLLET, C.L. *Essai de statique chimique*, 2 Vol., Paris, 1803. Edição alemã: *Claude Louis Berthollet. Tentativa de uma estatística química em uma teoria das forças naturais químicas*; traduzido por Georg Wilhem Bartholdy e acompanhado com esclarecimentos de Ernst Gottfried Fischer, Berlim, 1811 [N.E.A.].

mesmo, também está presente no quantum que é capaz de saturar o quantum da base, então apenas esta saturação ocorreria conforme a representação da afinidade eletiva; o outro ácido permanece inteiramente ineficaz e excluído da combinação neutra. Conforme aquele conceito da eficácia de uma *massa química*, pelo contrário, cada um de ambos é eficaz em uma proporção que está composta a partir de sua quantia presente e de sua capacidade de saturação ou de [sua] assim chamada afinidade. As investigações de Berthollet indicaram as circunstâncias mais precisas sob as quais a eficácia da massa química é suprassumida e um ácido (com afinidade mais forte) parece expelir o outro (mais fraco) e *excluir* o efeito [*Wirkung*] dele, com isso, parece ser ativo conforme o sentido da afinidade eletiva. Ele mostrou que são *circunstâncias*, como a força da coesão, a indissolubilidade dos ácidos formados na água, sob as quais aquele excluir acontece, não a *natureza* qualitativa dos agentes como tais, – circunstâncias que, novamente, podem ser suprassumidas no seu efeito por outras circunstâncias, por exemplo, a temperatura. Com a eliminação desses impedimentos, a massa química se torna livremente eficaz e aquilo o que aparecia como excluir puramente qualitativo, como afinidade eletiva, mostra-se estar apenas em modificações exteriores.

Seria, sobretudo, *Berzelius*[59] que precisa ainda ser ouvido sobre esse objeto. Mas no seu *Tratado de Química* [Vol. 6, 1808-1828], ele não expõe nada peculiar e mais determinado sobre a Coisa. Estão acolhidas e literalmente repetidas as visões bertholletianas, apenas foram equipadas com a metafísica peculiar de uma reflexão acrítica, cujas categorias, portanto, apenas se apresentam para a consideração mais precisa. A teoria vai além da experiência e inventa, em parte, representações sensíveis, como elas mesmas não estão dadas na experiência, em parte, ela aplica determinações do pensar e se torna, de ambas as maneiras, objeto de crítica lógica. Queremos, portanto, examinar o que foi exposto sobre a teoria naquele tratado, Vol. III, I Seção (traduzido por Wöhler [4 vol. Dresden, 1825-1831], p. 82ss.). Agora, lá se lê, "que *seria preciso imaginar* que, em um líquido uniformemente misturado, cada um dos *átomos* está cercado pelo corpo dissolvido de um *valor numérico* de átomos *igual* ao do solvente; e, se várias substâncias estão dissolvidas juntas, então

---

59. Jöns Jacob Berzelius, 1779-1848, químico sueco [N.E.A.].

elas precisam *repartir* entre si os *interstícios* entre os átomos do solvente, de modo que, em uma mistura uniforme do líquido, surgiria uma tal *simetria na disposição* dos átomos, de modo que *todos os átomos* dos corpos singulares se encontram *na relação com os átomos* dos outros corpos *em uma disposição uniforme*; poder-se-ia dizer, portanto, que a dissolução através da *simetria na posição* dos átomos, assim como na *combinação*, estaria caracterizada *pelas proporções determinadas*". – Isso é esclarecido, então, por um exemplo das combinações que nascem de uma dissolução de cloreto de cobre, ao qual é adicionado ácido sulfúrico; mas, neste exemplo, sem dúvida, nem é apontado que átomos existem, nem que *átomos* do líquido *cercam* um valor numérico de átomos do corpo dissolvido, átomos livres de ambos os ácidos se *dispõem* em torno daqueles que permanecem combinados (com o óxido de cobre), nem que a *simetria* na *posição e na disposição*, nem que existem interstícios entre os átomos, – muito menos que as substâncias dissolvidas *repartem entre si* os *interstícios* dos átomos do solvente. Isso significaria que as substâncias dissolvidas tomam posição onde o solvente *não* é – pois os interstícios do mesmo são os espaços *vazios* dele –, por conseguinte, que as substâncias dissolvidas *não* se encontram no solvente, mas – mesmo que também cercando e dispondo-se em volta do mesmo ou sendo cercadas e pelo mesmo de modo que ele se disponha em volta delas – encontram-se *fora do mesmo*, portanto, certamente também não estão dissolvidas por ele. Não se compreende, com isso, que se teria que produzir representações tais que não estão mostradas na experiência, desde já, contradizem-se no essencial e, de outra maneira, não estão consolidadas. Isso poderia acontecer apenas pela consideração destas próprias *representações*, isto é, pela metafísica, que é lógica; mas, através dessa, elas tampouco são confirmadas como através da experiência – ao contrário! Aliás, Berzelius admite o que foi dito também acima, [a saber,] que as proposições de Berthollet não seriam contrárias à teoria das proporções determinadas, – ele, sem dúvida, acrescenta que elas também não são contrárias às visões da filosofia corpuscular, isto é, das representações há pouco indicadas dos átomos, do preenchimento dos *interstícios* do líquido solvente pelos átomos dos corpos sólidos etc.; mas essa última metafísica sem fundamento não tem essencialmente nada a ver com as proporções da própria saturação.

O específico, o que está expresso nas leis da saturação, concerne, com isso, apenas à *quantia* de unidades elas mesmas quantitativas (não de átomos) de um corpo, com a qual se neutraliza a *unidade* quantitativa (tampouco um átomo) de um outro corpo, quimicamente diferente do primeiro; a diversidade consiste unicamente nestas proporções diversas. Se, então, Berzelius, apesar de sua doutrina das proporções ser inteiramente apenas uma determinação de *quantias*, também fala de *graus* de afinidades, por exemplo, p. 86, uma vez que ele explica a *massa química* de Berthollet como a soma do *grau de afinidade* a partir da quantidade presente do corpo eficaz, [onde], em vez disso, Berthollet usa consequentemente a expressão *capacité de saturation*, então ele mesmo cai, com isso, na forma de grandeza *intensiva*. Mas isso é a forma que constitui o peculiar da assim chamada filosofia *dinâmica*, que ele anteriormente p. 29 (id.) denomina "a filosofia especulativa de certas escolas alemãs" e rejeita expressamente a favor da excelente "filosofia corpuscular". Dessa filosofia dinâmica, ele lá indica que ela assumiria que os elementos se *compenetram* na sua unificação química e que a neutralização consistiria nessa *compenetração* recíproca; isso não significa nada senão que as partículas quimicamente diferentes, que, como *quantia*, são uma frente à outra, unem-se na simplicidade de uma grandeza *intensiva*, o que se dá a conhecer também como diminuição do volume. Pelo contrário, na teoria corpuscular, também os átomos quimicamente *combinados* devem conservar-se nos interstícios, quer dizer, *um fora do outro* (justaposição); *grau* de afinidade não faz sentido algum em tal relacionar como de uma grandeza apenas extensiva, de um perdurar de *quantia*. Se no mesmo lugar é indicado que os fenômenos das proporções determinadas sobreviriam totalmente de modo imprevisto à visão dinâmica, então isso seria apenas uma circunstância externa histórica, sem considerar que as séries estequiométricas *richter*ianas já [eram] bem conhecidas por Berthollet na composição fischeriana e são indicadas na primeira edição desta Lógica, a qual demonstra a nulidade das categorias, nas quais se baseia a teoria corpuscular antiga assim como a que quer ser nova. Mas Berzelius julga erroneamente, como se, sob a dominação "da visão dinâmica", os fenômenos das proporções determinadas tivessem permanecidos desconhecidos "para sempre", – no sentido de que aquela visão não seria compatível com a determinidade das proporções. Essa é, em todo caso, apenas determinidade da grandeza, indiferentemente se na forma extensiva e intensiva, – de modo que também Berzelius, por ele se apegar tanto à primeira forma, a quantia, ele mesmo usa a representação de graus de afinidade.

Visto que, com isso, a afinidade está reconduzida à diferença quantitativa, ela está suprassumida como afinidade eletiva; mas o *excludente*, que acontece na mesma, está reconduzido a circunstâncias, isto é, a determinações que aparecem como algo externo à afinidade, à coesão, indissolubilidade das combinações realizadas etc. Pode-se comparar com esta representação, em parte, o procedimento na consideração do efeito da gravidade, onde aquilo o que compete *em si* à própria gravidade, que o pêndulo movido por ela passa necessariamente para o repouso, apenas é tomado como a circunstância ao mesmo tempo presente da resistência exterior do fio ao ar etc. e é atribuído unicamente ao *atrito* em vez de à gravidade. – Aqui, para a natureza do *qualitativo* que está na afinidade eletiva, não faz diferença alguma se o mesmo aparece e é apreendido na forma daquelas circunstâncias como condições dele. Com o qualitativo como tal, começa uma nova ordem, cuja especificação não é mais apenas diferença quantitativa.

Se agora, segundo isso, a diferença da afinidade química em uma série de relações quantitativas se estabelece exatamente contra a afinidade eletiva como [uma diferença] de determinidade qualitativa que entra em cena, cujo relacionar não coincide de modo algum com aquela ordem, então esta diferença é novamente jogada em confusão completa pelo modo no qual, em tempos recentes, o comportamento *elétrico* é trazido em combinação com o comportamento químico e se torna ilusória a esperança de obter, a partir desse princípio que deve ser mais profundo, uma explicação sobre o que é mais importante, a relação de medida. Esta teoria, na qual os fenômenos da eletricidade e do quimismo são *identificados* perfeitamente, uma vez que ela concerne ao físico e não meramente às relações de medida, não precisa aqui ser tomada em consideração mais detalhada e precisa ser mencionada apenas enquanto a diferencialidade das determinações da medida é confundida por essa teoria. É preciso chamá-la, por si mesma, de superficial, porque a superficialidade consiste em tomar identicamente o diverso negligenciando a diversidade. No que aqui concerne à afinidade, ela, uma vez que assim processos químicos são identificados com elétricos, incluindo fenômenos do fogo e da luz, foi reduzida "à neutralização de eletricidades contrapostas". É quase cômico encontrar (id., p. 63) a identificação da eletricidade e do próprio quimismo apresentada de seguinte maneira: "Os fenômenos elétricos decerto explicam o efeito dos corpos em distância maior ou menor, a *atração* deles *antes* da unificação (i. é, o comportamento *ainda não* químico) e decerto o *fogo* (?) que nasce por essa unificação, mas *não* nos *explicam* a causa da *unificação perdurante* com tão grande força dos corpos *depois da aniquilação do estado elétrico* contraposto"; quer dizer, a teoria dá a explicação de que a eletricidade seria a causa do comportamento químico, mas de que a eletricidade não explicaria aquilo o que é químico no processo químico. – Com o fato de que a diferença química em geral é reconduzida à oposição de eletricidade positiva e negativa, é determinada a diversidade da afinidade dos agentes que caem entre eles em um e no outro lado como a ordem de duas séries de corpos eletropositivos e eletronegativos. No identificar a eletricidade ao quimismo conforme a determinação geral deles, já é desconsiderado o fato de que a primeira em geral e sua neutralização é *fugaz* e permanece *externa* à qualidade do corpo, o quimismo, na sua ação e, especialmente, na neutralização, *absorve* e *altera* a natureza qualitativa *inteira* do corpo. Dentro da eletricidade, é igualmente fugaz sua oposição de positiva e de negativa; a oposição é algo tão instável que depende das mínimas circunstâncias externas e não pode ser posta em comparação alguma com a determinidade e fixidez da oposição de ácidos, por exemplo, a metais etc. A alterabilidade que, nesse comportamento químico pode acontecer por influências [*Einwirkungen*] extremamente violentas, por exemplo, por uma temperatura mais elevada etc., não está em comparação alguma com a superficialidade da oposição elétrica. Agora, *dentro da série* de cada um de ambos os lados, a diferença ulterior entre constituição mais ou menos positivamente elétrica ou mais ou menos negativamente elétrica é plenamente algo tanto completamente incerto quanto não constatado. Mas a partir destas séries dos corpos (BERZELIUS. Id., p. 64s.) "conforme suas disposições elétricas, deve surgir o sistema eletroquímico, que se presta melhor a dar uma *ideia da química*": estas séries são agora indicadas; mas sobre como elas estão, de fato, constituídas, é acrescentado na p. 67: "que isso seria *aproximadamente* a ordem destes corpos, mas esta matéria estaria tão pouco investigada que não se deixaria determinar *nada inteiramente certo* acerca desta ordem relativa". – Tanto os números proporcionais daquelas séries de afinidades (primeiramente feitas por Richter), quanto a redução extremamente interessante exposta por Berzelius das combinações de dois corpos à simplicidade de poucas relações quantitativas, são totalmente independentes daquela mistura que deve ser eletroquímica. Se, naquelas proporções e em sua ampliação para todos os lados obtida a partir de Richter, o caminho experimental foi a estrela-guia correta, então, com isso, tanto mais a mistura dessas grandes descobertas contrasta para si com o deserto da assim chamada teoria corpuscular que está fora do caminho da experiência; apenas este início, de abandonar o princípio da experiência, pôde motivar a retomar ainda mais aquela ideia iniciada outrora sobretudo por Ritter[60], de estabelecer ordens fixas de corpos eletropositivos e eletronegativos que deveriam ter, ao mesmo tempo, significado químico.

Já a nulidade da base que é assumida para a afinidade química na oposição de corpos eletropositivos e eletronegativos, se essa fosse por si também factualmente mais correta do que ela é, mostra-se logo mesmo no caminho experimental, o que, todavia, leva então, de novo, à inconsequência ulterior. Admite-se p. 73 (id.) que dois assim chamados corpos eletronegativos, como enxofre e oxigênio, combinam-se um com o outro de um modo muito mais íntimo do que, por exemplo, o oxigênio e o cobre, embora o último seja eletropositivo. Aqui, a base assentada na oposição geral da eletricidade positiva e negativa precisa, com isso, para a afinidade, ser reposta contra um mero mais ou menos dentro de uma e da mesma série de determinidade elétrica. O *grau de afinidade* dos corpos é agora inferido de que, segundo isso, não dependeria somente da *unipolaridade* específica deles (com qual hipótese esta determinação se conecta, aqui não vem ao caso; aqui, ela vale apenas para o "ou" do positivo e o "ou" do negativo); o grau de afinidade precisaria ser derivado principalmente da *intensidade da polaridade* deles em geral. Aqui, a consideração da afinidade passa, com isso, mais precisamente à relação

---

60. Johann Wilhelm Ritter, 1776-1810, cientista da natureza, descobriu em 1801 os raios ultravioleta [N.E.A.].

de *afinidade eletiva*, da qual nós tratamos principalmente; vejamos o que, então, resulta agora para essa. Admitindo-se desde logo (id., p. 73) que o *grau* dessa polaridade, se ela não existisse apenas em nossa representação, não pareceria ser *nenhuma* quantidade *constante*, mas dependeria bastante da temperatura, então se encontra indicado, após tudo isso, como resultado não apenas que cada efeito químico seria, portanto, *conforme* o seu *fundamento*, um fenômeno *elétrico*, mas também o que pareceria ser efeito da assim chamada *afinidade eletiva, apenas* seria ativado por uma *polaridade elétrica* presente em certos corpos *mais fortemente* do que em outros. A conclusão do dar voltas em representações hipotéticas até agora considerado permanece, com isso, na categoria de *intensidade mais forte*, a qual é o mesmo formal que a afinidade eletiva em geral e essa com o fato de que é colocada em uma intensidade mais forte de polaridade elétrica, não faz avançar minimamente como antes para um fundamento físico. Mas também aquilo o que aqui deve estar determinado como intensidade específica maior é reconduzido em seguida apenas às modificações já indicadas, mostradas por Berthollet.

O mérito e a fama de *Berzelius* por causa da doutrina das proporções ampliada para todas as relações químicas não pôde ser, por si, nenhuma razão que impedisse de discutir o ponto fraco da teoria indicada; mas uma razão mais precisa para fazer isso tem que ser a circunstância de que tal mérito, em um lado da ciência, como em Newton, costuma tornar-se *autoridade* para um edifício sem fundamento posto em conexão de más categorias e de que justamente tal metafísica é aquilo o que é oferecido e igualmente repetido com a maior pretensão.

Além das formas da relação de medida que se relacionam com a afinidade química e com a afinidade eletiva, podem ser consideradas ainda outras com respeito a quantidades que se qualificam para um sistema. Com referência à saturação, os corpos químicos formam um sistema de relações; a própria saturação se baseia na proporção determinada, na qual as quantias recíprocas, que têm uma existência particular material uma frente à outra, combinam-se. Mas há também relações da medida, cujos momentos são inseparáveis e não podem ser apresentados em uma existência própria, diversa uma da outra. Essas são aquilo o que há pouco [foi] denominado a medida *imediata autossubsistente* e que estão representadas nas *gravidades específicas* dos corpos. - Dentro dos corpos, elas são uma relação de peso com o volume; o expoente de relação, o qual expressa a determinidade de uma gravidade específica diferentemente de outros, é quantum determinado apenas da *comparação*, uma relação exterior a eles em uma reflexão exterior, relação que não se funda no comportamento qualitativo próprio com uma existência que se lhe contrapõe. Estaria presente a tarefa de reconhecer os expoentes de relação da *série das gravidades específicas* como um *sistema* a partir de uma *regra*, a qual especificaria uma pluralidade meramente aritmética com respeito a uma série de nós harmônicos. - A mesma exigência aconteceria para o conhecimento das séries de afinidades químicas indicadas. Mas a ciência tem ainda um longo caminho, a fim de chegar lá, tão longe quanto para apreender os números das distâncias dos planetas do sistema solar em um sistema de medida.

As gravidades específicas, embora elas inicialmente não pareçam ter nenhuma relação qualitativa uma com a outra, entram, contudo, igualmente na relação qualitativa. Uma vez que os corpos são combinados quimicamente, também apenas amalgamados e sinsomatizados, mostra-se igualmente uma *neutralização* das gravidades específicas. Há pouco foi indicado o fenômeno de que o volume, também o da mistura de matérias que permanecem, a rigor, quimicamente indiferentes uma frente à outra, não é de mesma grandeza que a soma do volume dos mesmos antes da mistura. Na soma, eles modificam reciprocamente o quantum da determinidade, com o qual eles entram na relação, e se dão a conhecer desta maneira como tais que se relacionam qualitativamente um com o outro. Aqui, o quantum da gravidade específica se externa não meramente como um *número de comparação* fixo, mas como um *número de relação* que é variável; e os expoentes das misturas dão séries de medidas, cuja progressão é determinada por um princípio diferente do que os números de relação das gravidades específicas, que são combinados um com o outro. Os expoentes dessas relações não são determinações de medida excludentes; a progressão deles é uma progressão contínua, mas contém dentro de si uma lei especificante que [é] diversa das relações que avançam formalmente, nas quais as quantias são combinadas, e torna aquela progressão incomensurável com essa.

B. Linha nodal de relações de medida

A última determinação da relação de medida era que ela é especificamente *excludente*; o excluir compete à neutralidade como à unidade *negativa* dos momentos diferentes. Para esta unidade *que é para si*, a afinidade eletiva, em consideração de sua relação com as outras neutralidades, não resultou nenhum princípio ulterior da especificação; esta permanece apenas na determinação quantitativa da afinidade em geral, conforme a qual são quantias determinadas que se neutralizam e, com isso, contrapõem-se a outras afinidades eletivas relativas de seus momentos. Mas, além disso, em virtude da determinação fundamental quantitativa, a afinidade eletiva *excludente* se *continua* também nas neutralidades que são diferentes dela e essa continuidade é não apenas relação externa das diversas relações de neutralidade enquanto uma comparação, mas a neutralidade tem como tal uma *separabilidade* nela, visto que aqueles, de cuja unidade ela surgiu, entram em relação como algos autossubsistentes – cada um como indiferentes, a se combinar com esse ou com outros da série que se lhe contrapõe, embora em diversas quantias especificamente determinadas. Através disso, essa medida, a qual se baseia em uma tal relação nela mesma, está afetada por indiferença própria; ela é um externo nela mesma e, em sua relação consigo, um alterável.

Esta *relação consigo* da medida de relação é diversa da exterioridade e da alterabilidade dessa como de seu lado quantitativo; a medida de relação, como relação consigo frente a esse, é uma base que é, qualitativa, – substrato permanente, material, que, ao mesmo tempo, enquanto [é] a continuidade da medida *consigo mesma* em sua exterioridade, em sua qualidade, precisaria conter aquele princípio da especificação dessa exterioridade.

Agora, a medida excludente, conforme esta determinação mais precisa, externa a si no seu ser para si, repele-se de si mesma, põe-se tanto como uma outra relação, apenas quantitativa, quanto como uma tal outra relação que é, ao mesmo tempo, uma outra medida, – está determinada como unidade especificante em si mesma, a qual produz nela relações de medida. Essas relações são diversas da espécie acima mencionada das afinidades, nas quais um autossubsistente se relaciona com autossubsistentes de outra qualidade e com uma série de tais [autossubsistentes]; elas acontecem em *um e no mesmo* substrato, dentro dos mesmos momentos da neutralidade; a medida, repelindo-se, determina-se para outras relações apenas quantitativamente diversas, as quais formam igualmente *afinidades* e *medidas, alternando-se* com relações tais que permanecem apenas *diversidades quantitativas*. Elas formam, dessa maneira, uma *linha nodal* de medidas em uma escala do mais e do menos.

Está presente uma relação de medida; uma realidade autossubsistente que é qualitativamente diferente de outras. Um tal ser para si, porque ele é, ao mesmo tempo, essencialmente uma relação de quanta, está aberto à exterioridade e à alteração do quantum; ele tem uma margem de tempo, dentro da qual ele permanece indiferente frente a essa alteração e sua qualidade não se altera. Mas ocorre um ponto desta alteração do quantitativo, no qual a qualidade é alterada, o quantum se demonstra como especificante, de modo que a relação quantitativa variada está intervertida para uma medida e, com isso, para uma nova qualidade, para um novo algo. A relação que entrou no lugar da primeira está determinada por essa, em parte, conforme a mesmidade qualitativa dos momentos que estão na afinidade, em parte, conforme a continuidade quantitativa. Mas, uma vez que a diferença cai nesse quantitativo, o novo algo se relaciona indiferentemente frente ao precedente; a diferença deles é aquela externa do quantum. Ele não emergiu, portanto, do [algo] precedente, mas imediatamente de si, isto é, da unidade interna especificante que ainda não entrou no ser aí. – A nova qualidade ou o novo algo está submetido à mesma progressão da sua variação e assim por diante para o infinito.

Visto que a progressão de uma qualidade está na continuidade constante da quantidade, as relações que se aproximam de um ponto qualificante, consideradas quantitativamente, são diferentes apenas pelo mais e pelo menos. A variação é, conforme este lado, uma variação *gradual*. Mas a gradualidade concerne meramente ao externo da variação, não ao qualitativo da mesma; a relação quantitativa precedente, que está infinitamente próxima da seguinte, é ainda um outro ser aí qualitativo. Conforme o lado qualitativo, o progredir meramente quantitativo da gradualidade, que não é limite algum em si mesmo, é, portanto, absolutamente interrompido; visto que a qualidade que recém entra conforme sua relação meramente quantitativa é uma qualidade indeterminadamente outra frente àquela que desaparece, uma qualidade indiferente, a passagem é um *salto*; ambas estão postas como completamente externas uma para com a outra. – Procura-se de bom grado tornar *compreensível* uma alteração [*Veränderung*] pela gradualidade da passagem; mas, antes, a gradualidade é precisamente a alteração [*Änderung*] meramente indiferente, o oposto da qualitativa. Na gradualidade, a conexão de ambas as realidades – elas são tomadas como estados ou como coisas autossubsistentes – é, antes, suprassumida; está posto que nenhuma é o limite da outra, mas uma é pura e simplesmente externa à outra; com isso, afasta-se precisamente aquilo o que é necessário ao *compreender*, mesmo que ainda seja exigido tão pouco para isso.

Observação [Exemplos de tais linhas nodais; sobre o fato de que não haveria nenhum salto na natureza]

O sistema numérico natural já mostra uma tal *linha nodal* de momentos quantitativos que se destacam na progressão meramente externa. Por um lado, trata-se de um avançar e retroceder meramente quantitativos, um acrescentar ou subtrair progressivos, de modo que cada número tem a mesma relação *aritmética* com seu precedente e com seu subsequente como esse tem com seu precedente e subsequente etc. Mas os números que surgiram através disso têm também uma relação *específica* com outros [números] precedentes ou subsequentes, [a saber,] de ser ou um tal múltiplo de um dos mesmos, expresso como um número inteiro, ou potência e raiz. – Nas relações *musicais* entra em cena uma relação harmônica na escala do progredir quantitativo através de um quantum, sem que esse quantum tenha por si, na escala, uma relação com seu precedente e subsequente diferente do que esses, de novo, com seus precedentes ou subsequentes. Visto que tons subsequentes parecem se afastar cada vez mais do tom fundamental ou números parecem tornar-se apenas ainda mais outros pelo progredir aritmético, emerge de uma vez, antes, um *retorno*, uma concordância surpreendente que não estava qualitativamente preparada pelo precedente imediato, mas aparece como uma *actio in distans*, como uma relação com um distante; a progressão em relações meramente indiferentes que não alteram a realidade específica precedente ou também não formam, em geral, nenhuma delas, interrompe-se de uma vez e, visto que ela está avançada, da mesma maneira, sob o aspecto quantitativo, irrompe, com isso, através de um salto, uma relação específica.

Nas *combinações químicas*, na redução progressiva das relações de mistura, ocorrem tais nós e saltos qualitativos, que duas matérias, em pontos particulares da escala de mistura, formam produtos que mostram qualidades particulares. Estes produtos não se diferenciam um do outro meramente por um mais e um menos, nem já estão presentes, por assim dizer, apenas em um grau mais fraco, com as relações que estão próximas àquelas relações nodais, mas estão ligados justamente a tais pontos. Por exemplo, as combinações de oxigênio e nitrogênio dão os diversos óxidos de nitrogênio e ácidos nítricos que surgem apenas em determinadas relações de quantidade de mistura e têm essencialmente qualidades diversas, de modo que, em relações intermediárias de mistura, não acontecem combinações de existências específicas de qualquer tipo. – Os *óxidos metálicos*, por exemplo, os óxidos de chumbo, formam-se em certos pontos quantitativos da oxidação e se diferenciam pelas cores e por outras qualidades. Eles não passam gradualmente um para o outro; as relações situadas entre aqueles nós não dão nenhum ser aí neutro, específico. Sem ter atravessado graus intermediários, entra em cena uma combinação específica que se baseia em uma relação de medida e tem qualidades próprias. – Ou a *água*, uma vez que ela varia sua temperatura, não se torna, com isso, meramente mais ou menos quente, mas atravessa os estados da solidez, da fluidez em forma de gotas e da fluidez elástica; estes estados diversos não entram em cena de modo gradual, mas justamente o progredir meramente gradual da variação da temperatura é de uma vez interrompido e impedido por esses pontos, e o ingresso de um outro estado é um salto. – Todo *nascimento* e *morte*, em vez de ser uma gradualidade contínua, são, antes, um interromper da mesma e o salto da variação quantitativa para a qualitativa.

Não há nenhum salto na natureza, diz-se; e, como foi lembrado, a representação habitual, quando ela deve compreender um *nascer* ou *perecer*, pretende, com isso, ter compreendido que ela os representa como um surgir ou desaparecer *gradual*. Mas se mostrou que as alterações [*Veränderungen*] do ser em geral não são apenas o passar de uma grandeza para uma outra grandeza, mas passagem do qualitativo para o quantitativo e vice-versa, o tornar-se outro, que é um interromper do gradual e um qualitativamente outro frente ao ser aí precedente. A água não se torna pouco a pouco sólida pelo resfriamento, de modo que ela se tornaria viscosa e se endureceria gradualmente até a consistência do gelo, mas se solidifica de uma vez; já com toda a temperatura do ponto de congelamento, quando ela está em repouso, ela pode ter ainda toda sua fluidez, e uma pequena sacudida a traz ao estado de solidez.

Na gradualidade do nascer, subjaz a representação de que *o que nasce* já *está presente* sensivelmente, ou em geral *efetivamente*, ainda *não perceptível* apenas por causa da sua pequenez, bem como na gradualidade do desaparecer, [subjaz a representação] de que o *não ser* ou o *outro*, que entra em seu lugar, *igualmente* estaria presente, apenas *ainda não* seria *observável*, – e, com efeito, presente não no sentido de que o outro estaria *em si* contido no outro presente, mas de que ele estaria *presente como ser aí*, apenas inobservável. Com isso, é suprassumido o nascer e perecer em geral ou o *em si*, o interior, no qual algo é antes do seu ser aí, é transformado em uma *pequenez* do *ser aí externo* e a diferença essencial ou do conceito, em uma diferença externa meramente quantitativa. – O tornar compreensível de um nascer ou perecer a partir da gradualidade da variação tem o tédio próprio da tautologia; ele tem o que nasce ou o que perece já inteiramente pronto desde antes e torna a alteração uma mera variação de uma diferença externa, pelo que ela, de fato, é apenas uma tautologia. A dificuldade para tal entendimento que quer compreender está na passagem qualitativa de algo em seu outro em geral e em seu contraposto; pelo contrário, ele dá a si a ilusão de que *identidade* e *alteração* são as indiferentes, externas, do *quantitativo*.

No âmbito *moral*, enquanto é considerado na esfera do ser, acontece a mesma passagem do quantitativo para o qualitativo, e diversas qualidades aparecem como se fundando em uma diversidade da grandeza. É por um mais e um menos que a medida da frivolidade é ultrapassada e algo inteiramente diferente emerge, o crime, pelo qual o direito passa para injustiça, virtude para vício. – Assim também estados obtêm um caráter qualitativamente diverso pela sua diferença de grandeza, se se assume que o restante fica igual. Leis e constituição se tornam algo outro, se a extensão do Estado e o valor numérico dos cidadãos se ampliam. O Estado tem uma medida de sua grandeza, [e uma vez que é] levado para além dela, ele inevitavelmente se destrói sob a mesma constituição que constituiria sua sorte e sua força em uma extensão apenas diferente.

C. O sem medida

Em seu próprio ser para si realizado, a medida excludente permanece afetada pelo momento do ser aí quantitativo, por isso, capaz do subir e do descer na escala do quantum, na qual as relações alteram. Algo ou uma qualidade como tal que repousa em tal relação são impulsionados para além de si, para o *sem medida* e sucumbem através da mera alteração de suas grandezas. A grandeza é a constituição na qual um ser aí com a aparência de não sofrer prejuízo pode ser capturado e pela qual ele pode ser destruído.

O sem medida abstrato é o quantum em geral como sem determinação dentro de si e como determinidade apenas indiferente, pela qual a medida não é alterada. Na linha nodal das medidas, a determinidade está posta, ao mesmo tempo, como especificante; aquele sem medida abstrato se suprassume até tornar-se determinidade qualitativa; a nova relação de medida, para a qual a primeira relação presente passa, é um sem medida com respeito a essa, mas, nela mesmo, é igualmente uma qualidade que é para si; assim, está posta a alternância de existências específicas uma com outra e, das mesmas, igualmente com relações que permanecem meramente quantitativas, – e assim por diante para o *infinito*. O que, portanto, está presente nesse passar é tanto a negação das relações específicas quanto a negação da própria progressão quantitativa; o *infinito* que é para si. – A infinitude *qualitativa*, como ela é no ser aí, era o irromper da infinitude no finito, como passagem *imediata* e desaparecer do aquém em seu além. A infinitude *quantitativa*, pelo contrário, conforme sua determinidade, já é a *continuidade* do quantum, uma continuidade do mesmo para além de si. O qualitativamente finito *se torna* o infinito; o quantitativamente finito é seu além nele mesma e *aponta para além de si*. Mas essa infinitude da especificação da medida *põe* tanto o qualitativo quanto o quantitativo, como tais que se *suprassumem* um para dentro do outro e, com isso, põe a unidade primeira, *imediata*, dos mesmos, a qual é a medida em geral, como tal que retornou para dentro de si e que, portanto, ela mesma está como *posta*. O qualitativo, uma existência específica, passa para uma outra de modo que ocorre apenas uma alteração da determinidade quantitativa de uma relação; a alteração do próprio qualitativo para qualitativo está posta, com isso, como uma alteração externa e indiferente e como um *ir junto consigo mesmo*; o quantitativo se suprassume, de todo modo, como tal que se interverte, tornando-se qualitativo, [ou seja,] o ser determinado em e para si. Essa unidade que se continua, assim, na sua mudança das medidas dentro de si mesma é a *matéria*, a *Coisa* que verdadeiramente permanece subsistindo, autossubsistente.

O que, com isso, está presente, é α) uma e a mesma Coisa que está posta como base em suas diferenciações e como perene. Já no quantum em geral começa esse separar do ser de sua determinidade; algo é *grande* como indiferente frente a sua determinidade que é. Na medida, a própria coisa já é, em si, unidade do qualitativo e do quantitativo, – de ambos os momentos, que constituem a diferença dentro da esfera universal do ser e dos quais um é o além do outro; dessa maneira, o substrato perene tem inicialmente, nele mesmo, a determinação de infinitude que é. β) Esta mesmidade do substrato está *posta* no fato de que as autossubsistências qualitativas, para as quais a unidade determinante de medida está repelida, consistem apenas em diferenças quantitativas, de modo que o substrato se continua nesse seu diferenciar. γ) No progresso infinito da linha nodal, a continuação do qualitativo no progredir quantitativo está posta como em uma alteração indiferente, mas igualmente está posta a *negação* do qualitativo contida nisso e, ao mesmo tempo, com isso, da exterioridade meramente quantitativa. O apontar quantitativo para além de si em direção a um outro como outro quantitativo sucumbe no emergir de uma medida de relação, de uma qualidade, e o passar qualitativo se suprassume justamente no fato de que a própria qualidade nova é apenas uma relação quantitativa. Esse passar do qualitativo e do quantitativo um para o outro ocorre no terreno da unidade deles, e o sentido desse processo é apenas o *ser aí*, o *mostrar* ou *pôr* de que, do mesmo passar, está no fundamento um tal substrato, que seria a unidade deles.

Na série de relações autossubsistentes de medida, os membros unilaterais das séries são algo imediatos, qualitativos (as gravidades específicas ou as matérias químicas, por exemplo, as matérias básicas ou alcalinas, ácidas etc.), e, então, as neutralizações das mesmas (sob o que é preciso compreender aqui também as combinações de matérias de gravidades específicas diversas) são autossubsistentes e, elas mesmas, mesmas relações excludentes de medida, totalidades reciprocamente indiferentes do ser aí que é para si. Agora, tais relações estão determinadas apenas como nós de um e do mesmo substrato. Com isso, as medidas e as autossubsistências postas com elas estão rebaixadas a *estados*. A variação [*Veränderung*] é apenas alteração [*Änderung*] de um *estado*, e o *que passa* está posto como tal que permanece nela o *mesmo*.

Para ver como um todo a determinação progressiva a qual a medida percorreu, resumem-se os momentos da determinação mesma de modo que a medida é inicialmente a própria unidade *imediata* da qualidade e da quantidade como um quantum habitual, mas que é específico. Com isso, determinidade quantitativa que não se relaciona com outro, mas consigo, é essencialmente *relação*. Portanto, além disso, ela contém seus momentos como suprassumidos inseparados dentro de si; como sempre em um conceito, a diferença está dentro dela, de modo que cada um dos momentos da relação é, ele mesmo, unidade do qualitativo e quantitativo. Essa diferença, portanto, *real* produz uma quantia de relações de medida que, como totalidades formais, são autossubsistentes dentro de si. As séries que formam os lados dessas relações são, para cada membro singular, que, como pertencente a um lado, relaciona-se com toda a série que se lhe contrapõe, a mesma ordem constante. Essa, como mera *ordem*, unidade ainda inteiramente externa, mostra-se, com efeito, como unidade especificante imanente de uma medida que é para si, diferenciada de suas especificações; mas o princípio especificante do ainda não é o conceito livre, o qual unicamente dá determinação imanente a suas diferenças, mas o princípio é inicialmente apenas substrato, uma matéria, para cujas diferenças, a fim de serem como totalidades, isto é, de terem dentro de si a natureza do substrato que permanece igual a si mesmo, está presente apenas a determinação quantitativa externa, que se mostra, ao mesmo tempo, como diversidade da qualidade. Nesta unidade do substrato consigo mesmo, a determinação de medida é uma determinação suprassumida, sua qualidade é um estado determinado pelo quantum externo. – Este percurso é tanto a determinação progressiva que realiza a medida quanto o rebaixar da mesma a um momento.

TERCEIRO CAPÍTULO
O DEVIR DA ESSÊNCIA

A. A indiferença [*Indifferenz*] absoluta

O ser é a indiferença [*Gleichgültigkeit*] abstrata – para a qual, pois ela deve ser pensada por si como ser, foi usada a expressão *indiferença* [*Indifferenz*] –, na qual ainda não deve estar nenhuma espécie de determinidade; a quantidade pura é a indiferença como capaz de todas as determinações, mas de modo que estas lhe [são] externas e ela, a partir de si, não tem conexão alguma com as mesmas; mas a indiferença, que pode ser denominada a absoluta, é [aquela] que *se medeia consigo*, com vistas à unidade simples, *pela negação* de todas as determinidades do ser, da qualidade e da quantidade, e da unidade inicialmente imediata delas, da medida. A determinidade é, nela, apenas ainda como estado, isto é, como um *externo qualitativo* que tem por *substrato* a indiferença.

Mas aquilo o que assim foi determinado como externo qualitativo é somente um desaparecente; como assim externo frente ao ser, o qualitativo é como o oposto de si mesmo, apenas o que se suprassume. A determinidade, dessa maneira, está posta no substrato apenas ainda como um diferenciar vazio. Mas precisamente esse diferenciar vazio é a própria indiferença como resultado. E, com efeito, ela é, assim, o concreto, o mediado consigo dentro dele mesmo através da negação de todas as determinações do ser. Enquanto essa mediação, ela contém a negação e a relação, e o que se chamou de estado é diferenciar imanente a ela, o qual se relaciona consigo; precisamente a exterioridade e seu desaparecer torna a unidade do ser indiferença e está, portanto, *dentro* dessa, a qual, com isso, deixa de ser apenas substrato e apenas abstrata *nela mesma*.

B. A indiferença como relação inversa de seus fatores

Agora, é preciso ver como essa determinação da indiferença está posta nela mesma e, com isso, como *tal que é para si*.

1) A redução das relações de medidas que inicialmente valem como autossubsistentes fundamenta *um substrato* das mesmas; esse é a continuação delas umas para dentro das outras, com isso, o autossubsistente inseparável que está *inteiramente* presente em suas diferenças. Para essa diferença estão presentes as determinações contidas nele, a qualidade e a quantidade, e tudo depende apenas de como essas estão postas nele. Mas isso está determinado pelo fato de que o substrato está posto inicialmente como resultado e, *em si*, como a mediação, mas esta ainda não está assim posta *nele* como tal, através do que o mesmo é inicialmente substrato e, com respeito à determinidade, como a *indiferença*.

Portanto, a diferença é nela, inicialmente de modo essencial, apenas a diferença quantitativa externa e há dois quanta diferentes de um e do mesmo substrato que, dessa maneira, seria *a soma* dos mesmos, com isso, estaria ele mesmo determinado como quantum. Mas a indiferença é esta medida fixa, o limite absoluto que é em si apenas em *relação* com aquelas diferenças, de modo que ela não seria, nela mesma, quantum e, de qualquer maneira, como soma ou também expoente, contrapor-se-ia a outras, sejam somas ou indiferenças. É apenas a determinidade abstrata que cai na indiferença [*Indifferenz*]; ambos os quanta, a fim de estar postos nela como momentos, são alteráveis, indiferentes, maiores ou menores um com respeito ao outro. Mas, delimitados pelo limite fixo da soma deles, relacionam-se, ao mesmo tempo, reciprocamente não de modo externo, mas de modo negativo – o que, agora, é a determinação qualitativa, na qual eles estão um para com o outro. Eles estão, segundo isso, na *relação inversa* um com o outro. Da relação inversa formal anterior, essa está diferenciada pelo fato de que, aqui, o todo é um substrato real e cada um de ambos os lados está posto como tal que, ele mesmo, deve ser *em si* esse todo.

Conforme a determinidade qualitativa indicada, a diferença está presente, além disso, como a de *duas qualidades*, das quais uma é suprassumida pela outra, mas, como mantida em *uma* unidade e, como tal que a constitui, é inseparável da outra. O próprio substrato, como indiferença, é igualmente em si a unidade de ambas as qualidades; portanto, cada um dos lados da relação contém igualmente ambas dentro de si e está diferenciado apenas por um mais de uma qualidade e pelo menos da outra e vice-versa; uma qualidade é apenas a *preponderante* em um lado pelo seu quantum, a outra, no outro lado.

Com isso, cada lado é, nele mesmo, uma relação inversa; essa relação retorna como formal nos lados diferentes. Esses lados, eles mesmos, continuam-se, assim, um para dentro do outro também conforme suas determinações qualitativas; cada uma das qualidades, na outra, relaciona-se consigo mesma e, em cada um dos dois lados, é apenas em um quantum diverso. A diferença quantitativa delas é aquela indiferença, segundo a qual elas se continuam uma para dentro da outra e essa continuação é como mesmidade das qualidades em cada uma de ambas as unidades. – Mas os lados, cada um como o todo das determinações, com isso, contendo a indiferença ela mesma, são, assim, ao mesmo tempo, postos como autossubsistentes um frente ao outro.

2) Agora, o ser, enquanto essa indiferença, não é mais o ser determinado da medida na sua imediatidade, mas o mesmo da maneira desenvolvida mostrada acima: indiferença enquanto ele [é] *em si* o todo das determinações do ser que estão dissolvidas em direção a esta unidade; igualmente *ser aí*, como totalidade da realização posta, na qual os momentos são, eles mesmos, a totalidade que é em si da indiferença, sustentados por ela como pela unidade deles. Mas porque a unidade está fixada apenas como *indiferença* e, com isso, apenas como *em si* e os momentos ainda não estão determinados como *tais que são para si*, isto é, como tais que ainda não se suprassumem *neles* mesmos e *uns pelos outros* para a unidade, então está presente em geral a *indiferença* [*Gleichgültigkeit*] deles mesmos *frente a si* como determinidade desenvolvida.

Esse autossubsistente assim inseparável precisa agora ser considerado mais de perto. Ele é imanente em todas as suas determinações e permanece, nelas, na unidade consigo, sem ser perturbado por elas, mas tem:

α) permanecendo *em si* como a totalidade, as determinidades que estão suprassumidas dentro dela, apenas *surgindo* sem fundamento nela. O *em si* da indiferença e este seu *ser aí* estão desconectados; as determinidades se mostram nela de maneira imediata; ela é inteiramente em cada uma das mesmas, cuja diferença, portanto, inicialmente está posta como uma diferença suprassumida, logo, como *quantitativa*, mas precisamente, com isso, não como o seu repelir de si mesma, não ela como autodeterminante, [mas] apenas como estando e sendo determinada *externamente*.

β) Ambos os momentos estão em relação inversa quantitativa, – um ir e vir na grandeza, o qual, porém, não está determinado pela indiferença [*Indifferenz*], que é precisamente a indiferença [*Gleichgültigkeit*] desse ir e vir, mas, com isso, está determinada apenas externamente. Aponta-se para um outro que está fora dela e dentro do qual está o determinar. O *absoluto* como indiferença, conforme esse lado, tem a segunda falta da forma *quantitativa*, [a saber,] que a determinidade da diferença não está determinada pelo mesmo, como ele tem a primeira falta no fato de que as diferenças *emergem* nele apenas em geral, isto é, o pôr do mesmo é algo imediato, não sua mediação consigo mesmo.

γ) A determinidade quantitativa dos momentos, que agora são *lados* da relação, constitui o modo do *subsistir* deles; o *ser aí* deles está subtraído ao passar do qualitativo por esta indiferença. Mas eles têm um subsistir diverso desse seu ser aí, seu subsistir que é *em si*, no fato de que eles são *em si* a própria indiferença, cada um é, ele mesmo, a unidade de ambas as *qualidades*, nas quais o momento qualitativo se cinde. A diferença de ambos os lados se limita ao fato de que uma qualidade está posta em um lado com um mais, no outro, com um menos, e a outra, conforme isso, de maneira inversa. Assim, cada lado é, nele, a totalidade da indiferença. – Cada uma de ambas as qualidades, tomada singularmente por si, permanece igualmente a mesma soma que é a indiferença: ela se continua de um lado para o outro e não é delimitada pelo limite quantitativo, que, nesse caso, é posto nela. Aqui, as determinações chegam à oposição imediata que se desenvolve para a contradição, o que agora é preciso ver.

3) A saber, cada qualidade, *dentro* de cada lado, entra na relação com a outra e, com efeito, de modo que, como foi determinado, também esta relação deve ser apenas uma diferença quantitativa. Se ambas as qualidade são autossubsistentes – tomadas, por assim dizer, como matérias sensíveis, independentes uma da outra –, então toda a determinidade da indiferença se desarticula; a unidade e a totalidade deles seriam nomes vazios. Mas as qualidades estão, antes, ao mesmo tempo, determinadas de modo que elas estão incluídas em uma unidade, que elas são inseparáveis, cada uma apenas tendo sentido e realidade nessa relação qualitativa com a outra. Mas agora, *porque a quantitatividade delas é pura e simplesmente dessa natureza qualitativa, cada uma tem apenas o mesmo alcance do que a outra*. Visto que elas deveriam ser diversas como quanta, uma iria além da outra e, em seu mais, teria um ser aí indiferente que a outra não teria. Mas, em sua relação qualitativa, cada uma é apenas enquanto a outra é. – Daqui se segue que elas estão *em equilíbrio*, pois, tanto quanto uma se aumentasse ou se diminuísse, a outra igualmente cresceria ou decresceria e cresceria ou decresceria na mesma proporção.

A partir do fundamento da sua relação *qualitativa*, não se pode chegar, portanto, a diferença *quantitativa* alguma e a *mais* algum de uma qualidade. O mais, pelo qual *um* dos momentos que está na relação fosse além do *outro*, seria apenas uma determinação insubsistente, ou esse mais *seria apenas de novo o próprio outro*; mas, nessa igualdade de ambos, não está presente nenhum deles, pois o ser aí deles deveria repousar apenas na desigualdade do seu quantum. – Cada um desses, que deveriam ser fatores, igualmente desaparece, uma vez que um deve ser para *além* do outro, ao passo que deve ser *igual* a ele. Aquele desaparecer aparece de modo que, a partir da representação quantitativa, o equilíbrio é perturbado e um fator é tomado como maior do que o outro; assim, o suprassumir da qualidade do outro e sua insubsistência estão postos; o primeiro fator se torna o preponderante, de modo que o outro decresce com velocidade acelerada e é dominado pelo primeiro, esse, portanto, se torna o único autossubsistente; mas, com isso, não são mais dois específicos e dois fatores, mas apenas o único todo.

Essa unidade, assim posta como a totalidade do determinar, como ela mesma está determinada nisso enquanto indiferença, é a contradição omnilateral; ela precisa, com isso, ser assim posta, enquanto essa contradição que suprassume a si mesma, de modo a estar determinada para a autossubsistência que é para si, a qual não tem mais por resultado e por verdade a unidade absoluta apenas indiferente, mas a unidade absoluta imanentemente negativa dentro dela mesma, que é a *essência*.

Observação [Sobre força centrípeta e centrífuga]

A *relação* de um todo que deve ter sua determinidade na diferença de grandezas de fatores determinados qualitativamente um frente ao outro é usada no movimento elíptico dos corpos celestes. Este exemplo mostra inicialmente apenas duas qualidades na relação inversa uma com a outra, não dois lados, dos quais cada um seria, ele mesmo, a unidade de ambas e a relação inversa deles. Na fixidez da base empírica, deixa-se de ver a consequência à qual a teoria trazida nessa própria conduz, a saber, de destruir o fato subjacente ou, visto que esse, como convém, é mantido fixo, de expor a vacuidade da teoria frente ao mesmo. O ignorar da consequência deixa subsistir em paz, um ao lado do outro, o fato e a teoria que o contradiz. – O fato simples é que, no movimento elíptico dos corpos celestes, a velocidade dele se acelera na medida em que ele se aproxima do periélio, e se diminui na medida em que ele se aproxima do afélio. O quantitativo desse fato está exatamente determinado pelo zelo incansável do observar e o fato está reconduzido ulteriormente à sua lei e fórmula simples, com isso, está feito tudo o que, na teoria, precisa ser verdadeiramente exigido. Mas isto não pareceu suficiente para o entendimento reflexionante. Para a assim chamada explicação do fenômeno e de sua lei, são assumidas uma força centrípeta e uma centrífuga como momentos qualitativos do movimento na linha curva. A diferença qualitativa delas consiste na contraposição da direção e, com respeito ao quantitativo, no fato de que, estando elas determinadas como desiguais, como uma deve aumentar, a outra deve diminuir e vice-versa, então também, além disso, no fato de que a relação das mesmas se interverteria de novo, no fato de que, depois da força centrípeta ter aumentado durante um tempo, mas da força centrífuga ter diminuído, chegaria um ponto em que a força centrípeta diminuiria e a força centrífuga, pelo contrário, aumentaria. Mas a relação da determinidade essencialmente qualitativa delas uma frente à outra contradiz esta representação. Através dessa, elas não podem pura e simplesmente ser isoladas; cada uma tem apenas significado com respeito à outra; na medida em que uma, portanto, teria uma preponderância sobre a outra, na mesma medida ela não teria relação alguma com aquela e não estaria presente. – Na assunção de que uma, uma vez, seja maior do que a outra, quando ela, como a maior, estivesse em relação com a menor, ocorre o que foi dito acima, [a saber,] que ela obteria absolutamente a preponderância e a outra desapareceria; a última está posta como o desaparecente, insubsistente, e nada muda nessa determinação pelo fato de que o desaparecer deve acontecer apenas gradualmente e tampouco muda pelo fato de que o *tanto* que ela diminuiria da grandeza deve aumentar à primeira; esse tanto sucumbe com o da outra, pois, o que ela é, ela é apenas na mesma medida em que a outra é. É uma consideração muito simples a de que, quando, por exemplo, como é proposto, a força centrípeta do corpo, enquanto ele se aproxima do periélio, deve aumentar, a força centrífuga, pelo contrário, deve diminuir na mesma medida, a última *não seria mais capaz* de subtraí-lo à primeira e de afastá-lo de novo do seu corpo central; pelo contrário, já que a primeira deve ter uma vez a preponderância, a outra está dominada e o corpo é conduzido com velocidade acelerada a seu corpo central. Assim como, inversamente, quando a força centrífuga tem o domínio na proximidade infinita do afélio, igualmente é contraditório que ela, agora, no próprio afélio, deva ser dominada pela mais fraca. – Fica claro que, além disso, seria uma *força estranha* que efetuaria *essa reviravolta*; isso significa que a velocidade do movimento, ora acelerada, ora retardada, *não* poderia ser *reconhecida* ou, como foi dito, *explicada*, a partir da determinação assumida daqueles fatores que foram assumidos justamente a fim de explicar essa diferença. A consequência do desaparecer de uma ou da outra direção e, com isso, do movimento elíptico em geral, é ignorada e escondida, em virtude do fato evidente de que esse movimento perdura e passa da velocidade acelerada para a retardada. A assunção do interverter da fraqueza da força centrípeta no afélio para uma força preponderante frente à força centrífuga, e vice-versa, no periélio, contém, *em parte*, aquilo o que foi desenvolvido acima, de que cada um dos lados da relação inversa é, nele mesmo, toda essa relação inversa; pois, o lado do movimento do afélio para o periélio – da força centrípeta que deve ser preponderante – deve ainda conter a força centrífuga, mas no diminuir, como aquela aumenta; justamente na relação inversa, no lado do movimento retardado, a força centrífuga preponderante e que se torna cada vez mais preponderante deve se encontrar em relação com a força centrípeta, de modo que, em nenhum lado, uma delas tenha desaparecido, mas se torne apenas cada vez menor até o tempo do seu interverter para o preponderar sobre a outra. Recorre apenas, com isso, em cada lado, a falta nesta relação inversa, de que ou cada força é tomada autonomamente por si e, com o encontrar meramente *externo* das mesmas em um movimento, como no paralelogramo das forças, a unidade do conceito, a natureza da Coisa, estão suprassumidas, ou, visto que ambas se comportam qualitativamente uma com a outra através do conceito, nenhuma pode obter um subsistir indiferente, autossubsistente frente à outra, o que lhe deveria ser atribuído por um mais; a forma da intensidade, o assim chamado dinâmico, não muda nada, pois ele mesmo tem sua determinidade no quantum e, com isso, pode externar igualmente apenas tanta força, quer dizer, existe apenas na mesma medida em que ele se contrapôs à força contraposta. Mas, *em parte*, aquele interverter do preponderar para o oposto contém a alternância da determinação qualitativa do positivo e do negativo; o aumentar da uma é igualmente perda da outra. Na teoria, a conexão inseparável qualitativa dessa oposição qualitativa está desarticulada num *um depois do outro*; mas, com isso, ela fica devendo a *explicação* dessa alternância, assim como, sobretudo, deste próprio desarticular. A aparência da unidade, aparência que ainda está no aumentar de uma com um igual diminuir da outra, desaparece aqui completamente; está indicado um ocorrer meramente *exterior* que contradiz apenas a consequência daquela conexão, segundo a qual, na medida em que uma se tornou preponderante, a outra precisa desaparecer.

    A mesma relação foi aplicada à força atrativa e repulsiva, a fim de compreender a diversa *densidade* dos corpos; também a relação inversa da sensibilidade e da irritabilidade deve ter servido para compreender, a partir do tornar-se desigual destes fatores da *vida*, as diversas determinações do todo, da saúde, bem como a diversidade dos gêneros do ser vivo. Contudo, a confusão e a ininteligibilidade, na qual esta explicação, que deveria tornar-se, na filosofia da natureza, uma base da fisiologia, nosologia e, então, da zoologia, enreda-se no uso acrítico destas determinações do conceito, teve aqui, por consequência, que este formalismo foi de novo, desde logo, abandonado, formalismo o qual, na ciência, particularmente na astronomia física, é levado adiante em toda a sua extensão.

Visto que a *indiferença absoluta* pode parecer ser a determinação fundamental da substância spinozista, pode ainda ser observado sobre isso que ela é indiferença absoluta, sem dúvida, na consideração de que, em ambas, todas as determinações do ser, assim como, em geral, cada diferenciação concreta ulterior do pensar e da extensão etc., são postas como desaparecidas. Se se deve ficar parado na abstração, é, em geral, indiferente qual aspecto teve no seu ser aí aquilo o que sucumbiu neste abismo. Mas a substância, como indiferença [*Indifferenz*], está ligada, em parte, *à necessidade* [*Bedürfnis*] *do determinar* e à *consideração* disso; ela não deve permanecer a substância de Spinoza, cuja única determinação é o negativo de que nela tudo estaria absorvido. Em Spinoza, a diferença, os atributos, pensar e extensão, então também os modos, os afetos e todas as demais determinações vêm de modo totalmente empírico; é o entendimento, ele mesmo um modo, no qual cai esse diferenciar; os atributos não estão em *determinidade ulterior alguma*, com respeito à substância e um para com o outro, senão naquela a qual eles inteiramente expressam a substância, e o conteúdo deles, a ordem das coisas como extensas e como pensamentos, é a mesma substância. Mas através da determinação da substância como indiferença, acrescenta-se a reflexão sobre a *diferença*; ela é agora *posta* como aquilo o que ela é em si em Spinoza, a saber, como diferença *externa* e, com isso, mais precisamente, como *quantitativa*. A indiferença permanece, assim, dentro dela, tão imanente a si quanto a substância, – mas abstratamente, apenas em *si*; a diferença *não* é imanente *a ela*; como quantitativa, ela é, antes, o oposto da imanência, e a indiferença quantitativa é, antes, o ser fora de si da unidade. A diferença, com isso, também não está qualitativamente apreendida, a substância não está determinada como o que diferencia a si mesmo, não como sujeito. A consequência mais próxima com respeito à categoria da própria indiferença é a de que, nela, a diferença entre determinação quantitativa e qualitativa se desarticula, como resultou no desenvolvimento da indiferença; ela é a *dissolução da medida*, na qual ambos os momentos eram postos imediatamente como uno.

C. Passagem para a essência

A indiferença absoluta é a última determinação do *ser*, antes de ele se tornar a *essência*; mas a indiferença não a alcança. Ela se mostra como tal que pertence ainda à esfera do *ser*, visto que ela ainda, determinada como *indiferente*, tem nela a diferença como *externa*, como quantitativa. Isso é seu *ser aí*, com o qual ela se encontra, ao mesmo tempo, na oposição de ser pensada frente ao mesmo determinada apenas como o absoluto *que é em si*, não como o *que é para si*. Ou seja, é a *reflexão exterior* que fica parada no fato de que os específicos *em si* ou no absoluto são *o mesmo* e *uno*, de que a diferença deles é apenas uma diferença indiferente, nenhuma diferença em si. O que aqui ainda falta consiste no fato de que esta reflexão não seria a reflexão *exterior* da consciência *pensante*, subjetiva, mas a determinação própria das diferenças daquela unidade de se suprassumir, unidade que então se prova, assim, ser a negatividade absoluta, sua indiferença [*Gleichgültigkeit*] *frente a si mesma*, frente à sua própria indiferença [*Gleichgültigkeit*], igualmente como frente ao ser outro.

Mas esse suprassumir-se da determinação da indiferença já se deu; no desenvolvimento do seu ser – posto, ela se mostrou, segundo todos os lados, como a contradição. Ela é *em si* a totalidade na qual todas as determinações do ser estão suprassumidas e contidas; assim, ela é a base, mas é apenas na *determinação unilateral* do *ser em si* e, com isso, as diferenças [*Unterschiede*], a diferença [*Differenz*] quantitativa e a relação inversa de fatores, são como *externos* nela. Assim, sendo ela a contradição de si mesma e de seu ser determinado, de sua determinação que é em si e de sua determinidade posta, ela é a totalidade negativa, cujas determinidades se suprassumiram nelas mesmas e, com isso, suprassumiram essa sua unilateralidade fundamental, seu ser em si. Posta, com isso, como aquilo o que a indiferença é de fato, ela é relação negativa simples e infinita consigo, sua incompatibilidade consigo mesma, seu repelir de si mesma. O determinar e tornar-se determinado não é um passar, nem alteração externa, nem um *emergir* das determinações nela, mas seu próprio relacionar-se consigo, que é a negatividade de si mesma, de seu ser em si.

Mas as determinações, repelidas como tais, não pertencem agora a si mesmas, não emergem em autossubsistência ou exterioridade, mas são *como* momentos – em primeiro lugar, pertencentes à unidade *que é em si*, não abandonados por ela, mas por ela, como pelo substrato, sustentados e apenas por ela preenchidos, e, em segundo lugar, como as determinações que, imanentes à unidade que é *para si*, são apenas através do repelir de si da unidade. Doravante, elas são, em vez de *entes*, como em toda a esfera do ser, pura e simplesmente apenas *como postas*, pura e simplesmente com a destinação [*Bestimmung*] e o significado de estarem *relacionadas* com sua unidade, com isso, cada uma, com sua outra e com sua negação – designadas com essa sua relatividade.

Com isso, o ser em geral e o ser, ou seja, a imediatidade das determinidades diferentes, estão desaparecidos igualmente como o *ser em si*, e a unidade é ser, totalidade *imediata pressuposta*, de modo que ela *é* essa *relação simples consigo apenas mediante o suprassumir dessa pressuposição*; e esse ser pressuposto e ser imediato é, ele mesmo, apenas um momento do repelir dela, a autossubsistência originária e a identidade consigo é apenas como o *ir junto consigo resultante, infinito*; – assim, o ser está determinado para a *essência*, é o ser como ser simples consigo através do suprassumir do ser.

GLOSSÁRIO

abhalten – deter, manter afastado
ablassen – desistir
ablehnen – recusar
Ableitung – derivação
ablösen (sich) – desvincular-se
abnehmen, Abnahme – decrescer, decréscimo
abprallen – ricochetear
Absicht – intenção
absondern – isolar
abstossen – repelir
abstumpfen – embrutecer
Abszisse – abscissa
Abwechslung – alternância
abwehren – evitar
Abwesenheit – ausência
abzählen (an den Fingern) – contar (nos dedos)
Achtung – respeito
addieren – adicionar
Affektion – afecção
Affirmation – afirmação
Aggregat – agregado
Ahnung – pressentimento
Akt – ato
Akzidenz – acidente
Albernheit – bobagem
Allgemeinheit, allgemein – universalidade, universal
Allmählichkeit – gradualidade

allseitig – omnilateral
anderssein – ser outro
anderswerden – tornar-se outro
Anerkennung – reconhecimento
Anfang, anfangen – início, iniciar
Anforderung – exigência
Angemessenheit – adequação
ängstlich – medroso
Anhaltspunkt – ponto de referência
an ihm – nele
an ihr – nela
Anknüpfungspunkt – ponto de amarração
Anmerkung – observação
Annäherung – aproximação
Annahme, annehmen – assunção, assumir
Anschauung – intuição
Anschein – aparência
an sich, ansichsein – em si, ser em si
Ansicht – visão
Anstoss – choque
Anwendung – aplicação
Anzahl – valor numérico
Atom – átomo
Attraktion – atração
aufbewahren – guardar
aufdrängen (sich) – impor-se
auffassen – apreender, conceber
aufführen – expor
Aufgabe – tarefa
aufgeben – abandonar
Aufhebung, aufheben – suprassunção, suprassumir
aufhören – cessar

Auflösung – dissolução, solução
aufnehmen – acolher, apreender
auftreten – aparecer, entrar em cena
aufzeigen – mostrar
Augenschein – aparência empírica
Ausdehnung – extensão
Ausdruck – expressão
ausdrücklich – explícito, explicitamente, expressamente
auseinanderbringen – isolar
auseinanderhalten – manter um fora do outro
auseinanderrücken – desarticular
Auseinandersetzung – discussão
Ausflucht – subterfúgio
Ausführung – execução
Ausgangspunkt – ponto de partida
Ausgleichung, ausgleichen – igualamento, igualar
aushöhlen – esvaziar
ausschliessen – excluir
äusser – exterior
aussereinandersein – ser fora um do outro
äusserlich – externo, externamente
aussersichgehen – ir para fora de si
Äusserlichkeit – exterioridade
aussersichkommen – vir para fora de si
aussersichsein – ser fora de si
Äusserung – externação
aussprechen – enunciar
ausweisen – mostrar (no âmbito de uma prova)
auswendig – de cor

Band – laço
Basis – base

Bedeutung – significado
Bedingung – condição
Bedürfnis – necessidade
befangen (sein) – estar enredado
Befriedigung – satisfação
Begierde – desejo
beginnen – começar
begnügen (sich) – contentar-se
Begrenztheit – limitação
Begrenzung, begrenzen – limitação, limitar
Begriff, begreifen, begreifend – conceito, compreender, conceituante
behaftet – afetado
behalten – guardar
behandeln – tratar
Behauptung – afirmação
beiläufig – de passagem
beilegen – atribuir
beisichsein – ser junto de si
Bekanntschaft, bekannt – familiaridade, bem conhecido
bekommen – receber
belehren – ensinar
Belieben – capricho
Beliebigkeit, beliebig – arbitrariedade, arbitrário
Bemerkung – observação
Bemühung – esforço
Benehmen, benehmen (sich) – conduta, comportar-se
Bequemlichkeit, bequemen (sich) – comodidade, acomodar-se
Berechtigung, berechtigt (sein) – legitimação, ser autorizado
berichtigen – retificar
beruhen – basear-se, repousar
Berührung – contato
Beschaffenheit – constituição

Beschränkung, beschränken – delimitação, restrição, delimitar
Besonderheit, besondere – particularidade, particular
Bestandstück – parte constituinte
bestehen – subsistir
Bestimmtheit, bestimmen – determinidade, determinar
Bestimmung – determinação, destinação
betätigen – ativar
Betrachtung, betrachten – consideração, considerar
betreffen – dizer respeito a, concernir a
Betrieb – funcionamento
Bewegung – movimento
beweisen, Beweis – provar, prova
Bewunderung – admiração
Bewusstsein, bewusst, bewusstlos – consciência, consciente, inconsciente
Bewusstlosigkeit – inconsciência
Bezeichnung – designação
beziehen, Beziehung – relacionar, relação
Beziehung auf sich – relação consigo
Beziehungslosigkeit – ausência de relação
Bezogene (das) – termo da relação
Bildung – formação, cultura
Billigkeit, billig – razoabilidade, equânime
bloss – mero, meramente
Boden – terreno
Bogen – arco
Böse (das) – o mal
Bruch – fração
Buchstabe – letra

Charakter – caráter

Darstellung, darstellen – apresentação, apresentar
daseiend, das Daseiende – que é ai, o que é aí
dasein – ser aí
Definition – definição
Denkbestimmung – determinação do pensar
Depotenzierung – despotenciamento
deutlich – claro e distinto
Dichtigkeit – densidade
Dicke – espessura
dienen – servir
Dieselbigkeit – mesmidade
Diesseits – Aquém
Differential, Differentialrechnung – diferencial, cálculo diferencial
Differenz – diferença
Ding – coisa
Diremtion – dirimição
Diskretion – discrição
Dreieck – triângulo
Dreieinigkeit – trindade
Druck – pressão
dünn – seco
durcharbeiten – refazer
durchdringen – penetrar
durchwirken – impregnar
dürfen – poder, poder legitimamente (onde surja a oportunidade de diferenciá-lo de *können*)

Ebene – plano
Ehre – honra
Ehrerbietung – reverência
eigen – próprio
Eigenschaft – propriedade

eigentümlich – peculiar
einbilden, Einbildung – imaginar, imaginação, configuração
einbrechen – penetrar, irromper
Eines – uno
Einfachheit, einfach – simplicidade, simples
Einfall, einfallen – intromissão, ideia (no sentido de invenção engenhosa), vir à mente
eingehen – adentrar
eingehüllt – envolvido, encoberto, embrulhado
einlassen (sich) – envolver-se, adentrar-se
Eins (das), die Eins – o uno, os unos
Einsamkeit – solidão
einschliessen – encerrar, incluir
einsehen – compreender, reconhecer, ver
Einseitigkeit, einseitig – unilateralidade, unilateral
Einsicht – intelecção
Eintrag – entrelaçamento
eintreten – entrar em cena
Einwirkung – influência
Einwurf – objeção
Einzelheit, einzeln – singularidade, singular
Eitelkeit – vaidade
Element – elemento
empfangen – receber
empfehlen (sich) – recomendar-se
Empfindung – sensação
Ende – fim
Endlichkeit, endlich – finitude, finito
Endursache – causa final
Entäusserung, entäussern – exteriorização, exteriorizar
entbehren – dispensar
entbehrlich – dispensável

Entfernung – distância, afastamento
Entgegensetzung – contraposição
enthalten – conter
entlehnen – tomar emprestado
entnehmen – subtrair
entschliessen – decidir
Entschluss – decisão
entspringen – decorrer, resultar
entstehen – nascer, surgir
Entwicklung, entwickeln – desenvolvimento, desenvolver
Erbauung – edificação
Erfahrung – experiência
Erfinder, Erfindung – inventor, invenção
erfordern – requerer
erfreulich – regozijante
erfüllen, Erfüllung – preencher, preenchimento
ergänzen – complementar
ergeben (sich) – surgir, resultar
Erhabenheit, erhaben, – sublimidade, sublime
erhalten – conservar, receber, obter, adquirir
Erhebung – elevação
erhellen – ficar claro
Erinnerung – rememoração, lembrança
erkannt (contraposto a *bekannt*) – reconhecido
erkennen, erkennbar, Erkennbarkeit – conhecer, reconhecer, cognoscível, cognoscibilidade
Erkenntnis – conhecimento, reconhecimento (onde foi usado para complementar *Kenntnis*)
Erklärung – explicação, definição
Erläuterung – esclarecimento
Erleichterung – facilitação
erschaffen – criar

Erscheinung / erscheinen - aparecimento, fenômeno, aparição, publicação / aparecer
erschöpfen - esgotar
Erstaunen - espanto
erwähnen - mencionar
erwehren (sich) - defender-se
erweisen - demonstrar
Erweiterung - ampliação, expansão
Erwerbung - aquisição
Erzeugung, erzeugen - geração, gerar
Erziehung - educação
Etwas - algo
Ewigkeit - eternidade
Existenz - existência
Exponent - expoente

Faden - fio
Fähigkeit - capacidade
Faktor - fator
Faktum - fato
Fall - queda
fassen - apreender
Feld - campo
fertig - pronto
festhalten - manter fixo, manter firme
Festigkeit - firmeza
Figur - figura
Findung - descoberta
Finsternis, Finsternisse - escuridão, trevas
flach - raso
Fläche - superfície
Flächenkraft - força de superfície
Fleiss - zelo

fliehen – fugir
Fluss – fluxo
Flüssigkeit – líquido
Fluxion – fluxão
Folge – consequência
Folter – tortura
förderlich – proveitoso
Forderung – exigência
Form – forma
formal – formal
Formalismus – formalismo
Formel – fórmula
formell – formal
Fortbestimmung – determinação progressiva
Fortbewegung – movimento progressivo
Fortgang – progressão, avanço
Fortschritt – progresso
Fortsetzung – prossecução
fügen (sich) – ajustar-se
Fülle – plenitude
Funktion – função
Fürsich, für sich, fürsichsein – para si, por si, ser para si

Galimathias – ininteligibilidade
Ganze (das), ganz – o todo, inteiramente
Gärung – efervescência
Gebrauch – uso
Gebräue – mistura
Gedanke – pensamento
Gedankending – coisa do pensamento, ente de razão
gediegen – sólido, genuíno
Gediegenheit – solidez

gefangen (sein) – estar preso
Gefühl – sentimento, tato
Gegensatz, gegensatzlos – oposição, sem oposição
Gegenstand, gegenständlich – objeto, objetivo
Gegenstoss – contrachoque
Gegenteil – oposto
gegenüberstehen – confrontar-se, contrapor-se
Gegenwart – o presente, a presença
Gehalt – conteúdo substancial, teor
Geist, geistig – espírito, espiritual
Gelegenheit – ocasião, oportunidade
Gültigkeit, gelten, gültig – validade, valer, válido,
Gemeinschaft, gemeinsam, Gemeinsamkeit, Gemeinschaftlichkeit – comunidade, em comum, comunhão, comunitariedade
Gemüt, Gemütserhebung – ânimo, elevação do ânimo
gerade – reto
Gerüst – estrutura
Geschäft – ocupação
geschäftig (sein) – operar
geschehen – acontecer, ocorrer
Geschichte, geschichtlich – história, histórico
Geschicklichkeit – habilidade
Geschiedenheit – separação
Geschlecht – linhagem
Geschrei – gritaria
Geschwätzigkeit – falação
Geschwindigkeit – velocidade
Gesetz – lei
gesetzmässig, Gesetzmässigkeit – conforme à lei, conformidade à lei
Gesetztsein, Gesetztwerden – ser posto, tornar-se posto
Gesichtspunkt – ponto de vista
Gesinnung – disposição de espírito

Gestalt, Gestaltung – figura, configuração
getrübt – turvo
Gewalt – violência, poder
Gewicht – peso
Gewinn – ganho
Gewissheit, gewiss – certeza, certo
Gewordene (das) – o resultado do devir, o que deveio
gleichförmig – uniforme
Gleichgewicht – equilíbrio
Gleichgültigkeit, gleichgültig – indiferença, indiferente
Gleichheit, gleich, – igualdade, igual
Gleichnis – comparação (no sentido de figura retórica)
Gleichsetzung – equiparação
Gleichung – equação
Glied – membro
Glück, Glückseligkeit, glücklich – sorte, felicidade, afortunado
Gott – Deus
Grad – grau
grell – gritante
Grenze, grenzenlos – limite, sem limites
Grösse – grandeza
Grössenbestimmung – determinação de grandeza
Grund – fundamento, razão (em uma argumentação)
Grundlage – base
Gründlichkeit – profundidade
grundlos – sem fundamento

Haar – pelo, cabelo
Haltung – postura
Haltungslosigkeit – insubsistência
Handlung, handeln – ação, agir
Handgreiflichkeit, handgreiflich – palpabilidade, palpável

Hartnäckigkeit – obstinação
Haufe – monte
Hebel – alavanca
herabsetzen – rebaixar
herausbringen – extrair
herausgehen – sair
herbeibringen – provocar, trazer
hervorbrechen – brotar, irromper
hervorbringen – produzir, engendrar
Hervorbringung – produção, engendramento
hervorgehen – emergir
hervortreten – surgir, emergir
hinausgehen über – ir além
Hindernis – obstáculo
hindurchgehen – perpassar
hindurchziehen – permear
hineingespenstern – transformar em um fantasma
hinzufügen – acrescentar
hinzukommen – adicionar-se
Hirngespinst – quimera
Historie, historisch – história, histórico (no sentido do pensar representativo)
Hülle – véu

Ich – Eu
Idealismus – idealismo
Idee – ideia
ignorieren – ignorar
Inbegriff – sumo conjunto
Indifferenz – indiferença
Individuum, individuell – indivíduo, individual
Inhalt – conteúdo

Inkrement – acréscimo
inner – interior
innerlich – interno
in sich, Insichsein – dentro de si, ser dentro de si
Integralrechnung – cálculo integral
intellektual – intelectual
Irrtum – erro

Jenseits – Além

kahl – careca
Kahlheit – nudez
Kali – alcalino
Kampf – luta
Kenntnis – conhecimento
Kindheit – infância
Klang – som
Klarheit – clareza
Knot, Knotenlinie – nó, linha nodal
Koeffizient – coeficiente
Kontinuität – continuidade
Korn – grão
Kraft – força
Kraftanstrengung – esforço tenso
Kreis – círculo
Kreislauf – ciclo
krumm – curvo

Lage – disposição
Länge – comprimento
Langeweile – tédio
langweilig – enfadonho

Leben - vida
leisten - desempenhar, operar
lernen - aprender
Leere (das) - vazio
Leerheit - vacuidade
Lehrbuch - tratado, manual
leugnen - negar
liefern - fornecer

Macht - potência
Mangel - falta
Mangelhaftigkeit - insuficiência
Manifestation - manifestação
Mann - homem
mannigfaltig - multíplice
Mannigfaltigkeit - multiplicidade
Mass - medida
Masse - massa
masslos - sem medida
Masslosigkeit - ausência de medida
Massstab - padrão de medida
Massverhältnis - relação de medida
Materialität - materialidade
Materie - matéria
Mehreren (die), Mehrere (das), Mehrheit - os vários, o vário, variedade
Meinung, meinen - opinião, opinar, visar
Meister - dono
Menge - quantia; multidão (sentido não rigoroso); conjunto (apenas na terceira observação sobre o infinito quantitativo)
Mensch - ser humano
Menschheit - humanidade
Merkmal - característica

messen – medir
Messung – medição
Methode – método
Mischung – mistura
Missachtung – desrespeito
Missverständnis – mal-entendido
mitschleppen – trazer de arrasto
Mitte – meio termo, termo médio
Mittel – meio
Mittelmässigkeit – mediedade
Modifikation – modificação
Möglichkeit, möglich – possibilidade, possível
Moment – momento
Monas – mônada
Mühe – cansaço
Musse – ócio
müssen – precisar, ter que

nacheinander – sucessivamente
Nacheinander – um depois do outro
Nachforschung – investigação
Nachlassung – remissão
Nachteil – desvantagem
nachweisen – comprovar
Näherung – aproximação
Nahrung – alimentação
Nebeneinandersein – ser ao lado um do outro
Negation – negação
Negativität – negatividade
negiertwerden – tornar-se negado
nennen – nominar
Nicht-Ich – não Eu

Nichtigkeit, nichtig – nulidade, nulo
nichtsein – não ser
Not – miséria
Notbehelf – expediente
Notwendigkeit, notwendig – necessidade, necessário
numerieren – numerar
Nützlichkeit, nützlich – utilidade, útil

Objekt, objektiv, objektivierend – objeto, objetivo, objetivante
Ohnmacht – impotência
Operation – operação
Ordinate – ordenada
Ordnung – ordem

perennieren, perennierend – perdurar, perene
Pflicht – dever (no sentido de obrigação moral)
Potenzenverhältnis – relação de potências
preisgegeben (sein) – estar exposto
Prinzip – princípio
produziertwerden – tornar-se produzido
Prozess – processo
Punktualität – pontualidade

Qualität – qualidade
Quantität – quantidade
Quantitativität – quantitatividade

Rand – margem
Rang, Rangordnung – colocação, hierarquia
Räsonnement, räsonnieren, räsonnierend – raciocínio, raciocinar, raciocinante
Raum – espaço

Realisierung – realização
Realität – realidade
rechnen – calcular
Rechnungsart – operação (no âmbito da aritmética)
Rechtfertigung – justificação
reell – real
Regel – regra
Reibung – atrito
Reihe – série
reizen – estimular
Repulsion – repulsão
richtig, Richtigkeit – correto, exatidão
Richtung – direção
Richtungspunkt – ponto de orientação
Rückbeziehung – relação retroativa
Rückfall – recaída
Rückgang – retorno
Rückkehr – retorno
Rückschritt – retrocesso
Rücksicht – consideração, respeito, aspecto
rügen – censurar
Ruhe – repouso

Sache, Sache selbst – Coisa, própria Coisa
Sammlung – coleção
Sättigung – saturação
Satz – proposição, princípio
Säure – ácido
schädlich – nocivo
schal – insosso
scharfsinnig – perspicaz
Schein, scheinen – aparência, aparecer

Schicksal – destino
schief – equivocado, enviesado
schlechthin – pura e simplesmente
schlummern – dormitar
Schluss, schliessen – silogismo, silogizar, inferir
schmeicheln (sich) – gabar-se
Schöpfung – criação
Schranke – barreira
Schweif – cauda
Schwere – gravidade
Schwierigkeit – dificuldade
Schwingung – vibração
Seele – alma
Seelending – coisa psíquica
Sehnsucht – anseio
Seichtigkeit – superficialidade
seiend – que é
Seiende (das) – o ente
Sein – ser
sein-für-anderes – ser para outro
Selbst – Si
Selbständigkeit, selbständig – autossubsistência, autossubsistente
Selbstbestimmung – autodeterminação
Selbstbewusstsein, selbstbewusst – autoconsciência, autoconsciente
Selbsterhaltung – autoconservação
Selbstzersplitterung – autofragmentação
Selbstverleugnung – abnegação
selbstzufrieden – satisfeito
Sichtbarkeit, sichtbar – visibilidade, visível
Sinn – sentido
Sinnlichkeit – sensibilidade
sinnreich – engenhoso

Skeptizismus – ceticismo
Sollen, sollen – dever ser, dever
Sophisterei – sofistaria
Spezifikation – especificação
Sphäre – esfera
Spitze – extremo, cume
Sprache – língua, linguagem
Sprödigkeit – rigidez
Sprung – salto
Standpunkt – ponto de vista
Starrheit – imobilidade
stattfinden – acontecer, ter lugar
stehenbleiben – ficar parado
Stellung – posição
Stetigkeit – continuidade
Stoff – matéria
störend – incômodo
Stoss – impulsão
sträuben (sich) – teimar
Streben – esforço
Strenge – rigor
Strom – correnteza
strömen – fluir
Stück – parte
Stufe – estágio
Subjekt – sujeito
Substanz – substância
Summe – soma
Symbole – símbolo
Synthese – síntese

tadeln – censurar
Tangente – tangente
Taschenspielerei – prestidigitação
Tätigkeit, tätig – atividade, ativo
Täuschung – ilusão
Teil – parte
Teilbarkeit – divisibilidade
Teilung – divisão
Temperatur – temperatura
temperieren – temperar
Tier – animal
Ton – tom
töricht – insensato, tolo
Totalität – totalidade
träge – inerte
Trauer, traurig – tristeza, triste
treiben – impelir
Trennung, trennen – separação, separar
Trieb – impulso
Trost – consolo
Tugend – virtude
tun – atuar

Übereinstimmung – concordância
überfliegen – ultrapassar
Überfluss – abundância
überflüssig – supérfluo
Übergang, übergehen – passagem, passar
überhaupt – em geral, de modo geral
Übersetzung – tradução
Übertragung – transposição
überwiegen, Überwiegende (das) – preponderar, o preponderante

überwinden – superar
Überzeugung – convicção
Übung – exercício
Umänderung – transformação
umarbeiten – reelaborar
Umfang – extensão, alcance
Umformung – reformulação
umgeben – acercar, envolver
Umgestaltung – reconfiguração
Umkehrung – reviravolta, inversão
Umschlag, umschlagen – interversão, interverter
Umstand – circunstância
umstossen – derrubar
Umweg – desvio
Unabhängigkeit, unabhängig – independência, independente
Unangemessenheit – inadequação
Unbedeutendheit, unbedeutend – insignificância, insignificante
Unbegrenztheit – ilimitação
unbeschränkt – ilimitado
unbrauchbar – inútil
Undurchdringlichkeit – impenetrabilidade
Unendlichkeit, unendlich – infinitude, infinito
unerlässlich – indispensável
unermesslich – incomensurável
unerreichbar – inalcançável
Ungeduld – impaciência
Ungenauigkeit – imprecisão
ungereimt – absurdo
ungeschickt – inapropriado
Ungleichheit – desigualdade
Ungültigkeit – invalidade
unhaltbar – insustentável

Unmittelbarkeit, unmittelbar – imediatidade, imediato
unmöglich – impossível
Unrecht – injustiça
Unruhe – inquietude
unstatthaft – inadmissível
Unterbrechung, unterbrechen – interrupção, interromper
untergehen, Untergang – sucumbir, sucumbimento
Unternehmen – empreendimento
Unterricht – ensino
unterscheiden, Unterschied – diferenciar, diferença
Unterschiedenheit – diferencialidade
Untersuchung, untersuchen – investigação, investigar
unüberwindlich – insuperável
Ununterscheidbarkeit – indiferenciabilidade
unveränderlich – inalterável
unverfänglich – inofensivo
Unvermögenheit – incapacidade
Unverträglichkeit, unverträglich – incompatibilidade, incompatível
unwahr – inverdadeiro
Unwesen – não ente
Unwirklichkeit – inefetividade
Unwissenheit – ignorância
Ursache – causa
Ursprung, ursprünglich – origem, originário
Urteil – juízo

Verachtung – desprezo
Verallgemeinerung – universalização
veränderlich – alterável, variável
Veränderlickeit – alterabilidade, variabilidade
Veränderung, verändern – alteração, alterar (qualidade); variação, variar (quantidade)

Verarbeitung – elaboração

Verbindung, verbinden – ligação, ligar (combinar, combinação, na seção sobre a medida)

verborgen – escondido

Verdienst – mérito

verdreht – distorcido

verdünnen – diluir

Vereinigung – unificação

verendlichen – finitizar

Verfahrungsweise – modo de procedimento

Verfälschung – falsificação

Vergangenheit – passado

Vergänglichkeit – perecibilidade

vergehen – perecer

Vergleichung – comparação

verhalten (sich) – comportar-se, relacionar-se

Verhalten – comportamento, relacionar

Verhältnis – relação, proporção

verhüllt – encoberto

Verkehrung – inversão

verkennen – desconhecer

verknüpfen, Verknüpfung – ligar, ligação

Verkümmerung – distorção

verlachen – ridicularizar

verlassen – abandonar

Verlegenheit – embaraço, perplexidade

Verlust – perda

Vermehrung, vermehren – aumento, aumentar

Verminderung, vermindern – diminuição, diminuir

Vermittlung, vermitteln, vermittelt – mediação, mediar, mediado

Vermögen – faculdade, patrimônio

vernachlässigen – negligenciar

Verneinung – negação
Vernichtung – aniquilação
Vernunft, vernünftig – razão, racional
Verrücktheit – loucura
verschaffen – proporcionar
Verschiedenheit, verschieden – diversidade, diverso
verschlingen – engolir
Versicherung – asseveração
Versöhnung – reconciliação
verspüren – sentir
Verstand, verstehen – entendimento, entender
verständig – do entendimento
Versuch – tentativa
Vertreibung – expulsão
verunreinigen – contaminar
vervollkommnen – aperfeiçoar
Verwandlung, verwandeln – transformação, transformar
Verwandschaft – afinidade
Verwechslung – equívoco
verwerfen – rejeitar
Verwicklung – envolvimento, complicação
Verwirrung – confusão
Vieles – múltiplo
vielfach – múltiplo
vielfältig – múltiplo
Vielheit – pluralidade
Vielseitigkeit – versatilidade
Viereck – quadrângulo
Vollendung, vollenden – realização plena, realizar plenamente
vollführen – levar a cabo, executar
Vollkommenheit – perfeição
Vollständigkeit – completude

voraussetzen – pressupor
Voraussetzung – pressuposição
voraussetzungslos – sem pressuposição
Vorbegriff – Conceito preliminar
vorfinden – encontrar
vorhanden (sein) – estar presente
vorkommen – ocorrer
vorschweben – ser vislumbrado, pairar, estar presente
Vorspiegelung – artifício
Vorteil – vantagem
Vortrag – exposição
Vortrefflichkeit – excelência
Vorzug – primazia, preferência
Vostellung, vorstellen – representação, representar

Wahlverwandschaft – afinidade eletiva
Wahrheit, wahr – verdade, verdadeiro
Wahrnehmung, wahrnehmen – percepção, perceber
Wechsel – mudança
Wechselbestimmung – determinação recíproca
Weg – caminho
weglassen – deixar de lado, abstrair
wegnehmen – retirar
weigern (sich) – recusar-se
Weise – modo, maneira
weisen – apontar
Weisheit – sabedoria
Wendung – virada, tropo, reviravolta
Werden – devir
Werk – obra
Wert – valor
Wesen, (un)wesentlich – essência, (in)essencial

Wesenheit – essencialidade
Widerlegung, widerlegen – refutação, refutar
Widersinn, widersinnig – contrassenso, contrassensual, absurdo
Widerspruch, widersprechen – contradição, contradizer
Widerstreit – conflito
Wiederherstellung, wiederherstellen – restabelecimento, restabelecer
Wiederholung, wiederholen – repetição, repetir
wiederkehren – regressar
willkür, willkürlich – arbítrio, arbitrário
Winkel – ângulo
wirken, – agir, efetuar
Wirklichkeit, wirklich – efetividade, efetivo
Wirksamkeit – eficácia
Wirkung – efeito
wissen – saber
Wissenschaft – ciência
Wurzel – raiz
Wurzelausziehen – extração de raiz

Zahl – número
zählen – contar
Zeit – tempo
Zeitpunkt – ponto temporal
Zentrifugalkraft – força centrífuga
Zentripetalkraft – força centrípeta
zerfallen – desfazer, dividir-se
Zergliederung – análise
zerreissen – dilacerar
zerstören – destruir
Zerstreuung – dispersão, distração
Zerteilung – decomposição

Ziel – meta, objetivo
Zucht – disciplina
Zuflucht nehmen – refugiar-se
zugeben – conceder
zugrunde gehen – sucumbir
zugrunde liegen – subjazer, estar no fundamento
zukommen – competir
Zukunft – futuro
Zunahme (die), zunehmen – acréscimo, acrescer
Zunichtwerden – tornar-se nada
Zurückbeugung – flexão para trás
zurückführen – reconduzir
zurückgehen – regressar
zurückkehren – retornar
zusammenfallen – coincidir, colapsar
zusammenfassen – recolher, reunir
Zusammenfliessbarkeit – confluibilidade
zusammenfügen – combinar
Zusammengefasstes (ein) – agregado
zusammengehen mit sich selbst – juntar-se, ir junto consigo mesmo
Zusammenhalt – coesão
Zusammenhang – conexão
zusammensinken – desabar
Zusammenstellung – composição
zusammenzählen – contar juntamente
Zusatz – adição
Zustand – situação, estado
Zuwachs – crescimento
Zweck – finalidade
Zweideutigkeit – ambiguidade
zweischneidig – de dois gumes
Zwischenraum – interstício

ÍNDICE ONOMÁSTICO

Aristóteles 8s., 34s., 54, 209s., 227, 346, 360
Arquimedes 222, 323, 331

Barrow 279, 304, 331
Bayle 210
Berthollet 384, 386-389, 393
Berzelius 384, 387-393
Böhme 119

Carnot 273, 283
Cavalieri 272, 319, 327-331
Cícero 111
Cousin 308

Descartes 279, 308s., 311
Diógenes 209
Dirksen 286

Euclides 222
Euler 14, 276s., 279, 300

Fermat 279, 305
Fichte 11, 98, 141, 169, 248
Fischer 386, 389
Fócio 228
Fries 55

Galileu 368
Gebhardt 267

Haller 245
Hauber 222
Heráclito 8, 86, 172, 209
Horácio 93

Jacobi 99-103

Kant 9, 15, 23, 54, 59, 65, 82, 90-92, 100, 186-191, 201s., 205, 207, 220-223, 238s., 244-247, 260, 349s.
Kepler 291, 322s., 368s.

Lagrange 277s., 281-284, 286, 300, 306, 313, 317s., 321
Landen 278
Leibniz 14s., 23, 117, 140, 168s., 200, 275, 279, 305, 331

Malchos 227
Malebranche 167
Moderatus de Cadix 227

Newton 14s., 272s., 280s., 283, 291, 304s., 331, 368s., 393

Parmênides 12, 58, 86, 92, 98, 102, 104, 172, 179, 209, 351
Pitágoras 226, 228, 346
Platão 8, 34, 41s., 104, 123, 179, 227

Reinhold 73
Richter 386, 392
Ritter 392
Ritterhaus 227
Roberval 305

Schubert 290
Spehr 321
Spinoza 56, 98, 102, 117s., 167, 199, 266-268, 350, 411

Tacquet 331
Tales 160
Taylor 321

Valério 319

Wöhler 387
Wolff 56, 90, 275

Zenão 210

ÍNDICE ANALÍTICO

absoluto 28, 45, 51s., 66, 69, 72-74, 76-81, 86, 98, 101, 117, 126, 132s., 135, 163, 171, 184, 199, 215, 241, 266, 313, 352, 406, 412

abstração 22, 33s., 36, 39, 86, 91, 97, 99-104, 106, 118, 125s., 134, 138, 140, 146, 169, 171-173, 179, 227, 246, 272, 283, 411

além 10, 54, 148, 152, 154, 241-244, 246, 252s., 256, 261, 265, 335s., 339, 341, 400

alteração 10, 12, 14s., 27, 49, 54, 91, 102, 121, 129s., 144, 151, 154, 159, 185, 195, 234, 239, 248, 286, 297-299, 301, 324, 333, 336, 350s., 358-360, 362-364, 396s., 399-402, 413

antinomia 59, 95, 108, 200-202, 205, 207-210, 250, 260

astronomia 15, 411

astúcia do conceito 360

atomismo 12, 172, 176

átomo 12, 89, 160, 172s., 176, 180, 190s., 203, 208, 211, 236, 387-389

atração 12s., 163, 176, 179-190, 197s., 211, 391

atributo 102, 118, 350, 411

ausência de medida 376

autoconsciência 12, 25, 52, 65, 78s., 99, 101, 164, 166, 246

autossubsistência, autossubsistente 23s., 33, 35, 42, 62, 67, 96, 101, 107, 109, 126, 147, 149, 151, 155, 159-161, 179, 181s., 186, 189, 236, 247s., 308, 338, 353, 370, 372s., 375-377, 379-382, 385, 394-397, 401s., 404s., 407s., 410, 413

barreira 11, 88, 105, 115, 117, 136-144, 150, 153, 164, 182, 341s.

cálculo diferencial 14, 270s., 276, 279, 284, 286, 292-297, 299-301, 303s., 310, 312-315, 317, 319-321, 323 ceticismo 201

ciência 8s., 23, 25-29, 31-35, 38-40, 45, 50-52, 54-63, 69s., 74-78, 80, 87, 92, 96, 103, 173, 186, 201, 223, 226s., 230, 236, 246, 248, 257s., 271, 278, 286, 290-293, 299, 305, 354, 368, 371, 383, 393s., 411

Coisa, própria Coisa 10, 24, 27, 32s., 36-42, 45, 48, 50, 52, 57-59, 69, 74s., 77s., 82, 87, 97, 107, 114, 126, 187, 190s., 231, 258, 267s., 272, 274s., 282s., 286s., 293, 295, 299, 311, 314s., 333, 358, 387, 401, 410

coisa em si 36, 39, 47, 49-52, 54, 65, 67, 125s.

conceito 13s., 16s., 22, 28, 36s., 39-41, 45-48, 51-53, 56-60, 62-67, 71, 76, 87, 90, 92s., 108, 114, 116, 126, 136, 138s., 142, 148, 154, 159, 163, 170, 174, 185, 187, 199s., 208-210, 220-227, 229, 236, 240, 254s., 259, 320, 335, 343s., 346, 352s., 402, 410

consciência 9, 28s., 31, 35, 37-39, 41, 46s., 50-54, 56s., 62-67, 69, 71-73, 78-80, 87-89, 98s., 101s., 107, 136, 140, 157, 161, 164, 168s., 209s., 227, 230, 239, 254, 270, 291, 303, 329s., 346, 349, 351, 360, 412

constituição 11, 17, 46, 49, 121, 127-130, 134, 136, 157, 170s., 222, 275, 287, 297, 329, 355, 363, 391, 399s.

conteúdo 8s., 21, 25-29, 31, 35, 37-40, 45s., 52, 57, 65, 69s., 75, 89, 102, 117, 128, 145, 154-156, 161s., 169, 189, 201, 210, 231, 237, 258, 266, 327, 351, 411

continuidade 13, 101s., 133, 184, 190, 197s., 203, 208, 274, 286, 328, 340, 395, 400

contradição 11s., 16, 48, 59, 97, 103, 108, 116, 131, 136, 141, 145, 156, 170, 177, 201, 209, 215, 240, 242s., 248, 254, 258, 264, 295, 331, 336, 360, 406, 408, 412

criticismo 99

cultura 8, 33, 60, 70

determinação 10-15, 20-24, 28, 33, 53, 56, 58, 65, 69, 72, 75, 79-82, 85, 88, 90s., 96, 107, 110, 113, 117, 120-123, 125, 127-130, 134, 137-144, 148-152, 157, 163-165, 168-178, 180-185, 187-191, 194, 197, 200, 207, 216-225, 237s., 240, 249, 257, 262, 265, 269, 271, 307, 331, 402 determinações do pensar 9, 32-36, 38, 40s., 47, 53s., 61, 66s., 202, 229, 387

determinidade 9s., 12, 16s., 33, 60, 66, 74, 79-83, 91-94, 98, 102s., 106, 111, 114-122, 127-130, 138, 148, 163, 172, 185, 193s., 211, 215-219, 232-243, 257, 260, 267, 270s., 297-302, 321-330, 332s., 335-347, 349-352, 357-361, 365s., 369-373, 382, 403-413

Deus 21, 25, 34s., 52s., 67, 80s., 88s., 93, 104, 116s., 120, 165-168, 352

dever ser 11, 128, 136-144, 147, 156, 163, 169, 180, 182, 241, 245, 256, 264s.

devir 10s., 16, 41, 86-88, 94-98, 100, 107-114, 120s., 124, 126, 134, 142, 154s., 168, 172-174, 179, 184, 186, 201, 271, 274, 286, 321, 403

dialética 8, 11s., 15, 28, 50, 57-59, 104, 107-109, 133, 179, 194, 198, 201, 209s.

dinâmico 236, 410

discrição 13, 197-202, 208s., 211-213, 216, 218, 232

divisibilidade 200-202, 208-210, 273

duplo sentido 153

entendimento 24s., 28, 32, 39, 48s., 53, 88, 92, 98-100, 102, 105, 107-109, 118, 122, 134s., 139, 141s., 144, 150, 173, 180, 209, 226, 229, 254, 266, 350, 399, 408, 411

espaço 13, 25, 42, 49, 99-102, 108, 114, 123, 133, 140, 173, 186, 190s., 200, 206, 218, 250, 252s., 267s., 312, 324s., 328, 354, 366-369, 371, 375, 377

especulação 32

especulativo 21, 59, 94s., 157, 159, 168

espírito 25s., 28s., 34, 49, 53, 60, 70, 143, 161s., 165-168, 226s., 231, 351

espírito absoluto 73

essência 17s., 21, 29, 36, 47, 60, 83, 87, 101, 116, 154, 158, 161, 172, 202, 204, 249, 350, 352s., 403, 408, 412s.

eternidade do mundo 107

Eu 65s., 69, 78-80, 99s., 120, 161, 165s., 169, 179, 199s., 246-249

fantasia 101, 229s., 350

filosofia 19, 27-29, 32, 34, 47, 56, 69, 73, 87, 111, 135, 158, 160, 167, 186, 201, 223, 225, 230, 244, 249, 259, 275, 278, 291, 346s., 368, 388s., 411

filosofia transcendental 9, 11

finalidade 26, 34s., 45, 50, 58, 60, 258, 265, 292, 300s., 303, 307, 313, 319s.

finitude 38, 40, 42, 66, 99, 108, 113, 121, 134-136, 139-144, 149-151, 153, 155, 158-163, 201, 239, 241, 250, 253, 271, 341

finitude das coisas 134

física 15, 33, 123, 173, 186, 188, 290s.

força 33, 59, 61, 139, 185-192, 236, 280s., 312, 347, 355, 371s., 387, 400, 408s.

força de atração 185, 187-191, 410

força de repulsão 186-190, 192

força centrífuga 191, 408-410

força centrípeta 191, 408-410

forma 11, 16s., 21, 32, 40, 45s., 52, 56, 66, 75-78, 92, 94, 97, 113s., 128, 139, 161s., 169s., 194, 198, 209, 216, 220, 226, 237, 245, 265, 272, 281, 298s., 314, 335, 368, 384, 406

formação 26s., 60, 62, 67, 70, 98, 158, 231, 258, 346, 350

formas do pensamento 9, 31, 34s., 50, 230

fração 262-266, 268s., 308

geometria 218, 222, 225, 276, 304, 307-309, 328s., 331

gradualidade 359, 396-399

grandeza 9, 12-15, 55, 81s., 108s., 193-195, 197, 199, 211-213, 215s., 218, 220, 222-224, 231-241, 248, 254-256, 258-264, 267-305, 308-313, 315-322, 324-329, 362, 364-367, 400, 408

grau 13s., 40, 141, 172, 215, 233-239, 249, 254, 309, 358, 381, 389, 392s.

ideal 54, 111s., 155, 160s., 164-169, 367, 377, 379

idealidade 12, 155, 157, 163-171, 174, 180-184, 202, 254

idealismo 23, 50, 54, 160s., 167s., 176, 201, 254, 349

ideia 59, 69, 71, 116, 154s., 161, 227, 248, 352, 391

identidade 38, 93-95, 125, 127, 138s., 142, 178, 200, 223, 234-236, 271, 297, 345, 352, 399, 413

impenetrabilidade 188

incomensurabilidade 266, 268, 332

infinitude 11, 14, 42, 108, 113, 118, 139, 142-144, 147-149, 151, 154, 156, 160, 163s., 167, 175-177, 215, 228, 240-246, 249s., 253-256, 265, 329, 335, 341, 351, 376, 400s.

infinitude afirmativa 11, 148-155, 341

início 10, 27, 34, 41, 50s., 69-82, 98, 103s., 107s., 120, 152, 163, 188, 249-252, 274, 293, 352, 371, 392

inquietude 41, 95, 110, 119, 133, 148, 173

intuição intelectual 70, 79s.

lei da queda 332, 354, 371

limite 11, 88, 115, 121, 131-134, 136s., 145, 163, 175, 213, 215-218, 220, 231, 242, 251, 277, 284s., 288, 328, 340s.

língua 32, 47, 60, 67, 111s.

linguagem 31s., 40, 109, 122, 155, 204, 312

matemática 13-15, 28, 40, 56, 109, 194, 198, 230, 257-259, 268, 270-272, 276, 278, 285-287, 291, 295, 317, 332, 365, 369

matéria 27, 34s., 37s., 40, 46s., 49-52, 56, 61, 107, 123, 160, 180, 185-191, 199s. 202, 208, 210, 212, 223, 225s., 236, 354, 378s., 385, 392, 394, 401s., 407

materialidade 373, 376

mecânica 188s., 230s., 281s., 289s., 307, 312

mecanismo 279, 284, 311, 313, 354

medida 15s., 23, 81s., 99, 117, 149, 336, 345, 349-373, 375-381, 383s., 393-405, 409s.

metafísica 25-27, 31, 54, 66s., 87, 89, 127, 186, 201, 257s., 321, 387s., 393

método 28, 45, 56, 60, 70, 201, 230, 258s., 278-281, 283s., 292s., 295, 297, 304-306, 315-318, 321s., 327

método matemático 291, 369

modalidade 82, 349, 351

mônada 23, 69, 168s., 176, 228s.

moralidade 138, 141, 247s.

movimento 28s., 74, 77, 80s., 86, 94s., 102, 109, 119, 133, 152, 169, 173, 189, 192, 209s., 272, 274, 282, 290, 297, 302, 312, 324, 354, 367, 408s.

múltiplo 12, 14, 22, 101, 168, 170, 174, 177, 179-184, 186, 197, 200, 206, 216s., 228, 231-233, 235, 237, 287, 397

não Eu 247-249

natureza (mundo) 24, 27, 32, 34, 36-38, 48, 53, 59, 67, 70, 114, 123, 140, 186, 230, 247s., 278, 313, 372, 397s.

negação 11, 16s., 38, 57, 86, 88, 91, 103, 105-107, 113-121, 124, 127, 130s., 134, 136-138-142-148, 150-157, 163-165, 167, 171-174, 180s., 184s., 195, 231, 239-241, 247, 249, 255s., 265, 267, 288, 325, 340-344, 382, 400s., 403

negatividade 16s., 59, 103, 120, 173, 179, 240, 246, 346, 353, 379, 412s.

negativo, o 11, 28, 57-59, 88, 98, 103-106, 111, 116-118, 120s., 126, 129, 132, 135, 141, 151, 156, 167, 170s., 173s., 183s., 197, 241, 243, 248, 265, 267, 277, 320, 340, 366s., 392, 410s.

Nêmesis 352

número 13, 92, 99, 215-221, 223-230, 232-235, 237, 245, 263s., 271, 294, 298s., 308, 324, 343, 371, 381, 385, 397 objeto 9, 27, 29, 31, 34, 38-40, 45-47, 49, 51-54, 57, 59, 63, 65s., 71, 75-77, 79s., 90s., 102, 164, 179, 186, 207, 218, 226s., 230, 244, 246, 253, 257, 261, 270, 289s., 295, 299, 302s., 312, 314s., 317, 320s., 349, 387

ontologia 11, 25, 67

operação de cálculo 13, 276

padrão de medida 11, 14, 358, 361

passagem 58, 87, 103, 105, 107, 152, 155, 185, 194, 212, 237, 245, 274, 283, 290, 293s., 303, 314, 317, 323-326, 333, 342, 345, 359, 397-400

passar 96-98, 100, 102s., 107, 110, 121, 126, 133, 146, 174, 183, 303, 353, 384, 398, 400s., 412

polaridade 33, 392s.

processo 12, 16s., 142, 153, 155, 184, 401

progresso infinito 14, 34, 147s., 151-153, 156s., 169, 194, 242s., 245-249, 253-256, 259, 274, 341-343, 401

propriedade 32s., 90, 118s., 263

prova [da existência] de Deus 21, 25, 89, 93, 104, 116

qualidade 9s., 12, 15s., 81-83, 88, 106, 113, 115-119, 121, 127, 134-136, 155, 163, 171, 185, 193s., 199, 256, 284, 288, 335, 344s., 349s., 354, 357-362, 370, 375, 391, 396, 400-404, 406s.

quantidade 9s., 12-16, 22, 56, 81s., 163, 184s., 193s., 197-202, 207-213, 215, 222, 226, 231, 252, 270-273, 275, 277s., 293, 336, 344s., 349s., 353, 360s., 365, 368, 370, 382, 389, 393, 396, 402-404

química 9, 15, 382s., 386, 391

raciocínio 28, 45, 52, 77, 81, 97, 109, 187, 202, 251, 258

razão 28, 38-40, 47-50, 53, 59, 65, 75, 93, 128, 139-143, 202, 205, 207-210, 229, 246s., 254, 281, 284, 393

realidade 11, 33, 48, 64, 91, 93, 113, 115-120, 127, 134, 138, 154s., 161, 163s., 166s., 171, 195, 234, 239, 396s., 407 relação 15, 23, 36, 38, 64, 77, 82, 86, 95, 98, 105, 115, 119-121, 123, 136-138, 144, 149, 152, 175, 178, 180-185, 189, 194, 197, 208, 218, 232, 242, 246, 248s., 253s., 257, 261-265, 269-274, 277, 279, 283, 285, 288s., 299-301, 303-306, 310, 314s., 320, 327, 335-344, 351s., 362, 367, 370s., 378, 380-382, 394, 402s., 408

relação de causalidade 156

relação de medida 366, 372, 375-379, 381, 390, 393, 395s., 398, 400

representação 24, 27, 32s., 35, 37, 41, 45, 48s., 51, 53, 55, 59-62, 67, 76-79, 86, 91, 101, 120, 132, 139, 148, 150, 159, 161, 163, 186, 198, 200, 203, 227, 250, 271-275, 288, 312, 327, 330, 390, 393, 398s., 409

repulsão 12s., 163, 173-188, 190s., 193, 197s., 200, 211, 240

saber imediato sem medida, o 70s.

ser, o 10-12, 16s., 41, 53, 63, 69, 72, 75-78, 81-83, 85-112, 115, 117, 120-122, 163, 178s., 185, 225

síntese 99-102, 222s., 250, 260

sistema 29, 41, 52, 57, 60s., 86s., 168, 220, 237, 264, 294, 297, 306, 313, 350, 383, 391, 397

sofistaria 39, 109

suprassumir 20, 99, 110s., 119s., 123, 127, 130, 143s., 147, 151-153, 156, 170, 176, 178, 184, 243, 255, 357, 361, 364, 385, 407, 412s.

suprassunção 11, 14, 17, 72

temperatura 15, 238, 363-365, 387, 391, 393, 398s.

tempo 27, 49, 76, 99, 102, 123, 153, 193, 198-200, 203, 207-210, 212s., 221, 250-253, 289, 302, 312, 354, 366-369, 372, 375, 396, 410

teoria corpuscular 389, 392

teoria da função 282

universalidade 33-35, 92, 107, 120, 143, 200, 263, 283, 296, 298s., 301, 307

uno 11-14, 22, 69, 92, 99, 104s., 123, 163, 165-167, 170-185, 191, 197-199, 203, 208, 211-213, 215-221, 228s., 232, 234, 237, 240, 262, 273, 337-339, 350, 363, 412 vazio 12, 27, 36, 39, 46, 78, 85s., 101s., 144, 147, 151, 171-177, 188, 197, 211, 231, 245, 247, 253, 284, 297, 403

velocidade 192, 272, 281s., 290, 297, 312s., 367, 371, 407-409

verdade 23, 35, 38-40, 45-48, 52s., 60-62, 64, 71, 86, 94, 102, 108, 116, 124, 134, 144, 148, 157, 179, 209s., 229, 255, 271, 331, 344-346, 352, 360, 408

ÍNDICE GERAL

Sumário, 5
Apresentação, 7
Nota dos tradutores, 19
Prefácio à primeira edição (1812), 25
Prefácio à segunda edição, 31
Introdução, 45
    Conceito geral da lógica, 45
    Divisão geral da lógica, 62
            Primeiro livro – A doutrina do ser
Com o que precisa ser feito o início da ciência?, 69
Divisão geral do ser, 81
    Primeira seção: Determinidade (qualidade), 83
Primeiro capítulo: Ser, 85
    A. Ser, 85
    B. Nada, 85
    C. Devir, 86
        a. Unidade do ser e do nada, 86
            Observação 1. A oposição do ser e do nada na representação, 86
            Observação 2. Insuficiência da expressão: unidade, identidade do ser e do nada, 93
            Observação 3. O isolar dessas abstrações, 97
            Observação 4. Incompreensibilidade do início, 107
        b. Momentos do devir, 109
        c. Suprassumir do devir, 110
            Observação. A expressão: "suprassumir", 111
Segundo capítulo: O ser aí, 113
    A. Ser aí como tal, 113
        a. Ser aí em geral, 113

b. Qualidade, 115
    Observação. Realidade e negação, 116
c. Algo, 119
B. A finitude, 121
  a. Algo e um outro, 122
  b. Determinação, constituição e limite, 127
  c. A finitude, 134
     α. A imediatidade da finitude, 134
     β. A barreira e o dever ser, 136
        Observação. O dever ser, 138
     γ. Passagem do finito para o infinito, 141
C. A infinitude, 142
  a. O infinito em geral, 143
  b. Determinação recíproca do finito e do infinito, 143
  c. A infinitude afirmativa, 148
     A passagem, 155
     Observação 1. O progresso infinito, 156
     Observação 2. O idealismo, 160
Terceiro capítulo: O ser para si, 163
A. O ser para si como tal, 163
  a. Ser aí e ser para si, 164
  b. Ser para uno, 165
     Observação. A expressão: Que tipo?, 166
  c. Uno, 170
B. Uno e múltiplo, 170
  a. O uno nele mesmo, 171
  b. O uno e o vazio, 172
     Observação. O atomismo, 172
  c. Múltiplos unos. Repulsão, 173
     Observação. A mônada leibniziana, 176
C. Repulsão e atração, 176
  a. Excluir do uno, 176
     Observação. A proposição da unidade do uno e do múltiplo, 179

b. O único uno da atração, 180

   c. A relação da repulsão e da atração, 181

   Observação. A construção kantiana da matéria a partir da força atrativa e repulsiva, 185

   Segunda seção: Grandeza (quantidade), 193

   Observação, 194

Primeiro capítulo: A quantidade, 197

   A. A quantidade pura, 197

   Observação 1. Representação da quantidade pura, 198

   Observação 2. Antinomia kantiana da indivisibilidade e da divisibilidade infinita do tempo, do espaço, da matéria, 200

   B. Grandeza contínua e discreta, 211

   Observação. Separação ordinária destas grandezas, 212

   C. Limitação da quantidade, 213

Segundo capítulo: Quantum, 215

   A. O número, 215

   Observação 1. Operações da aritmética. Proposições kantianas sintéticas *a priori* da intuição, 218

   Observação 2. Uso das determinações do número para a expressão de conceitos filosóficos, 226

   B. Quantum extensivo e intensivo, 231

   a. Diferença dos mesmos, 231

   b. Identidade da grandeza extensiva e intensiva, 234

   Observação 1. Exemplos dessa identidade, 236

   Observação 2. Aplicação de Kant da determinação do grau ao ser da alma, 238

   c. A alteração do quantum, 239

   C. A infinitude quantitativa, 240

   a. Conceito da mesma, 240

   b. O progresso quantitativo finito, 242

   Observação 1. A alta opinião do progresso para o infinito, 244

   Observação 2. A antinomia kantiana da limitação e da ilimitação do mundo no tempo e espaço, 250

c. A infinitude do quantum, 254

    Observação 1. A determinidade do conceito do infinito matemático, 257

    Observação 2. A finalidade do cálculo diferencial deduzida a partir de sua aplicação, 292

    Observação 3. Ainda outras formas conectadas com a determinidade qualitativa da grandeza, 321

Terceiro capítulo: A relação quantitativa, 335

  A. A relação direta, 336

  B. A relação inversa, 338

  C. Relação de potências, 343

    Observação, 346

Terceira seção: A medida, 349

Primeiro capítulo: A quantidade específica, 357

  A. O quantum específico, 357

  B. Medida especificante, 361

    a. A regra, 361

    b. A medida especificante, 362

      Observação, 363

    c. Relação de ambos os lados como qualidades, 364

      Observação, 367

  C. O ser para si na medida, 369

Segundo capítulo: A medida real, 375

  A. A relação de medidas autossubsistentes, 376

    a. Combinação de duas medidas, 377

    b. A medida como série de relações de medida, 379

    c. Afinidade eletiva, 382

      Observação. Berthollet sobre a afinidade eletiva e a teoria de Berzelius a este respeito, 384

  B. Linha nodal de relações de medida, 395

    Observação. Exemplos de tais linhas nodais; sobre o fato de que não haveria nenhum salto na natureza, 397

  C. O sem medida, 400

Terceiro capítulo: O devir da essência, 403
    A. A indiferença [*Indifferenz*] absoluta, 403
    B. A indiferença como relação inversa de seus fatores, 404
        Observação. Sobre força centrípeta e centrífuga, 408
    C. Passagem para a essência, 412
Glossário, 415
Índice onomástico, 443
Índice analítico, 447

Confira outros títulos da coleção em

livrariavozes.com.br/colecoes/pensamento-humano

ou pelo Qr Code

Conecte-se conosco:

f facebook.com/editoravozes

⊙ @editoravozes

𝕏 @editora_vozes

▶ youtube.com/editoravozes

☎ +55 24 2233-9033

www.vozes.com.br

Conheça nossas lojas:

www.livrariavozes.com.br

Belo Horizonte – Brasília – Campinas – Cuiabá – Curitiba
Fortaleza – Juiz de Fora – Petrópolis – Recife – São Paulo

    Vozes de Bolso

EDITORA VOZES LTDA.
Rua Frei Luís, 100 – Centro – Cep 25689-900 – Petrópolis, RJ
Tel.: (24) 2233-9000 – E-mail: vendas@vozes.com.br